JN171983

ライブラリ
経済学コア・テキスト&最先端
15

Core

コア・テキスト
計量経済学

Frontier

大森　裕浩　著

新世社

編者のことば

少子高齢化社会を目前としながら，日本経済は，未曾有のデフレ不況から抜け出せずに苦しんでいる。その一因として，日本では政策決定の過程で，経済学が十分に活用されていないことが挙げられる。個々の政策が何をもたらすかを論理的に考察するためには，経済学ほど役に立つ学問はない。経済学の目的の一つとは，インセンティブ（やる気）を導くルールの研究であり，そして，それが効率的資源配分をもたらすことを重要視している。やる気を導くとは，市場なら競争を促す，わかり易いルールであり，人材なら透明な評価が行われることである。効率的資源配分とは，無駄のない資源の活用であり，人材で言えば，適材適所である。日本はこれまで，中央集権的な制度の下で，市場には規制，人材には不透明な評価を導入して，やる気を削ってきた。行政は，2年毎に担当を変えて，不適な人材でも要職につけるという，無駄だらけのシステムであった。

ボーダレス・エコノミーの時代に，他の国々が経済理論に基づいて政策運営をしているときに，日本だけが経済学を無視した政策をとるわけにはいかない。今こそ，広く正確な経済学の素養が求められているといって言い過ぎではない。

経済は，金融，財の需給，雇用，教育，福祉などを含み，それが相互に関連しながら，複雑に変化する系である。その経済の動きを理解するには，経済学入門に始まり，ミクロ経済学で，一人一人の国民あるいは個々の企業の立場から積み上げてゆき，マクロ経済学で，国の経済を全体として捉える，日本経済学と国際経済学と国際金融論で世界の中での日本経済をみる，そして環境経済学で，経済が環境に与える影響も考慮するなど，様々な切り口で理解する必要がある。今後，経済学を身につけた人達の専門性が，嫌でも認められてゆく時代になるであろう。

経済を統一的な観点から見つつ，全体が編集され，そして上記のように，個々の問題について執筆されている教科書を刊行することは必須といえる。しかも，時代と共に変化する経済を捉えるためにも，常に新しい経済のテキストが求められているのだ。

この度，新世社から出版されるライブラリ経済学コア・テキスト＆最先端は，気鋭の経済学者によって書かれた初学者向けのテキスト・シリーズである。各分野での最適な若手執筆者を擁し，誰もが理解でき，興味をもてるように書かれている。教科書として，自習書として広く活用して頂くことを切に望む次第である。

西村 和雄

まえがき

本書は，初めて経済学・経営学の分野で計量経済学を学習する読者，大学では学部の2～4年生を想定しています．その内容は，経済データを分析するために必要な標準的な統計的手法について，統計学の基礎からはじめて回帰分析の説明を行い，ミクロ経済データやマクロ経済データなどのさまざまなデータのための分析手法を，標準的なものから最近の新しい手法まで広く紹介するものです．もちろん，これらの手法は経済データに限らず，さまざまな分野におけるデータの分析にも有用ですので，経済学・経営学以外の分野の方にも役立つ内容となっています．

本書の特徴はStataという実証分析のためのソフトウェア（バージョンはStata 15）を使って，実際のデータをどのように分析し，その結果をどのように解釈すればよいかについて詳しく説明を加えていることです．使用するデータはすべて各章の「データ」の節に掲載されています．初学者向けのテキストですから，数理統計の厳密な理論的解説に関心のある読者には上級者向けの解説書を参照していただくこととして，本書では厳密な理論的解説はできるだけ割愛し，データを分析することの楽しさを経験していただきたいと考えています．Stataを選んだのは，それが経済学・経営学の分野ではもちろんのこと，さまざまな分野で世界的に広く使われている信頼性の高いソフトウェアであり，表計算ソフトのようにプルダウンメニューを使って直感的に操作することができるからです．本書が出版される時点では，最新バージョンはStata 15で相対的に安価な学生版も提供されていますので，独習する学生の学習環境にも適しています．より学習の進んだ読者のためにStataのコマンドについても参考程度に紹介していますが，本書はStataの解説書ではありませんので，詳細な解説は章末に紹介する参考図書をご覧ください．

本書の構成

各章内は以下のような流れになっています．まず，前半部分では，テーマの理論的な部分について概説します．その後，「分析例」の節で，解説に沿ってStataを操作していただき，実証分析の実践の手法を案内します．本書ではStataのプルダウンメニューを使った操作をベースに解説しますが，各例題の最後にコマンドプログラムをまとめていますので，そちらを参考にコマンドベースでの操作も試せます．その後，「練習問題」の節で，今度は読者自身の力で問題を解くことで各テーマへの理解を深めることができます．例題や練習問題で使用するデータ（各章の「データ」の節に掲載）やStataのコマンドプログラムは，新世社ホームページ（http://www.saiensu.co.jp）内の本書のサポートページに掲載していますので，ぜひ活用してください．章によっては，「付録」の節を設けて，別途数学解説を載せています．また，章末では扱ったテーマと関連のある参考図書を紹介しています．

各章の内容は以下の通りです．

第1章は，統計学を学んだことがない方を対象として統計学の基礎について短く説明しています．より詳細な解説については本ライブラリ既刊の『コア・テキスト統計学 第2版』（大屋幸輔著）を参照してください．統計学をすでに学んだ方は，第1章をとばして第2章に進むか，あるいはStataの使い方に慣れるために，「分析例」の節から読み始めることをおすすめします．

第2章から第4章では，説明したい変数が1つある場合を考えて，いくつかの変数を用いて説明しようとする標準的な分析手法，回帰分析について説明します．第2章では説明する変数が1つの場合について（単回帰分析），第3章では説明する変数が2つ以上の場合について（重回帰分析），詳細な説明をしています．数式の展開に関する証明は割愛していますが，「付録」の節にまとめてありますので，講義のスケジュールや読者の関心に応じて参照してください．第4章では，第2・3章で想定した仮定が現実に成り立っているのか，もし成り立っていないのならばどのように対処すればよいのかについて説明します．ここまでが基本編になります．

第５章から第９章は応用編ともいうべき章で，講義のスケジュールや関心に応じて読みたい章だけを読んでください．ただし，第６章から第９章を読む際には，まず第６章１節で短く説明している最尤法の部分について読んでおくとよいでしょう．

第５章では，パネルデータ（あるいは経時データ）と呼ばれる，個人や企業について時間を追って観察されたミクロデータの分析手法について説明をします．前提知識が回帰分析なので，第２章から第４章までを読んだ後には比較的スムーズに学習できる内容です．

第６章では，選択行動を表すミクロデータの分析手法としてロジットモデル・プロビットモデルを説明します．第２章から第４章までは説明したい変数が連続な値をとると仮定していましたが，この章では，製品を購入する／しないといった二項選択のデータや，好き／やや好き／やや嫌い／嫌いといった順序のあるカテゴリのデータ，製品A・B・Cのうちどれを購入するのかという多項選択のデータ，などの分析を扱います．

第７章では，さまざまなミクロデータの分析手法を紹介します．具体的には，観測値の一部が観測できないデータの分析としてトービットモデル（打ち切りのある回帰モデル）と，選択行動と回帰モデルの同時モデルであるサンプルセレクションモデル，ある事象の発生件数などの計数データを分析するポアソン回帰モデル・負の二項回帰モデル，失業などの事象が継続する時間を分析するワイブル回帰モデルを説明します．

第８章では，主としてマクロ経済モデルの分析を想定した同時方程式モデルを取り上げます．説明する変数も説明したい変数もいずれも２つ以上ある場合について，どのように分析すればよいかについて説明をします．そこで扱われる推定手法の多くは，現在ミクロデータの分析にも使われています．

第９章では，経済に限らず多くの分野で使われている時系列データの分析について説明します．標準的なモデルとして自己回帰移動平均過程の解説をするほか，単位根検定や共和分検定，分散変動を表現するGARCHモデルなども簡単に紹介します．

以上が本書の内容ですが，多くの読者にとって実証分析への扉を開けるよい案内書となることを願っています．

本書の出版に際して，新世社の御園生晴彦氏・彦田孝輔氏には大変お世話になりました．当初の依頼から15年以上の月日が経過してしまいましたが，御園生氏には，この間根気よく激励をしてくださったことに感謝を申し上げます．本書の出版は御園生氏の激励なくしては実現できないことでした．彦田氏には原稿を大変丁寧に読んでくださったことに感謝いたします．また大屋幸輔氏・森棟公夫氏には，分布表を本書で使用することを快諾してくださり，感謝いたします．
最後に，本書の執筆や大学における教育や研究に際して快く常にサポートをしてくれた妻・幸代に深く感謝をいたします．

2017年10月

大森　裕浩

＊筆者のWEBサイト（https://sites.google.com/view/omori-stat/japanese）の本書のページにおいて，補論として最近注目を集めている「シャープな回帰の不連続デザイン」，「差の差の分析」，「因果効果の分析」，「局所平均処置効果，ファジーな回帰の不連続デザイン」などのトピックをまとめ，掲載しています．そのほか「コックス回帰モデル」などについてStataのコードやデータとともに公開しています．また，本書に関連するRのコードも公開しておりますので，ご覧ください．

2021年5月

目　次

目次

第 1 章

統計学の復習

この章では，計量経済学を学ぶ上で必要な統計学の基礎的な知識を復習します．すでに統計学の入門書を読んでいるかたは，この章をとばして第 2 章へと進んでください．

まず標本と母集団の関係を説明し，データの要約のしかたをとりあげます．数値による要約として，標本平均，標本分散，標本相関係数を説明し，図による要約として，ヒストグラム，散布図を説明します．次に母集団の確率的性質として，確率関数，確率密度関数，期待値，分散について述べます．

最後に統計的推測の基礎として，区間推定と仮説検定の方法について詳しく復習していきます．

○ *KEY WORDS* ○

標本，標本のサイズ，母集団，標本平均，
標本標準偏差，標本分散，度数分布表，
ヒストグラム，標本相関係数，散布図，確率変数，
確率関数，確率密度関数，（累積）分布関数，
ベルヌーイ分布，2 項分布，ポアソン分布，
正規分布，カイ二乗分布，t 分布，F 分布，平均，
期待値，分散，標準偏差，不偏性，不偏推定量，推定量，
推定値，点推定，区間推定，標準誤差，信頼区間，
信頼係数，仮説検定，帰無仮説，対立仮説，仮説値，
有意水準，検定のサイズ，検定力，第 1 種の誤り，
第 2 種の誤り，臨界値，棄却域，検定統計量，
t 統計量，t 値，p 値，片側検定，両側検定

1.1 データをまとめる

標本と母集団

例えば消費者や顧客が何を望んでいるのかを調べるために，アンケート調査が行われます．調査の対象は絞られていて20代の男性であったり，30代の会社員であったりします．このような調査の対象となる集団を，母集団（population）と呼びます．通常，母集団に含まれる個体数は多いので，母集団をすべて調べるには費用がかかりすぎてしまいます．そこで調査の際には，母集団の一部をランダムにとりだして調べ，母集団に関する推測を行います．この一部のことを標本（sample）といいます．なぜなら，この一部は母集団の性質を代表する見本（sample）となるように，母集団からとりだされるからです．

母集団から標本を得ることができたら，標本の情報を要約して，母集団に関する性質について推測を行います．図 1.1 に見られるように，母集団を決める→標本をとる→標本のもつ特徴をとらえる→母集団の特徴を推測する，というステップを踏んで推測を行うのです．

以下ではまず，標本のもつ情報を要約する方法について説明しましょう．

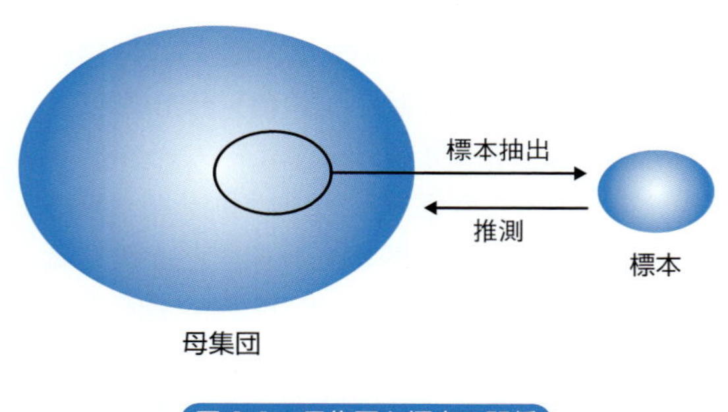

図 1.1　母集団と標本の関係

数値による要約——標本平均と標本分散

標本の情報を要約する方法には数値による方法と図による方法があります．数値による方法では，標本平均と標本分散が代表的です．いま母集団から n 個の標本 $X_1, \cdots, X_n$ が得られたとします．n は標本のサイズと呼ばれます．このとき，標本平均（sample mean）$\overline{X}$ と標本分散（sample variance）s_X^2 は次のように定義されます（和の記号 $\sum$ については1.9節を参照してください）．

定義 1.1　標本平均 $\overline{X}$ と標本分散 s_X^2

$$\overline{X} \equiv \frac{1}{n}\sum_{i=1}^{n} X_i = \frac{X_1 + \cdots + X_n}{n} \tag{1.1}$$

$$s_X^2 \equiv \frac{1}{n-1}\sum_{i=1}^{n}(X_i - \overline{X})^2 = \frac{(X_1 - \overline{X})^2 + \cdots + (X_n - \overline{X})^2}{n-1} \tag{1.2}$$

標本平均 $\overline{X}$ は，標本の合計を個数で割り，大きさをならしたもので標本を代表するような値となります．これに対して標本分散 s_X^2 では，標本が大小さまざまな値をとり，標本平均 $\overline{X}$ からの偏差 $X_i - \overline{X}$ が大きくなると $(X_i - \overline{X})^2$ は大きくなり，s_X^2 も大きくなります．逆に標本が同じような値をとると，偏差 $X_i - \overline{X}$ が小さくなり，$(X_i - \overline{X})^2$ も小さくなって標本分散 s_X^2 は小さくなります．このように標本分散 s_X^2 は，標本のばらつきの大きさを表します．また，標本分散の正の平方根 $s_X = \sqrt{s_X^2}$ は標本標準偏差（sample standard deviation）と呼ばれます．

式（1.2）では，式（1.1）と異なり，分母が $n-1$ になっていますが，教科書によっては，標本分散を定義する際に分母が n となっているものもあります．後述しますように分母が $n-1$ のものは不偏性という性質をもつので，ここでは式（1.2）を用います．s_X^2 は不偏分散と呼ばれることもあります．

例 1.1　ある分布にしたがう母集団からの20個の乱数の標本が，1.7節のデータ1.1（43頁）のように得られたとします[1]．このとき，標本のサイズは $n=20$ で，標本平均は

1　後述しますが，平均50，分散100の正規分布という確率分布から乱数を発生しています．

$$\overline{X} = \frac{49.2 + 49.6 + \cdots + 43.2 + 82.4}{20} = 49.69$$

であり，標本分散は

$$s_X^2 = \frac{(49.2 - 49.69)^2 + \cdots + (43.2 - 49.69)^2 + (82.4 - 49.69)^2}{20 - 1}$$

$$= 226.2$$

となります．また標本標準偏差は $s_X = \sqrt{226.2} = 15.04$ となります．

図による要約――ヒストグラム

連続的な数値をとる標本の情報を，図で要約する方法には，ヒストグラム (histogram) がよく用いられます．ヒストグラムを描くには，まず連続な数値をとる n 個の観測値を，区間で区切ってグループ分けして表にまとめます．これを度数分布表 (frequency distribution table) といいますが，度数分布表では区間を階級，区間の中間点を階級値，区間に含まれる観測値の個数を度数と呼びます．

例 1.2 以下の表は上述の 20 個の乱数（データ 1.1）を 7 つの区間にグループ分けし，度数分布表を作成したものです．

階級（区間）	階級値	度数	相対度数
20–30	25	2	0.10
30–40	35	2	0.10
40–50	45	10	0.50
50–60	55	3	0.15
60–70	65	1	0.05
70–80	75	0	0.00
80–90	85	2	0.10
	合計	20	1.00

度数分布表を用いてヒストグラムは，階級に含まれるグループの大きさを，区間の上に柱として描きます．柱は，その「面積」が階級（区間）の度数に比例するように描きます．上の表を用いて作ったヒストグラムが，図 1.2 の左上の図です．各柱の面積が階級の相対度数（＝度数/度数の合計）を表してお

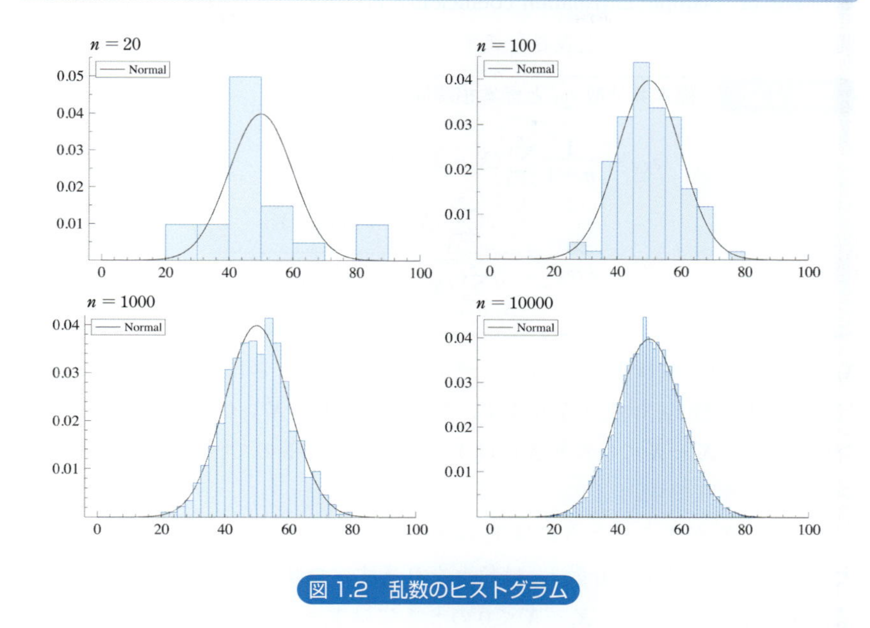

図 1.2　乱数のヒストグラム

り，面積の合計が 1 になるように基準化しています．

このようにして描かれたヒストグラムは，標本がどの区間にどれだけ分布しているのかを見るのに役立ちます．柱の合計面積を 1 に基準化して標本の個数を増やしていくと，後述する確率密度関数と呼ばれる，母集団の分布を表す関数に近づいていきます．図 1.2 は乱数の標本のサイズ n を 20，100，1000，10000 と増やしていったときのヒストグラムで，図に描かれている曲線は確率密度関数です．標本のサイズ n が大きくなるにつれてヒストグラムの形状が確率密度関数に近づいていく様子がうかがえます．

2 変数の標本の要約——標本相関係数と散布図

標本は，しばしばペアとして観測されます．つまり，(X_i, Y_i), $i = 1, 2, \cdots, n$ という n 組のペアとして観測されることも多くあります．このようなとき，X と Y の関係を数値として表すのが，標本共分散（sample covariance）s_{XY} や標本相関係数（sample correlation coefficient）r_{XY} です．標本共分散 s_{XY} と標本相関係数 r_{XY} は次のように定義されます．

定義 1.2　標本共分散 s_{XY} と標本相関係数 r_{XY}

$$s_{XY} \equiv \frac{1}{n-1}\sum_{i=1}^{n}(X_i-\overline{X})(Y_i-\overline{Y}) \tag{1.3}$$

$$r_{XY} \equiv \frac{s_{XY}}{s_X s_Y} = \frac{\sum_{i=1}^{n}(X_i-\overline{X})(Y_i-\overline{Y})}{\sqrt{\sum_{i=1}^{n}(X_i-\overline{X})^2\sum_{i=1}^{n}(Y_i-\overline{Y})^2}} \tag{1.4}$$

X_i が大きいときには Y_i も大きく，逆に X_i が小さいときには Y_i も小さい場合には標本共分散 s_{XY} は正となります．なぜなら，$X_i-\overline{X}>0$ のときには $Y_i-\overline{Y}>0$ となり，$X_i-\overline{X}<0$ のときには $Y_i-\overline{Y}<0$ となるので，$(X_i-\overline{X})(Y_i-\overline{Y})>0$ となるからです．

対して，X_i が大きいときには Y_i は小さく，逆に X_i が小さいときには Y_i は大きい場合には標本共分散 s_{XY} は負となります．なぜなら，$X_i-\overline{X}>0$ のときには $Y_i-\overline{Y}<0$ となり，$X_i-\overline{X}<0$ のときには $Y_i-\overline{Y}>0$ となるので，$(X_i-\overline{X})(Y_i-\overline{Y})<0$ となるからです．

標本共分散は，数値自体よりも，主として正負の符号に意味があります．なぜなら，X，Y をそれぞれ単位を変更して a 倍，b 倍したとすると，標本共分散は ab 倍になってしまうからです．

一方，標本相関係数 r_{XY} は，常に $-1\leq r_{XY}\leq 1$ で，単位の変更などに影響されません．X，Y をそれぞれ a 倍，b 倍したとしても，r_{XY} の値は同じままです．$r_{XY}>0$ のとき，X と Y には「正の相関がある」といい，$r_{XY}<0$ のとき，「負の相関がある」といい，$r_{XY}=0$ のとき，「無相関である」といいます．$|r_{XY}|$ は相関の強さを表し，1 に近ければ近いほど相関関係が強くなります．

例 1.3　例えば，気温とビールの販売数量に関係があると考えて，ある年における東京の平均月別気温と，ビール・発泡酒の大手数社の課税数量（千キロリットル）が 1.7 節のデータ 1.2（43 頁）のように得られたとしましょう．ここで課税数量は，課税対象となる工場からの出荷数量を表します．データ 1.2 の気温を X，ビール・発泡酒の課税数量を Y としましょう．X，Y の標

本平均は

$$\overline{X}=\frac{7.4+\cdots+7.2}{12}=16.708,\quad \overline{Y}=\frac{360.539+\cdots+689.865}{12}=577.53$$

となり，標本分散は

$$s_X^2=\frac{(7.4-16.708)^2+\cdots+(7.2-16.708)^2}{12-1}=57.212,$$

$$s_Y^2=\frac{(360.539-577.53)^2+\cdots+(689.865-577.53)^2}{12-1}=12958$$

となります．標本共分散は

$$s_{XY}=\frac{(7.4-16.708)(360.539-577.53)+\cdots+(7.2-16.708)(689.865-577.53)}{12-1}$$

$$=498.89$$

ですから，標本相関係数は

$$r_{XY}=\frac{498.89}{\sqrt{57.212\times 12958}}=0.5794$$

となります．つまり，気温 X とビール・発泡酒の課税数量 Y には，正の相関関係があり，気温が上がればビール・発泡酒の課税数量が伸びるという関係があるといえます．また $|r_{XY}|=0.5794$ と比較的 1 に近いので，この相関関係も比較的強いといえるでしょう．

次にペアで観測される標本情報を図で要約する方法について説明します．よく使われるのは散布図（scatter plot）です．散布図はペアで得られた標本を (X_i, Y_i)，$i=1,2,\cdots,n$ として，これを（X 座標，Y 座標）とする点を X–Y 平面に描いた図です．先ほどのデータ 1.2 で，気温を X，ビール・発泡酒の課税数量を Y とおくと，散布図は図 1.3 のようになります．

この例のように標本相関係数 r_{XY} が正であるときには，散布図の点は右肩上がりの直線的な傾向を示します．また標本相関係数が負であるときには，右肩下がりの直線的な傾向を示します．

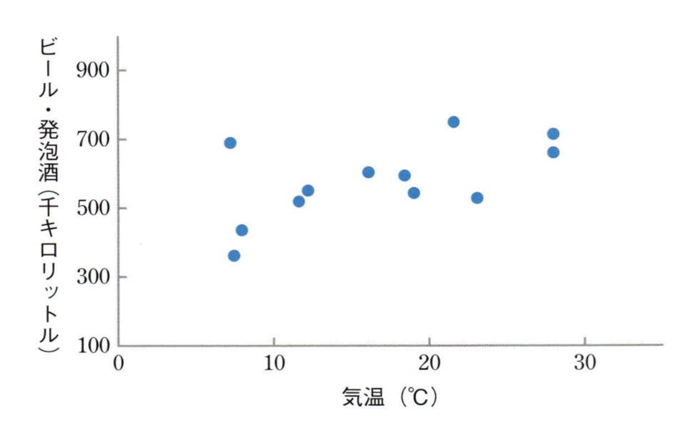

図 1.3　気温とビール・発泡酒の課税数量の散布図

1.2 確率変数

これまでは標本に関する情報を要約する方法について説明してきましたが，ここでは母集団に関する情報について述べましょう．標本は母集団からランダムにとりだされるので，サイコロの目のようにいろいろな値をとります．このような数Xを変数といい，いろいろな値を確率的にとる変数を確率変数（random variable）といいます．確率変数の性質は母集団の性質によって決まりますから，逆に確率変数の性質を調べることが，母集団に関する情報を調べることになります．

離散確率変数

確率変数Xが離散的な値をとるとき，Xを離散確率変数（discrete random variable）といい，Xがある値xをとる確率を表した関数$f(x)=Pr(X=x)$を確率関数（probability mass function）といいます．確率関数$f(x)$は（1）$0\leq f(x)\leq 1$，及び（2）xに関する和が1（$\sum_x f(x)=1$），という性質をもちます．

離散確率変数 X がある値 x 以下である確率 $F(x)=Pr(X\leq x)=\sum_{z\leq x}f(z)$ を X の累積分布関数（cumulative distribution function）または単に分布関数（distribution function）といいます．分布関数は（1）$0\leq F(x)\leq 1$，（2）$F(-\infty)=0$，$F(\infty)=1$，（3）$x<y$ のとき $F(x)\leq F(y)$ という性質をもちます．では離散確率変数の例として，ベルヌーイ分布，2項分布，ポアソン分布を紹介しましょう．

例 1.4　ベルヌーイ分布

1つの試行を行って成功か失敗の2つの事象からなるような試行をベルヌーイ試行（Bernoulli trial）といいます．確率変数 X をベルヌーイ試行が成功ならば1，失敗ならば0をとるような変数とし，成功確率を p とすると確率関数 $f(x)$ は

x	0	1
$f(x)$	$1-p$	p

$$f(x)=p^x(1-p)^{1-x},\quad x=0,1$$

で，X はベルヌーイ分布（Bernoulli distribution）にしたがうといい，$X\sim BR(p)$ と表記します．

例 1.5　2項分布

独立なベルヌーイ試行を n 回繰り返したとき（$Y_i\sim BR(p)$，$i=1,\cdots,n$ とします）の成功回数 $X=\sum_{i=1}^{n}Y_i$ の確率関数 $f(x)$ は

$$f(x)={}_nC_x p^x(1-p)^{n-x}=\frac{n!}{x!(n-x)!}p^x(1-p)^{n-x},\quad x=0,1,\cdots,n$$

で，確率変数 X は2項分布（binomial distribution）にしたがうといい，$X\sim BIN(n,p)$ と表記します．

例 1.6　ポアソン分布

確率関数 $f(x)$

$$f(x)=\frac{e^{-\lambda}\lambda^x}{x!},\quad x=0,1,2,\cdots\quad(\lambda>0)$$

をもつ確率変数 X は，ポアソン分布（Poisson distribution）にしたがうといい，

$X \sim POI(\lambda)$と表記します．ポアソン分布は，交通事故の件数など起こる確率の少ない事象の発生する確率を表現するのに用いられます．

連続確率変数

確率変数Xが連続な値をとるとき，Xを連続確率変数（continuous random variable）といいます．連続確率変数Xが，ある区間（a, b］に入る確率は

$$Pr(a < X \leq b) = \int_a^b f(x)\,dx \geq 0$$

のように関数$f(x)$を用いた積分で表しますが，この$f(x)$をXの確率密度関数（probability density function）といいます（図 1.4）．$f(x)$は$f(x) \geq 0$及び$\int_{-\infty}^{\infty} f(x)\,dx = 1$という性質を満たします．

すでにヒストグラムのところで見たように，柱の合計面積が1となるように基準化されたヒストグラムは，標本の個数が大きくなるとき，母集団の確率密度関数に近づいていきます．（累積）分布関数は，離散確率変数のときと同じように，$F(x) = Pr(X \leq x) = \int_{-\infty}^{x} f(z)\,dz$と定義することができます．連続確率変数の分布関数は，離散確率変数の分布関数と同様な性質をもちます．また，定義から$f(x) = dF(x)/dx$という関係が成り立ちます．以下では，よく使われ

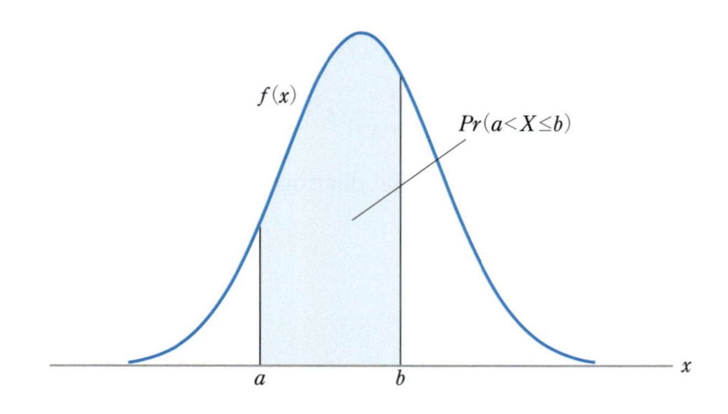

図 1.4　確率密度関数

る連続確率変数の例を見ていきましょう．

例 1.7　正規分布

応用で最もよく使われるのが，正規分布（normal distribution）です．正規分布は，身長や体重，測定誤差などよく見られる分布で左右対称な分布です（図 1.5）．

確率密度関数$f(x)$が

$$f(x)=\frac{1}{\sqrt{2\pi\sigma^2}}e^{-\frac{(x-\mu)^2}{2\sigma^2}},\quad -\infty<x<\infty$$

であるとき，確率変数Xは，正規分布$N(\mu,\sigma^2)$にしたがうといいます．$\mu=0$, $\sigma^2=1$のときの正規分布は標準正規分布（standard normal distribution）といい，その確率密度関数は$\phi(x)$，分布関数は$\Phi(x)$としばしば表記されます．もし$X_1\sim N(\mu_1,\sigma_1^2)$，$X_2\sim N(\mu_2,\sigma_2^2)$で$X_1$，$X_2$が互いに独立ならば$Y=X_1+X_2\sim N(\mu_1+\mu_2,\sigma_1^2+\sigma_2^2)$となる性質があり，これを正規分布の再生性（reproductive property）といいます．

例 1.8　カイ二乗分布

Z_i，$i=1,\cdots,m$が互いに独立に正規分布$N(0,1)$にしたがう（これを$Z_1,\cdots,$

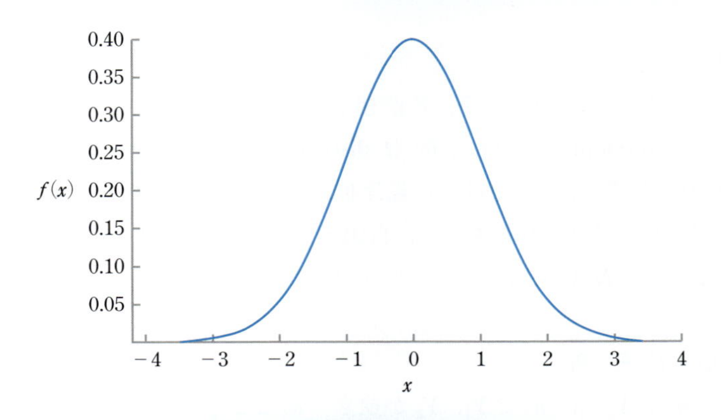

図 1.5　正規分布$N(0,1)$の確率密度関数

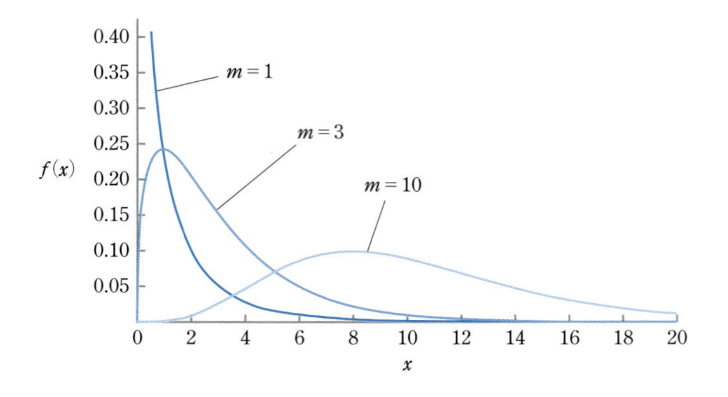

図 1.6　カイ二乗分布 $\chi^2(m)$ の確率密度関数

$Z_m \sim i.i.d.\ N(0,1)$ と表記します．$i.i.d.$ は independent and identically distributed の略）とき，$X=\sum_{i=1}^{m} Z_i^2$ の分布を自由度 m の**カイ二乗分布**（χ^2 distribution）といい，$X \sim \chi^2(m)$ と表記します．もし $X_1 \sim \chi^2(m_1)$，$X_2 \sim \chi^2(m_2)$ で X_1，X_2 が互いに独立ならば $Y=X_1+X_2 \sim \chi^2(m_1+m_2)$ となる性質があり，これをカイ二乗分布の再生性といいます．

例 1.9　t 分布

$Z \sim N(0,1)$，$Y \sim \chi^2(m)$ で Z，Y が独立であるとき，$X=Z/\sqrt{Y/m}$ は**自由度**（degrees of freedom）m の **t 分布**（t distribution）にしたがうといい，$X \sim T(m)$ と表記します．t 分布は，正規分布よりすそがやや厚いフラットな分布ですが，図 1.7 に見られるように，自由度 m が $m \to \infty$ のとき，正規分布になります $(T(\infty)=N(0,1))$．

例 1.10　F 分布

$Y_1 \sim \chi^2(m)$，$Y_2 \sim \chi^2(n)$ で Y_1，Y_2 が独立であるとき，$X=(Y_1/m)/(Y_2/n)$ は自由度 (m,n) の **F 分布**（F distribution）にしたがうといいます．m は分子の自由度，n は分母の自由度といい，$X \sim F(m,n)$ と表記します．F 分布の定義

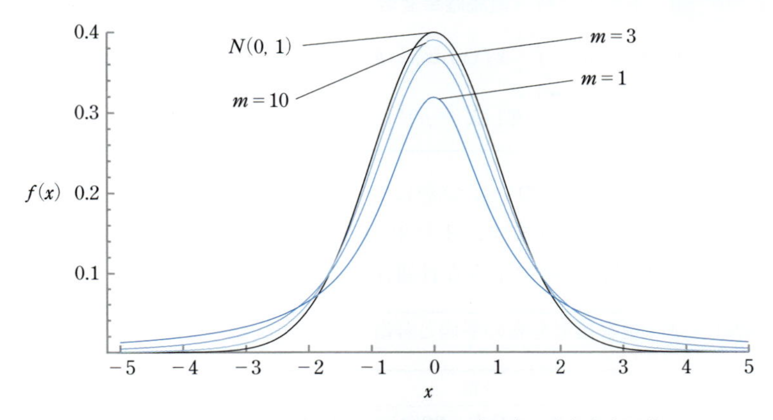

$T(m)$の確率密度関数と標準正規分布 $N(0,1)$の確率密度関数

図 1.7 t 分布

から，$T^2(m)=F(1,m)$となっています．

平均と分散

ここでは，母集団の平均（mean）と分散（variance）について説明します．平均は期待値（expected value）とも呼ばれ，$E(X)$または μ で表記されることが多く，分散は $Var(X)$または σ^2 と表記されます．分散の正の平方根は，標準偏差（standard deviation）と呼ばれ，$Sd(X)$または σ と表記されます．確率変数 X の平均，X の関数 $g(X)$の平均，X の分散は，以下のように定義されます．

定義 1.3　平均と分散（離散確率変数）

$$E(X)=\mu\equiv\sum_x xf(x),\quad E[g(X)]\equiv\sum_x g(x)f(x) \tag{1.5}$$

$$Var(X)=\sigma^2\equiv E[(X-\mu)^2]=\sum_x (x-\mu)^2 f(x) \tag{1.6}$$

定義 1.4　平均と分散（連続確率変数）

$$E(X)=\mu\equiv\int_{-\infty}^{\infty}xf(x)dx,\quad E[g(X)]\equiv\int_{-\infty}^{\infty}g(x)f(x)dx \tag{1.7}$$

$$Var(X)=\sigma^2\equiv E[(X-\mu)^2]=\int_{-\infty}^{\infty}(x-\mu)^2f(x)dx \tag{1.8}$$

これまで紹介した分布のいくつかについて，平均と分散を計算すると次のPOINT1.1のようになります．また平均と分散には，X が離散または連続にかかわらず，POINT1.2のような性質があります．

POINT 1.1　主な確率分布の平均と分散

分布		平均	分散
ベルヌーイ分布	$BR(p)$	p	$p(1-p)$
2項分布	$BIN(n,p)$	np	$np(1-p)$
ポアソン分布	$POI(\lambda)$	λ	λ
正規分布	$N(\mu,\sigma^2)$	μ	σ^2
カイ二乗分布	$\chi^2(m)$	m	$2m$

POINT 1.2　平均と分散の性質（1変数）

a,b を定数，X を確率変数，$g_1(X)$，$g_2(X)$ を X の関数とすると

$$E(aX+b)=aE(X)+b \tag{1.9}$$

$$Var(aX+b)=a^2Var(X) \tag{1.10}$$

$$E[g_1(X)+g_2(X)]=E[g_1(X)]+E[g_2(X)] \tag{1.11}$$

同時分布と周辺分布

これまでは1つの確率変数 X について考えてきましたが，(X,Y) というペアの確率変数の関係について考えることもできます．

離散確率変数の同時分布と周辺分布

2つの離散確率変数 X，Y の同時確率関数（joint probability mass function）は $f(x,y)=Pr(X=x,Y=y)$ と定義され，次の性質を満たします．

$$(1)\ 0 \leq f(x,y) \leq 1,\quad (2)\ \sum_x \sum_y f(x,y) = 1$$

X と Y の同時累積分布関数は，$F(x,y) \equiv Pr(X \leq x, Y \leq y) = \sum_{u \leq x} \sum_{v \leq y} f(u,v)$ と定義されます．また，$Pr(X = x) \equiv f_X(x) = \sum_y f(x,y)$ は，X だけの確率分布を表し，X の周辺確率関数（marginal probability mass function）と呼ばれます．X の関数 $g(X)$ や（X, Y）の関数 $g(X, Y)$ の期待値は，1 変数の場合と同様に

$$E[g(X)] = \sum_x g(x) f_X(x) = \sum_x \sum_y g(x) f(x,y)$$

$$E[g(X,Y)] = \sum_x \sum_y g(x,y) f(x,y)$$

と定義されます．

連続確率変数の同時分布と周辺分布

2 つの連続確率変数 X，Y の同時確率密度関数（joint probability density function）を $f(x,y)$ とすると，

$$Pr(a < X \leq b, c < Y \leq d) = \int_a^b \int_c^d f(x,y)\,dydx$$

であり，

$$(1)\ f(x,y) \geq 0,\quad (2)\ \int_{-\infty}^{\infty} \int_{-\infty}^{\infty} f(x,y)\,dydx = 1$$

という性質をもちます．図 1.8 は同時確率密度関数の例で，ある領域上の $f(x,y)$ の体積が確率を表します．

同時累積分布関数は $F(x,y) \equiv Pr(X \leq x, Y \leq y) = \int_{-\infty}^{x} \int_{-\infty}^{y} f(u,v)\,dvdu$ と定義され，$f_X(x) = \int_{-\infty}^{\infty} f(x,y)\,dy$ を X の周辺確率密度関数（marginal probability density function）といいます．X の関数 $g(X)$ や (X, Y) の関数 $g(X, Y)$ の期待値は，1 変数の場合と同様に

$$E[g(X)] = \int_{-\infty}^{\infty} g(x) f_X(x)\,dx = \int_{-\infty}^{\infty} \int_{-\infty}^{\infty} g(x) f(x,y)\,dydx,$$

$$E[g(X,Y)] = \int_{-\infty}^{\infty} \int_{-\infty}^{\infty} g(x,y) f(x,y)\,dydx$$

と定義されます．

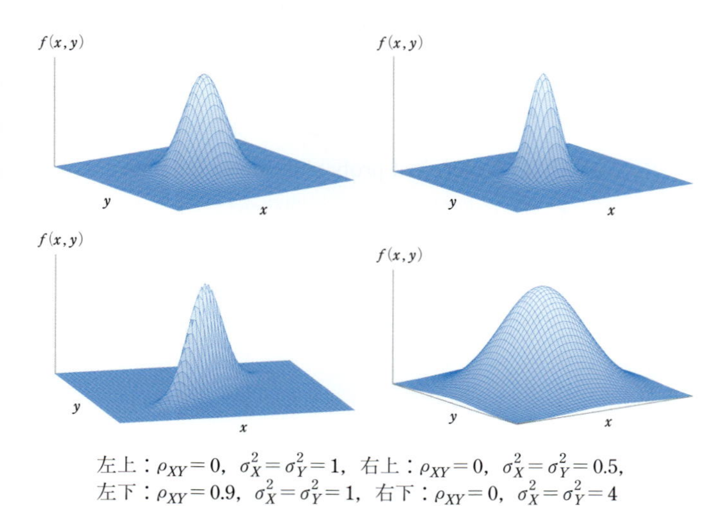

左上：$\rho_{XY}=0$，$\sigma_X^2=\sigma_Y^2=1$，右上：$\rho_{XY}=0$，$\sigma_X^2=\sigma_Y^2=0.5$，
左下：$\rho_{XY}=0.9$，$\sigma_X^2=\sigma_Y^2=1$，右下：$\rho_{XY}=0$，$\sigma_X^2=\sigma_Y^2=4$

図 1.8　同時確率密度関数 $f(x, y)$ の例

相関係数と共分散

X と Y の共分散（covariance）は

$$Cov(X, Y)=\sigma_{XY}\equiv E[(X-\mu_X)(Y-\mu_Y)], \quad \mu_X=E(X), \quad \mu_Y=E(Y)$$

と定義されますが，

$$Cov(X, Y)=E(XY)-\mu_X\mu_Y$$

と表現することもできます．これを用いて

$$\rho_{XY}\equiv\frac{Cov(X, Y)}{\sqrt{Var(X)Var(Y)}}$$

を X と Y の相関係数（correlation coefficient）といいます．相関係数 ρ_{XY} は，$-1\leq\rho_{XY}\leq 1$ という性質をもちます．

共分散を用いて 2 つの確率変数の同時分布に関する平均と分散に次のような

性質があることを示せます.

POINT 1.3　平均と分散の性質（2変数）

a, b, c を定数, X, Y を確率変数とすると

$$E(aX+bY+c)=aE(X)+bE(Y)+c \tag{1.12}$$

$$Var(aX+bY+c)=a^2Var(X)+b^2Var(Y)+2abCov(X,Y) \tag{1.13}$$

X と Y が正規分布に同時にしたがい, 平均が μ_X, μ_Y, 分散が σ_X^2, σ_Y^2, 共分散が σ_{XY} のとき, a, b を定数として

$$aX+bY \sim N(a\mu_X+b\mu_Y, a^2\sigma_X^2+b^2\sigma_Y^2+2ab\sigma_{XY})$$

が成り立ちます.

相関と独立性

確率変数 X と Y の同時確率関数（あるいは同時確率密度関数）を $f(x,y)$, 周辺確率関数（あるいは周辺確率密度関数）を $f_X(x)$, $f_Y(y)$ とおきます. このとき,

$$f(x,y)=f_X(x)f_Y(y)$$

と書けるならば, X と Y は独立（independent）であるといいます. X, Y が独立ならば, その関数 $g_1(X)$, $g_2(Y)$ について

$$E[g_1(X)g_2(Y)]=E[g_1(X)]E[g_2(Y)]$$

が成り立ち, 特に

$$Cov(X,Y)=E(XY)-E(X)E(Y)=0$$

となり, X と Y は無相関になります. したがって, X と Y が独立であるとき, a, b を定数として

$$Var(aX+bY)=a^2Var(X)+b^2Var(Y)$$

が成り立ちます. しかし, 一般に X と Y が無相関であることは必ずしも独立

であることを意味しません[2].

$$『X と Y は独立である』 \not\rightleftarrows 『X と Y は無相関である』$$

1.3 区間推定

点推定

正規分布の μ や σ^2 のように，母集団の確率分布の特徴を表す未知の定数をパラメータまたは母数といいます．ある確率分布のパラメータを θ とし，この分布にしたがう確率変数の標本 $X_1, \cdots, X_n$ の関数 $\hat{\theta}$ として推測することを θ の点推定（point estimation）といいます．例えば，母集団分布の平均 μ を標本平均

$$\hat{\mu} = \frac{X_1 + \cdots + X_n}{n}$$

で推定するのが点推定です．また，$\hat{\theta}$ を θ の点推定量（point estimator），あるいは単に推定量といいます．また $\overline{X}$ に実際に観測された標本の数値を代入して得られた値のことを点推定値（point estimate）あるいは単に推定値といいます．

推定量の性質

推定量 $\hat{\theta}$ の性質として，不偏性・有効性・平均二乗誤差・一致性などがあります．

- 不偏性（unbiasedness）：θ の推定量 $\hat{\theta}$ は $E(\hat{\theta}) = \theta$ を満たすとき，不偏（unbiased）であるといい，$\hat{\theta}$ を θ の不偏推定量（unbiased estimator）といいます．不偏性は，「推定量 $\hat{\theta}$ は平均的に真の値 θ に等しく，偏りがな

[2] ただし，X と Y が正規分布にしたがうときには，無相関であることは独立であることを意味します．

いこと」を意味します．$E(\hat{\theta}) \neq \theta$ のときには，$E(\hat{\theta}) - \theta$ は偏り（bias）を表します．

- 有効性（efficiency）：θ の不偏推定量として，2つの候補 $\hat{\theta}_1, \hat{\theta}_2$ があるとしましょう．$Var(\hat{\theta}_1) < Var(\hat{\theta}_2)$ であるときに，$\hat{\theta}_1$ は $\hat{\theta}_2$ よりも有効（efficient）であるといいます．
- 平均二乗誤差（mean squared error）：$E(\hat{\theta} - \theta)^2$ を θ の推定量 $\hat{\theta}$ の平均二乗誤差といいます．平均二乗誤差は

$$E[(\hat{\theta} - \theta)^2] = Var(\hat{\theta}) + \{E(\hat{\theta}) - \theta\}^2$$

と書くことができ，$Var(\hat{\theta})$ は推定量 $\hat{\theta}$ の分散の大きさを，$\{E(\hat{\theta}) - \theta\}^2$ は偏りの大きさを意味します．
- 一致性（consistency）：θ の推定量 $\hat{\theta}$ は，任意の正数 $\varepsilon > 0$ に対して

$$\lim_{n \to \infty} Pr(|\hat{\theta} - \theta| > \varepsilon) = 0$$

が成り立つとき，一致推定量（consistent estimator）である，あるいは $\hat{\theta}$ は θ に確率収束するといい，$\hat{\theta} \xrightarrow{P} \theta$ と表記します．

図 1.9 は，正規分布にしたがう $X_1, \cdots, X_n$ の標本平均 $\overline{X}$ の分布が n が大き

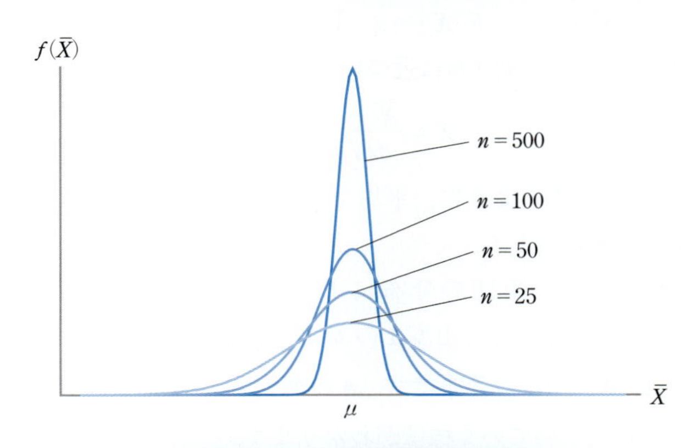

図 1.9　正規分布からの標本平均 $\overline{X}$ の分布

くなるとともに真の平均 μ のまわりに集中していく様子を描いたものです．n が大きくなるにつれて，真の値からずれる確率はどんどん 0 に近づいていきます．

標本平均と標本分散の性質

$X_1, \cdots, X_n$ が互いに独立に同一の分布にしたがうとし，$E(X_i)=\mu$，$Var(X_i)=\sigma^2$ とします．すると標本平均 $\overline{X}$ の期待値と分散は

$$E(\overline{X})=\mu, \quad Var(\overline{X})=\frac{\sigma^2}{n}$$

ですから，不偏性をもちます．また標本分散 s_X^2 についても $E(s_X^2)=\sigma^2$ が成り立つので，不偏性があります．s_X^2 の式（1.2）で，平方和を n ではなく $n-1$ で割っているのは，この不偏性という性質を満たすためです．このため，s_X^2 は不偏分散と呼ばれることもあるのです．さらに標本平均 $\overline{X}$ については，次のような性質もあります．

- 大数（たいすう）の法則（law of large numbers）：$X_1, \cdots, X_n$ が互いに独立に同一の分布にしたがうとし，$E(X_i)=\mu$ とするとき，$\overline{X}$ は μ に確率収束し，これを大数の法則といいます．
- 中心極限定理（central limit theorem）：$X_1, \cdots, X_n$ が互いに独立に同一の分布にしたがうとし，$E(X_i)=\mu$，$Var(X_i)=\sigma^2$ とするとき，以下の Z の分布は次第に標準正規分布に近づいていく．これを中心極限定理といい

$$Z=\frac{\overline{X}-\mu}{\sigma/\sqrt{n}} \xrightarrow{D} N(0,1)$$

と表記します．Z のように，平均を引いて標準偏差で割ることを標準化（基準化）する，といいます．

これらの結果は，母集団の分布によらずあてはまります．図 1.10 は $X_1, \cdots, X_n$ が互いに独立に自由度 1 のカイ二乗分布にしたがうときの $Z=\dfrac{\overline{X}-\mu}{\sigma/\sqrt{n}}$（$\mu=1$，$\sigma^2=2$）の分布です．$n$ の値が大きくなるにつれて，標準正規分布 $N(0,1)$ に近づいていく様子がわかります．

もし $X_1, \cdots, X_n \sim i.i.d.\ N(\mu, \sigma^2)$ ならば，n の大きさに関係なく次が成り立ちます．

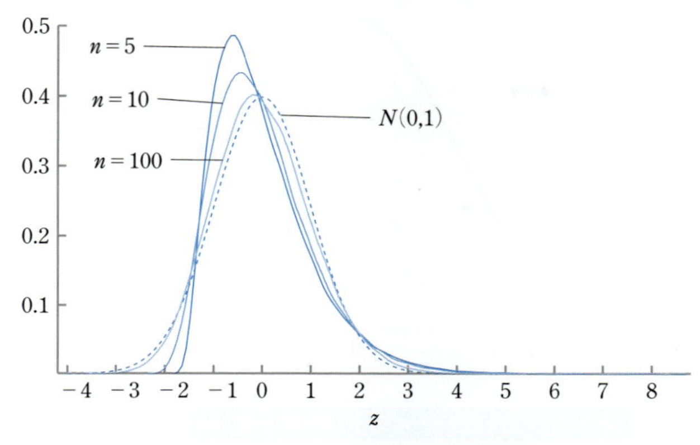

点線は標準正規分布 $N(0.1)$ の確率密度関数

図 1.10 Z の分布

$$\frac{\overline{X}-\mu}{\sigma/\sqrt{n}} \sim N(0,1),\quad \frac{\overline{X}-\mu}{s_X/\sqrt{n}} \sim T(n-1),\quad \frac{(n-1)s_X^2}{\sigma^2} \sim \chi^2(n-1)$$

標本分散 s_X^2 の含まれているところでは，$\overline{X}$ を求める関係式の数 1 だけ自由度が n から減少しています．

区間推定

点推定量の場合，その精度についての情報がありませんから，例えば標本平均がどれくらい母集団平均 μ に近いのかわかりません．点推定量の標準偏差またはその推定値を**標準誤差**（standard error）といい，標準誤差を用いて精度に関する信頼の度合いを区間として与える推定を，**区間推定**（interval estimation）といいます．

例をあげながら，説明しましょう．いま，互いに独立な標本 $X_1,\cdots,X_n$ が，正規分布 $N(\mu,\sigma^2)$（μ，σ^2 ともに未知）から得られたとし（$X_1,\cdots,X_n \sim i.i.d.\ N(\mu,\sigma^2)$），標本平均を $\overline{X}$，標本分散を s_X^2 とします．さて真の平均 μ の点推定量 $\overline{X}$ の精度はどれくらいでしょうか．$\overline{X}$ の分散は，$Var(\overline{X})=\sigma^2/n$ ですので，

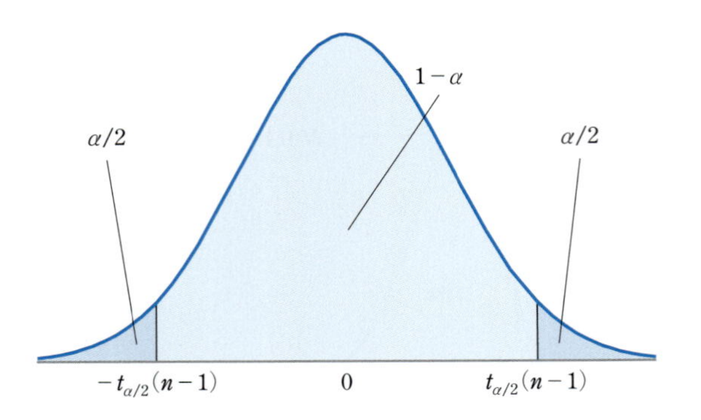

図 1.11　自由度 $n-1$ の t 分布の上側 $100\times\alpha/2\%$ 点

この分散が小さいほど精度が高いことになります．しかし，σ^2 は未知ですので，その推定量である標本分散 s_X^2 を用いて $Var(\overline{X})$ の推定量を s_X^2/n とします．

このとき，標準誤差 $s_X/\sqrt{n}$ を用いて $\overline{X}$ を基準化すると

$$T=\frac{\overline{X}-\mu}{s_X/\sqrt{n}}\sim T(n-1) \tag{1.14}$$

というように自由度 $n-1$ の t 分布にしたがいます．自由度 $n-1$ の t 分布で，図 1.11 におけるように端の面積が $\alpha/2$ であるような点を $t_{\alpha/2}(n-1)$ と表記します．つまり，$t_{\alpha/2}(n-1)$ は

$$Pr(-t_{\alpha/2}(n-1)<T<t_{\alpha/2}(n-1))=1-\alpha \tag{1.15}$$

となるような点（上側 $100\times\alpha/2\%$ 点といいます）で，付表 II の t 分布表から求めることができます．

式（1.15）に $T=\dfrac{\overline{X}-\mu}{s_X/\sqrt{n}}$ を代入して整理すると

$$Pr\left(\overline{X}-t_{\alpha/2}(n-1)\frac{s_X}{\sqrt{n}}<\mu<\overline{X}+t_{\alpha/2}(n-1)\frac{s_X}{\sqrt{n}}\right)=1-\alpha$$

となります．この区間 $\left(\overline{X}-t_{\alpha/2}(n-1)\dfrac{s_X}{\sqrt{n}},\ \overline{X}+t_{\alpha/2}(n-1)\dfrac{s_X}{\sqrt{n}}\right)$ を μ のための $100(1-\alpha)\%$ **信頼区間**（confidence interval）といい，$1-\alpha$ を信頼区間の**信頼係数**（confidence level）といいます．

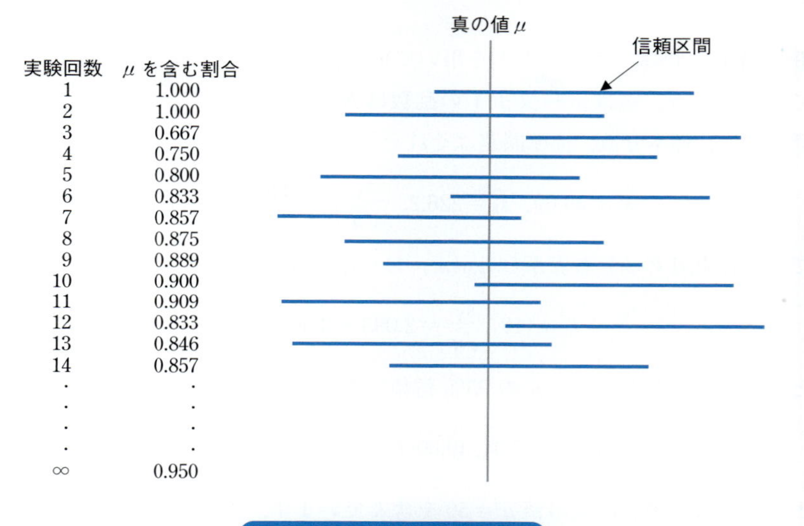

図 1.12　信頼係数 95% の意味

POINT 1.4　平均 μ のための $100(1-\alpha)$%信頼区間

互いに独立な標本 $X_1, \cdots, X_n$ が，正規分布 $N(\mu, \sigma^2)$ （μ, σ^2 ともに未知）から得られたとき，平均 μ のための $100(1-\alpha)$%信頼区間は

$$\left(\overline{X} - t_{\alpha/2}(n-1)\frac{s_X}{\sqrt{n}},\ \overline{X} + t_{\alpha/2}(n-1)\frac{s_X}{\sqrt{n}}\right)$$

通常 $\alpha=0.05$ を用いることが多く，信頼係数は 95% となります．信頼係数が大きくなればなるほど，$t_{\alpha/2}(n-1)$ の値は大きくなり，信頼区間の幅は大きくなります．信頼係数の意味ですが，例えば 95% 信頼区間は，標本から信頼区間を m 個（独立に）作ったとき，図 1.12 のようにそのうち真の値 μ を含む区間の相対的な頻度が，m が大きくなるにつれて 95% に近づいていくということを意味しています．

しかし，個々の信頼区間についていえば，真の値 μ を含むか含まないかのどちらかです．現実的な解釈としては 95% 信頼区間は，95% の確からしさで真の値 μ を含んでいると考えればよいでしょう．また，信頼区間の幅が小さい場合には，精度の高い結果となり，大きい場合には精度の低い結果となります．

例 1.11　では，データ 1.1 を用いて平均 μ のための，95% 信頼区間を求めてみましょう．実はデータ 1.1 の乱数は $N(50, 10)$ からの $n = 20$ 個の標本で，標本平均，標本分散，標準誤差はそれぞれ，

$$\overline{X} = 49.69,\ s_X^2 = 226.2,\ \frac{s_X}{\sqrt{n}} = \frac{\sqrt{226.2}}{\sqrt{20}} = 3.363$$

です．付表 II の t 分布表から $t_{\alpha/2}(n-1) = t_{0.025}(19) = 2.093$ ですから，

$$t_{0.025}(19)\frac{s_X}{\sqrt{n}} = 2.093 \times 3.363 = 7.04$$

となります．したがって μ の 95% 信頼区間は

$$(49.69 - 7.04, 49.69 + 7.04) = (42.65, 56.73)$$

となり，この場合は真の値 $\mu = 50$ を含んでいます．また，99% 信頼区間を求めると $t_{\alpha/2}(n-1) = t_{0.005}(19) = 2.861$ ですから，

$$t_{0.005}(19)\frac{s_X}{\sqrt{n}} = 2.861 \times 3.363 = 9.62$$

となり，

$$(49.69 - 9.62, 49.69 + 9.62) = (40.07, 59.31)$$

となります．99% 信頼区間は 95% 信頼区間に比べて広くなっています．

1.4 仮説検定

帰無仮説と対立仮説

仮説検定（hypothesis testing）は，母集団に関して自分のいいたいこと（「仮説」）がデータによって支持されているかどうかを調べる方法です．仮説検定では，POINT1.5 のように 3 つのステップを踏んで行われます．

POINT 1.5　仮説検定の手順

(1) 2つの対立する仮説，H_0 と H_1 をたてる．
(2) H_0 と H_1 のどちらをどう選ぶのかを決める．
(3) (2)にしたがって検定を行い，結論を出す．

ここでも例をあげながら説明しましょう．区間推定のときと同じく，互いに独立な標本 $X_1, \cdots, X_n$ が，正規分布 $N(\mu, \sigma^2)$ から得られたとし，標本平均を $\overline{X}$，標本分散を s_X^2 とします．このとき，

$$T = \frac{\overline{X} - \mu}{s_X / \sqrt{n}} \sim T(n-1) \tag{1.16}$$

が成り立ちます．μ の値はわからないので μ に関して仮説をたてるとします．例えば，μ が40より大きいことを示したいとしましょう．この仮説を $H_1 : \mu > 40$ とします．このとき，H_1 と反対の仮説は，μ が40以下であるということになりますが，この仮説を $H_0 : \mu \leq 40$ とおきます．これで仮説検定の手順(1)である仮説をたてたことになります．つまり

手順(1)『$H_0 : \mu \leq 40$ vs $H_1 : \mu > 40$』

となります．仮説検定では，まず示したいことではない仮説 H_0 のほうが正しいと仮定します．そして，H_0 が正しいという仮定がデータの示す結果と符合しないときに，自分のいいたいことである仮説 H_1 が正しいとします．このとき，仮説 H_0 を棄却（reject）し，仮説 H_1 を受容（accept）するといいます．このように H_0 は棄ててしまいたい仮説ですので，無に帰する仮説，帰無仮説（null hypothesis）といいます．一方，H_1 は H_0 に対立する仮説ということで対立仮説（alternative hypothesis）といいます．注意したいことは，示したい仮説が対立仮説 H_1 であり，H_0 が棄却されてはじめて H_1 を支持する証拠があることということです．帰無仮説 H_0 は受容されても，H_0 を支持する証拠があるということはできず，H_0 を棄却できなかったという弱い意味しかもちません．

このため，まず帰無仮説 H_0 が正しいと仮定します．このとき，$\mu \leq 40$ ですが，特に対立仮説に対して最も近い $\mu = 40$ と仮定して，対立仮説の正しさを調べるので，帰無仮説を $H_0 : \mu = 40$ と書くこともあります．帰無仮説 H_0 で用いられる，この40という数値は，仮説値（hypothesized value）と呼ばれます．

有意水準

例を続けましょう．帰無仮説は $H_0: \mu \leq 40$，対立仮説は $H_1: \mu > 40$ でした．もし，$\mu = 40$ が正しいならば式（1.16）に代入して

$$T = \frac{\overline{X} - 40}{s_X/\sqrt{n}} \sim T(n-1)$$

となるはずで，原点 0 のまわりに対称な分布をしています．しかし，もし対立仮説 H_1 が正しければ，$\mu > 40$ ですので T は原点 0 よりも右側の分布となります．なぜなら

$$T = \frac{\overline{X} - 40}{s_X/\sqrt{n}} = \frac{\overline{X} - \mu}{s_X/\sqrt{n}} + \frac{\mu - 40}{s_X/\sqrt{n}} > \frac{\overline{X} - \mu}{s_X/\sqrt{n}}$$

となるからです．このことを示したのが図 1.13 です．

真の μ が 40 より大きくなればなるほど，T の分布は右のほうへとシフトしていきます．そこで，T の値が大きいときに帰無仮説 H_0 を棄却し，対立仮説 H_1 を受容するという手順を考えます．しかし，仮説検定には誤りがつきもので，POINT1.6 にあるように第 1 種の誤りと第 2 種の誤りがあります．

POINT 1.6　仮説検定の誤り

（1） 第 1 種の誤り（type I error）：H_0 が正しいときに，H_0 を棄却する．

（2） 第 2 種の誤り（type II error）：H_0 が正しくないときに，H_0 を受容する．

第 1 種の誤りの確率は，有意水準（significance level）または検定のサイズ（size of the test）と呼ばれ，図 1.13 における α となります．一方，第 2 種の誤りの確率は，図 1.13 における β となります．また，$1-\beta$ は H_0 が正しくないときに H_0 を棄却する確率で，仮説検定の検定力（power）と呼ばれます．

真の値 μ が未知であるため，仮説の検定で真の値 μ に依存する β をコントロールすることは難しくなります．そこで代わりに H_0 の下で設定される $\mu = 40$ を用いて計算することができる α を小さい数，例えば $\alpha = 0.05$ となるように仮説検定の手順を決めます．具体的には $T > t_\alpha(n-1)$ のとき，帰無仮説 H_0 を棄却し，対立仮説 H_1 を受容するということとします．この点 $t_\alpha(n-1)$ は臨界値（critical value）といい，$T > t_\alpha(n-1)$ の範囲を，帰無仮説 H_0 を棄却す

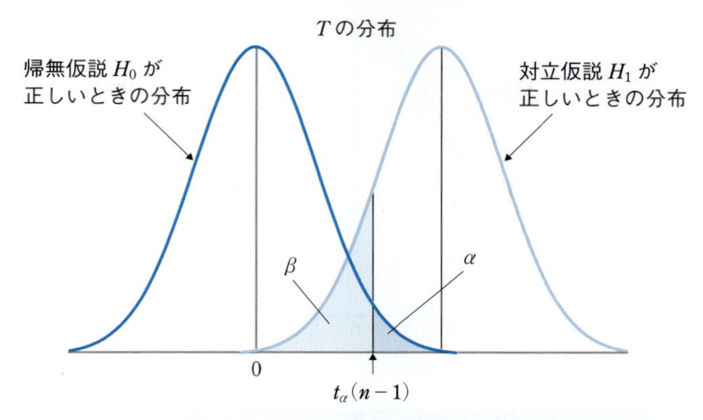

図 1.13　$H_0：\mu = 40$ vs $H_1：\mu > 40$ の下での T の分布

る領域ということで**棄却域**（rejection region）といいます．また，仮説検定に用いる数量 T は**検定統計量**（test statistic）と呼ばれます．帰無仮説 H_0 の下で t 分布にしたがう検定統計量 T は **t 統計量**（t statistic）と呼ばれ，t 統計量を用いて行う検定を **t 検定**（t test）といいます．

データ 1.1 を用いて有意水準 5%（$\alpha = 0.05$）で検定を行うことにしましょう．$n = 20$ より付表 II の t 分布表から，有意点は $t_{0.05}(n-1) = t_{0.05}(19) = 1.729$ となります．すると手順(2)は次のようになります．

手順(2)『$T > 1.729$ のとき，有意水準 5% で帰無仮説 H_0 を棄却する』

t 値と p 値

実際に観測された $\overline{X} = 49.69$, $s_X^2 = 226.2$ を t 統計量である T に代入して計算したものを **t 値**（t value）といいます．この例では

$$t\text{ 値} = \frac{49.69 - 40}{\sqrt{226.2}/\sqrt{20}} = 2.881 > 1.729$$

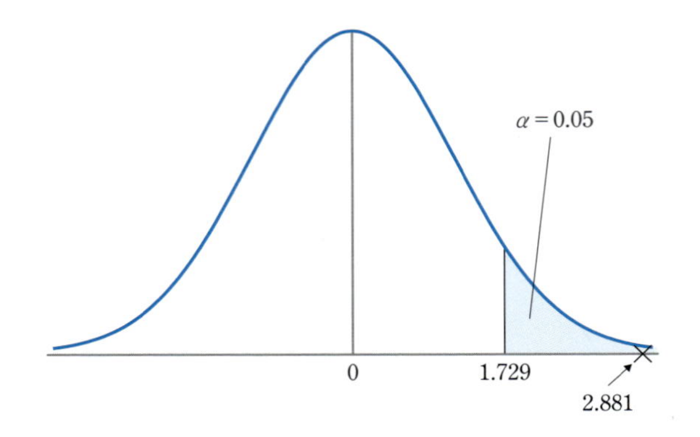

図 1.14 H_0：$\mu \leq 40$ vs H_1：$\mu > 40$ の棄却域，臨界値，t 値

となります．このように臨界値よりも t 値が大きいとき，有意水準 5%（$\alpha = 0.05$）で t 値は有意（significant）である，といいます．この結果から，手順(2)に基づいて

手順(3)『t 値 $= \dfrac{49.69 - 40}{\sqrt{226.2}/\sqrt{20}} = 2.881 > 1.729$ より，有意水準 5% で帰無仮説 H_0：$\mu \leq 40$ を棄却し，H_1：$\mu > 40$ を受容する．$\mu > 40$ であるという証拠がある．』

となり，仮説検定を終了します．

図 1.14 は t 値 $= 2.881$ が棄却域 $(1.729, \infty)$ の中にあることを描いたもので，図の水色部分は $Pr(T > 1.729) = 0.05$ より，面積が 0.05 となります．図から t 値は，かなり有意であることがわかります．仮説検定では有意水準 α を，データを見る前にあらかじめ決めてから検定を行いますが，もし，$\alpha = 0.01$ としていたらどうだったでしょうか．実は $t_{0.01}(19) = 2.539$ ですから t 値 $= 2.881 > 2.539$ となり，有意水準 1% でもやはり帰無仮説 H_0 を棄却していたことになります．では有意水準が何%までだったら，帰無仮説 H_0 を棄却していたでしょうか．

図 1.15 のように自由度 19 の t 分布では $Pr(T > t \text{ 値}) = Pr(T > 2.881) = 0.0048$ ですから，有意水準が 0.48% より大きかったら帰無仮説 H_0 を棄却できたことになります．この有意水準 0.48% は **p 値**（p value）と呼ばれます．

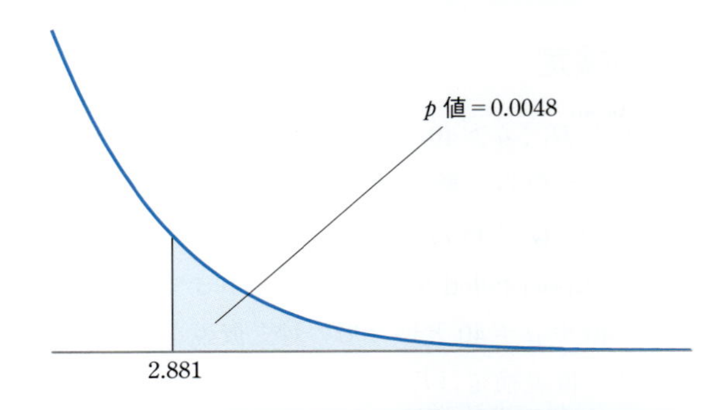

図 1.15　$H_0：\mu \leq 40$ vs $H_1：\mu > 40$ の p 値

p 値は観測される有意水準（observed significance level）とも呼ばれ，仮説検定の有意さの程度を表します．仮説検定では，帰無仮説を受容するかどうかの結果は得られますが，結果がどれほど有意なのかはわかりません．p 値は，仮説検定で得られる結果に補足的な情報を追加してくれます．

ところで，臨界値 1.729 と有意水準 $\alpha = 0.05$，t 値 2.881 と p 値 0.0048 はそれぞれ対応しています．つまり，

$$臨界値 = 1.729 < t\ 値 = 2.881 \quad \Leftrightarrow \quad 有意水準\ \alpha = 0.05 > p\ 値 = 0.0048$$

となっています．このような性質を利用すると仮説検定の手順(2)は

手順(2)′『p 値＜0.05 のとき，有意水準 5% で帰無仮説 H_0 を棄却する』

とおきかえることもできます．一般に有意水準を α とおけば『p 値＜α のとき，有意水準 α で帰無仮説 H_0 を棄却する』ということになります．

POINT 1.7　仮説検定の手順の例（t 検定）

(1) 帰無仮説 $H_0：\mu \leq 40$ vs 対立仮説 $H_1：\mu > 40$

(2) $T > 1.729$ のとき（p 値＜0.05 のとき），有意水準 5% で H_0 を棄却する．ただし，$T = (\overline{X} - 40)/(s_X/\sqrt{n})$.

(3) (2)にしたがって検定を行い，結論を出す．

1.4 仮説検定

片側検定と両側検定

この例では $H_0: \mu \leq 40$ と $H_1: \mu > 40$ という仮説検定を考えました．対立仮説が $H_1: \mu > 40$ であることから，棄却域が分布の一方にあり，片側検定（one-sided test，one-tailed test）と呼ばれます．また，特に分布の右側に棄却域があるので，上側検定（upper-tailed test）とも呼ばれます．

対立仮説は他にも $\mu < 40$ や $\mu \neq 40$ という形の対立仮説を考えることもできます．$H_1: \mu < 40$ のとき，仮説検定は片側検定で，棄却域は分布の左側になり，下側検定（lower-tailed test）と呼ばれます．また，$H_1: \mu \neq 40$ のとき，棄却域は分布の両側になり，仮説検定は両側検定（two-sided test，two-tailed test）と呼ばれます．

検定で用いた仮説値 40 を一般に μ_0 とおき，仮説の検定統計量を $T = (\overline{X} - \mu_0)/(s_X/\sqrt{n})$ として，POINT 1.8 のように 3 つの検定をまとめることができます．

POINT 1.8　平均 μ の仮説検定（t 検定）

検定統計量を $T = (\overline{X} - \mu_0)/(s_X/\sqrt{n})$ とすると，

	両側検定	上側検定	下側検定
帰無仮説(H_0)	$\mu = \mu_0$	$\mu \leq \mu_0$	$\mu \geq \mu_0$
対立仮説(H_1)	$\mu \neq \mu_0$	$\mu > \mu_0$	$\mu < \mu_0$
H_0 の棄却域	$\lvert T \rvert > t_{\alpha/2}(n-1)$	$T > t_\alpha(n-1)$	$T < -t_\alpha(n-1)$

検定統計量 T の分布を求めるときには，$\mu = \mu_0$ を用いるので帰無仮説は，上側検定や下側検定の場合でも $H_0: \mu = \mu_0$ と書くこともあります．例えば，下側検定や両側検定の手順は次のようになります．

POINT 1.9　平均 μ の下側検定（t 検定）

(1) 帰無仮説 $H_0: \mu \geq \mu_0 (H_0: \mu = \mu_0)$ vs 対立仮説 $H_1: \mu < \mu_0$

(2) $T < -t_\alpha(n-1)$ のとき（p 値 $< \alpha$ のとき），有意水準 α で H_0 を棄却する．ただし，$T = (\overline{X} - \mu_0)/(s_X/\sqrt{n})$．

(3) (2)にしたがって検定を行い，結論を出す．

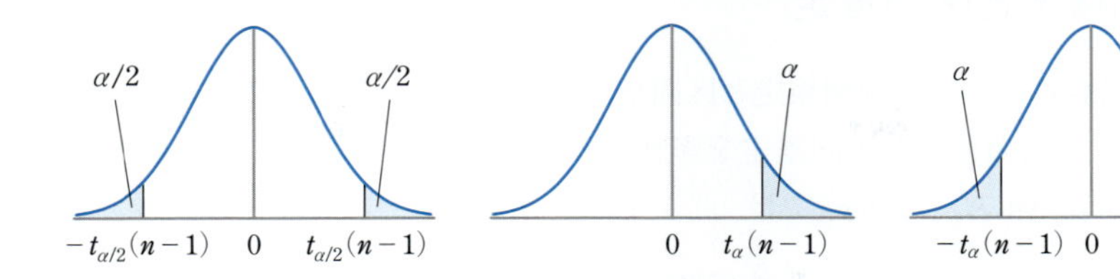

図 1.16　棄却域──両側検定（左），上側検定（中央），下側検定（右）

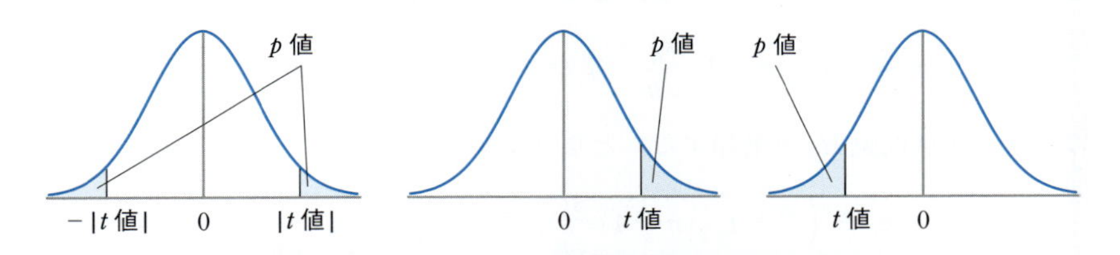

図 1.17　p 値──両側検定（左），上側検定（中央），下側検定（右）

POINT 1.10　平均 μ の両側検定（t 検定）

(1) 帰無仮説 H_0：$\mu = \mu_0$ vs 対立仮説 H_1：$\mu \neq \mu_0$

(2) $|T| > t_{\alpha/2}(n-1)$のとき（p 値 $< \alpha$ のとき），有意水準 α で H_0 を棄却する．ただし，$T = (\overline{X} - \mu_0)/(s_X/\sqrt{n})$．

(3) (2)にしたがって検定を行い，結論を出す．

それぞれの検定の棄却域が図 1.16 のようになります．

仮説検定は p 値を用いて行うこともできます．Stata などの統計ソフトウェアを用いると，仮説検定の p 値が出力されることも多いので，『p 値 $< \alpha$ のとき，有意水準 α で H_0 を棄却する』とすればよいのです．このとき，t 分布表を見る必要がなく大変便利です．しかし，p 値の計算は対立仮説によって図 1.17 のように変わりますので，統計ソフトウェアの出力する p 値が，どの仮説のためのものなのか，正しく理解することが必要です．

両側検定と区間推定

多くの場合において，両側検定と区間推定の間には対応関係があります．例えば平均 μ の両側検定と区間推定を考えてみましょう．有意水準 α の両側検定 $H_0 : \mu = \mu_0$ vs $H_1 : \mu \neq \mu_0$ では

$$|T| = \left| \frac{\overline{X} - \mu_0}{s_X/\sqrt{n}} \right| > t_{\alpha/2}(n-1)$$

のとき，帰無仮説 H_0 を棄却する，となります．これをいいかえれば，

$$\mu_0 < \overline{X} - t_{\alpha/2}(n-1)\frac{s_X}{\sqrt{n}} \quad \text{または} \quad \mu_0 > \overline{X} + t_{\alpha/2}(n-1)\frac{s_X}{\sqrt{n}}$$

のとき，帰無仮説 H_0 を棄却する，となります．あるいは

$$\mu_0 \in \left(\overline{X} - t_{\alpha/2}(n-1)\frac{s_X}{\sqrt{n}},\ \overline{X} + t_{\alpha/2}(n-1)\frac{s_X}{\sqrt{n}} \right)$$

のとき，帰無仮説 H_0 を受容することになります．ところで，平均 μ のための $100(1-\alpha)$%信頼区間は

$$\left(\overline{X} - t_{\alpha/2}(n-1)\frac{s_X}{\sqrt{n}},\ \overline{X} + t_{\alpha/2}(n-1)\frac{s_X}{\sqrt{n}} \right)$$

でした．ですから，

「有意水準 α で $H_0 : \mu = \mu_0$ を棄却し，$H_1 : \mu \neq \mu_0$ を受容する」
$\Leftrightarrow$「μ の $100(1-\alpha)$%信頼区間に μ_0 が含まれない」

ということになります．したがって，μ のための 95% 信頼区間が計算されていれば，その中に仮説値 μ_0 が含まれている（いない）場合には有意水準 5% の $H_0 : \mu = \mu_0$ vs $H_1 : \mu \neq \mu_0$ の仮説検定で，帰無仮説 H_0 を受容（棄却）すればよいことになります．

1.5 分析例

ここでは，実際の分析を Stata というソフトウェアを用いて行った例を紹介

します．データの準備のしかたについては1.8節を参照してください．セルで区切られたExcel上のデータをコピーして，Stata上で編集・保存する方法や，CSVファイル[3]をコマンドを使って読み込む方法などがあります．

データの要約

例 1.12 データ1.2の気温とビール・発泡酒の課税数量について，
(1) 標本平均，標本標準偏差，標本相関係数を求めなさい．
(2) 散布図を描きなさい．

表 1.1 データファイル (beer.csv)

```
TMP,BEER,HAPPO,BH
7.4,249.827,110.717,360.539
7.9,245.749,189.026,434.77
(以下省略)
```

データは表1.1のようなCSVファイルとして用意します．テキストファイルに，変数名，数値を入力し，カンマで区切っています．数値は，左から順に気温，ビールの課税数量，発泡酒の課税数量，ビール・発泡酒の課税数量となっています．

まず，標本平均や標本標準偏差などの基本統計量を求めましょう．

Stata 1.1 記述統計量
統計(S)▶要約/表/検定▶要約と記述統計量▶記述統計量

出てきた画面の変数の欄に **tmp bh** と入力し，OKを押します（図1.18）．

---

[3] CSV（comma-separated values）ファイルは各項目をカンマで区切ったテキストファイルで，拡張子はcsvです．読者は「データ」の節を参照しながら，Excelなどを利用してファイルを作成してください．Excelを利用する場合，保存する際に**ファイルの種類（T）**で**CSV（カンマ区切り）**を選びます．また，テキスト自体は入力が大変なため，新世社ホームページ（http://www.saiensu.co.jp）内の本書のサポートページに掲載していますので活用してください．

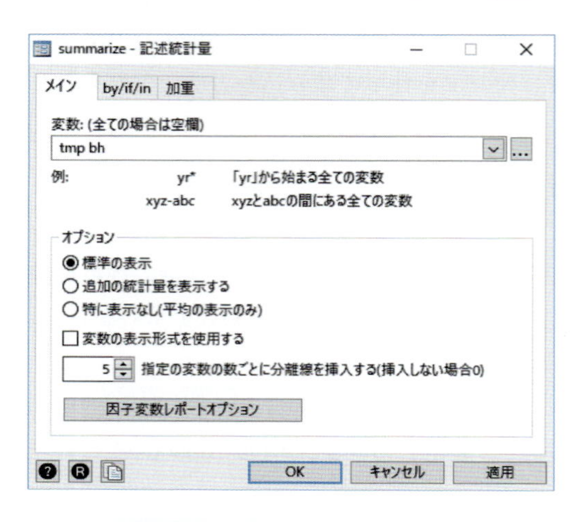

図 1.18　データの記述統計量を求める

表 1.2　標本平均・標本標準偏差など基本統計量

```
. summarize tmp bh
Variable |     Obs        Mean①  Std. Dev.②      Min③       Max④
---------+--------------------------------------------------------
     tmp |      12    16.70833   7.563844        7.2         28
      bh |      12    577.5264   113.8329    360.539    747.202
```

表 1.2 では，標本平均（①）から，気温の標本平均は 16.708，ビール・発泡酒の課税数量の標本平均は，577.53 となります．続けて標本標準偏差（②），最小値（③），最大値（④）が出力されています．

Stata 1.2　相関係数と共分散

統計(S) ▶ 要約/表/検定 ▶ 要約と記述統計量 ▶ 相関と共分散

次に標本相関係数と標本分散について求めましょう．出てきた画面の**変数**の欄に **tmp bh** と入力し，OK を押すと標本相関係数が得られます．標本分散・標本共分散を求める場合には，さらに**オプション**タブで，**共分散を表示する**に ✓（チェック）を入れて，OK を押します．

表 1.3　標本相関係数・標本分散

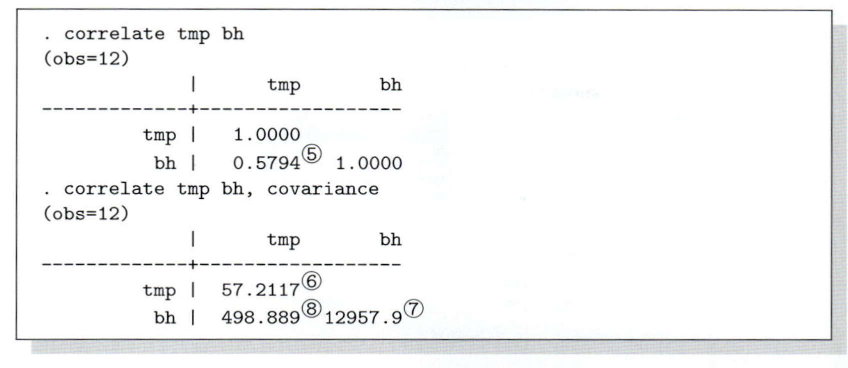

```
. correlate tmp bh
(obs=12)
             |      tmp       bh
-------------+------------------
         tmp |   1.0000
          bh |   0.5794⑤  1.0000
. correlate tmp bh, covariance
(obs=12)
             |      tmp       bh
-------------+------------------
         tmp |  57.2117⑥
          bh |  498.889⑧12957.9⑦
```

表 1.3 では，気温とビール・発泡酒の課税数量の標本相関係数（⑤）が 0.579，気温の標本分散（⑥）が 57.212，ビール・発泡酒の課税数量の標本分散（⑦）が 12958 であり，2 つの変数の標本共分散（⑧）が 498.89，と得られます．

散布図は次のように描きます．

Stata 1.3　散 布 図
グラフィックス(G) ▶ 二元グラフ（散布図/折れ線など）

出てきた画面（図 1.19）で作成...を押すと次の画面が現れるので（図

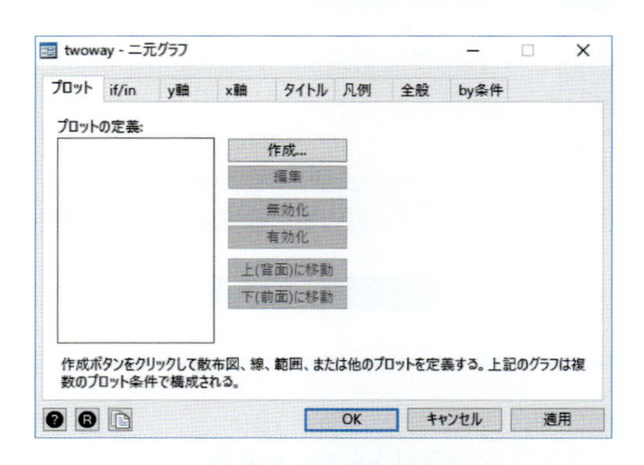

図 1.19　プロットの作成

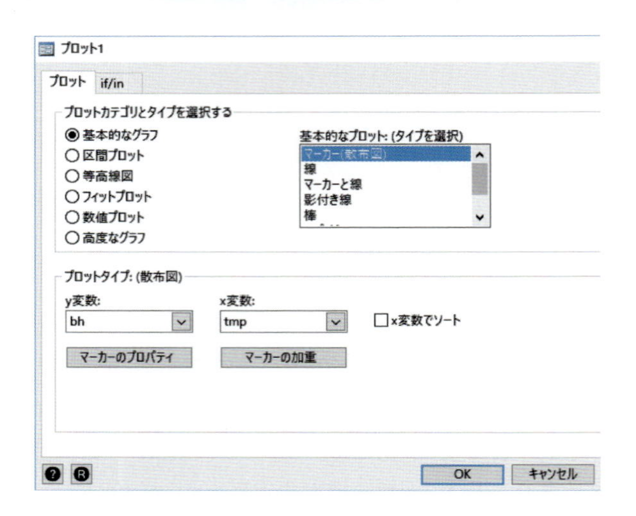

図 1.20　散布図を描く

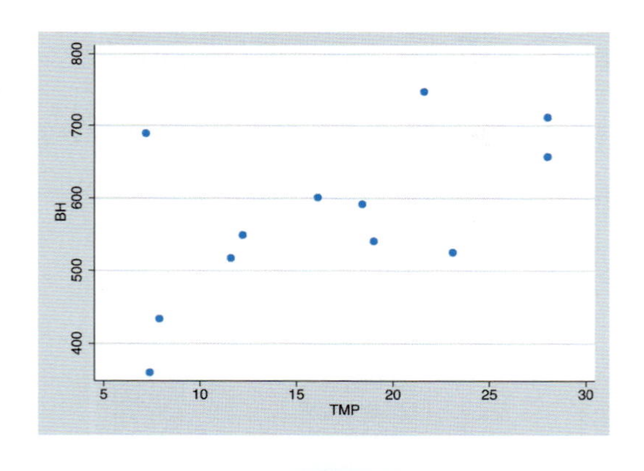

図 1.21　散布図

1.20)，y 変数に課税数量の合計 **bh** を，x 変数に気温 **tmp** を選び，OK を押します．すると元の画面に戻るので，再び OK を押すと図 1.21 のように散布図が得られます．

Stataはコマンドのウィンドウに計算を指示するコマンドを入力してその都度実行したり，コマンドをファイルにまとめて一度に実行したりすることもできます．

参考としてStataコマンドのプログラムをStata1.4にまとめておきます[4,5]．

Stata 1.4 データ要約のプログラム

```
import delimited C:¥beer.csv
summarize tmp bh
correlate tmp bh
correlate tmp bh, covariance
twoway (scatter bh tmp)
```


平均の仮説検定

次に，本章でとりあげた，乱数のデータを用いた平均の仮説検定を行ってみましょう．

例 1.13 データ 1.1 について，

(1) ヒストグラムを描きなさい．

(2) 標本平均，標本標準偏差を求めなさい．

(3) 真の平均を μ として，μ のための95% 信頼区間を求めなさい．

(4) 有意水準5% で次の仮説を検定しなさい．

(a) $H_0：\mu \geq 40$ vs $H_1：\mu < 40$.

(b) $H_0：\mu = 40$ vs $H_1：\mu \neq 40$.

(c) $H_0：\mu \leq 40$ vs $H_1：\mu > 40$.

データは表 1.4 のようなファイルとして用意し，変数名を **x** とします．

---

4 データの読み込みをExcelからのコピーで行う場合には，1.8節を参照してください．ここでは，データファイルbeer.csvを読み込むこととします．**import delimited** のあとはファイルへのパスを表しています．

5 Stataのプログラムについても，テキストを新世社ホームページ（http://www.saiensu.co.jp）内の本書のサポートページに掲載していますので活用してください．

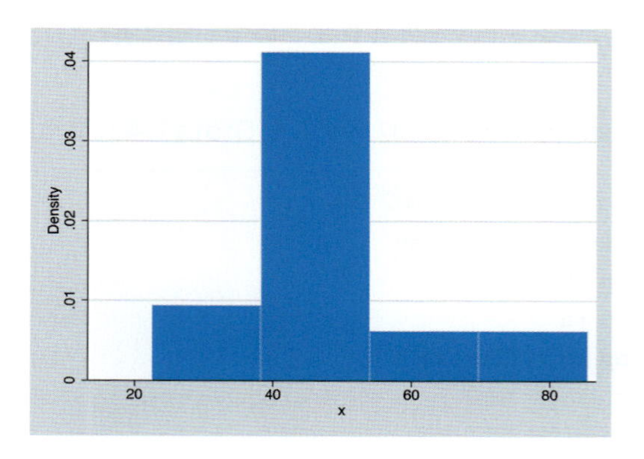

図 1.22　ヒストグラム

表 1.4　データファイル（ransu.csv）

```
x
49.2
38.5
(以下省略)
```

ヒストグラムを描くには，以下のようにして出てきた画面で**変数**に **x** を選び，OK を押すことで図 1.22 が得られます．

Stata 1.5　ヒストグラム
グラフィックス(G)▶ヒストグラム

標本平均，標本標準偏差の求め方は前項と同じです．信頼区間を求めるには

Stata 1.6　信頼区間
統計(S)▶要約/表/検定▶要約と記述統計量▶信頼区間

で出てきた画面で**変数**に **x** を選び，OK を押します．

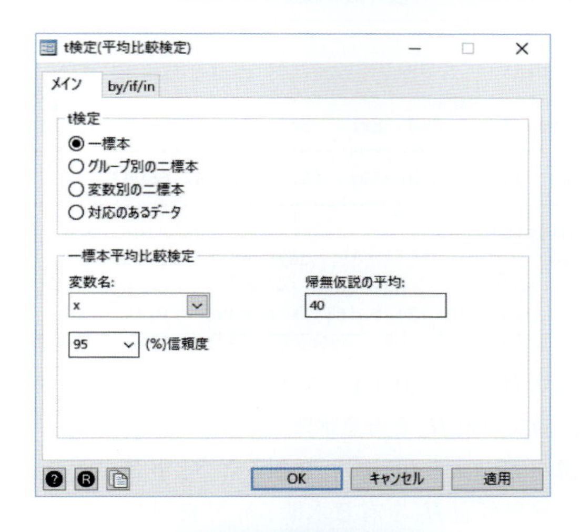

図 1.23　平均の仮説検定

表 1.5　95% 信頼区間の計算結果

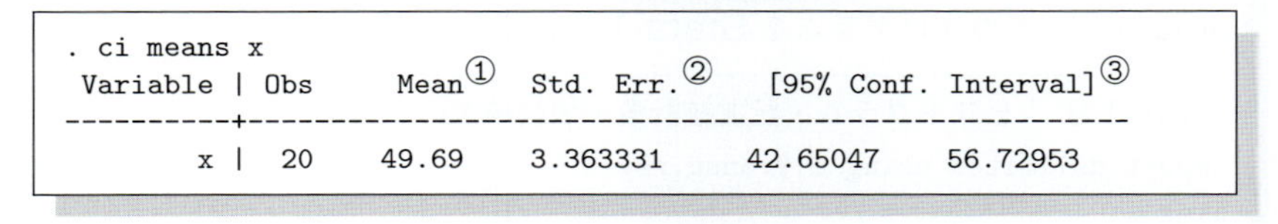

```
. ci means x
 Variable |  Obs       Mean①   Std. Err.②    [95% Conf. Interval]③
----------+---------------------------------------------------------
        x |   20      49.69     3.363331       42.65047     56.72953
```

表 1.5 において，標本平均（①），標準誤差（②）とともに，μ のための 95 %信頼区間（③）が（42.65，56.73）と出力されています．

仮説検定ですが，以下のように選んで図 1.23 で変数名に **x** を，帰無仮説の平均に仮説値 **40** を入力し，OK を押します．

> **Stata 1.7**　平均の仮説検定
> 統計(S)▶要約/表/検定▶伝統的な仮説検定▶t 検定（平均比較検定）

表 1.6 より，仮説検定の帰無仮説は $H_0 : \mu = 40$（①）で，t 検定の t 値（②）は 2.8811，t 分布の自由度（③）は $n - 1 = 20 - 1 = 19$ です．上側検定，両側検定，下側検定はそれぞれ以下のようになります．

表 1.6　仮説検定の結果

```
. ttest x == 40
One-sample t test
------------------------------------------------------------------
Variable | Obs   Mean   Std. Err.   Std. Dev. [95% Conf. Interval]
---------+--------------------------------------------------------
       x | 20  49.69  3.363331  15.04127  42.65047    56.72953
------------------------------------------------------------------
    mean = mean(x)                                t =   2.8811②
Ho: mean = 40①                      degrees of freedom  =       19③
   Ha: mean < 40④          Ha: mean != 40⑥          Ha: mean > 40⑧
Pr(T < t) = 0.9952⑤Pr(|T| > |t|) = 0.0096⑦  Pr(T > t) = 0.0048⑨
```

(a) 対立仮説が $H_1: \mu < 40$（④）であるとき，p 値（⑤）$= 0.9952 > 0.05$ ですから，帰無仮説 H_0 を有意水準 5% で棄却できません．

(b) 対立仮説が $H_1: \mu \neq 40$（⑥）であるとき，p 値（⑦）$= 0.0096 < 0.05$ ですから，帰無仮説 H_0 を有意水準 5% で棄却し，対立仮説 H_1 を受容します．

(c) 対立仮説が $H_1: \mu > 40$（⑧）であるとき，p 値（⑨）$= 0.0048 < 0.05$ ですから，帰無仮説 H_0 を有意水準 5% で棄却し，対立仮説 H_1 を受容します．

Stata コマンドのプログラムを Stata 1.8 にまとめておきます．

Stata 1.8　ヒストグラム・記述統計量・仮説検定のプログラム

```
import delimited using C:¥ransu.csv
hist x
ci means x
ttest x == 40
```

1.6　練習問題

1. ある年のアンケート調査では，「今後 10 年の我が国の実質 GDP 成長率（年率，%）見込み」について 156 名が回答し，標本平均 1.7，標本標準偏差 0.7 でした．真の平均を μ として以下の問いに答えなさい（表 1.7 は

Stataのアウトプット).

表 1.7　平均の仮説検定の結果

```
. ttesti 156 1.7 0.7 1.6
One-sample t test
------------------------------------------------------------------------------
     |  Obs  Mean    Std. Err.   Std. Dev.   [95% Conf. Interval]
-----+------------------------------------------------------------------------
   x |  156   1.7    .0560449          .7     1.58929     1.81071
------------------------------------------------------------------------------
    mean = mean(x)                                     t =    1.7843
Ho: mean = 1.6                        degrees of freedom =       155

   Ha: mean < 1.6          Ha: mean != 1.6          Ha: mean > 1.6
Pr(T < t) = 0.9618   Pr(|T| > |t|) = 0.0763   Pr(T > t) = 0.0382
```

(1) μ の95%信頼区間を求めなさい.

(2)「今後10年の我が国の実質GDP成長率（年率，%）見込み」の真の平均 μ が，1.6%より大きいことを対立仮説として有意水準5%で仮説検定しなさい.

(3) (2)において有意水準1%で仮説検定するとどうなるでしょうか.

2. ある年の電話世論調査によると「消費税の税率は来年10月には10%に上がる予定です．あなたは予定通り10%に引き上げることに賛成ですか，反対ですか」という質問に対して，「賛成」と答えた者の割合が35%（回答者数は1029名）でした．「賛成である」真の比率を p として以下の問いに答えなさい（表1.8はStataのアウトプット）[6].

表 1.8　比率の仮説検定の結果

```
. prtesti 1029 0.35 0.4
One-sample test of proportion          x: Number of obs =       1029
------------------------------------------------------------------------------
    Variable |       Mean   Std. Err.       [95% Conf. Interval]
-------------+----------------------------------------------------------------
           x |        .35    .014869        .3208572     .3791428
------------------------------------------------------------------------------
    p = proportion(x)                                   z =   -3.2740
Ho: p = 0.4
     Ha: p < 0.4          Ha: p != 0.4           Ha: p > 0.4
 Pr(Z < z) = 0.0005   Pr(|Z| > |z|) = 0.0011   Pr(Z > z) = 0.9995
```

(1) p の95%信頼区間を求めなさい.

(2)「賛成である」真の比率 p が40% より小さいことを対立仮説として有意水準 5% で仮説検定しなさい.

3. 世論調査によると，東日本大震災前と比べて，社会における結びつきが大切だと思うようになったか聞いたところ，「前よりも大切だと思うようになった」と答えた者の割合が，男性では 73.4%（回答者数は 2838 名），女性では 84.9%（回答者数は 3221 名）でした.「前よりも大切だと思うようになった」真の比率を男性は p_X，女性は p_Y として以下の問いに答えなさい（表 1.9 は Stata のアウトプット）[7].

表 1.9　比率の差の仮説検定の結果

```
. prtesti 2838 .734 3221 0.849
Two-sample test of proportions          x: Number of obs =      2838
                                        y: Number of obs =      3221
------------------------------------------------------------------------------
Variable |     Mean Std. Err.     z  P>|z| [95% Conf. Interval]
---------+--------------------------------------------------------------------
       x |     .734 .0082944                  .7177434     .7502566
       y |     .849 .0063088                   .836635      .861365
---------+--------------------------------------------------------------------
    diff |    -.115 .010421                  -.1354248    -.0945752
         |under Ho: .0103909 -11.07 0.000
------------------------------------------------------------------------------
     diff = prop(x) - prop(y)                                z = -11.0674
 Ho: diff = 0
 Ha: diff < 0              Ha: diff != 0              Ha: diff > 0
 Pr(Z < z) = 0.0000   Pr(|Z| < |z|) = 0.0000    Pr(Z > z) = 1.0000
```

(1) $p_X - p_Y$ の 95% 信頼区間を求めなさい.

(2)「前よりも大切だと思うようになった」比率について，男性の比率よりも女性の比率が大きいことを対立仮説として有意水準 5% で仮説検定しなさい.

(3) (2) において有意水準 1% で仮説検定するとどうなるでしょうか.

6　統計(S)▶要約/表/検定▶伝統的な仮説検定▶比率検定（集計値）を選び，標本の大きさに `1029`，群の比率に `0.35`，帰無仮説の比率に `0.4` と入れて OK を押します.

7　統計(S)▶要約/表/検定▶伝統的な仮説検定▶比率検定（集計値）を選び，集計値による比率検定で二標本を選択します．さらに，標本 1 のサイズに `2838`，標本 2 のサイズに `3221`，標本 1 の比率に `0.734`，標本 2 の比率に `0.849` と入れて OK を押します.

1.7 データ

データ 1.1　20 個の乱数

49.2	49.6	49.2	42.0	49.4
38.5	22.4	47.9	53.3	85.4
49.9	48.1	27.7	35.6	45.8
53.5	56.9	63.8	43.2	82.4

データ 1.2　気温（℃）とビール・発泡酒の課税数量（千キロリットル）

月	気温	ビール	発泡酒	合計
1	7.4	249.827	110.717	360.539
2	7.9	245.749	189.026	434.770
3	12.2	333.199	216.275	549.474
4	16.1	381.980	219.705	601.685
5	18.4	359.083	233.404	592.449
6	21.6	439.334	307.868	747.202
7	28.0	476.835	235.211	712.046
8	28.0	425.131	232.443	657.574
9	23.1	318.231	207.341	525.572
10	19.0	327.344	213.829	541.173
11	11.6	339.799	178.169	517.968
12	7.2	457.698	232.167	689.865

1.8 Stata によるデータの読み込みと保存

データをコピーして読み込む

この章で用いた気温とビール・発泡酒の課税数量のデータを Stata[8] に読み込みましょう．Stata に読み込む方法はいろいろありますが，最も簡単な方法を

8　本書では Stata 15 を用いています．

	A	B	C	D	E
1	TMP	BEER	HAPPO	BH	
2	7.4	249.827	110.717	360.539	
3	7.9	245.749	189.026	434.77	
4	12.2	333.199	216.275	549.474	
5	16.1	381.98	219.705	601.685	
6	18.4	359.083	233.404	592.449	
7	21.6	439.334	307.868	747.202	
8	28	476.835	235.211	712.046	
9	28	425.131	232.443	657.574	
10	23.1	318.231	207.341	525.572	
11	19	327.344	213.829	541.173	
12	11.6	339.799	178.169	517.968	
13	7.2	457.698	232.167	689.865	
14					
15					

図 1.24　Excel でデータをコピーする

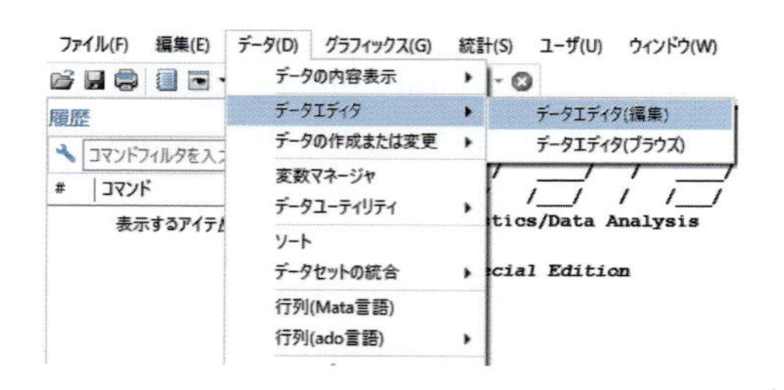

図 1.25　データエディタを開く

紹介します．まず Excel 上でデータの範囲を選択してコピーします（図 1.24）．一方，Stata では以下の手順で**データエディタ**の画面を開いておきます（図 1.25）．

> Stata 1.9　データを閲覧または編集する
> **データ(D)▶データエディタ▶データエディタ（編集）**

次に**データエディタ（編集）**の画面の左上のセルのところで右クリックし，**貼り付け（P）**を選んで（図 1.26），さらに**「クリップボードの 1 行目には、有効な変数名の値が含まれます。1 行目を変数として扱いますか？あるいはデ**

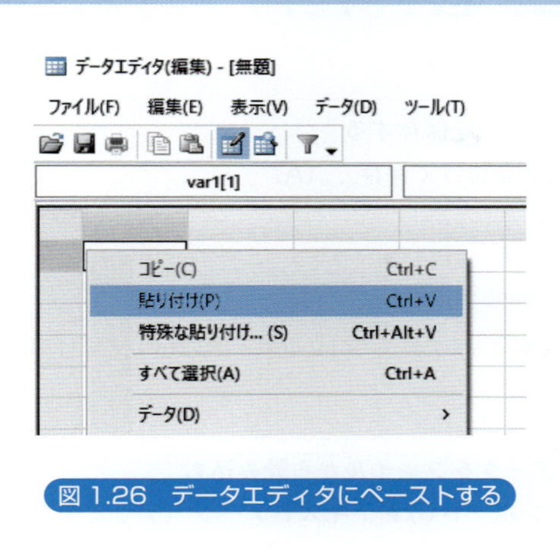

図 1.26 データエディタにペーストする

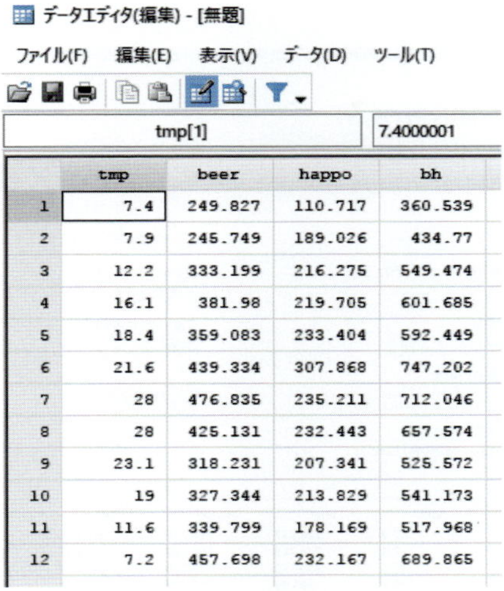

データエディタ(編集) - [無題]

ファイル(F) 編集(E) 表示(V) データ(D) ツール(T)

tmp[1] 7.4000001

	tmp	beer	happo	bh
1	7.4	249.827	110.717	360.539
2	7.9	245.749	189.026	434.77
3	12.2	333.199	216.275	549.474
4	16.1	381.98	219.705	601.685
5	18.4	359.083	233.404	592.449
6	21.6	439.334	307.868	747.202
7	28	476.835	235.211	712.046
8	28	425.131	232.443	657.574
9	23.1	318.231	207.341	525.572
10	19	327.344	213.829	541.173
11	11.6	339.799	178.169	517.968
12	7.2	457.698	232.167	689.865

図 1.27 データの入力が終了

ータとして扱いますか？」の画面で**変数名**をクリックしてください．すると図 1.27 の画面のようになります．

データエディタ（編集）の画面を閉じて，データを保存しておきます．ファイル名を例えば**beer.dta**としましょう．拡張子**dta**がStataのデータファイルであることを表します．

> **Stata 1.10** データを保存する
> ファイル(F)▶名前を付けて保存...(A)

データをファイルから読み込む

最後に**beer.csv**というカンマ区切りの形式のファイルを読み込む方法を紹介します．

> **Stata 1.11** データをファイルから読み込む
> ファイル(F)▶インポート(I)▶テキストデータ（デリミタ、.csv 等）

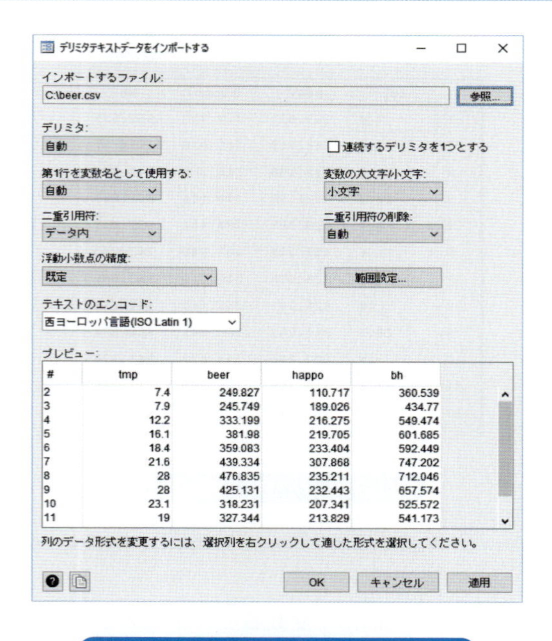

図 1.28　データをファイルから読み込む

出てきた画面の**インポートするファイル**で**参照**を押し，データファイル **beer.csv** を選択，OK を押すとデータの読み込みが終了します（図 1.28）．

コマンドウィンドウでデータをファイルから読み込む場合については，以下にコマンドを示します[9]．

Stata 1.12 データをファイルから読み込むプログラム

```
import delimited C:¥beer.csv
```


1.9 付　録

和の記号 Σ

和を表す記号 Σ（シグマ）は，統計学ではよく用いられます．例えば

$$\sum_{i=1}^{n} X_i = X_1 + \cdots + X_n \tag{1.17}$$

と表記します．この記号を用いると，a，b を定数として

$$\begin{aligned}\sum_{i=1}^{n} (aX_i + bY_i) &= (aX_1 + bY_1) + \cdots + (aX_n + bY_n) \\ &= a(X_1 + \cdots + X_n) + b(Y_1 + \cdots + Y_n) \\ &= a\sum_{i=1}^{n} X_i + b\sum_{i=1}^{n} Y_i \end{aligned} \tag{1.18}$$

となります．式（1.17）において，c を定数として $X_i = c$，$i = 1, \cdots, n$ とおくと

$$\sum_{i=1}^{n} c = c + \cdots + c = nc$$

となり，式（1.18）において $b = 0$ とおくと

9　データファイルは beer.csv とし，**import delimited** のあとはファイルへのパスを表します．**¥** はフォルダやファイルの区切りを意味し，**C:¥beer.csv** は C ドライブ直下（最上位階層）にある beer.csv を指定していることを意味しています．例えば beer.csv が C ドライブ直下にある「abc」フォルダの中にある場合，ファイルへのパスは **C:¥abc¥beer.csv** となります．

$$\sum_{i=1}^{n} aX_i = a\sum_{i=1}^{n} X_i$$

となります．以上をまとめると以下のようになります．

定義 1.5　和の記号の定義と性質

(1) $\sum_{i=1}^{n} X_i \equiv X_1 + \cdots + X_n$　（定義）

(2) $\sum_{i=1}^{n} (aX_i + bY_i) = a\left(\sum_{i=1}^{n} X_i\right) + b\left(\sum_{i=1}^{n} Y_i\right)$，　a，b は定数

(3) $\sum_{i=1}^{n} c = nc$，　c は定数

(4) $\sum_{i=1}^{n} aX_i = a\sum_{i=1}^{n} X_i$，　a は定数

積の記号 Π

和の記号とともによく使われるのが積の記号 Π（パイ）です．例えば

$$\prod_{i=1}^{n} X_i = X_1 \times \cdots \times X_n \tag{1.19}$$

と表します．この記号を用いると，a を定数として

$$\begin{aligned}\prod_{i=1}^{n} (aX_iY_i) &= (aX_1Y_1) \times \cdots \times (aX_nY_n)\\ &= a^n \times (X_1 \times \cdots \times X_n) \times (Y_1 \times \cdots \times Y_n)\\ &= a^n \times \prod_{i=1}^{n} X_i \times \prod_{i=1}^{n} Y_i \end{aligned}\tag{1.20}$$

となります．式（1.19）において，c を定数として $X_i = c$，$i = 1, \cdots, n$ とおくと

$$\prod_{i=1}^{n} c = c \times \cdots \times c = c^n$$

となり，式（1.20）において $Y_i = 1$，$i = 1, \cdots, n$ とおくと

$$\prod_{i=1}^{n} aX_i = a^n \prod_{i=1}^{n} X_i$$

となります．以上をまとめると以下のようになります．

定義 1.6　積の記号の定義と性質

(1) $\prod_{i=1}^{n} X_i \equiv X_1 \times \cdots \times X_n$　(定義)

(2) $\prod_{i=1}^{n} (aX_iY_i) = a^n \times \prod_{i=1}^{n} X_i \times \prod_{i=1}^{n} Y_i$,　a は定数

(3) $\prod_{i=1}^{n} c = c^n$,　c は定数

(4) $\prod_{i=1}^{n} aX_i = a^n \prod_{i=1}^{n} X_i$,　a は定数

参考図書

- 大屋幸輔（2012）『コア・テキスト統計学』第 2 版，新世社.
- 松浦寿幸（2015）『Stata によるデータ分析入門：経済分析の基礎からパネル・データ分析まで』第 2 版，東京図書.

第 2 章

単回帰分析

この章では，2 つの変数の間に直線的な関係がある場合に，直線をあてはめる方法として，最小二乗法について説明します．そしてあてはめた直線の傾きや切片に関する統計的推測の方法を説明します．

○ *KEY WORDS* ○

単回帰モデル，回帰直線，回帰係数，
被説明変数，従属変数，説明変数，独立変数，
撹乱項，誤差項，理論値，残差，重相関係数，
決定係数，残差平方和，線形推定量，
外挿の危険，正規方程式

2.1 単回帰モデル

図 2.1 は，ある年における東京の平均月別気温と，ビール・発泡酒大手数社の課税数量（千キロリットル）（データ 1.2）の散布図です．課税数量は，課税対象となる工場からの出荷数量を表し，売り上げを反映しています．

散布図は，右肩上がりの傾向を示していて，気温が上がるとビール・発泡酒の売り上げが上がります．このことから，気温によって売り上げの変動を説明することができると考えられます．このとき，気温を X，ビール・発泡酒の課税数量を Y とすると，Y と X の間に直線的な関係

$$Y = \beta_0 + \beta_1 X$$

があると考えてみましょう．ここで β_0 は直線の切片を，β_1 は直線の傾きを表します．もちろん，直線的な関係（線形関係）以外にも，さまざまな関数を用いた関係が考えられますが，特に理由がなければまず，最も単純な直線を考えるのが自然です．実際には，厳密な直線関係が成り立つことはなく，Y は誤差をもって観測されると考えられます．そこで誤差項（error term）として平

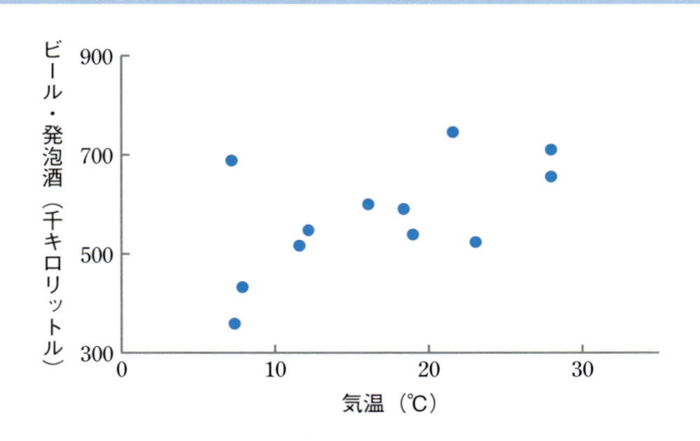

図 2.1　気温とビール・発泡酒の課税数量の散布図

均が0であるような確率変数 ϵ_i を加えて

$$Y_i = \beta_0 + \beta_1 X_i + \epsilon_i, \quad i = 1, 2, \cdots, 12$$

と仮定します．このようなモデルを単回帰モデル（simple regression model）と呼びます．「単」とは，Y_i を説明する変数 X_i が1つだけのモデルということです．「回帰」とは Y_i の値は誤差項によっていろいろと変動するけれども，平均的には $Y = \beta_0 + \beta_1 X$ という直線上の点 $\beta_0 + \beta_1 X_i$ のほうへ回帰していく（結局戻っていく）という意味です．この直線 $Y = \beta_0 + \beta_1 X$ を，母集団回帰直線（regression line）あるいは真の回帰直線といいます．(β_0, β_1) は未知の定数で母数またはパラメータ（parameter）と一般に呼ばれますが，特に回帰直線では真の回帰係数（regression coefficient）と呼ばれます．

POINT 2.1　単回帰モデル

$$Y_i = \beta_0 + \beta_1 X_i + \epsilon_i, \quad i = 1, 2, \cdots, n$$

ただし，

- Y_i：被説明変数．確率変数．
- X_i：説明変数．定数．
- β_0，β_1：回帰係数．定数．
- ϵ_i：誤差項．確率変数．ただし，$E(\epsilon_i) = 0$，$Var(\epsilon_i) = \sigma^2$，$Cov(\epsilon_i, \epsilon_j) = 0$（$i \neq j$ のとき）．

Y_i は X_i によって説明される変数で，被説明変数や従属変数（dependent variable）といい，X_i は説明変数や独立変数（independent variable）といいます．誤差項 ϵ_i は，攪乱項（かくらん）（disturbance term）とも呼ばれます．誤差項が偶然生じるノイズであるならば，その分散は一定で互いに無相関であると考えるのが自然です．また，説明変数 X_i は定数と仮定されますが[1]，Y_i は確率変数である誤差項 ϵ_i を含むので，確率変数であると仮定されます．

1　以下では簡単化のために，X_i がすでに与えられたときに Y_i の分布を考えることとし，X_i を定数とみなして考えます．X_i が確率変数であることを考慮する必要がある場合には適宜説明を加えることとします．

2.2 最小二乗法

散布図に直線をあてはめると，図 2.2 のようになります．

さて，どのような方法で直線をあてはめるのでしょうか．直線をあてはめる方法にはいろいろありますが，最もよく使われる方法は，最小二乗法（method of least squares）です[2]．最小二乗法では，図 2.3 のように縦軸に沿った差 $Y_i - \beta_0 - \beta_1 X_i$，$i = 1, \cdots, 12$ を考え，差の二乗の和が最小になるように直線をあてはめます．

つまり，最小二乗法は $Q = \sum_{i=1}^{12} (Y_i - \beta_0 - \beta_1 X_i)^2$ を最小にするような β_0，β_1 を求める方法です．一般に，n 個の (X_i, Y_i)，$i = 1, \cdots, n$，が与えられたときに，最小二乗法は

$$Q = \sum_{i=1}^{n} (Y_i - \beta_0 - \beta_1 X_i)^2$$

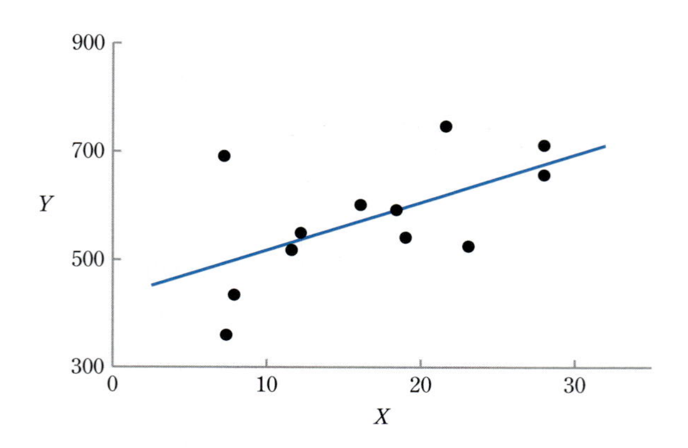

図 2.2　Y と X の散布図に直線をあてはめる（1）

2　他には最尤法（さいゆう）があります．最尤法については第 6 章を参照してください．

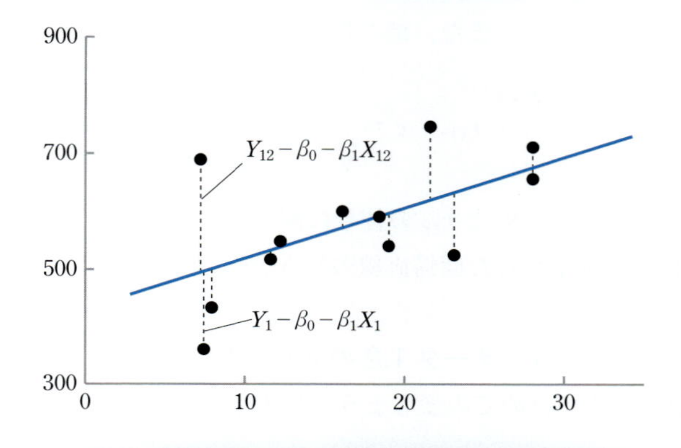

図 2.3　Y と X の散布図に直線をあてはめる（2）

を最小にするような（β_0, β_1）を求める方法で，この解（$\hat{\beta}_0, \hat{\beta}_1$）は（$\beta_0, \beta_1$）の**最小二乗推定量**と呼ばれます．また，あてはめられた直線 $Y=\hat{\beta}_0+\hat{\beta}_1X$ のことを標本**回帰直線**（regression line）または推定された回帰直線といいます．

最小二乗推定量は，次のように計算できます[3]．

POINT 2.2　最小二乗推定量（単回帰）

推定された回帰直線は $Y=\hat{\beta}_0+\hat{\beta}_1X$．ただし

$$\hat{\beta}_1=\frac{\sum_{i=1}^{n}(X_i-\overline{X})(Y_i-\overline{Y})}{\sum_{i=1}^{n}(X_i-\overline{X})^2}=\frac{s_{XY}}{s_X^2},\quad \hat{\beta}_0=\overline{Y}-\hat{\beta}_1\overline{X} \tag{2.1}$$

ここで，$\overline{Y}=\sum_{i=1}^{n}Y_i/n$，$\overline{X}=\sum_{i=1}^{n}X_i/n$，$s_{XY}=\sum_{i=1}^{n}(X_i-\overline{X})(Y_i-\overline{Y})/(n-1)$，$s_X^2=\sum_{i=1}^{n}(X_i-\overline{X})^2/(n-1)$ とします．式（2.1）において $\hat{\beta}_1$ は，分母が 0 では定義できませんから，

$$\sum_{i=1}^{n}(X_i-\overline{X})^2>0$$

であると仮定します．

[3] 証明は 2.12 節を参照してください．

式（2.1）より，$\overline{Y}=\hat{\beta}_0+\hat{\beta}_1\overline{X}$ ですから，推定された回帰直線は，点$(\overline{X},\overline{Y})$を通ることがわかります．また，標本相関係数 r_{XY} の定義（1.2）式から

$$\hat{\beta}_1=c\times r_{XY},\quad c=\sqrt{\frac{\sum_{i=1}^{n}(Y_i-\overline{Y})^2}{\sum_{i=1}^{n}(X_i-\overline{X})^2}}>0$$

という関係があるので，$\hat{\beta}_1$ と r_{XY} の符号は同じです．つまり，正（負）の相関があるときには，推定された回帰直線の傾き $\hat{\beta}_1$ もまた正（負）となるのです．

例 2.1　図 2.2 のようにデータ 1.2 の気温（X）とビール・発泡酒の課税数量（Y）に直線をあてはめてみましょう．標本平均は

$$\overline{X}=\frac{7.4+\cdots+7.2}{12}=16.708,\quad \overline{Y}=\frac{360.539+\cdots+689.865}{12}=577.53$$

ですから，

$$\sum_{i=1}^{12}(X_i-\overline{X})^2=(7.4-16.708)^2+\cdots+(7.2-16.708)^2=629.33$$

及び

$$\begin{aligned}&\sum_{i=1}^{12}(X_i-\overline{X})(Y_i-\overline{Y})\\&=(7.4-16.708)(360.539-577.53)+\cdots+(7.2-16.708)(689.865-577.53)\\&=5487.8\end{aligned}$$

となり，

$$\hat{\beta}_1=\frac{5487.8}{629.33}=8.72,\quad \hat{\beta}_0=577.53-8.72\times16.708=431.83$$

を得て，推定された回帰直線は $Y=431.83+8.72X$ となります．したがって，気温が 1℃ 上がるとビール・発泡酒の課税数量が 8.72（千キロリットル）伸びるということになります．また，標本相関係数 r_{XY} は

$$\sum_{i=1}^{12}(Y_i-\overline{Y})^2=(360.539-577.53)^2+\cdots+(689.865-577.53)^2=142537$$

より，

$$r_{XY}=\frac{5487.8}{\sqrt{629.33\times142537}}=0.5794$$

となります．

さて，X_i が与えられたときの回帰直線の値を $\hat{Y}_i$ とおくと，$\hat{Y}_i = \hat{\beta}_0 + \hat{\beta}_1 X_i$ は観測値（observed value，actual value）Y_i の**理論値**（fitted value）と呼ばれます．観測値 Y_i と理論値 $\hat{Y}_i$ の差 $e_i = Y_i - \hat{Y}_i$ は，**残差**（residual）と呼ばれ，次のような性質をもちます[4]．

POINT 2.3　残差の性質（単回帰）

単回帰 $Y = \beta_0 + \beta_1 X + \epsilon$ では，残差 $e_i = Y_i - \hat{Y}_i$，$i = 1, \cdots, n$ は

(1) 和が 0．

(2) 説明変数 X とは無相関．

(3) 理論値 $\hat{Y}$ とは無相関．

(4) 観測値 Y とは必ずしも無相関ではない．

また，理論値 $\hat{Y}_i$ の標本平均 $\overline{\hat{Y}}$ は，標本平均 $\overline{Y}$ に等しくなっています[5]．図 2.4 のように Y_i は

$$Y_i = (\beta_0 + \beta_1 X_i) + \epsilon_i = (\hat{\beta}_0 + \hat{\beta}_1 X_i) + e_i = \hat{Y}_i + e_i$$

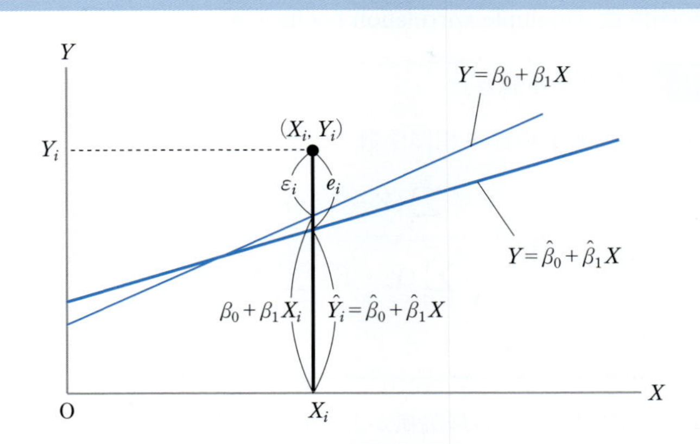

図 2.4　誤差 ϵ_i と残差 e_i

4　証明は 2.12 節を参照してください．(1)の残差の和が 0 であるという性質は，定数項を含まない回帰では成立しません．

5　証明は 2.12 節を参照してください．

となっています．真の回帰直線 $Y=\beta_0+\beta_1 X$ と推定された回帰直線 $Y=\hat{\beta}_0+\hat{\beta}_1 X$ はずれているので，残差 e_i は誤差項 ϵ_i の推定値ではありますが，実現値ではありません．

残差 e と観測値 Y が無相関ではない，ということはやや意外に思われるかもしれません．しかし，残差は観測値を $Y_i=\hat{Y}_i+e_i$ というように2つの無相関な部分に分解したものの一部分です．ですから，残差は理論値 $\hat{Y}$ に対して無相関であるように作られているのであり，観測値 Y に対してではありません．

2.3 モデルのあてはまり

最小二乗法によって散布図に直線をあてはめたとき，そのあてはまりのよさはデータにより異なります．例えば図 2.6 のように直線の周囲に点が，かたまっていることもあれば，ばらついていることもあります．あてはまりのよさを測る尺度の1つとして，観測値 Y と理論値 $\hat{Y}$ の標本相関係数 $r_{Y\hat{Y}}$ があり，これを重相関係数（multiple correlation coefficient）といいます．

定義 2.1　重相関係数 $r_{Y\hat{Y}}$

観測値 Y と理論値 $\hat{Y}$ の標本相関係数

$$r_{Y\hat{Y}}=\frac{\sum_{i=1}^{n}(Y_i-\overline{Y})(\hat{Y}_i-\overline{\hat{Y}})}{\sqrt{\sum_{i=1}^{n}(Y_i-\overline{Y})^2\sum_{i=1}^{n}(\hat{Y}_i-\overline{\hat{Y}})^2}}$$

を重相関係数といいます．

重相関係数は，観測値とその理論値がどれだけ連動しているか，を標本相関係数で測るものです．この $r_{Y\hat{Y}}$ は常に0以上であり，1に近ければ近いほどモデルのあてはまりがよいことを意味します[6]．

あてはまりのよさを測るもうひとつの尺度は，観測値の変動をどこまで説明

6　証明は 2.12 節を参照してください．

できるか，です．つまり Y の標本平均のまわりの変動

$$TSS \equiv \sum_{i=1}^{n}(Y_i - \overline{Y})^2$$

をどこまで理論値によって（したがって回帰モデルによって）説明できるか，をあてはまりのよさと考えるのです．この変動を総平方和 TSS（Total Sum of Squares）と呼びましょう．Y_i を理論値 $\hat{Y}_i$ でおきかえた平方和を

$$ESS \equiv \sum_{i=1}^{n}(\hat{Y}_i - \overline{Y})^2$$

とおき，回帰によって説明された平方和（Explained Sum of Squares）と呼びます．このとき，ESS と TSS の比を決定係数（coefficient of determination）といい，R^2（R-squared）と表記します．

定義 2.2　決定係数 R^2

Y の標本平均のまわりの総平方和のうち，回帰モデルによって説明される割合

$$R^2 = \frac{ESS}{TSS} = \frac{\sum_{i=1}^{n}(\hat{Y}_i - \overline{Y})^2}{\sum_{i=1}^{n}(Y_i - \overline{Y})^2} \tag{2.2}$$

を決定係数といいます．

もう少し詳しく，決定係数の意味を見ていきましょう．図 2.5 のように，Y_i の標本平均からの偏差 $Y_i - \overline{Y}$ を，回帰によって説明できた部分 $\hat{Y}_i - \overline{Y}$ と，説明できなかった部分 $Y_i - \hat{Y}_i$ に分けてみます．説明できなかった部分は，残差 $e_i = Y_i - \hat{Y}_i$ です．つまり

$$Y_i - \overline{Y} = (Y_i - \hat{Y}_i) + (\hat{Y}_i - \overline{Y}) = e_i + (\hat{Y}_i - \overline{Y}) \tag{2.3}$$

と分解します．式 (2.3) の両辺の二乗をとり，$i = 1, \cdots, n$ までの和をとると

$$\sum_{i=1}^{n}(Y_i - \overline{Y})^2 = \sum_{i=1}^{n} e_i^2 + \sum_{i=1}^{n}(\hat{Y}_i - \overline{Y})^2 \tag{2.4}$$

となることが示せます[7]．$\sum_{i=1}^{n} e_i^2$ は残差平方和（Residual Sum of Squares）です

[7] 証明は 2.12 節を参照してください．このことが成り立つには，回帰式に定数項が含まれていることが必要となることに注意しましょう．

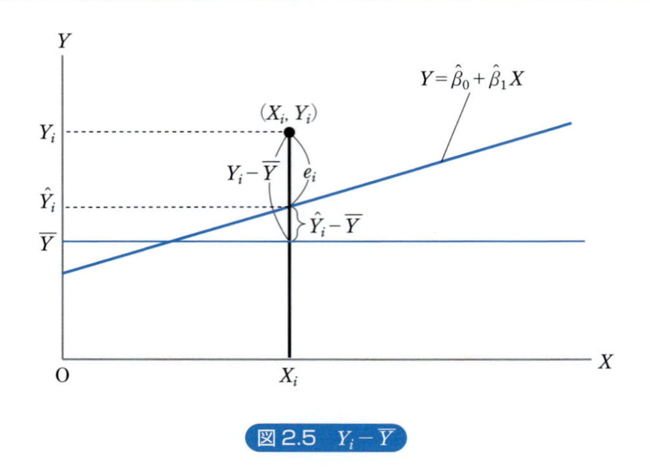

図 2.5　$Y_i-\overline{Y}$

が，これを RSS と表記すれば，

$$TSS = ESS + RSS \tag{2.5}$$

というように，Y の標本平均 $\overline{Y}$ のまわりの変動 TSS は，回帰によって説明される変動 ESS と，説明できない変動 RSS に分解できます．式 (2.5) の両辺を TSS で割ると

$$1=\frac{ESS}{TSS}+\frac{RSS}{TSS}=R^2+\frac{RSS}{TSS}$$

となりますから，R^2 は

$$R^2=1-\frac{RSS}{TSS} \tag{2.6}$$

と定義することもできます．RSS/TSS は，回帰によって説明できなかった変動の割合ですから，$1-RSS/TSS$ が回帰によって説明できた変動の割合となります．その定義から，決定係数 R^2 は，常に 0 から 1 の間の値をとり，$0\leq R^2\leq 1$ となります．R^2 の値が 1 に近ければ近いほど，回帰によって説明できる割合が高くなります．

図 2.6 は，さまざまな散布図とその決定係数の例です．図に描かれている

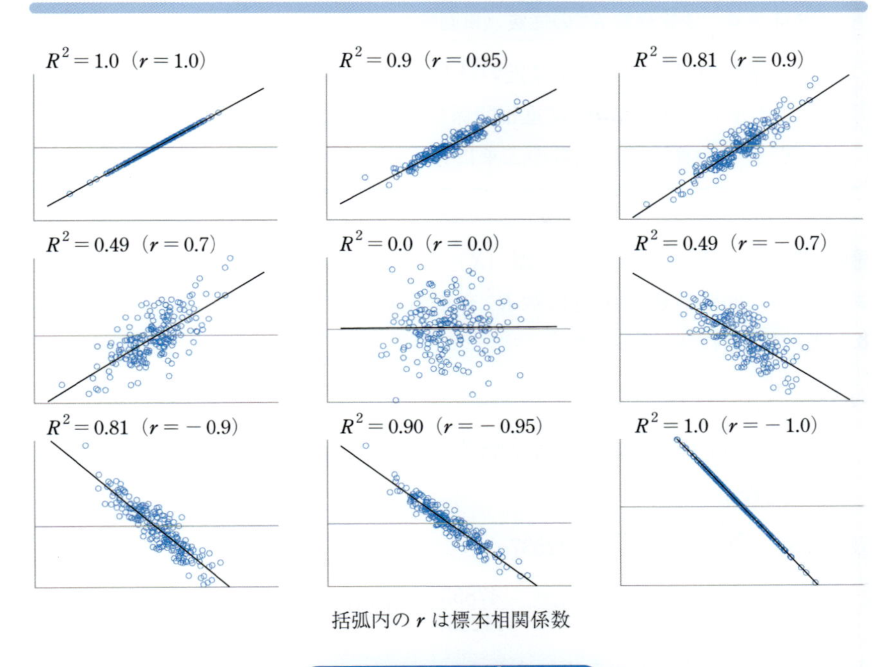

図 2.6　決定係数 R^2 と散布図

直線は推定された回帰直線を表します．9つの各散布図の上には，決定係数 R^2 の値と，X と Y の標本相関係数（r と表記しています）が記されています．

図からわかるように，回帰直線のまわりに点が集まっていて直線のあてはまりがよいときには，決定係数 R^2 の値が高くなっています．特に $R^2 = 1$ のときには，すべての点が推定された回帰直線の上に並んでいる様子が見てとれます．標本相関係数 r を見ても，絶対値が1に近づくにつれて，直線のあてはまりがよくなっています．また，標本相関係数 r の正負と推定された回帰直線の傾きの正負も符合していることがわかります．

単回帰モデルでは，実は決定係数 R^2 は X と Y の標本相関係数の二乗に等しくなっているので，図 2.6 のようになるのです．さらに決定係数には，正の平方根 $R = \sqrt{R^2}$ が重相関係数 $r_{Y\hat{Y}}$ に等しい，という性質があります[8]．

決定係数 R^2 の性質をまとめておきましょう．

POINT 2.4　決定係数 R^2 の性質（単回帰）

(1) $0 \leq R^2 \leq 1$ を満たし，1 に近いほど直線のあてはまりがよい．
(2) 正の平方根 $R = \sqrt{R^2}$ は重相関係数に等しい．$R = r_{Y\hat{Y}}$．
(3) X と Y の標本相関係数の二乗に等しい．$R^2 = r_{XY}^2$．

例 2.2　さてデータ 1.2 の気温（X）とビール・発泡酒の課税数量（Y）にあてはめた回帰直線の決定係数 R^2 を求めましょう．回帰式は $Y = 431.83 + 8.72X$，$\overline{Y} = 577.53$ でしたから

$$\begin{aligned} ESS &= \sum_{i=1}^{12} (\hat{Y}_i - \overline{Y})^2 \\ &= (431.83 + 8.72 \times 7.4 - 577.53)^2 + \cdots + (431.83 + 8.72 \times 7.2 - 577.53)^2 \\ &= 47853 \end{aligned}$$

及び $TSS = \sum_{i=1}^{12} (Y_i - \overline{Y})^2 = 142537$ より，

$$R^2 = \frac{47853}{142537} = 0.3357$$

となります．残差平方和を用いると

$$\begin{aligned} RSS &= \sum_{i=1}^{12} e_i^2 \\ &= (360.539 - 431.83 - 8.72 \times 7.4)^2 + \cdots + (689.865 - 431.83 - 8.72 \times 7.2)^2 \\ &= 94683 \end{aligned}$$

より

$$R^2 = 1 - \frac{94683}{142537} = 1 - 0.6643 = 0.3357$$

と求められ，標本相関係数を用いると

$$R^2 = r_{XY}^2 = 0.5794^2 = 0.3357$$

となります．

気温は，ビール・発泡酒の課税数量の標本平均のまわりの変動を 33.6% ま

[8] 証明は 2.12 節を参照してください．

でしか説明できておらず，他にも説明する要因を考えたほうがよさそうです．

2.4 最小二乗推定量の性質

ここでは 2.2 節で述べた最小二乗推定量 $\hat{\beta}_0$, $\hat{\beta}_1$ の性質について説明します．最小二乗推定量は式（2.1）で

$$\hat{\beta}_1 = \frac{\sum_{i=1}^{n}(X_i - \overline{X})(Y_i - \overline{Y})}{\sum_{i=1}^{n}(X_i - \overline{X})^2}, \quad \hat{\beta}_0 = \overline{Y} - \hat{\beta}_1 \overline{X}$$

でした．書きかえると，これは

$$\hat{\beta}_1 = \sum_{i=1}^{n} c_i Y_i, \quad c_i = \frac{X_i - \overline{X}}{\sum_{i=1}^{n}(X_i - \overline{X})^2},$$

$$\hat{\beta}_0 = \sum_{i=1}^{n} d_i Y_i, \quad d_i = \frac{1}{n} - c_i \overline{X}$$

と Y_i の線形関数として簡単に表現できます．このような推定量を**線形推定量**（linear estimator）といいます．線形推定量は計算が簡単にできるという特長があります．また，最小二乗推定量は，ある条件の下でよい性質をもちます．その性質とは，推定に偏りがないことを意味する「不偏性」と，いろいろな推定量の中で最も精度がよいことを意味する「最小分散性」です．

POINT 2.5 説明変数 X_i と誤差項 ϵ_i に関する仮定（単回帰）

（A1）説明変数 X_i は定数[a]．

（A2）$n \to \infty$ のとき，$\sum_{i=1}^{n}(X_i - \overline{X})^2 \to \infty$．

（A3）誤差項の期待値は 0．$E(\epsilon_i) = 0$．

（A4）誤差項の分散は一定．$Var(\epsilon_i) = \sigma^2$．

（A5）誤差項は互いに無相関．$Cov(\epsilon_i, \epsilon_j) = 0$（$i \neq j$ のとき）．

（A6）誤差項は互いに独立に正規分布 $N(0, \sigma^2)$ にしたがう．

[a] ここでは簡単化のために説明変数を定数とします．確率変数とするときは誤差項との相関が 0 などの追加的仮定が必要になりますが，この点については後の章で必要に応じて説明します．

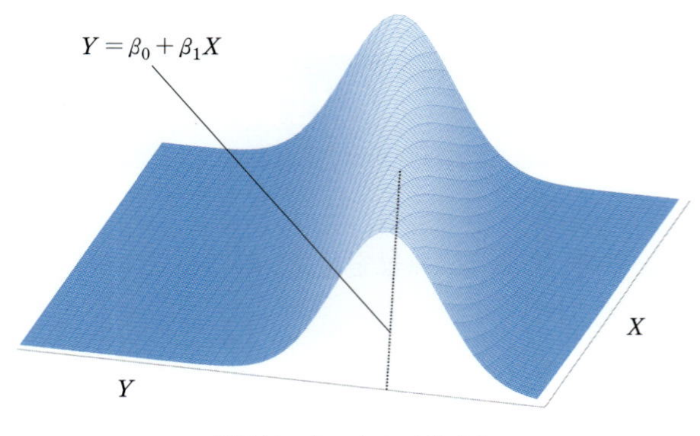

分散が一定である正規分布

図 2.7　X が与えられたときの被説明変数 Y の分布

どのような仮定の下で，よい性質が得られるのかを見ていきましょう．(A2) は，標本の個数が多くなればなるほど推定量は真の値に近づくという，一致性と呼ばれる性質を導くための条件です．またこのとき，最小二乗推定量を求める式（2.1）において必要な $\sum_{i=1}^{n}(X_i-\overline{X})^2>0$ という条件も満たされます．

(A3)-(A5) は標準的な仮定です．(A3) では，ϵ_i が誤差の項ですから，平均的には 0 と考えます．(A1) と (A3) を合わせると，説明変数 X_i と誤差項 ϵ_i が無相関であるという重要な仮定（$Cov(\epsilon_i, X_i)=0$）も満たされます．

特に理由がなければ，(A4)，(A5) のように，誤差の分散は一定であるとし，誤差項間には相関はないと考えるのが自然です．(A6) はやや強い仮定で，さらに誤差項の分布を正規分布とします．(A6) を仮定すると X_i が与えられたときの Y_i の分布は，図 2.7 のように，Y 軸に沿って平均は移動しますが，同じ形状の正規分布となります．

これらの仮定の下で次のような結果が得られます．

(1) 不偏性：仮定 (A1)，(A3) が成り立つとき，$E(\hat{\beta}_0)=\beta_0$ 及び $E(\hat{\beta}_1)=\beta_1$ が成り立ちます[9]．

[9] 証明は 2.12 節を参照してください．

(2) 最小分散性：仮定（A1），（A3），（A4），（A5）が成り立つとき，線形かつ不偏な推定量の中で，分散が最小である，つまり，$\hat{\beta}_0^* = \sum_{i=1}^{n} a_i Y_i$，$\hat{\beta}_1^* = \sum_{i=1}^{n} b_i Y_i$（$a_i, b_i$ は定数）が不偏であるとき，必ず

$$Var(\hat{\beta}_0) \leq Var(\hat{\beta}_0^*), \quad Var(\hat{\beta}_1) \leq Var(\hat{\beta}_1^*)$$

となります．このとき，最小二乗推定量 $\hat{\beta}_0$，$\hat{\beta}_1$ は**最良線形不偏推定量**（Best Linear Unbiased Estimator，BLUE）といいます[10]．

(3) 一致性：仮定（A1)-(A5）が成り立つとき，任意の $\delta > 0$ に対して

$$\lim_{n\to\infty} Pr(|\hat{\beta}_0 - \beta_0| > \delta) = 0, \quad \lim_{n\to\infty} Pr(|\hat{\beta}_1 - \beta_1| > \delta) = 0$$

が成り立ちます。また $Var(\hat{\beta}_0)$，$Var(\hat{\beta}_1)$ はそれぞれ，

$$Var(\hat{\beta}_1) = \frac{\sigma^2}{\sum_{i=1}^{n}(X_i - \overline{X})^2}, \quad Var(\hat{\beta}_0) = \sigma^2\left(\frac{1}{n} + \frac{\overline{X}^2}{\sum_{i=1}^{n}(X_i - \overline{X})^2}\right)$$

となります[11]．さらに（A6）を追加すると，$(\hat{\beta}_0, \hat{\beta}_1)$ は独立に正規分布にしたがう Y_i の線形結合になりますから，$(\hat{\beta}_0, \hat{\beta}_1)$ の分布も正規分布で

$$\frac{\hat{\beta}_0 - \beta_0}{\sqrt{Var(\hat{\beta}_0)}} \sim N(0, 1), \quad \frac{\hat{\beta}_1 - \beta_1}{\sqrt{Var(\hat{\beta}_1)}} \sim N(0, 1) \tag{2.7}$$

が成り立ちます．

2.5 回帰係数の区間推定

推定された回帰係数 $\hat{\beta}_0$，$\hat{\beta}_1$ の精度を評価するために，信頼区間を求めましょう．以下では，もし（A1)-(A6）が満たされていれば（2.7）が成り立ちますが，σ^2 が未知ですから，（2.7）を用いて信頼区間を求めても σ^2 に依存して

10　ガウス=マルコフの定理（Gauss-Markov theorem）として知られています．証明は 2.12 節を参照してください．（A6）も仮定すると（線形または非線形な）不偏推定量の中で最も分散の小さい推定量となります．

11　証明は 2.12 節を参照してください．

しまいます．そこで誤差分散 σ^2 の推定量 s^2 が必要になりますので s^2 を次のように求めます．

POINT 2.6　誤差分散 σ^2 の推定量 s^2（単回帰）

$$s^2 = \frac{\sum_{i=1}^{n} e_i^2}{n-2}, \quad n > 2 \tag{2.8}$$

仮定（A1)-(A5）の下で $E(s^2) = \sigma^2$ が成り立ち，s^2 は σ^2 の不偏推定量です[12]．また，式（2.8）の分母 $n-2$ は残差平方和の自由度で，$\hat{\beta}_0$，$\hat{\beta}_1$ を求める関係式の数の2だけ n から減少しています．$s = \sqrt{s^2}$ は回帰の標準誤差（standard error of the regression）と呼ばれます．これを用いると，$\hat{\beta}_0$，$\hat{\beta}_1$ の分散の推定量は

$$s_{\hat{\beta}_0}^2 = s^2\left(\frac{1}{n} + \frac{\overline{X}^2}{\sum_{i=1}^{n}(X_i - \overline{X})^2}\right), \quad s_{\hat{\beta}_1}^2 = \frac{s^2}{\sum_{i=1}^{n}(X_i - \overline{X})^2}$$

となり，$Var(\hat{\beta}_0)$，$Var(\hat{\beta}_1)$ の不偏推定量になります．この正の平方根 $s_{\hat{\beta}_0} = \sqrt{s_{\hat{\beta}_0}^2}$，$s_{\hat{\beta}_1} = \sqrt{s_{\hat{\beta}_1}^2}$ を $\hat{\beta}_0$，$\hat{\beta}_1$ の標準誤差（standard error）といいます．さらに（A6）を仮定すると

$$\frac{\hat{\beta}_0 - \beta_0}{s_{\hat{\beta}_0}} \sim T(n-2), \quad \frac{\hat{\beta}_1 - \beta_1}{s_{\hat{\beta}_1}} \sim T(n-2)$$

が成り立ちますので[13]，これを使って区間推定を行うことができます．$t_{\alpha/2}(n-2)$ は自由度 $n-2$ の t 分布の上側 $100\alpha/2\%$ 点を表すとすると

$$Pr(-t_{\alpha/2}(n-2) < T < t_{\alpha/2}(n-2)) = 1-\alpha$$

ですから，これに $T = \dfrac{\hat{\beta}_1 - \beta_1}{s_{\hat{\beta}_1}}$ を代入して

$$Pr(\hat{\beta}_1 - t_{\alpha/2}(n-2)s_{\hat{\beta}_1} < \beta_1 < \hat{\beta}_1 + t_{\alpha/2}(n-2)s_{\hat{\beta}_1}) = 1-\alpha$$

となります．こうして回帰係数の $100(1-\alpha)\%$ 信頼区間（confidence interval）は，次のようになります．

[12] 証明は2.12節を参照してください．
[13] 証明は2.12節を参照してください．

POINT 2.7　回帰係数 $\hat{\beta}_j$ の $100(1-\alpha)$%信頼区間（単回帰）

$$(\hat{\beta}_j - t_{\alpha/2}(n-2)s_{\hat{\beta}_j}, \hat{\beta}_j + t_{\alpha/2}(n-2)s_{\hat{\beta}_j}),\quad j=0,1 \tag{2.9}$$

ただし，

$$s_{\hat{\beta}_0} = s\sqrt{\frac{1}{n} + \frac{\overline{X}^2}{\sum_{i=1}^{n}(X_i-\overline{X})^2}},\quad s_{\hat{\beta}_1} = \frac{s}{\sqrt{\sum_{i=1}^{n}(X_i-\overline{X})^2}}$$

例 2.3　データ 1.2 の気温（X）とビール・発泡酒の課税数量（Y）について，β_0，β_1 の 95% 信頼区間を求めましょう．残差平方和は $RSS = \sum_{i=1}^{12} e_i^2 = 94683$ でしたから，s^2 は

$$s^2 = \frac{94683}{12-2} = 9468.3$$

となります．また $\overline{X} = 16.708$，$\sum_{i=1}^{12}(X_i-\overline{X})^2 = 629.33$ より，

$$s_{\hat{\beta}_0}^2 = 9468.3\left(\frac{1}{12} + \frac{16.708^2}{629.33}\right) = 4989.0,$$

$$s_{\hat{\beta}_1}^2 = \frac{9468.3}{629.33} = 15.045$$

となり，標準誤差は

$$s_{\hat{\beta}_0} = \sqrt{4989.0} = 70.63,\quad s_{\hat{\beta}_1} = \sqrt{15.045} = 3.879$$

となります．$\hat{\beta}_0 = 431.83$，$\hat{\beta}_1 = 8.72$ と付表IIの t 分布表から $t_{0.05/2}(12-2) = t_{0.025}(10) = 2.228$ ですから，β_0，β_1 の 95% 信頼区間は，それぞれ

$$(431.83 - 2.228 \times 70.63, 431.83 + 2.228 \times 70.63) = (274.4, 589.2),$$

$$(8.72 - 2.228 \times 3.879, 8.72 - 2.228 \times 3.879) = (0.08, 17.36)$$

となります．

2.6 回帰係数の仮説検定

最小二乗推定量が

$$\frac{\hat{\beta}_j - \beta_j}{s_{\hat{\beta}_j}} \sim T(n-2), \quad j = 0, 1$$

を満たすことを用いて仮説検定を行うことができます．仮説値を $\beta_j = \beta_{j0}$，H_0 を帰無仮説，H_1 を対立仮説，仮説検定統計量 T を

$$T = \frac{\hat{\beta}_j - \beta_{j0}}{s_{\hat{\beta}_j}}$$

とすると，次のような3つの仮説検定を行うことができます．

- 両側検定
  (1) 仮説を $H_0 : \beta_j = \beta_{j0}$ vs $H_1 : \beta_j \neq \beta_{j0}$ とします．
  (2) もし $|T| > t_{\alpha/2}(n-2)$（あるいは p 値 $< \alpha$）ならば，有意水準 α で帰無仮説 H_0 を棄却します．ただし，p 値 $= Pr(|T| > |t$ 値$|)$ です．
  (3) 実際に T の実現値である t 値を計算し，(2) にしたがって仮説検定を行います．
- 上側検定
  (1) 仮説を $H_0 : \beta_j \leq \beta_{j0}$ vs $H_1 : \beta_j > \beta_{j0}$ とします．
  (2) もし $T > t_{\alpha}(n-2)$（あるいは p 値 $< \alpha$）ならば，有意水準 α で帰無仮説 H_0 を棄却します．ただし，p 値 $= Pr(T > t$ 値$)$ です．
  (3) 実際に T の実現値である t 値を計算し，(2) にしたがって仮説検定を行います．
- 下側検定
  (1) 仮説を $H_0 : \beta_j \geq \beta_{j0}$ vs $H_1 : \beta_j < \beta_{j0}$ とします．
  (2) もし $T < -t_{\alpha}(n-2)$（あるいは p 値 $< \alpha$）ならば，有意水準 α で帰無仮説 H_0 を棄却します．ただし，p 値 $= Pr(T < t$ 値$)$ です．
  (3) 実際に T の実現値である t 値を計算し，(2) にしたがって仮説検定を行います．

現実の分析において，よく使われる仮説値は $\beta_{j0} = 0$ です．このとき $T =$

$\hat{\beta}_j/s_{\hat{\beta}_j}$ の実現値である t 値と p 値は，統計ソフトウェアの出力に必ずといっていいほど含まれています．また，そのときに出力される p 値は，通常，両側検定のための値を意味しています．このように両側検定を前提に出力するのは，「Y を説明するのに X が有用かどうか」が，多くの場合に関心の対象であり，これが「$H_0：\beta_1=0$ vs $H_1：\beta_1 \neq 0$」の両側検定になるからです．

p 値は大変便利ですが，標本のサイズが非常に大きいときには注意が必要です．p 値が非常に小さくなって $H_0：\beta_1=0$ が棄却されても，真の β_1 は 0.0001 と 0 に非常に近い可能性があり，説明変数の効果の大きさを必ずしも意味するものではないからです．

例 2.4　今度はデータ 1.2 の気温（X）とビール・発泡酒の課税数量（Y）について，β_1 に関する 3 つの検定を有意水準 5%（$\alpha=0.05$）で行ってみましょう．以下では，仮説の検定統計量 T を

$$T=\frac{\hat{\beta}_1-0}{s_{\hat{\beta}_1}}=\frac{\hat{\beta}_1}{s_{\hat{\beta}_1}}$$

とします．臨界値は付表Ⅱの t 分布表を用いて求めます．

- 両側検定
  (1) 仮説を $H_0：\beta_1=0$ vs $H_1：\beta_1 \neq 0$ とします．
  (2) もし $|T|>t_{0.05/2}(12-2)=t_{0.025}(10)=2.228$（あるいは p 値 <0.05）ならば，有意水準 5% で帰無仮説 H_0 を棄却します．
  (3) $\hat{\beta}_1=8.72$，$s_{\hat{\beta}_1}=3.879$ を T に代入すると

$$|t\ 値|=\left|\frac{8.72}{3.879}\right|=2.248>2.228, \quad p\ 値=Pr(|T|>2.248)=0.048<0.05$$

  となるので有意水準 5% で帰無仮説 H_0 を棄却し，β_1 が 0 ではないという強い証拠があります．図 2.8 は，検定の棄却域（左図の水色部分）と，臨界値，t 値，p 値（右図の水色部分）です．

- 上側検定
  (1) 仮説を $H_0：\beta_1 \leq 0$ vs $H_1：\beta_1>0$ とします．
  (2) もし $T>t_{0.05}(12-2)=t_{0.05}(10)=1.812$（あるいは p 値 <0.05）ならば，有意水準 5% で帰無仮説 H_0 を棄却します．
  (3) $\hat{\beta}_1=8.72$，$s_{\hat{\beta}_1}=3.879$ を T に代入すると

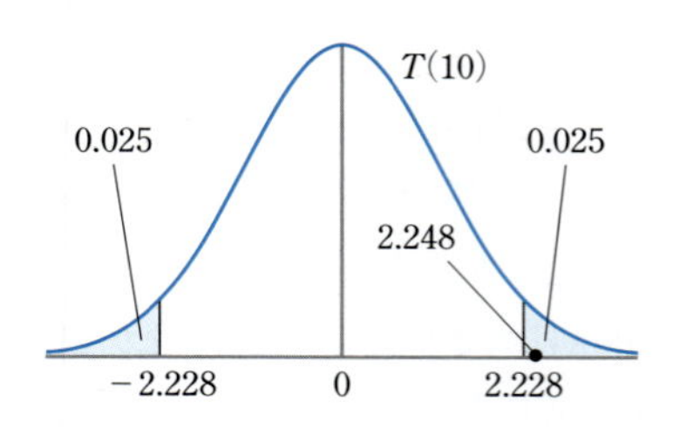

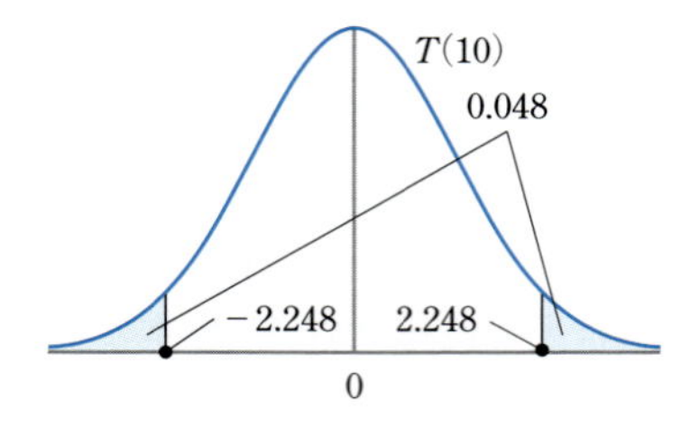

図 2.8　両側検定——棄却域（左）と p 値（右）

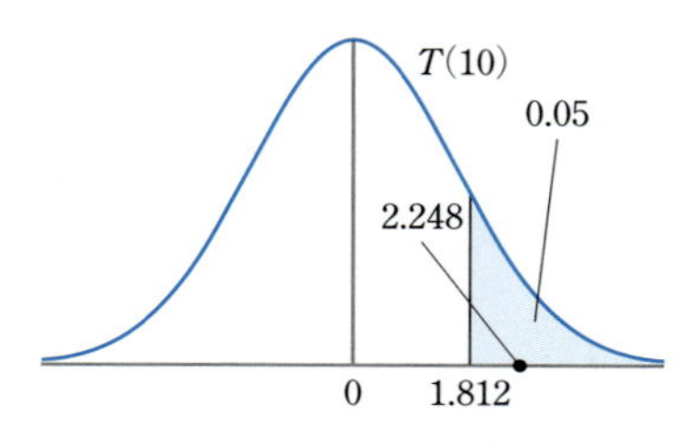

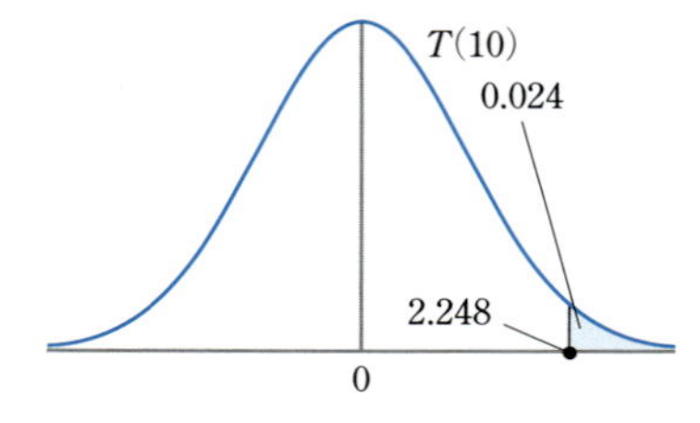

図 2.9　上側検定——棄却域（左）と p 値（右）

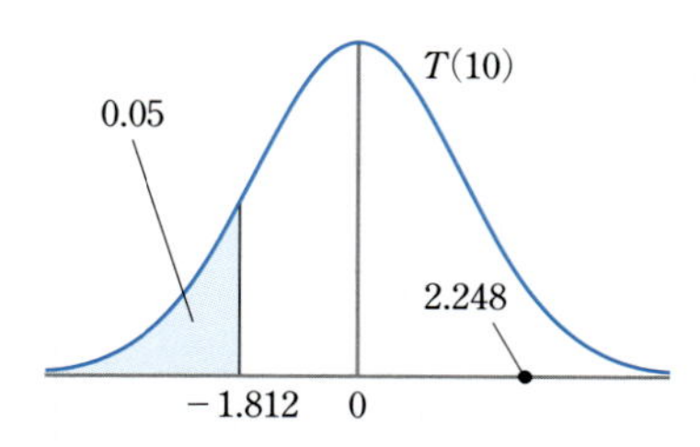

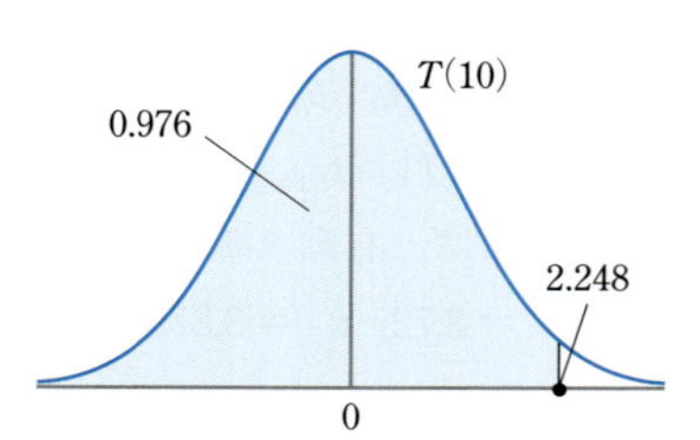

図 2.10　下側検定——棄却域（左）と p 値（右）

$$t \text{ 値} = \frac{8.72}{3.879} = 2.248 > 1.812, \quad p \text{ 値} = Pr(T > 2.248) = 0.024 < 0.05$$

となるので有意水準 5% で帰無仮説 H_0 を棄却し，β_1 が正であるという強い証拠があります．図 2.9 は，検定の棄却域（左図の水色部分）と，臨界値，t 値，p 値（右図の水色部分）です．

● 下側検定

(1) 仮説を $H_0: \beta_1 \geq 0$ vs $H_1: \beta_1 < 0$ とします．

(2) もし $T < -t_{0.05}(12-2) = -t_{0.05}(10) = -1.812$(あるいは p 値 < 0.05) ならば，有意水準 5% で帰無仮説 H_0 を棄却します．

(3) $\hat{\beta}_1 = 8.72$，$s_{\hat{\beta}_1} = 3.879$ を T に代入すると

$$t \text{ 値} = \frac{8.72}{3.879} = 2.248 > -1.812, \quad p \text{ 値} = Pr(T < 2.248) = 0.976 > 0.05$$

となるので有意水準 5% で帰無仮説 H_0 を棄却できず，β_1 が負であるという強い証拠はありません．図 2.10 は，検定の棄却域（左図の水色部分）と臨界値，t 値，p 値（右図の水色部分）です．

2.7 $E(Y)$，Y の推定・検定

$X = X^*$ が与えられたときの被説明変数 Y^* の期待値 $\mu_{Y^*} = E(Y^*) = \beta_0 + \beta_1 X^*$ と，新しい標本 $Y^* = \beta_0 + \beta_1 X^* + \epsilon^*$ について，区間推定と仮説検定を考えてみましょう．μ_{Y^*} と Y^* の点推定量は，$E(\epsilon^*) = 0$ であることから，ともに

$$\hat{Y}^* = \hat{\beta}_0 + \hat{\beta}_1 X^*$$

を考えます．推定量 $\hat{Y}^*$ と μ_{Y^*}，Y^* の差である $\hat{Y}^* - \mu_{Y^*}$ 及び $\hat{Y}^* - Y^*$ は平均 0 で，分散がそれぞれ

$$Var(\hat{Y}^* - \mu_{Y^*}) = Var(\hat{Y}^*) = \sigma^2 \left\{ \frac{1}{n} + \frac{(X^* - \overline{X})^2}{\sum_{i=1}^{n} (X_i - \overline{X})^2} \right\},$$

$$Var(\hat{Y}^* - Y^*) = Var(\hat{Y}^*) + \sigma^2$$

です．分散の推定量を

$$s_{\hat{Y}*}^2 = s^2 \left\{ \frac{1}{n} + \frac{(X* - \overline{X})^2}{\sum_{i=1}^{n} (X_i - \overline{X})^2} \right\},$$

$$s_{\hat{Y}*-Y*}^2 = s^2 \left\{ 1 + \frac{1}{n} + \frac{(X* - \overline{X})^2}{\sum_{i=1}^{n} (X_i - \overline{X})^2} \right\}$$

とすると

$$\frac{\hat{Y}* - \mu_{Y*}}{s_{\hat{Y}*}} \sim T(n-2), \quad \frac{\hat{Y}* - Y*}{s_{\hat{Y}*-Y*}} \sim T(n-2)$$

となります[14]. このことを用いると $X = X*$ が与えられたときの平均 μ_{Y*} 及び新しい標本 $Y*$ の $100(1-\alpha)$%信頼区間は，以下の通りです.

POINT 2.8　平均 μ_Y の $100(1-\alpha)$%信頼区間（単回帰）

$X = X*$ が与えられたとき，平均 $\mu_{Y*} = E(Y*) = \beta_0 + \beta_1 X*$ の $100(1-\alpha)$%信頼区間は

$$(\hat{Y}* - t_{\alpha/2}(n-2)s_{\hat{Y}*}, \hat{Y}* + t_{\alpha/2}(n-2)s_{\hat{Y}*}) \tag{2.10}$$

ただし，

$$\hat{Y}* = \hat{\beta}_0 + \hat{\beta}_1 X*, \quad s_{\hat{Y}*} = s\sqrt{\frac{1}{n} + \frac{(X* - \overline{X})^2}{\sum_{i=1}^{n} (X_i - \overline{X})^2}}$$

POINT 2.9　新しい $Y*$ の $100(1-\alpha)$%予測区間（単回帰）

$X = X*$ が与えられたとき，新しい標本 $Y* = \beta_0 + \beta_1 X* + \epsilon*$ の $100(1-\alpha)$%信頼区間は

$$(\hat{Y}* - t_{\alpha/2}(n-2)s_{\hat{Y}*-Y*}, \hat{Y}* + t_{\alpha/2}(n-2)s_{\hat{Y}*-Y*}) \tag{2.11}$$

ただし，

$$\hat{Y}* = \hat{\beta}_0 + \hat{\beta}_1 X*, \quad s_{\hat{Y}*-Y*} = s\sqrt{1 + \frac{1}{n} + \frac{(X* - \overline{X})^2}{\sum_{i=1}^{n} (X_i - \overline{X})^2}}$$

---

[14] 証明は 2.12 節を参照してください.

しばしば前者（2.10）は単に信頼区間と呼ばれるのに対し，後者（2.11）は新しい標本の動きを予測することから，信頼区間でもありますが特に**予測区間**（prediction interval）と呼ばれます．信頼係数が同じならば，図 2.11 のように予測区間は信頼区間よりも常に広くなります．なぜなら，区間の幅を比べると $s_{\hat{Y}*-Y*} > s_{\hat{Y}*}$ より

$$2t_{\alpha/2}(n-2)s_{\hat{Y}*-Y*} > 2t_{\alpha/2}(n-2)s_{\hat{Y}*}$$

となるからです．また，両者とも標本平均値のところで最も狭くなり，両端に行くにしたがって広くなっていきます．このことはデータがたくさんあるところは情報も豊富で精度が高いが，データがあまりないところは精度が悪くなるということを意味しています．

例 2.5 データ 1.2 の気温（X）とビール・発泡酒の課税数量（Y）について，気温 $X=25$ が与えられたときの課税数量 Y の平均の 95% 信頼区間と，Y の 95% 予測区間を求めましょう．

$$\hat{\beta}_0 = 431.83, \quad \hat{\beta}_1 = 8.72, \quad s^2 = 9468.3,$$
$$\overline{X} = 16.708, \quad \sum_{i=1}^{12}(X_i - \overline{X})^2 = 629.33$$

でしたから，$X=25$ が与えられたとき，$\hat{Y}* = 431.83 + 8.72 \times 25 = 649.83$ で，

$$s^2_{\hat{Y}*} = 9468.3\left\{\frac{1}{12} + \frac{(25-16.708)^2}{629.33}\right\} = 1823.5,$$
$$s^2_{\hat{Y}*-Y*} = 9468.3\left\{1 + \frac{1}{12} + \frac{(25-16.708)^2}{629.33}\right\} = 11292$$

となり，$s_{\hat{Y}*} = \sqrt{1823.5} = 42.70$，$s_{\hat{Y}*-Y*} = \sqrt{11292} = 106.3$ となります．付表II の t 分布表より $t_{\alpha/2}(n-2) = t_{0.025}(10) = 2.228$ ですから，課税数量 Y の平均の 95% 信頼区間と，Y の 95% 予測区間はそれぞれ

$$(649.83 - 2.228 \times 42.70, 649.83 + 2.228 \times 42.70) = (554.69, 744.97),$$
$$(649.83 - 2.228 \times 106.3, 649.83 + 2.228 \times 106.3) = (413.0, 886.6)$$

となります．図 2.11 は，さまざまな X について課税数量 Y の平均の 95% 信頼区間（confidence interval）と，Y の 95% 予測区間（prediction interval）

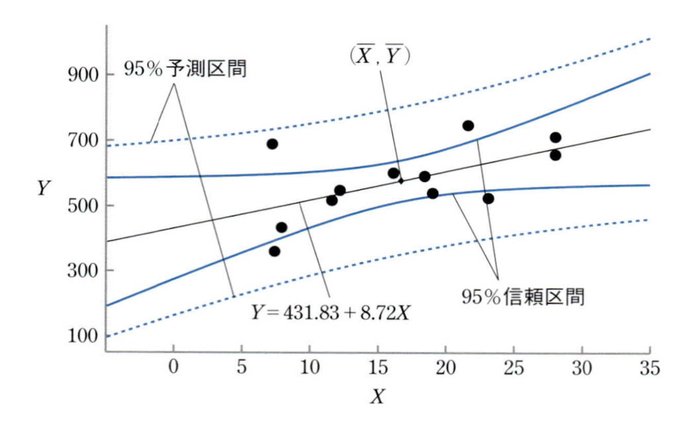

図 2.11　95% 信頼区間と 95% 予測区間

をプロットしたものです．

標本平均 $(\overline{X}, \overline{Y})$ で区間の幅が最も狭くなり，そこから離れるにつれて区間の幅は広くなっていきます．また，予測区間は信頼区間に比べてかなり広い様子が見てとれます．

2.8　因果関係・外挿の危険

推定された回帰直線を用いて，X が与えられたときの Y の平均に関する推論や予測を行うことができます．しかし，その際には次の点に注意が必要です．

- X と Y の関係は相関関係であり因果関係を必ずしも意味しない．
- 区間推定・仮説検定は仮定が成り立つことを前提としている．
- 観測された範囲外の X については推測の不確実性が高い．

まず X と Y の関係ですが，回帰分析では，あくまでも X と Y の線形な関係，相関関係について調べています．必ずしも X が原因で Y が結果であるわけで

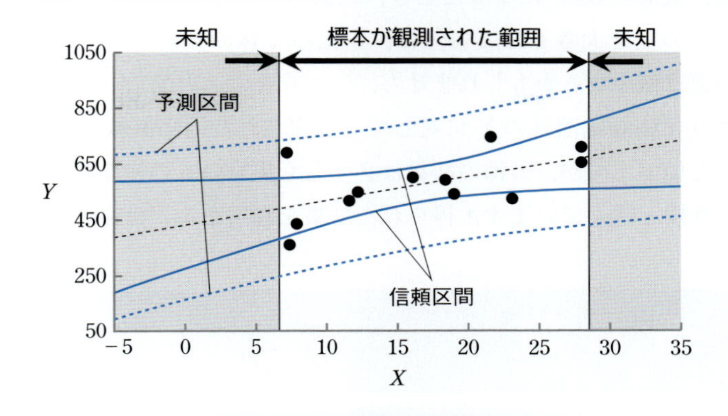

図 2.12　推定された回帰直線の適用範囲

はなく，その逆も考えられますし，またそのどちらでもない場合もあります．例えば，ビールの売り上げとアイスクリームの売り上げに正の相関があったとしても，これは見せかけの相関にすぎず，気温という第 3 の変数が存在している場合などがそうです．計算結果の背後に存在する関係についても深く考える必要があります．相関関係に限定された意味での統計的因果性にグレンジャー因果性（Granger causality）という概念がありますが，これについては第 3 章で扱うこととします．

また，回帰分析における区間推定・仮説検定は（A1)-(A6）等の仮定を用いますので，これが成り立たないと，得られる結果も正しくなくなります．このような問題については，第 4 章で改めて説明します．

推定された回帰直線の機械的な利用にも注意が必要です．推定結果は，用いた標本に依存していますから，回帰直線を用いた推測があてはまるのは，観測された X の範囲内であるということです．

図 2.12 は，気温（X）とビール・発泡酒の課税数量（Y）で得られた回帰直線，信頼区間，予測区間ですが，観測された標本の範囲から外では信頼区間，予測区間の幅が大きくなり，情報が不確実であることを示しています．もちろん機械的に回帰直線を用いて，$X=60$ のとき，$\hat{Y}=431.83+8.72\times 60=955.03$ という予測を行うことはできますが，それが妥当であるかどうかはわかりませ

ん．実際，気温が 60℃ になったとき，人間はどうなってしまうのか，わかりません．X の値を大きくしていけば，かえって体の具合が悪くなり，ビールなどの数量は減少するかもしれません．

このように観測範囲外の X に対して，推定された回帰直線を用いることを外挿するといいますが，外挿の結果は必ずしも正しいものになりません．これを外挿の危険と呼んでいます．得られた結果を利用するには注意が必要です．

2.9 分析例

株式収益率の回帰分析

例 2.6 マーケットモデル

市場に存在するすべての証券を含むポートフォリオのことをマーケットポートフォリオといい，市場全体の動きを表すと考えます．個別の証券の株式収益率は，このマーケットポートフォリオによって説明できる部分と，説明できない部分に分けられます．そこで，ある証券の t 期における収益率を Y_t とし，

$$Y_t = \beta_0 + \beta_1 X_t + \epsilon_t, \quad t = 1, \cdots, m \tag{2.12}$$

というモデル（マーケットモデルといいます）を考えます．

データ 2.1 はある年の 10 月～12 月における TOPIX（東証株価指数），A 社，B 社の日次株価（62 日）です．A 社の株式収益率を Y_t，TOPIX の収益率を X_t として式（2.12）を最小二乗法によりあてはめ，次に答えなさい．

(1) 推定された回帰直線は何か．

(2) 決定係数を求めなさい．

(3) β_0，β_1 の 95% 信頼区間を求めなさい．

(4) 帰無仮説 $H_0 : \beta_1 = 0$ vs 対立仮説 $H_1 : \beta_1 \neq 0$ を有意水準 5% で仮説検定しなさい．

表 2.1　データファイル (mm.csv)

```
TOPIX,A,B
903.37,1568,5090
893.23,1563,5080
(以下省略)
```

データは表 2.1 のような CSV ファイルとして用意します．テキストファイルに，変数名，数値を入力し，カンマで区切っています．数値は，左から順に TOPIX，A 社，B 社の株価となっています．

まず，データファイルを Excel で開き，Stata のデータエディタの画面にコピーします．このとき変数名はそれぞれ，**topix**，**a**，**b** となります．この例のように時系列データの場合，Stata ではデータが時系列であることを指定する必要があります．以下にその手順を示しましょう．

> Stata 2.1　新規変数の作成
> データ(D) ▶ データの作成または変更 ▶ 新規変数の作成

まず**変数の新規作成**画面を出し（図 2.13），時間を表す変数の名前を**変数名**に **time** と入力し，**値または式を指定する**に観測値番号を表す **_n** と入力し[15]，OK を押します．すると **time** は $1, 2, \cdots, 62$ という値からなる変数になります．次に変数 time を時間を表す変数に指定します．

> Stata 2.2　時系列データとして定義する
> 統計(S) ▶ 時系列 ▶ セットアップとユーティリティ ▶ 時系列データのセットアップ

図 2.14 の画面で，**時間変数**に **time** を指定し OK を押すと，データは時系列データとして扱われます．次に A 社（a）の株式の日次収益率を計算します．t 期の価格を p_t としたとき，日次収益率を

$$r_t = \frac{p_t - p_{t-1}}{p_{t-1}} \times 100, \quad t = 2, \cdots, 62$$

と定義します．Stata では，先ほどの **time** を作成したのと同様に（Stata

[15] **_n** のように変数名の前に，アンダーバー（_）が付いている変数は，Stata であらかじめ用意されている変数です．

2.1)，変数の新規作成画面を出して変数名に **y** と入力し，値または式を指定するに

```
(a-L.a)/L.a*100
```


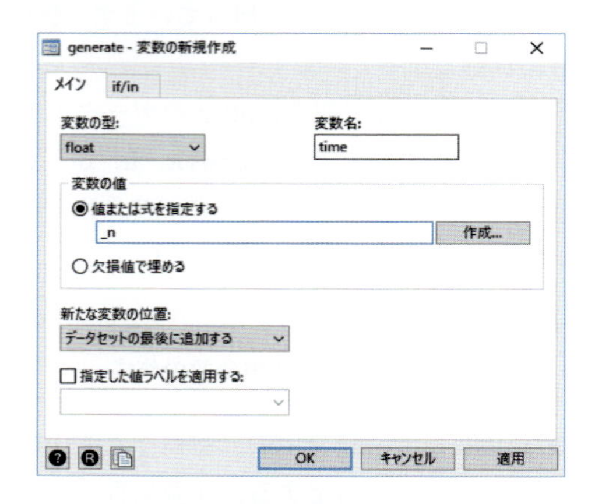

図 2.13　変数の定義

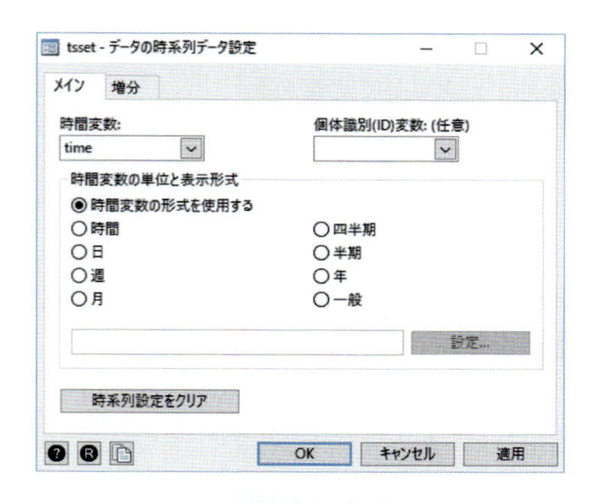

図 2.14　時間変数の指定

と入力し，**適用**を押します．ここで **L.a** は **a** の 1 期前の値を表しています[16]．ただし，r_1 は p_0 がないと計算できないので欠損値となり，得られる A 社の日次収益率（Y）は $n = 61$ 日分となります．続けて**変数名**に **x** を，**値または式を指定する**に **(topix-L.topix)/L.topix*100** を入力して TOPIX の日次収益率を定義し，OK を押します．次に **x** を説明変数，**y** を被説明変数とする回帰分析を行いましょう．

Stata 2.3 回帰分析

統計(S)▶線形モデル他▶線形回帰

線形回帰の**モデル**タブの画面で，**従属変数**に **y** を，**独立変数**に **x** を入力し，OK を押します（図 2.15）．$t = 1$ 時点では欠損値なので，61 個の収益率のデータを使って分析が行われます．

Y の標本平均のまわりの平方和 TSS は $TSS = ESS + RSS$ と分解されますが，表 2.2 では，まず，回帰によって説明される平方和が $ESS = 128.752$（①），残差平方和が $RSS = 82.376$（②），総平方和が $TSS = 211.128$（③），と

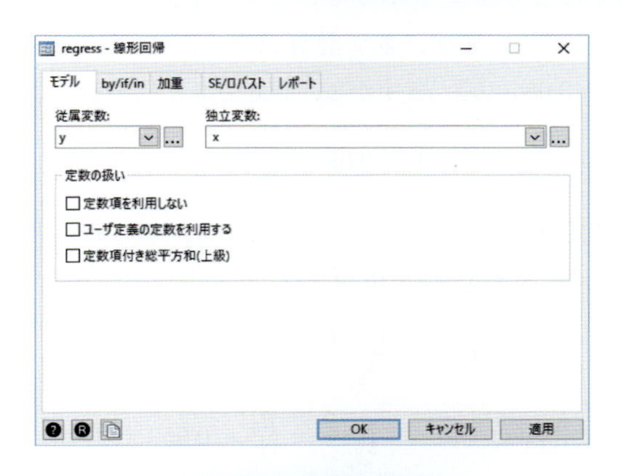

図 2.15 単回帰分析

16 同様に **L2.a**，**L3.a** は，**a** の 2 期前，3 期前の値を表します．

表 2.2　単回帰分析の推定結果

```
. regress y x
  Source|       SS       df         MS            Number of obs =       61⑥
--------+--------------------------               F(  1,     59) =    92.22
   Model| 128.752103① 1   128.752103             Prob > F      =  0.0000
Residual|  82.376256②59④  1.39620773⑤           R-squared     =  0.6098⑦
--------+--------------------------               Adj R-squared =  0.6032
   Total| 211.128359③60   3.51880599             Root MSE      =  1.1816⑧
---------------------------------------------------------------------------
       y |    Coef.     Std. Err.     t      P>|t|     [95% Conf. Interval]
---------+-----------------------------------------------------------------
       x | 1.052371⑨   .1095889⑪  9.60⑬  0.000⑮    .8330837   1.271657⑰
   _cons | .0835532⑩   .1517122⑫  0.55⑭  0.584⑯   -.2200221   .3871286⑱
---------------------------------------------------------------------------
```

計算され，残差平方和の自由度が $n-2=61-2=59$（④），残差の分散 σ^2 の推定値が $s^2=1.3962$（⑤）と求められます．アウトプットのこの部分を分散分析表といいます．次に観測値の個数が $n=61$（⑥）で，決定係数（⑦）が

$$R^2=0.6098$$

となり，TOPIX の収益率が A 社の株式収益率の変動の 60.98% を説明しており，比較的あてはまりがよくなっています．また，回帰の標準誤差は $s=1.1816$（⑧）となっています．さて計算結果の下のほうに，推定値が $\hat{\beta}_1=1.052$（⑨），$\hat{\beta}_0=0.084$（⑩）ですから，推定された回帰直線は

$$Y=0.084+1.052X$$

となります．推定値の標準誤差は，それぞれ $s_{\hat{\beta}_1}=0.1096$（⑪），$s_{\hat{\beta}_0}=0.1517$（⑫）です．t 値は仮説値を $\beta_{j0}=0$（$j=0,1$）とおいた場合の値で

$$\beta_1 \text{ の } t \text{ 値} = \frac{\hat{\beta}_1-0}{s_{\hat{\beta}_1}} = \frac{\hat{\beta}_1}{s_{\hat{\beta}_1}} = 9.60 \quad (⑬)$$

$$\beta_0 \text{ の } t \text{ 値} = \frac{\hat{\beta}_0-0}{s_{\hat{\beta}_0}} = \frac{\hat{\beta}_0}{s_{\hat{\beta}_0}} = 0.55 \quad (⑭)$$

となります．これを用いれば $H_0:\beta_j=0$ に関する仮説検定を行うことができます．例えば，帰無仮説 $H_0:\beta_1=0$ vs 対立仮説 $H_1:\beta_1\neq 0$ の仮説検定を有意水準 5% で行いたければ，臨界値は $t_{0.05/2}(61-2)=t_{0.025}(59)\approx 2.000$ ですから，

「$|t$ 値$| = 9.60 > 2.000$ より有意水準 5% で

$H_0 : \beta_1 = 0$ を棄却し，$H_1 : \beta_1 \neq 0$ を採択する」

とします．次に p 値が出ていますが，これは両側検定の p 値です．

$$H_0 : \beta_1 = 0 \text{ vs } H_1 : \beta_1 \neq 0 \text{ の } p \text{ 値} = Pr(|T| > 9.60) = 0.000 \quad (⑮)$$
$$H_0 : \beta_0 = 0 \text{ vs } H_1 : \beta_0 \neq 0 \text{ の } p \text{ 値} = Pr(|T| > 0.55) = 0.584 \quad (⑯)$$

これを用いて例えば

「p 値 $= 0.000 < 0.05$ より有意水準 5% で

$H_0 : \beta_1 = 0$ を棄却し，$H_1 : \beta_1 \neq 0$ を採択する」

とします．したがってマーケットポートフォリオとしてのTOPIXの収益率（X）は，A社の株式収益率 Y を説明するのに有用であるということになります．決定係数 R^2 は 60.98% ですので，説明力はまずまずです．

最後に β_1，β_0 のための 95% 信頼区間が，それぞれ（0.833, 1.272）（⑰），（-0.220, 0.387）（⑱）と計算されています．以上から，

(1) 推定された回帰直線は $Y = 0.084 + 1.052X$．

(2) 決定係数 $R^2 = 0.6098$．回帰によって説明できる被説明変数の変動の割合は 60.98% とまずまずである．

(3) β_1，β_0 のための 95% 信頼区間は，それぞれ（0.833, 1.272），（-0.220, 0.387）．

(4) 有意水準 5% で $H_0 : \beta_1 = 0$ を棄却し，$H_1 : \beta_1 \neq 0$ を採択する．したがってTOPIXの収益率（X）は，A社の株式収益率 Y を説明するのに有用である．

ということになります．

ここで p 値を用いて β_0 について両側検定を行うと，定数項は有意ではありません．しかし，定数項のない回帰分析を考える必要はあまりありません．なぜなら，定数項のない回帰分析とは，「回帰直線が原点を通る」という制約を付ける分析であり，その制約に意味をもたせることができなければ，制約を付ける理由がないからです[17]．

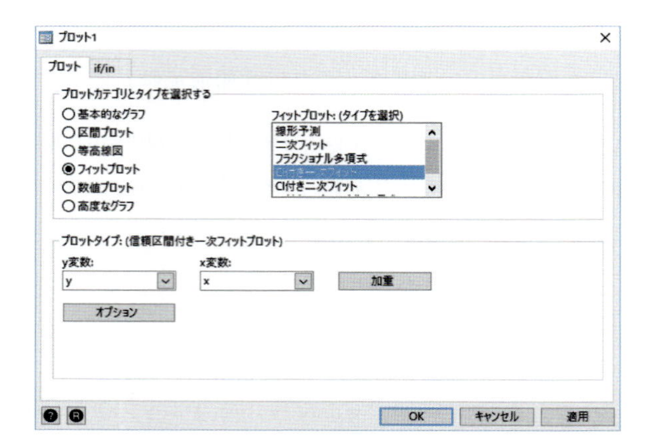

図 2.16　推定された回帰直線と 95% 信頼区間を指定する（1）

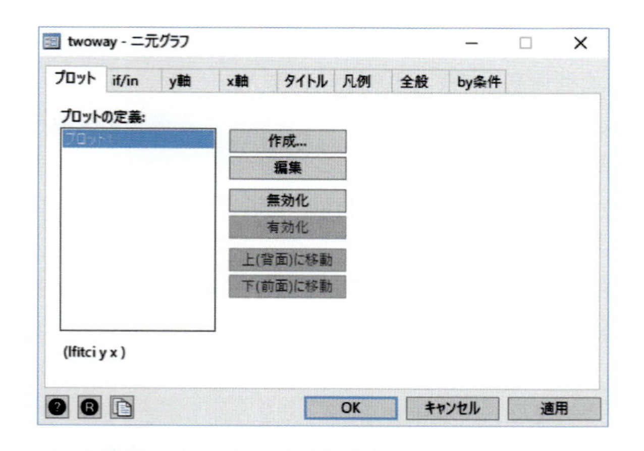

図 2.17　推定された回帰直線と 95% 信頼区間を指定する（2）

17　もし定数項のない回帰分析を Stata で行いたい場合には，図 2.15 の画面で**定数項を利用しない**というオプションに✓（チェック）します．

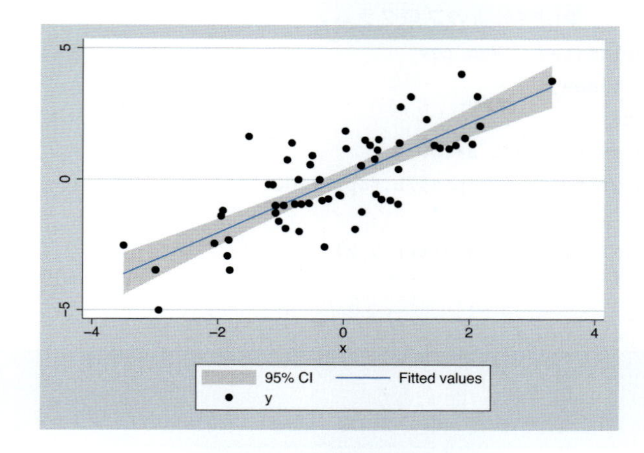

図 2.18　散布図と推定された回帰直線

最後に（1）推定された回帰直線，（2）$\beta_0 + \beta_1 X$ の 95% 信頼区間，（3）散布図を同時に描いてみましょう．

まず散布図を描く手順 Stata 1.3 にしたがって図 2.16 の画面を出します．その画面で，**フィットプロット**を選び，そのタイプとして **CI 付き一次フィット**を選びます．さらに **y 変数**に **y**，**x 変数**に **x** を入れます．これで（1）推定された回帰直線と（2）$\beta_0 + \beta_1 X$ の 95% 信頼区間を同時に描くことができます[18]．

一旦，OK を押すと，図 2.17 の画面になりますので，**作成...** を押し，**基本的なグラフ**を選び，**y 変数**に **y**，**x 変数**に **x** を入れます．そして OK，さらに続けて OK を押します．これにより，散布図も加えた図が出力できます（図 2.18）．

最後に Stata プログラムを Stata 2.4 にまとめておきます．

---

[18] もし $\beta_0 + \beta_1 X + \epsilon$ の 95% 予測区間を描きたい場合には**オプション**を押して**各予測の信頼区間**を選びます．

Stata 2.4 単回帰分析のプログラム

```
import delimited C:¥mm.csv
generate time=_n
tsset time
generate y=(a-L.a)/L.a*100
generate x=(topix-L.topix)/L.topix*100
regress y x
twoway (lfitci y x) (scatter y x)
```

2.10 練習問題

1. データ 2.1 の TOPIX（東証株価指数），B 社の株価（62 日）を用いて，B 社の株式収益率を Y_t，TOPIX の収益率を X_t として

$$Y_t = \beta_0 + \beta_1 X_t + \epsilon_t, \quad t = 2, \cdots, 62 \tag{2.13}$$

を最小二乗法によりあてはめ，次に答えなさい．

(1) 推定された回帰直線は何か，書きなさい．

(2) 決定係数を求めなさい．

(3) β_0，β_1 の 95% 信頼区間を求めなさい．

(4) 帰無仮説 $H_0 : \beta_1 = 0$ vs 対立仮説 $H_1 : \beta_1 \neq 0$ を有意水準 5% で仮説検定しなさい．

2. データ 2.2 は，2012 年ロンドンオリンピックにおける，各国のメダル獲得数（10 以上）とその国の GDP（名目，単位 10000 ドル）です[19]．被説明変数をメダル獲得数（Y），説明変数を GDP（X）とした回帰分析を行いなさい．

(1) 推定された回帰直線は何か，書きなさい．

(2) 決定係数を求めなさい．

[19] Carter, Felton and Schwertman (2014) "A Classroom Investigation of the Effect of Population Size and Income on Success in the London 2012 Olympics," *Journal of Statistics Education*, 22(2) よりデータを抜粋．

(3) 回帰係数の 95% 信頼区間を求めなさい．

(4) 回帰係数が有意であるか，仮説検定を有意水準 5% で行いなさい．帰無仮説，対立仮説は何か，書きなさい．

3. データ 2.3 は，ある 26 か月間の首都高速東京線における一日平均通行台数の前年同月比増減率（Y，%）とレギュラーガソリン価格の前年同月比増減率（X，%）です．被説明変数を Y，説明変数を X とした回帰分析を行いなさい．

(1) 散布図を描きなさい．

(2) 推定された回帰直線は何か，書きなさい．

(3) 決定係数を求めなさい．

(4) 回帰係数の 95% 信頼区間を求めなさい．

(5) 回帰係数が有意であるか，仮説検定を有意水準 5% で行いなさい．帰無仮説，対立仮説は何か，書きなさい．

2.11 データ

データ 2.1 日次の TOPIX，A 社の株価，B 社の株価

t	$TOPIX_t$	A_t	B_t	t	$TOPIX_t$	A_t	B_t
1	903.37	5,090	1,568	32	839.34	5,150	1,305
2	893.23	5,080	1,563	33	823.84	5,000	1,269
3	883.59	5,030	1,478	34	817.09	5,070	1,238
4	891.60	5,170	1,508	35	830.82	5,130	1,277
5	860.47	5,040	1,475	36	847.85	5,200	1,360
6	860.79	5,100	1,467	37	859.05	5,320	1,394
7	844.29	5,040	1,408	38	874.39	5,390	1,412
8	835.61	4,960	1,435	39	864.00	5,380	1,375
9	848.43	5,020	1,446	40	869.26	5,340	1,389
10	876.57	5,210	1,492	41	888.12	5,450	1,453
11	881.45	5,290	1,493	42	892.71	5,420	1,474
12	884.46	5,370	1,490	43	888.30	5,470	1,497
13	893.95	5,540	1,512	44	890.76	5,500	1,496
14	889.08	5,490	1,502	45	874.66	5,310	1,450
15	862.54	5,300	1,451	46	866.86	5,350	1,451
16	866.14	5,370	1,435	47	860.65	5,350	1,409
17	859.45	5,320	1,400	48	854.90	5,300	1,397
18	871.89	5,390	1,419	49	856.48	5,200	1,364
19	872.13	5,490	1,404	50	851.93	5,230	1,359
20	862.73	5,420	1,439	51	851.32	5,200	1,369
21	870.23	5,370	1,465	52	835.77	5,080	1,326
22	862.24	5,270	1,410	53	827.82	5,030	1,345
23	866.89	5,330	1,398	54	831.92	5,070	1,345
24	885.34	5,500	1,449	55	815.74	5,000	1,323
25	883.23	5,460	1,435	56	822.89	5,020	1,336
26	880.57	5,320	1,422	57	822.46	4,990	1,332
27	862.49	5,190	1,392	58	829.81	5,060	1,320
28	837.19	4,930	1,321	59	827.00	5,020	1,311
29	839.62	4,870	1,280	60	842.96	5,100	1,328
30	836.43	4,870	1,295	61	849.25	5,060	1,332
31	823.89	4,950	1,259	62	843.29	4,960	1,334

データ 2.2　ロンドンオリンピックにおけるメダル数と GDP

国・地域	メダル数	GDP	国・地域	メダル数	GDP
アメリカ合衆国	104	1.5195	ハンガリー	17	0.0141
中国	88	0.7254	スペイン	17	0.1528
ロシア	82	0.1859	ブラジル	17	0.2460
イギリス	65	0.2422	キューバ	14	0.0057
ドイツ	44	0.3579	カザフスタン	13	0.0178
日本	38	0.5869	ニュージーランド	13	0.0162
オーストラリア	35	0.1487	イラン	12	0.0478
フランス	34	0.2796	ジャマイカ	12	0.0016
韓国	28	0.1188	ベラルーシ	12	0.0056
イタリア	28	0.2205	ケニヤ	11	0.0037
オランダ	20	0.0849	チェコ	10	0.0216
ウクライナ	20	0.0166	アゼルバイジャン	10	0.0063
カナダ	18	0.1760	ポーランド	10	0.0521

データ 2.3　平均通行台数の前年同月比増減率（Y_t, %）と
レギュラーガソリン価格の前年同月比増減率（X_t, %）

t	Y_t	X_t	t	Y_t	X_t
1	0.309	7.258	14	0.959	0.725
2	1.051	9.524	15	0.768	2.899
3	-0.893	10.400	16	-0.118	3.597
4	-1.060	9.449	17	0.332	1.370
5	0.048	11.450	18	-0.595	-0.680
6	-0.399	10.526	19	0.436	2.778
7	0.262	7.463	20	0.451	11.594
8	0.224	4.545	21	-1.710	16.058
9	-0.015	3.788	22	-0.066	16.296
10	2.345	3.053	23	-2.368	17.424
11	0.436	0.000	24	-0.242	17.424
12	-1.197	-0.753	25	0.990	0.752
13	0.044	0.000	26	-0.665	16.547

2.12 付 録

最小二乗推定量 $\hat{\beta}_0$, $\hat{\beta}_1$ の導出

単回帰では，

$$Q = \sum_{i=1}^{n} (Y_i - \beta_0 - \beta_1 X_i)^2$$

を最小にするような (β_0, β_1) を求めますから，Q を (β_0, β_1) に関して偏微分したとき，0 になることが必要です．したがって

$$\frac{\partial Q}{\partial \beta_0} = -2\sum_{i=1}^{n} (Y_i - \beta_0 - \beta_1 X_i) = 0,$$

$$\frac{\partial Q}{\partial \beta_1} = -2\sum_{i=1}^{n} (Y_i - \beta_0 - \beta_1 X_i) X_i = 0$$

これを整理すると

$$\sum_{i=1}^{n} Y_i = n\beta_0 + \beta_1 \sum_{i=1}^{n} X_i, \quad (2.14)$$

$$\sum_{i=1}^{n} X_i Y_i = \beta_0 \sum_{i=1}^{n} X_i + \beta_1 \sum_{i=1}^{n} X_i^2 \quad (2.15)$$

となりますが，この式 (2.14)，(2.15) は正規方程式（normal equation）と呼ばれています．正規方程式を β_0，β_1 について解くと，POINT 2.2 のように最小二乗推定量が得られます．

残 差 の 性 質

(1) $\hat{\beta}_0$，$\hat{\beta}_1$ は正規方程式 (2.14) を満たすので

$$\sum_{i=1}^{n} e_i = \sum_{i=1}^{n} (Y_i - \hat{\beta}_0 - \hat{\beta}_1 X_i) = \sum_{i=1}^{n} Y_i - n\hat{\beta}_0 - \hat{\beta}_1 \sum_{i=1}^{n} X_i = 0 \quad (2.16)$$

となりますから，残差の和は 0 です．

(2) 式 (2.16) より，残差の平均は $\bar{e} = \frac{1}{n}\sum_{i=1}^{n} e_i = 0$ となりますから，e と X の

標本相関係数の分子は

$$\sum_{i=1}^{n}(e_i-\bar{e})(X_i-\overline{X})=\sum_{i=1}^{n}e_i(X_i-\overline{X})=\sum_{i=1}^{n}e_iX_i$$

となります．一方，$\hat{\beta}_0$，$\hat{\beta}_1$ は正規方程式（2.15）を満たすので

$$\sum_{i=1}^{n}e_iX_i=\sum_{i=1}^{n}(Y_i-\hat{\beta}_0-\hat{\beta}_1X_i)X_i=0 \tag{2.17}$$

となりますから，e と X の標本相関係数は 0 となります．

(3) 式（2.16），（2.17）より，残差 e と理論値 $\hat{Y}$ の標本相関係数の分子は

$$\sum_{i=1}^{n}(e_i-\bar{e})(\hat{Y}_i-\overline{\hat{Y}})=\sum_{i=1}^{n}e_i(\hat{Y}_i-\overline{\hat{Y}})=\sum_{i=1}^{n}e_i\hat{Y}_i$$
$$=\sum_{i=1}^{n}e_i(\hat{\beta}_0+\hat{\beta}_1X_i)=\hat{\beta}_0\sum_{i=1}^{n}e_i+\hat{\beta}_1\sum_{i=1}^{n}e_iX_i=0$$

ですから，残差 e と $\hat{Y}$ の標本相関係数は 0 となります．

理論値の標本平均

$\hat{\beta}_0=\overline{Y}-\hat{\beta}_1\overline{X}$ より，理論値 $\hat{Y}_i$ の標本平均 $\overline{\hat{Y}}$ は，

$$\overline{\hat{Y}}=\frac{1}{n}\sum_{i=1}^{n}\hat{Y}_i=\frac{1}{n}\sum_{i=1}^{n}(\hat{\beta}_0+\hat{\beta}_1X_i)$$
$$=\frac{1}{n}\left\{n\hat{\beta}_0+\hat{\beta}_1\sum_{i=1}^{n}X_i\right\}=\hat{\beta}_0+\hat{\beta}_1\overline{X}=\overline{Y}$$

ですから，標本平均 $\overline{Y}$ に等しくなります．

重相関係数，決定係数，標本相関係数

重相関係数 $r_{Y\hat{Y}}$ は常に 0 以上の値をとります．重相関係数の分子（分母は正）が

$$\begin{aligned}\sum_{i=1}^{n}(Y_i-\overline{Y})(\hat{Y}_i-\overline{\hat{Y}})&=\sum_{i=1}^{n}(Y_i-\hat{Y}_i+\hat{Y}_i-\overline{Y})(\hat{Y}_i-\overline{Y})\\&=\sum_{i=1}^{n}e_i(\hat{Y}_i-\overline{Y})+\sum_{i=1}^{n}(\hat{Y}_i-\overline{Y})^2\\&=\sum_{i=1}^{n}(\hat{Y}_i-\overline{Y})^2\geq 0\end{aligned}$$

となるからです．また重相関係数の二乗は，

$$r_{Y\hat{Y}}^2=\frac{\left\{\sum_{i=1}^{n}(Y_i-\overline{Y})(\hat{Y}_i-\overline{\hat{Y}})\right\}^2}{\sum_{i=1}^{n}(Y_i-\overline{Y})^2\sum_{i=1}^{n}(\hat{Y}_i-\overline{Y})^2}=\frac{\sum_{i=1}^{n}(\hat{Y}_i-\overline{Y})^2}{\sum_{i=1}^{n}(Y_i-\overline{Y})^2}=R^2$$

と決定係数 R^2 に等しくなりますから，R を $R=\sqrt{R^2}$ とおくと $R=r_{Y\hat{Y}}\geq 0$ となります．さらに $\hat{Y}_i-\overline{Y}=\hat{\beta}_1(X_i-\overline{X})$ より

$$\begin{aligned}\frac{\hat{\beta}_1^2\sum_{i=1}^{n}(X_i-\overline{X})^2}{\sum_{i=1}^{n}(Y_i-\overline{Y})^2}&=\frac{\left\{\hat{\beta}_1\sum_{i=1}^{n}(X_i-\overline{X})^2\right\}^2}{\sum_{i=1}^{n}(X_i-\overline{X})^2\sum_{i=1}^{n}(Y_i-\overline{Y})^2}\\&=\frac{\left\{\sum_{i=1}^{n}(X_i-\overline{X})(Y_i-\overline{Y})\right\}^2}{\sum_{i=1}^{n}(X_i-\overline{X})^2\sum_{i=1}^{n}(Y_i-\overline{Y})^2}=r_{XY}^2\end{aligned}$$

とも書けるので，$r_{Y\hat{Y}}^2=R^2=r_{XY}^2$ が成り立ちます．

Y の平方和の分解

Y の標本平均 $\overline{Y}$ のまわりの平方和 TSS は，回帰によって説明できる平方和 ESS と，説明できない平方和である残差平方和 RSS に分解できます．

$$\begin{aligned}TSS&=\sum_{i=1}^{n}(Y_i-\overline{Y})^2=\sum_{i=1}^{n}(Y_i-\hat{Y}_i+\hat{Y}_i-\overline{Y})^2\\&=\sum_{i=1}^{n}(Y_i-\hat{Y}_i)^2+\sum_{i=1}^{n}(\hat{Y}_i-\overline{Y})^2+2\sum_{i=1}^{n}(Y_i-\hat{Y}_i)(\hat{Y}_i-\overline{Y})\\&=\sum_{i=1}^{n}e_i^2+\sum_{i=1}^{n}(\hat{Y}_i-\overline{Y})^2+2\sum_{i=1}^{n}e_i(\hat{Y}_i-\overline{Y})\\&=RSS+ESS+2\sum_{i=1}^{n}e_i(\hat{Y}_i-\overline{Y})\end{aligned}$$

「残差の性質」(3) で見たように，$\sum_{i=1}^{n} e_i(\hat{Y}_i - \overline{Y}) = 0$ となりますから，$TSS = ESS + RSS$ が成り立ちます．

最小二乗推定量の期待値・不偏性

まず，$\hat{\beta}_1$ の不偏性を示しましょう．誤差項 ϵ_i の標本平均を $\overline{\epsilon} = \frac{1}{n}\sum_{i=1}^{n} \epsilon_i$ とおくと，

$$\overline{Y} = \frac{1}{n}\sum_{i=1}^{n}(\beta_0 + \beta_1 X_i + \epsilon_i) = \beta_0 + \beta_1 \overline{X} + \overline{\epsilon},$$

$$Y_i - \overline{Y} = \beta_0 + \beta_1 X_i + \epsilon_i - (\beta_0 + \beta_1 \overline{X} + \overline{\epsilon}) = \beta_1(X_i - \overline{X}) + \epsilon_i - \overline{\epsilon}$$

となりますから，$\sum_{i=1}^{n}(X_i - \overline{X}) = 0$ に注意して

$$\hat{\beta}_1 = \frac{\sum_{i=1}^{n}(X_i - \overline{X})(Y_i - \overline{Y})}{\sum_{i=1}^{n}(X_i - \overline{X})^2} = \frac{\sum_{i=1}^{n}(X_i - \overline{X})\{\beta_1(X_i - \overline{X}) + \epsilon_i - \overline{\epsilon}\}}{\sum_{i=1}^{n}(X_i - \overline{X})^2}$$

$$= \beta_1 \frac{\sum_{i=1}^{n}(X_i - \overline{X})^2}{\sum_{i=1}^{n}(X_i - \overline{X})^2} + \frac{\sum_{i=1}^{n}(X_i - \overline{X})\epsilon_i}{\sum_{i=1}^{n}(X_i - \overline{X})^2} = \beta_1 + \frac{\sum_{i=1}^{n}(X_i - \overline{X})\epsilon_i}{\sum_{i=1}^{n}(X_i - \overline{X})^2}$$

$$= \beta_1 + \sum_{i=1}^{n} c_i \epsilon_i, \quad c_i = \frac{X_i - \overline{X}}{\sum_{i=1}^{n}(X_i - \overline{X})^2} \tag{2.18}$$

と書けます．したがって仮定 (A1)，(A3) より

$$E(\hat{\beta}_1) = \beta_1 + \sum_{i=1}^{n} c_i E(\epsilon_i) = \beta_1$$

となり，$\hat{\beta}_1$ の不偏性がいえます．また，式 (2.18) より

$$\hat{\beta}_0 = \overline{Y} - \hat{\beta}_1 \overline{X} = \beta_0 - (\hat{\beta}_1 - \beta_1)\overline{X} + \overline{\epsilon}$$
$$= \beta_0 - \overline{X}\sum_{i=1}^{n} c_i \epsilon_i + \overline{\epsilon} = \beta_0 + \sum_{i=1}^{n}\left(\frac{1}{n} - c_i \overline{X}\right)\epsilon_i$$

より，

$$E(\hat{\beta}_0) = \beta_0 + \sum_{i=1}^{n}\left(\frac{1}{n} - c_i \overline{X}\right) E(\epsilon_i) = \beta_0$$

となり，$\hat{\beta}_0$ の不偏性もいえます．

ガウス=マルコフの定理

ここでは最小二乗推定量 $\hat{\beta}_1$ が，線形不偏推定量の中で，最も分散が小さいことを示します．$\hat{\beta}_1$ は

$$\hat{\beta}_1 = \sum_{i=1}^{n} c_i Y_i, \quad c_i = \frac{X_i - \overline{X}}{\sum_{i=1}^{n} (X_i - \overline{X})^2}$$

と表現できます．一方，線形不偏推定量 $\hat{\beta}_1^* = \sum_{i=1}^{n} b_i Y_i$ があるとき，$b_i = c_i + b_i^*$ とおくと，

$$\begin{aligned} E(\hat{\beta}_1^*) &= E\left(\sum_{i=1}^{n} c_i Y_i\right) + E\left(\sum_{i=1}^{n} b_i^* Y_i\right) = \beta_1 + \sum_{i=1}^{n} b_i^* E(Y_i) \\ &= \beta_1 + \sum_{i=1}^{n} b_i^* (\beta_0 + \beta_1 X_i) = \beta_1 + \beta_0 \sum_{i=1}^{n} b_i^* + \beta_1 \sum_{i=1}^{n} b_i^* X_i \end{aligned}$$

ですから，任意の β_0，β_1 について不偏であるということは

$$\sum_{i=1}^{n} b_i^* = 0, \quad \sum_{i=1}^{n} b_i^* X_i = 0$$

ということです．このことから

$$\sum_{i=1}^{n} b_i^* c_i = \frac{\sum_{i=1}^{n} b_i^* (X_i - \overline{X})}{\sum_{i=1}^{n} (X_i - \overline{X})^2} = \frac{\sum_{i=1}^{n} b_i^* X_i - \overline{X} \sum_{i=1}^{n} b_i^*}{\sum_{i=1}^{n} (X_i - \overline{X})^2} = 0$$

となること，また $Var(\hat{\beta}_1) = \sigma^2 \sum_{i=1}^{n} c_i^2$ であること（証明は後述の式（2.19）を参照してください）に注意すると

$$\begin{aligned} Var(\hat{\beta}_1^*) &= \sum_{i=1}^{n} (c_i + b_i^*)^2 Var(Y_i) = \sigma^2 \sum_{i=1}^{n} (c_i^2 + b_i^{*2} + 2 c_i b_i^*) \\ &= Var(\hat{\beta}_1) + \sigma^2 \sum_{i=1}^{n} b_i^{*2} \geq Var(\hat{\beta}_1) \end{aligned}$$

となります．したがって $b_i^* = 0$（つまり $\hat{\beta}_1^* = \hat{\beta}_1$）のときに，分散が最小になることがわかります．

最小二乗推定量の分散・共分散

(A1), (A3), (A4), (A5) の下で, $Var(\epsilon_i^2)=E(\epsilon_i^2)=\sigma^2$, $Cov(\epsilon_i,\epsilon_j)=E(\epsilon_i\epsilon_j)=0$ ですから式 (2.18) より,

$$
\begin{aligned}
Var(\hat{\beta}_1) &= E(\hat{\beta}_1-\beta_1)^2 = E\left(\sum_{i=1}^{n} c_i\epsilon_i\right)^2 = \sum_{i=1}^{n}\sum_{j=1}^{n} c_i c_j E(\epsilon_i\epsilon_j) \\
&= \sum_{i=1}^{n} c_i^2 E(\epsilon_i^2) = \sigma^2\sum_{i=1}^{n} c_i^2 = \frac{\sigma^2}{\sum_{i=1}^{n}(X_i-\overline{X})^2} \qquad (2.19)
\end{aligned}
$$

となります. また, $\sum_{i=1}^{n} c_i = 0$ であることに注意すると

$$
\begin{aligned}
Var(\hat{\beta}_0) &= E(\hat{\beta}_0-\beta_0)^2 = E\left\{\sum_{i=1}^{n}\left(\frac{1}{n}-c_i\overline{X}\right)\epsilon_i\right\}^2 \\
&= \sum_{i=1}^{n}\left(\frac{1}{n}-c_i\overline{X}\right)^2 E(\epsilon_i^2) = \sigma^2\sum_{i=1}^{n}\left(\frac{1}{n}-c_i\overline{X}\right)^2 \\
&= \sigma^2\sum_{i=1}^{n}\left(\frac{1}{n^2}+c_i^2\overline{X}^2\right) = \sigma^2\left\{\frac{1}{n}+\frac{\overline{X}^2}{\sum_{i=1}^{n}(X_i-\overline{X})^2}\right\} \qquad (2.20)
\end{aligned}
$$

となります. 最後に, $\hat{\beta}_0$ と $\hat{\beta}_1$ の共分散は, 同様にして

$$
\begin{aligned}
Cov(\hat{\beta}_0,\hat{\beta}_1) &= E[(\hat{\beta}_0-\beta_0)(\hat{\beta}_1-\beta_1)] = E\left[\sum_{i=1}^{n} c_i\epsilon_i\sum_{i=1}^{n}\left(\frac{1}{n}-c_i\overline{X}\right)\epsilon_i\right] \\
&= \sigma^2\sum_{i=1}^{n}\left(c_i\frac{1}{n}-c_i^2\overline{X}\right) \\
&= -\sigma^2\overline{X}\sum_{i=1}^{n} c_i^2 = -\frac{\sigma^2\overline{X}}{\sum_{i=1}^{n}(X_i-\overline{X})^2} \qquad (2.21)
\end{aligned}
$$

と求めることができます.

誤差分散の推定量 s^2 の不偏性

まず, 残差 e_i を次のように表します.

$$
\begin{aligned}
e_i &= Y_i - \hat{Y}_i = Y_i - \hat{\beta}_0 - \hat{\beta}_1 X_i = Y_i - (\overline{Y} - \hat{\beta}_1 \overline{X}) - \hat{\beta}_1 X_i \\
&= Y_i - \overline{Y} - \hat{\beta}_1 (X_i - \overline{X}) \\
&= (\beta_0 + \beta_1 X_i + \epsilon_i) - (\beta_0 + \beta_1 \overline{X} + \overline{\epsilon}) - \hat{\beta}_1 (X_i - \overline{X}) \\
&= \epsilon_i - \overline{\epsilon} - (\hat{\beta}_1 - \beta_1)(X_i - \overline{X})
\end{aligned}
$$

すると

$$
\begin{aligned}
\sum_{i=1}^{n} e_i^2 &= \sum_{i=1}^{n} (\epsilon_i - \overline{\epsilon})^2 + (\hat{\beta}_1 - \beta_1)^2 \sum_{i=1}^{n} (X_i - \overline{X})^2 - 2(\hat{\beta}_1 - \beta_1) \sum_{i=1}^{n} (X_i - \overline{X})(\epsilon_i - \overline{\epsilon}) \\
&= \sum_{i=1}^{n} \epsilon_i^2 - n\overline{\epsilon}^2 + (\hat{\beta}_1 - \beta_1)^2 \sum_{i=1}^{n} (X_i - \overline{X})^2 - 2(\hat{\beta}_1 - \beta_1) \sum_{i=1}^{n} (X_i - \overline{X})\epsilon_i
\end{aligned}
$$

となりますが，式（2.18）で

$$
\hat{\beta}_1 = \beta_1 + \frac{\sum_{i=1}^{n} (X_i - \overline{X})\epsilon_i}{\sum_{i=1}^{n} (X_i - \overline{X})^2}
$$

であったことに注意すると，

$$
\sum_{i=1}^{n} (X_i - \overline{X})\epsilon_i = (\hat{\beta}_1 - \beta_1) \sum_{i=1}^{n} (X_i - \overline{X})^2
$$

ですから，

$$
\sum_{i=1}^{n} e_i^2 = \sum_{i=1}^{n} \epsilon_i^2 - n\overline{\epsilon}^2 - (\hat{\beta}_1 - \beta_1)^2 \sum_{i=1}^{n} (X_i - \overline{X})^2
$$

となります．このことから，$E(\epsilon_i^2) = \sigma^2$，$E(\overline{\epsilon}^2) = \sigma^2/n$，$E(\hat{\beta}_1 - \beta_1)^2 = Var(\hat{\beta}_1)$ を用いて

$$
\begin{aligned}
E\left(\sum_{i=1}^{n} e_i^2\right) &= n\sigma^2 - n \cdot \frac{\sigma^2}{n} - \frac{\sigma^2}{\sum_{i=1}^{n} (X_i - \overline{X})^2} \sum_{i=1}^{n} (X_i - \overline{X})^2 \\
&= (n-2)\sigma^2
\end{aligned}
$$

となります．したがって

$$
E(s^2) = \frac{1}{n-2} E\left(\sum_{i=1}^{n} e_i^2\right) = \frac{1}{n-2}(n-2)\sigma^2 = \sigma^2
$$

となり，s^2 は σ^2 の不偏推定量となります．

最小二乗推定量 $\hat{\beta}_0$, $\hat{\beta}_1$ の分布

$\hat{\beta}_0$, $\hat{\beta}_1$ はともに ϵ_i の線形結合ですから，仮定（A1)-(A6）の下で，ϵ_i が正規分布ならば $\hat{\beta}_0$, $\hat{\beta}_1$ も正規分布となり，

$$Z_0 = \frac{\hat{\beta}_0 - \beta_0}{\sqrt{Var(\hat{\beta}_0)}} \sim N(0,1), \quad Z_1 = \frac{\hat{\beta}_1 - \beta_1}{\sqrt{Var(\hat{\beta}_1)}} \sim N(0,1)$$

が成り立ちます．また

$$W = \frac{(n-2)s^2}{\sigma^2} \sim \chi^2(n-2)$$

も成り立ち，$\hat{\beta}_0$, $\hat{\beta}_1$ とは独立になります（証明は省略します）．そこで t 分布の定義から

$$T_0 = \frac{Z_0}{\sqrt{W/(n-2)}} \sim T(n-2), \quad T_1 = \frac{Z_1}{\sqrt{W/(n-2)}} \sim T(n-2)$$

となりますが，

$$T_0 = \frac{\hat{\beta}_0 - \beta_0}{\sigma\sqrt{\dfrac{1}{n} + \dfrac{\overline{X}^2}{\sum_{i=1}^{n}(X_i - \overline{X})^2}}} \div \sqrt{\frac{(n-2)s^2/\sigma^2}{n-2}} = \frac{\hat{\beta}_0 - \beta_0}{s\sqrt{\dfrac{1}{n} + \dfrac{\overline{X}^2}{\sum_{i=1}^{n}(X_i - \overline{X})^2}}}$$

$$T_1 = \frac{\hat{\beta}_1 - \beta_1}{\sigma\Big/\sqrt{\sum_{i=1}^{n}(X_i - \overline{X})^2}} \div \sqrt{\frac{(n-2)s^2/\sigma^2}{n-2}} = \frac{\hat{\beta}_1 - \beta_1}{s\Big/\sqrt{\sum_{i=1}^{n}(X_i - \overline{X})^2}}$$

であることにより

$$\frac{\hat{\beta}_0 - \beta_0}{s_{\hat{\beta}_0}} \sim T(n-2), \quad \frac{\hat{\beta}_1 - \beta_1}{s_{\hat{\beta}_1}} \sim T(n-2)$$

が成り立ちます．

$E(Y^*)$ と Y^* の分布

仮定（A1)-(A6）の下で，$\hat{\beta}_0$, $\hat{\beta}_1$ は正規分布となりますから，その線形結合である $\hat{Y}^* = \hat{\beta}_0 + \hat{\beta}_1 X^*$ も正規分布にしたがいます．まず $\hat{Y}^*$ の分布を考えま

しょう．$\hat{\beta}_0$，$\hat{\beta}_1$ は β_0，β_1 の不偏推定量ですから，$\hat{Y}^*$ の平均は

$$E(\hat{Y}^*) = E(\hat{\beta}_0) + E(\hat{\beta}_1)X^* = \beta_0 + \beta_1 X^* = \mu_{Y*}$$

となります．したがって分散は

$$\begin{aligned} Var(\hat{Y}^*) &= E[(\hat{Y}^* - \mu_{Y*})^2] \\ &= E[(\hat{\beta}_0 - \beta_0)^2] + X^{*2}E[(\hat{\beta}_1 - \beta_1)^2] + 2X^*E[(\hat{\beta}_0 - \beta_0)(\hat{\beta}_1 - \beta_1)] \\ &= Var(\hat{\beta}_0) + X^{*2}Var(\hat{\beta}_1) + 2X^*Cov(\hat{\beta}_0, \hat{\beta}_1) \end{aligned}$$

となります．この式に（2.19），（2.20），（2.21）を代入すると，

$$\begin{aligned} Var(\hat{Y}^*) &= \sigma^2 \left\{ \frac{1}{n} + \frac{\overline{X}^2}{\sum_{i=1}^{n}(X_i - \overline{X})^2} \right\} + X^{*2}\frac{\sigma^2}{\sum_{i=1}^{n}(X_i - \overline{X})^2} \\ &\qquad - 2X^*\frac{\sigma^2\overline{X}}{\sum_{i=1}^{n}(X_i - \overline{X})^2} \\ &= \sigma^2 \left\{ \frac{1}{n} + \frac{(X^* - \overline{X})^2}{\sum_{i=1}^{n}(X_i - \overline{X})^2} \right\} \end{aligned}$$

となり，したがって $\hat{Y}^* \sim N(\mu_{Y*}, Var(\hat{Y}^*))$ です．いいかえると $\hat{Y}^*$ と μ_{Y*} の差は

$$\hat{Y}^* - \mu_{Y*} \sim N(0, Var(\hat{Y}^*))$$

となります．次に $\hat{Y}^*$ と Y^* の差の分布を考えます．

$$\hat{Y}^* - Y^* = \hat{Y}^* - \mu_{Y*} - \epsilon^* = (\hat{Y}^* - \mu_{Y*}) - \epsilon^*$$

と表現できますが，第1項の $\hat{Y}^* - \mu_{Y*}$ は正規分布 $N(0, Var(\hat{Y}^*))$ にしたがいます．第2項の ϵ^* は $\epsilon_1, \cdots, \epsilon_n$ とは独立に（したがって $\hat{Y}^* - \mu_{Y*}$ とも独立に）正規分布 $N(0, \sigma^2)$ にしたがうので，正規分布の性質から，その差 $\hat{Y}^* - Y^*$ も正規分布となります．期待値は

$$E(\hat{Y}^* - Y^*) = \{E(\hat{Y}^*) - \mu_{Y*}\} - E(\epsilon^*) = 0$$

で，分散は（第1項と第2項が独立なので）

$$\begin{aligned}Var(\hat{Y}*-Y*)&=Var[(\hat{Y}*-\mu_{Y*})-\epsilon*]\\&=Var(\hat{Y}*-\mu_{Y*})+(-1)^2Var(\epsilon*)=Var(\hat{Y}*)+\sigma^2\end{aligned}$$

となりますから，

$$\hat{Y}*-Y*\sim N(0,Var(\hat{Y}*)+\sigma^2)$$

となります．以上から

$$Z_0=\frac{\hat{Y}*-\mu_{Y*}}{\sqrt{Var(\hat{Y}*)}}\sim N(0,1),\quad Z_1=\frac{\hat{Y}*-Y*}{\sqrt{Var(\hat{Y}*)+\sigma^2}}\sim N(0,1)$$

が成り立ちます．また

$$W=\frac{(n-2)s^2}{\sigma^2}\sim\chi^2(n-2)$$

も成り立ち，$\hat{Y}*$，$\hat{Y}*-Y*$とは独立になります（証明は省略します）．そこでt分布の定義から

$$T_0=\frac{Z_0}{\sqrt{W/(n-2)}}\sim T(n-2),\quad T_1=\frac{Z_1}{\sqrt{W/(n-2)}}\sim T(n-2)$$

となりますが，

$$\begin{aligned}T_0&=\frac{\hat{Y}*-\mu_{Y*}}{\sigma\sqrt{\dfrac{1}{n}+\dfrac{(X*-\overline{X})^2}{\sum_{i=1}^{n}(X_i-\overline{X})^2}}}\div\sqrt{\frac{(n-2)s^2/\sigma^2}{n-2}}\\&=\frac{\hat{Y}*-\mu_{Y*}}{s\sqrt{\dfrac{1}{n}+\dfrac{(X*-\overline{X})^2}{\sum_{i=1}^{n}(X_i-\overline{X})^2}}}\end{aligned}$$

$$\begin{aligned}T_1&=\frac{\hat{Y}*-Y*}{\sigma\sqrt{1+\dfrac{1}{n}+\dfrac{(X*-\overline{X})^2}{\sum_{i=1}^{n}(X_i-\overline{X})^2}}}\div\sqrt{\frac{(n-2)s^2/\sigma^2}{n-2}}\\&=\frac{\hat{Y}*-Y*}{s\sqrt{1+\dfrac{1}{n}+\dfrac{(X*-\overline{X})^2}{\sum_{i=1}^{n}(X_i-\overline{X})^2}}}\end{aligned}$$

であることにより

$$\frac{\hat{Y}^* - \mu_{Y^*}}{s_{\hat{Y}^*}} \sim T(n-2), \quad \frac{\hat{Y}^* - Y^*}{s_{\hat{Y}^* - Y^*}} \sim T(n-2)$$

が成り立ちます.

参考図書

- 伴金美・中村二朗・跡田直澄（2006）『エコノメトリックス』新版，有斐閣.
- 縄田和満（1998）『Excel による回帰分析入門』朝倉書店.
- 山本拓（1995）『計量経済学』（新経済学ライブラリ）新世社.

第3章

重回帰分析

この章では，1つの被説明変数に対して，2つ以上の説明変数がある場合に回帰分析を行う方法について説明します．そしてあてはめた回帰式を用いてさまざまな仮説の検証を行う方法を説明します．

○ *KEY WORDS* ○

重回帰モデル，重相関係数，決定係数，
分散分析表，線形制約の仮説検定，F 検定，
生産関数の一次同次性の検定，構造変化の検定，
グレンジャー因果性の検定，ダミー変数，偏相関

3.1 重回帰モデル

前章では被説明変数 Y を説明する変数が X の1つである場合について説明しましたが，実際の応用では，被説明変数を説明する変数の候補は複数あることが多くなります．例えば家計の消費額を被説明変数とするならば，消費額を説明する変数の候補としては，所得だけではなく前期の消費額や金融資産残高などいろいろな変数が考えられます．そこでこの章では変数 Y と，それを説明する変数が X_1，$X_2, \cdots$ の2個以上あるときの回帰分析，重回帰モデル (multiple regression model) について説明します．

前章の単回帰モデルは，第 i 番目の観測値 (Y_i, X_i) に対して $Y_i=\beta_0+\beta_1X_i+\epsilon_i$ というように説明変数 X_i の線形な関数に誤差項 ϵ_i を加えたものが被説明変数 Y_i であるというモデルでしたが，重回帰モデルはこれを拡張して，p 個の説明変数 $(X_{1i}, X_{2i}, \cdots, X_{pi})$ を用いて

POINT 3.1　重回帰モデル

$$Y_i=\beta_0+\beta_1X_{1i}+\beta_2X_{2i}+\cdots+\beta_pX_{pi}+\epsilon_i, \quad i=1,2,\cdots,n$$

ただし，

- Y_i：被説明変数．確率変数．
- $X_{1i}, \cdots, X_{pi}$：説明変数．定数．
- $\beta_0, \beta_1, \cdots, \beta_p$：回帰係数．定数．
- ϵ_i：誤差項．確率変数．$E(\epsilon_i)=0$，$Var(\epsilon_i)=\sigma^2$，$Cov(\epsilon_i, \epsilon_j)=0$ ($i \neq j$ のとき)．σ^2 は定数．

とします．

単回帰モデルでは被説明変数 Y と説明変数 X の間に直線関係 $Y=\beta_0+\beta_1X$ を仮定し，これを回帰直線と呼びましたが，重回帰モデルでは被説明変数 Y と説明変数 $X_1, \cdots, X_p$ の間に $Y_i=\beta_0+\beta_1X_{1i}+\beta_2X_{2i}+\cdots+\beta_pX_{pi}$ を仮定し，これを回帰平面と呼びます．そして各説明変数の係数 $(\beta_0, \beta_1, \cdots, \beta_p)$ が回帰係数となります．図3.1 は $p=2$ のときに，点 (Y_i, X_{1i}, X_{2i}) $(i=1,2,\cdots,$

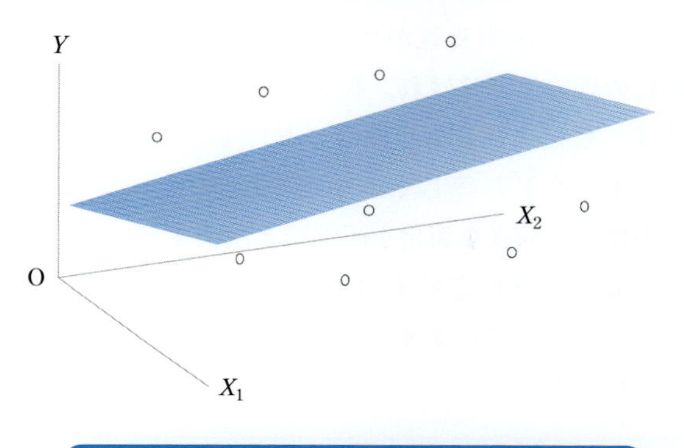

図 3.1　点 (Y, X_1, X_2) の散布図に平面をあてはめる

n）を 3 次元で表し，そこに平面 $Y = \beta_0 + \beta_1 X_1 + \beta_2 X_2$ をあてはめる様子を描いたものです．

3.2 最小二乗法

単回帰モデルの場合と同じ考え方で，パラメータを推定することができます．具体的には，図 3.1 では，各点から垂線を平面に向かって縦軸に沿って下ろしたとき，直線の長さの二乗和を最小にするような平面を求めることになります．つまり

$$Q = \sum_{i=1}^{n} (Y_i - \beta_0 - \beta_1 X_{1i} - \beta_2 X_{2i} - \cdots - \beta_p X_{pi})^2$$

を最小にするような $(\beta_0, \beta_1, \beta_2, \cdots, \beta_p)$ を $(\hat{\beta}_0, \hat{\beta}_1, \hat{\beta}_2, \cdots, \hat{\beta}_p)$ と表記し，これを回帰係数の最小二乗推定量といいます．重回帰における最小二乗推定量は $p+1$ 個の連立方程式の解として求めることができますが[1]，その解は行列を用

1　詳細は 3.11 節を参照してください．

いた表現となるのでここでは省略することとします．

単回帰におけるように説明変数が与えられたとき，$\hat{Y}_i = \hat{\beta}_0 + \hat{\beta}_1 X_{1i} + \cdots + \hat{\beta}_p X_{pi}$ は観測値 Y_i の理論値と呼ばれ，観測値 Y_i と理論値 $\hat{Y}_i$ の差 $e_i = Y_i - \hat{Y}_i$ は，残差と呼ばれます．残差の性質も単回帰における場合と同様で，理論値 $\hat{Y}_i$ の標本平均 $\overline{\hat{Y}}$ も，標本平均 $\overline{Y}$ に等しくなっています[2]．

単回帰モデルの場合と同様な仮定を誤差項と説明変数におくことで，重回帰モデルにおいても最小二乗推定量 $\hat{\beta}_j$ は不偏性・一致性をもち，最良線形不偏推定量となることが知られています．また，誤差分散 σ^2 の不偏推定量 s^2 は以下のように与えられます．

POINT 3.2　誤差分散 σ^2 の不偏推定量 s^2

$$s^2 = \frac{\sum_{i=1}^{n} e_i^2}{n-p-1}, \quad n > p+1 \tag{3.1}$$

分母 $n-p-1$ は残差平方和の自由度で，$\hat{\beta}_0, \hat{\beta}_1, \cdots, \hat{\beta}_p$ を求める関係式の数 $p+1$ だけ n から減少しています．

例 3.1　重回帰モデルの例としてコブ=ダグラス型生産関数の推定を説明しましょう．コブ=ダグラス型の生産関数は，Y，K，L をそれぞれ生産量，資本量，労働量とするとき，A を定数として

$$Y = AK^{\alpha} L^{\beta}$$

という関数形で表現される生産関数です．この関数の両辺の対数をとると

$$\log Y = \log A + \alpha \log K + \beta \log L$$

となるので，$\beta_0 = \log A$，$\beta_1 = \alpha$，$\beta_2 = \beta$，$LY = \log Y$，$LK = \log K$，$LL = \log L$ として，重回帰モデル

$$LY_i = \beta_0 + \beta_1 LK_i + \beta_2 LL_i + \epsilon_i, \quad i = 1, \cdots, n$$

[2] 詳細は 3.11 節を参照してください．

を考えることができます．ここで LY は被説明変数で，LK，LL は説明変数となります．データ 3.1 の製造業 24 分類の統計を用いて，最小二乗法により重回帰モデルをあてはめると，以下のような結果が得られます．

$$\hat{LY_i} = 0.1154 + 0.5678\,LK_i + 0.5194\,LL_i$$

対数資本量 LK の回帰係数 0.5678 は資本の弾力性といい，資本量が 1% 増加したときに，生産量が 0.5678% 増加することを意味します[3]．同様に労働の弾力性は 0.5194 です．推定された回帰係数から生産関数は

$$Y = e^{0.1154} K^{0.5678} L^{0.5194}$$

となります．これを用いると，資本量 K，労働量 L を c 倍にしたとき生産量 Y' は

$$Y' = e^{0.1154} (cK)^{0.5678} (cL)^{0.5194} = c^{1.0872} e^{0.1154} K^{0.5678} L^{0.5194} = c^{1.0872} Y$$

と $c^{1.0872}$ 倍になります（$c=2$ のとき，$c^{1.0872}=2.12$）．このように資本量 K，労働量 L を c 倍にしても（$c>1$ とする），生産量が c 倍より大きい場合には生産関数は収穫逓増であるといいます．また，c 倍より小さい場合には生産関数は収穫逓減であるといい，c 倍に等しいときには収穫一定あるいは一次同次であるといいます．

3.3　モデルのあてはまり

単回帰モデルの場合と同様に，最小二乗法によるあてはまりのよさを重相関係数や決定係数で測ることができます．すでに見たように重相関係数は観測値 Y と理論値 $\hat{Y}$ の標本相関係数 $r_{Y\hat{Y}}$ であり，決定係数 R^2 は Y の標本平均のまわ

3　回帰係数 β_1 が

$$\beta_1 = \frac{d \log Y}{d \log K} = \frac{dY/Y}{dK/K}$$

であることによります．

りの変動 $TSS=\sum_{i=1}^{n}(Y_i-\overline{Y})^2$ のうち，理論値によって説明できる変動 $ESS=\sum_{i=1}^{n}(\hat{Y}_i-\overline{Y})^2$ の割合です．

$$R^2=\frac{ESS}{TSS}=\frac{\sum_{i=1}^{n}(\hat{Y}_i-\overline{Y})^2}{\sum_{i=1}^{n}(Y_i-\overline{Y})^2} \tag{3.2}$$

$$=1-\frac{RSS}{TSS}=1-\frac{\sum_{i=1}^{n}e_i^2}{\sum_{i=1}^{n}(Y_i-\overline{Y})^2} \tag{3.3}$$

単回帰モデルの場合と同様に，$0\leq R^2\leq 1$，$R^2=r_{Y\hat{Y}}^2$ が成り立ちます．

3.4 回帰係数の推定・検定

個別の回帰係数 β_j に関する統計的推測について説明しましょう．誤差項に正規分布を仮定し，$\hat{\beta}_j$ の標準誤差を $s_{\hat{\beta}_j}$ とすると

$$\frac{\hat{\beta}_j-\beta_j}{s_{\hat{\beta}_j}}\sim T(n-p-1) \tag{3.4}$$

となり，個々の回帰係数 β_j に関して区間推定や仮説検定を行うことができます．まず β_j のための $100(1-\alpha)$%信頼区間は

POINT 3.3　回帰係数 β_j の $100(1-\alpha)$%信頼区間

$$(\hat{\beta}_j-t_{\alpha/2}(n-p-1)s_{\hat{\beta}_j},\ \hat{\beta}_j+t_{\alpha/2}(n-p-1)s_{\hat{\beta}_j}),\quad j=0,1,\cdots,p \tag{3.5}$$

となります．次に仮説検定ですが，仮説値を $\beta_j=\beta_{j0}$，H_0 を帰無仮説，H_1 を対立仮説，仮説検定統計量 T を

$$T=\frac{\hat{\beta}_j-\beta_{j0}}{s_{\hat{\beta}_j}}$$

とすると，次のような 3 つの仮説検定を行うことができます．

- 両側検定

  (1) 仮説を $H_0:\beta_j=\beta_{j0}$ vs $H_1:\beta_j\neq\beta_{j0}$ とします．

(2) もし$|T|>t_{\alpha/2}(n-p-1)$（あるいはp値$<\alpha$）ならば，有意水準αで帰無仮説H_0を棄却します．ただし，p値$=Pr(|T|>|t\text{値}|)$です．

(3) 実際にTの実現値であるt値を計算し，(2) にしたがって仮説検定を行います．

● 上側検定

(1) 仮説を$H_0: \beta_j \leq \beta_{j0}$ vs $H_1: \beta_j > \beta_{j0}$とします．

(2) もし$T>t_{\alpha}(n-p-1)$（あるいはp値$<\alpha$）ならば，有意水準αで帰無仮説H_0を棄却します．ただし，p値$=Pr(T>t\text{値})$です．

(3) 実際にTの実現値であるt値を計算し，(2) にしたがって仮説検定を行います．

● 下側検定

(1) 仮説を$H_0: \beta_j \geq \beta_{j0}$ vs $H_1: \beta_j < \beta_{j0}$とします．

(2) もし$T<-t_{\alpha}(n-p-1)$（あるいはp値$<\alpha$）ならば，有意水準αで帰無仮説H_0を棄却します．ただし，p値$=Pr(T<t\text{値})$です．

(3) 実際にTの実現値であるt値を計算し，(2) にしたがって仮説検定を行います．

第2章ですでに説明しましたが，よく使われる仮説値は$\beta_{j0}=0$でこのとき$T=\hat{\beta}_j/s_{\hat{\beta}_j}$の実現値である$t$値と$p$値は，統計ソフトウェアの出力に必ずといっていいほど含まれています．また，そのときに出力されるp値は，通常，両側検定のための値を意味しています[4]．p値に関する注意点は第2章と同様です．

例 3.2 例3.1の生産関数について，説明変数の回帰係数の仮説検定を行ってみましょう．資本弾力性β_1が0かどうかを仮説検定する場合には，両側検定

$$H_0: \beta_1 = 0 \text{ vs } H_1: \beta_1 \neq 0$$

を有意水準5%（$\alpha=0.05$）で行います．$n=24$，$p=2$ですから，

[4] 説明変数の回帰係数の推定値は，モデルに含まれる他の説明変数の影響を取り除いた後での，被説明変数と説明変数の単回帰における回帰係数の推定値になっています（3.7節を参照してください）．

$$|T| = \left| \frac{\hat{\beta}_1 - 0}{s_{\hat{\beta}_1}} \right| > t_{\alpha/2}(n-p-1) = t_{0.025}(21) = 2.080$$

であるとき，有意水準 5% で帰無仮説 H_0 を棄却します．実際，推定された回帰係数及びその標準誤差は，それぞれ $\hat{\beta}_1 = 0.5678$，$s_{\hat{\beta}_1} = 0.0781$ ですから[5]，

$$|T| = \left| \frac{0.5678 - 0}{0.0781} \right| = 7.27 > 2.080$$

となり，有意水準 5% で帰無仮説 H_0 を棄却します．このように仮説値 β_{j0} が 0 であるような両側検定については，統計ソフトウェアのアウトプットに p 値が出力されますので，t 分布表を参照することなく，p 値を用いて仮説検定を行うことができます．いまの例では p 値 $= 0.00 < 0.05$ となり，有意水準 5% で帰無仮説 H_0 を棄却します．

3.5 線形制約の仮説検定

この節では回帰係数に関する k 個の線形制約式を仮説検定する方法について説明します．線形制約式とは $\beta_j = 0$，$j = 1, 2, \cdots, k$ のように回帰係数の線形結合で表現できる制約式

$$a_{1j}\beta_1 + \cdots + a_{pj}\beta_p = b_j, \quad j = 1, 2, \cdots, k \quad (\text{ただし } a_{ij},\ b_j \text{ は定数})$$

のことをいいます．

回帰の有意性検定と分散分析表

回帰分析で得られる平方和を変動要因ごとに，以下のような表にしたものを分散分析（Analysis of Variance，ANOVA）表といいます．

5 分析例の 3.8 節を参照してください．

POINT 3.4 分散分析表

変動要因	自由度	平方和	平均平方和	F 値
回帰	p	$ESS=\sum_{i=1}^{n}(\hat{Y}_i-\overline{Y})^2$	$\frac{ESS}{p}$	$F=\frac{ESS/p}{s^2}$
残差	$n-p-1$	$RSS=\sum_{i=1}^{n}(Y_i-\hat{Y}_i)^2$	$s^2=\frac{RSS}{n-p-1}$	
総平方和	$n-1$	$TSS=\sum_{i=1}^{n}(Y_i-\overline{Y})^2$		

この分散分析表から，回帰式全体としての有意性検定を行うことができます．具体的には帰無仮説 H_0 と対立仮説 H_1 を

$$H_0: \beta_1=\beta_2=\cdots=\beta_p=0 \text{ vs } H_1: \text{ある } j \text{ について } \beta_j \neq 0$$

とします（ここで β_0 は含まれないことに注意）．帰無仮説は，$k=p$ 個の線形制約式であり，定数項以外の説明変数の回帰係数が0であること，つまり，回帰式の説明変数はいずれも被説明変数を説明するのに有用ではないことを意味します．一方，対立仮説は説明変数のうち少なくともひとつは被説明変数を説明するのに有用であることを意味します．したがって帰無仮説を棄却できないということは回帰式全体として有意ではないこと，また説明変数が有用ではないことになります．

帰無仮説の下で $F=(ESS/p)/s^2$ は自由度 $(p, n-p-1)$ の F 分布[6]にしたがうことから，$F_\alpha(p, n-p-1)$ を自由度 $(p, n-p-1)$ の F 分布の上側 100α%点とすると，もし，$F > F_\alpha(p, n-p-1)$ ならば，有意水準 α で帰無仮説 H_0 を棄却する，とします（図 3.2）．

6　帰無仮説 $H_0: \beta_1=\beta_2=\cdots=\beta_p=0$ の下で

$$\frac{ESS}{\sigma^2} \sim \chi^2(p), \quad \frac{RSS}{\sigma^2} \sim \chi^2(n-p-1)$$

となり，これら2つの確率変数が独立であることから以下を得ます．

$$F=\frac{(ESS/\sigma^2)/p}{(RSS/\sigma^2)/(n-p-1)}=\frac{ESS/p}{s^2} \sim F(p, n-p-1)$$

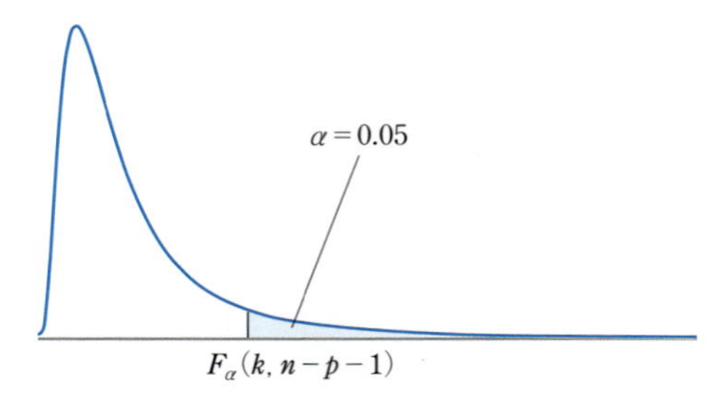

臨界値は $F_\alpha(k, n-p-1)$ で，回帰の有意性検定では $k=p$

図 3.2　F 検定の棄却域（水色部分）

POINT 3.5　回帰の有意性検定

帰無仮説 H_0：$\beta_1=\beta_2=\cdots=\beta_p=0$（$\beta_0$ は含まない）
対立仮説 H_1：ある j について $\beta_j \neq 0$
$F > F_\alpha(p, n-p-1)$ のとき有意水準 α で帰無仮説 H_0 を棄却する．

例 3.3　例 3.1 の生産関数では分散分析表は以下のようになります．

変動要因	自由度	平方和	平均平方和	F 値
回帰	2	32.005	16.002	207.5
残差	21	1.619	0.0771	
総平方和	23	33.624		

残差の平均平方和は，誤差項の分散 σ^2 の不偏推定値で $s^2=0.0771$ です．回帰式は

$$LY_i=\beta_0+\beta_1 LK_i+\beta_2 LL_i+\epsilon_i$$

でしたから，回帰の有意性検定の仮説は

$$H_0:\beta_1=\beta_2=0 \text{ vs } H_1:\beta_1\neq 0 \text{ または } \beta_2\neq 0$$

となります．このとき，有意水準を 5% とすると

$$F > F_{0.05}(2, 21) = 3.47$$

であるとき[7]，帰無仮説 H_0 を棄却します．実際，F 値は $F = 207.5 > 3.47$ ですから，帰無仮説 H_0 は棄却されます．多くの統計ソフトウェアでは，この F 検定の p 値も出力されますので，p 値を用いて仮説検定を行うこともできます．この例では p 値 $= 0.00 < 0.05$ となり，帰無仮説 H_0 は棄却されます．このことから回帰式全体としては有用であることが示されたのです．しかし，すでに見たように説明変数の1つである LK の回帰係数は有意に0とは異なるという結果が得られていますので，当然の結果ともいえます[8]．したがって回帰式全体としての有用性を判断するには，F 検定によるよりも，決定係数 R^2 を用いて判断することがよいでしょう．この例では $R^2 = 0.952$ でしたから回帰式によって変動の95.2% を説明しており，説明力は高いといえるでしょう．実はこの F と R^2 には次のような関係があります．

POINT 3.6　F と R^2 の関係

$$F = \frac{ESS/p}{RSS/(n-p-1)} = \frac{n-p-1}{p} \times \frac{ESS/TSS}{RSS/TSS}$$
$$= \frac{n-p-1}{p} \times \frac{R^2}{1-R^2}$$

あるいは

$$R^2 = \frac{\frac{p}{n-p-1}F}{1+\frac{p}{n-p-1}F}$$

例では $F = 207.5$，$R^2 = 0.952$ でしたが，ここで F 検定の臨界値3.47を F に代入したときの R^2 を求めると，

$$R^2 = \frac{\frac{2}{21}3.47}{1+\frac{2}{21}3.47} = \frac{0.3305}{1.3305} = 0.248$$

7　F 分布の臨界値 $F_{0.05}(2, 21)$ は，付表Ⅲの F 分布表には数値がありませんが，分析例の3.8節で説明するようにStataを用いて求めることができます．具体的には，コマンドのウィンドウに `display invFtail(2,21,0.05)` と入力することで得られます．

8　ただし，個別の回帰係数が有意でなくても，回帰式全体としては有意であるという場合もあります．

となります．このことから，有意水準 5% でぎりぎり棄却したとしても決定係数は 24.8% 程度と非常に低く，回帰式の説明力はあまり高くないことがわかります．

F 検定の意味をより理解するために，単回帰の場合（$p=1$）を例にとって説明しましょう．$p=1$ のとき，F 検定 $H_0：\beta_1=0$ vs $H_1：\beta_1 \neq 0$ は

$$F=\frac{ESS}{s^2}=\frac{\sum_{i=1}^{n}(\hat{Y}_i-\overline{Y})^2}{s^2}$$

$$=\frac{\sum_{i=1}^{n}(\hat{\beta}_0+\hat{\beta}_1X_i-\hat{\beta}_0-\hat{\beta}_1\overline{X})^2}{s^2}$$

$$=\frac{\hat{\beta}_1^{\,2}}{s^2/\sum_{i=1}^{n}(X_i-\overline{X})^2}=\left(\frac{\hat{\beta}_1}{s_{\hat{\beta}_1}}\right)^2=T^2$$

となり，また F 分布の性質から $\{t_{\alpha/2}(n-2)\}^2=F_\alpha(1,n-2)$ となりますので，β_1 の両側 t 検定と同等になります．F 値が大きいことは $\beta_1 \neq 0$ を意味し，帰無仮説 H_0 を棄却することになります．

線形制約の仮説検定の例

回帰係数の一部に関する仮説検定

前項では，（定数項以外の）回帰係数すべてが 0 かどうかという F 検定を紹介しましたが回帰係数の一部のセットが 0 かどうかという F 検定を考えることもできます．帰無仮説は，例えば

$$H_0：\beta_{p-k+1}=\beta_{p-k+2}=\cdots=\beta_p=0,\quad k<p$$

とし，対立仮説を

$$H_1：\text{少なくとも 1 つの } j \text{ について } \beta_{p-k+j}\neq 0\ \ (j=1,2,\cdots,k)$$

とします．帰無仮説 H_0 では制約式が k 個（$\beta_{p-k+j}=0,\ j=1,\cdots,k$）あることになります．

生産関数の一次同次性の仮説検定

例 3.4 例 3.1 では，コブ=ダグラス型の生産関数について

$$LY_i = \beta_0 + \beta_1 LK_i + \beta_2 LL_i + \epsilon_i$$

という式をあてはめました．このとき，推定された回帰係数は $\hat{\beta}_1 = 0.5678$，$\hat{\beta}_2 = 0.5194$ で，その和は $\hat{\beta}_1 + \hat{\beta}_2 = 1.0872$ でした．このとき生産関数は収穫逓増ですが，一次同次（収穫一定）ではないということがいえるでしょうか．そこで $k=1$ 個の制約式を使って帰無仮説を $H_0: \beta_1 + \beta_2 = 1$，対立仮説を $H_1: \beta_1 + \beta_2 \neq 1$ として，仮説検定を行うことができます[9]．

構造変化の仮説検定

経済構造は時間が経つにつれて変化しますが，データから実際に経済構造の変化があったかどうかを**チョウ・テスト**（Chow test）と呼ばれる F 検定により仮説検定を行うことができます．具体的には標本期間を第1期（$t=1,\cdots,m$）と第2期（$t=m+1,\cdots,n$）に分けて

$$Y_t = \begin{cases} \beta_0 + \beta_1 X_{1t} + \cdots + \beta_q X_{qt} + \epsilon_t, & t=1,\cdots,m \text{ のとき} \\ \beta_0^* + \beta_1^* X_{1t} + \cdots + \beta_q^* X_{kt} + \epsilon_t, & t=m+1,\cdots,n \text{ のとき} \end{cases}$$

とし，$k=q+1$ 個の線形制約式

$$H_0: \beta_0 = \beta_0^*, \cdots, \beta_q = \beta_q^* \ \text{vs} \ H_1: \text{ある } j \text{ について } \beta_j \neq \beta_j^*$$

を仮説検定します．これは変数

$$D_t = \begin{cases} 0, & t=1,\cdots,m \text{ のとき} \\ 1, & t=m+1,\cdots,n \text{ のとき} \end{cases}$$

を用いれば[10]，$\alpha_j = \beta_j^* - \beta_j$（$j=0,1,\cdots,q$），として

$$\begin{aligned} Y_t = &\beta_0 + \beta_1 X_{1t} + \cdots + \beta_q X_{qt} \\ &+ \alpha_0 D_t + \alpha_1 (D_t X_{1t}) + \cdots + \alpha_q (D_t X_{qt}) + \epsilon_t, \\ &t = 1,\cdots,n \end{aligned}$$

---

9 詳細は分析例の 3.8 節を参照してください．

10 このように標本期間によって0または1をとるような変数を**ダミー変数**といいます（3.6 節参照）．

と表現できるので，回帰係数の一部が 0 であるという仮説

$$H_0: \alpha_0 = \alpha_1 = \cdots = \alpha_q = 0$$

の検定を行えばよく，このときの制約式の数は $k = q + 1$ になります．

グレンジャー因果性の仮説検定

ある経済変数が別の経済変数の原因となっているかを統計的な手法を用いて検証しようとしたのが，グレンジャー因果性（Granger causality）という考え方です[11]．具体的には X_t，Y_t を t 時点における X，Y の値とし，t 時点における Y の値 Y_t を，それ以前の X の値と Y の値を説明変数として説明しようとしたときに，過去の X の回帰係数が有意であるかどうかを調べるものです．まず

$$Y_t = \beta_0 + \beta_1 Y_{t-1} + \cdots + \beta_q Y_{t-q} + \alpha_1 X_{t-1} + \cdots + \alpha_q X_{t-q} + \epsilon_t$$

というモデルを考えます（従属変数の過去の値 Y_{t-j}，$j \geq 1$ をラグ付き従属変数（lagged dependent variable）といいます）．そこで

$$H_0: \alpha_1 = \cdots = \alpha_q = 0$$

という帰無仮説 H_0 に対して，

$$H_1: \text{ある } i \text{ について } \alpha_i \neq 0 \ (i = 1, \cdots, q)$$

という対立仮説 H_1 を仮説検定し，H_0 が棄却されたならば「X から Y へのグレンジャー因果性がある」といいます．Y から X へのグレンジャー因果性についても同様です．帰無仮説 H_0 では制約式が $k = q$ 個（$\alpha_j = 0$，$j = 1, \cdots, q$）あります．

11　グレンジャーはこの方法の提案者の名前（Clive William Granger）です．この因果性とは統計的な相関関係のことで，厳密には日常の意味での因果関係とは異なります．

3.6 ダミー変数

定義 3.1　ダミー変数

観測値がいくつかのグループに分かれているときに，あるグループに属する，属さないで 0，1 の値をとるような変数，例えば

$$D_t = \begin{cases} 0, & \text{グループ 1 のとき} \\ 1, & \text{グループ 2 のとき} \end{cases}$$

を**ダミー変数**（dummy variable）といいます．

前節でも見ましたように，ダミー変数は経済構造の変化を表現するために，グループをある標本期間として使うこともあります．例えばグループ 1 は 1980 年～1990 年，グループ 2 は 1991 年～2001 年という具合です．グループ 2 を特定時期のデータ（例えば石油ショックやバブル期のデータなど）とすることもあります．また四半期データの場合に，第 1 四半期であるかどうか，第 2 四半期であるかどうかといったことを表す季節ダミー変数にもしばしば使われます[12]．

例として図 3.3 の（a）のようなデータについて考えてみましょう．（a）の散布図では左下と右上にグループが 2 つあることがわかります．それぞれのグループは右肩下がりの傾向をもっていて，描かれている実線はグループごとにあてはめた回帰直線です．このようなデータに対して単純に

$$Y_t = \beta_0 + \beta_1 X_t + \epsilon_t$$

という単回帰モデルをあてはめると点線で表される右肩上がりの回帰直線を得ることになり，データの傾向をうまくとらえることができません．このような場合には，それぞれのグループに対して

[12] 他に，季節調整の方法には（1）前年比・前年同期比を用いる方法，（2）移動平均法，（3）X12-ARIMA 法（アメリカ合衆国センサス局），（4）Decomp 法（統計数理研究所）などがあります．

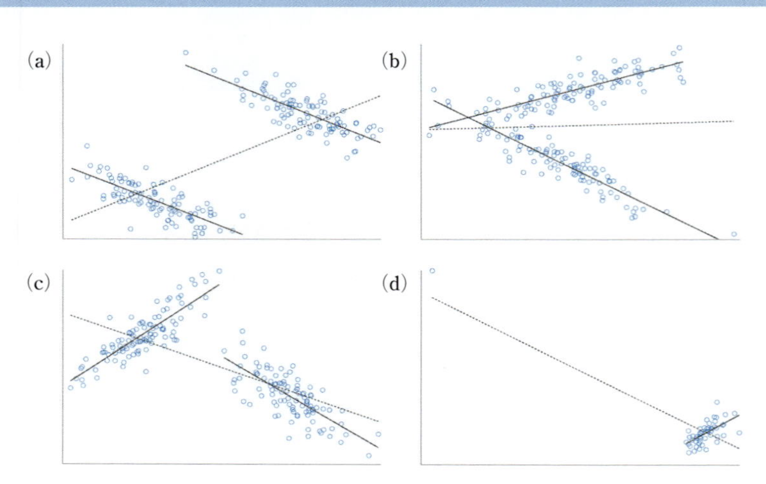

実線：グループごとの回帰直線，点線：すべての観測値を用いた回帰直線

図 3.3 ダミー変数

$$Y_t = \begin{cases} \beta_0 + \beta_1 X_t + \epsilon_t, & \text{グループ 1 のとき} \\ \beta_0^* + \beta_1^* X_t + \epsilon_t, & \text{グループ 2 のとき} \end{cases}$$

をあてはめたほうがよく，もし，両方のグループで $\beta_1 = \beta_1^*$ と考えられれば，ダミー変数 D_t を用いて

$$Y_t = \beta_0 + \alpha_0 D_t + \beta_1 X_t + \epsilon_t$$

を推定すればよいのです．この式は平行な 2 直線

$$Y_t = \begin{cases} \beta_0 + \beta_1 X_t, & \text{グループ 1 のとき} \\ \beta_0 + \alpha_0 + \beta_1 X_t, & \text{グループ 2 のとき} \end{cases}$$

をあてはめることになります．この場合，グループの差が有意であるかどうかは $H_0 : \alpha_0 = 0$ を仮説検定すればよいことになります．

図 3.3 の（a）では平行な 2 直線（$\beta_1 = \beta_1^*$）をあてはめるのがよい例でし

たが，(b) は，切片が同じで傾きが異なる 2 直線 ($\beta_0 = \beta_0^*$) がよい例です．このような場合にはダミー変数を使って

$$\begin{aligned} Y_t &= \beta_0 + (\beta_1 + \alpha_1 D_t) X_t + \epsilon_t \\ &= \beta_0 + \beta_1 X_t + \alpha_1 (D_t X_t) + \epsilon_t \end{aligned}$$

という重回帰モデルを考えます．このとき，

$$Y_t = \begin{cases} \beta_0 + \beta_1 X_t + \epsilon_t, & \text{グループ 1 のとき} \\ \beta_0 + (\beta_1 + \alpha_1) X_t + \epsilon_t, & \text{グループ 2 のとき} \end{cases}$$

となっています．この場合，グループの差が有意であるかどうかは $H_0 : \alpha_1 = 0$ を仮説検定すればよいことになります．

さらに，図 3.3 の (c) のように 2 つの相異なる 2 直線を，ダミー変数を使ってあてはめることもできます．

$$\begin{aligned} Y_t &= \beta_0 + \beta_1 X_t + D_t (\alpha_0 + \alpha_1 X_t) + \epsilon_t \\ &= \beta_0 + \beta_1 X_t + \alpha_0 D_t + \alpha_1 (D_t X_t) + \epsilon_t \end{aligned}$$

とすれば

$$Y_t = \begin{cases} \beta_0 + \beta_1 X_t + \epsilon_t, & \text{グループ 1 のとき} \\ (\alpha_0 + \beta_0) + (\alpha_1 + \beta_1) X_t + \epsilon_t, & \text{グループ 2 のとき} \end{cases}$$

となります．グループの差が有意であるかどうかは $H_0 : \alpha_0 = \alpha_1 = 0$ を仮説検定すればよいことになります．構造変化の仮説検定はそのよい例です．

最後に図 3.3 の (d) ですが，これは左上に 1 つだけ異常値 (outlier) がある場合で，グループ 2 が 1 つしかない特別な場合と考えることができます．この値を含めるか含めないかで，得られる回帰直線は大きく変わってきます．このように回帰直線の推定に大きな影響を与える観測値 (influential observation) に対して，ダミー変数を使うべきかどうかは，その観測値が異常かどうか，何か重要な情報をもっていないかどうかを十分吟味してから判断するべきです．

3.7 偏相関

最後に重回帰モデルにおける回帰係数の推定量 $\hat{\beta}_j$ について理解を深めるために偏相関（partial correlation）の考え方について説明しましょう．

定義 3.2 偏相関

重回帰モデル

$$Y_i = \beta_0 + \beta_1 X_{1i} + \beta_2 X_{2i} + \cdots + \beta_p X_{pi} + \epsilon_i, \quad i = 1, 2, \cdots, n$$

において，$X_1, \cdots, X_{p-1}$ が与えられたときの Y と X_p の**偏相関係数** $r_{YX_p|X_1\cdots X_{p-1}}$ とは，$X_1, \cdots, X_{p-1}$ の影響を取り除いた Y と X_p の相関係数です．つまり，Y を $X_1, \cdots, X_{p-1}$ に回帰して得られる残差 $\boldsymbol{u}$ と X_p を $X_1, \cdots, X_{p-1}$ に回帰して得られる残差 $\boldsymbol{v}$ の相関係数として与えられます．

具体的には $\tilde{\alpha}_j$, $\tilde{\gamma}_j$ $(j = 0, 1, \cdots, p-1)$ をそれぞれの重回帰の最小二乗推定量とすれば

$$u_i = Y_i - \tilde{Y}_i, \quad \tilde{Y}_i = \tilde{\alpha}_0 + \tilde{\alpha}_1 X_{1i} + \cdots + \tilde{\alpha}_{p-1} X_{p-1,i},$$
$$v_i = X_{pi} - \tilde{X}_{pi}, \quad \tilde{X}_{pi} = \tilde{\gamma}_0 + \tilde{\gamma}_1 X_{1i} + \cdots + \tilde{\gamma}_{p-1} X_{p-1,i}$$

として

$$r_{YX_p|X_1\cdots X_{p-1}} = r_{uv}$$

となります．また $\boldsymbol{u}$ を $\boldsymbol{v}$ に回帰したときの $\boldsymbol{v}$ の回帰係数の最小二乗推定量を $\tilde{\beta}_{uv}$ とし，Y を $X_1, \cdots, X_p$ に回帰したときの X_p の回帰係数の最小二乗推定量を $\hat{\beta}_p$ とすると，実は

$$\hat{\beta}_p = \tilde{\beta}_{uv} = \frac{\sum_{i=1}^n u_i v_i}{\sum_{i=1}^n v_i^2} = r_{uv} \sqrt{\frac{\sum_{i=1}^n u_i^2}{\sum_{i=1}^n v_i^2}}$$

が成り立ちます[13]．つまり $\hat{\beta}_p$ は，回帰式に説明変数 X_p を最後に追加したときに得られる，他の説明変数によって説明できなかった Y の部分の回帰係数で

あるということになります．

さらに$H_0：\beta_p=0$ vs $H_1：\beta_p\neq 0$のためのF検定では，制約の下での残差平方和RSS_Rと制約なしの下での残差平方和RSS_Uの間には

$$RSS_U=(1-r_{uv}^2)RSS_R$$

という関係があり，仮説検定のためのF統計量も

$$F=(n-p-1)\frac{r_{uv}^2}{1-r_{uv}^2}$$

となっています．偏相関r_{uv}の絶対値が小さければ小さいほどF値も小さくなり，帰無仮説H_0を棄却できないことがわかります．

3.8 分析例

▢ 生産関数の推定と一次同次性の仮説検定

例 3.5 データ 3.1 の製造業 24 分類の統計を用いてコブ=ダグラス型生産関数の一次同次性の仮説検定を行います．Y：付加価値額，K：有形固定資産残高，L：従業員数として，生産関数

$$\log Y_i=\beta_0+\beta_1\log K_i+\beta_2\log L_i+\epsilon_i,\quad i=1,\cdots,24$$

を最小二乗法により推定し，

$$H_0：\beta_1+\beta_2=1 \text{ vs } H_1：\beta_1+\beta_2\neq 1$$

を有意水準 5% で仮説検定しなさい．

データは表 3.1 のような CSV ファイルとして用意します．テキストファイルに，変数名，数値を入力し，カンマで区切っています．数値は，左から順に

[13] 証明は 3.11 節を参照してください．回帰係数は偏回帰係数と呼ばれることもあります．

Y：付加価値額，K：有形固定資産残高，L：従業員数となっています．

表 3.1　データファイル（seisan.csv）

```
Y,K,L
6982768,5747722,802875
2665602,2172483,62948
(以下省略)
```


まず，データファイルを Excel で開き，Stata のデータエディタの画面にコピーします．このとき変数名はそれぞれ，**y**，**k**，**l** となります．

次に Y，K，L の対数 LY，LK，LL を計算し，**ly**，**lk**，**ll** とします．具体的には 2.9 節の分析例の Stata 2.1（新規変数の作成）のように**変数の新規作成**の画面を出し，**変数名**に **ly** と入力し，**値または式を指定する**に **log(y)** と入力し，OK を押します．同様に **lk**，**ll** を作成します．

では **ly** を被説明変数，**lk** と **ll** を説明変数とする回帰分析を行いましょう．

Stata 3.1　**回帰分析**

統計(S)▶線形モデル他▶線形回帰

従属変数に **ly** を，独立変数に **lk** と **ll** を入力し，OK を押します（図 3.4）．表 3.2 と表 3.3 は生産関数の Stata による推定結果です．

表 3.2　生産関数の推定結果（1）

```
. regress ly lk ll
  Source |       SS           df       MS           Number of obs =       24
---------+------------------------------           F(  2,     21) =   207.54⑨
   Model | 32.0045772①       2④   16.0022886⑦     Prob > F      =   0.0000⑩
Residual | 1.61922864②      21⑤   .077106126⑧     R-squared     =   0.9518⑪
---------+------------------------------           Adj R-squared =   0.9473
   Total | 33.6238058③      23⑥    1.4619046      Root MSE      =   .27768⑫
```

まず分散分析表です．回帰によって説明される平方和が $ESS = 32.005$（①），残差平方和が $RSS = 1.619$（②），総平方和が $TSS = 33.624$（③），と計算され，回帰平方和の自由度が $p = 2$（④），残差平方和の自由度が $n - p - 1 = 24 - 2 - 1 = 21$（⑤），総平方和の自由度が $n - 1 = 24 - 1 = 23$（⑥），回帰の平均平方和が 16.002（⑦），残差の平均平方和（s^2）が 0.0771（⑧）となっています．回帰の有意性検定 H_0：$\beta_1 = \beta_2 = 0$ vs H_1：$\beta_1 \neq 0$ または $\beta_2 \neq 0$ の F 値（⑨）

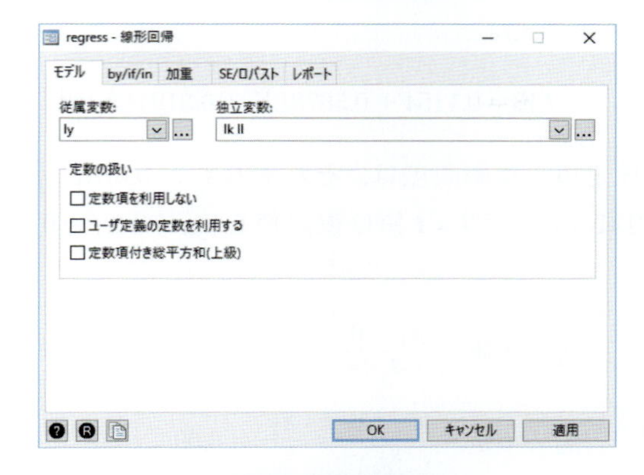

図3.4 重回帰分析

と p 値（⑩）は

$$F\text{ 値}=207.5>F_{0.05}(2,21)=3.47,\quad p\text{ 値}=0.000<0.05$$

ですから[14]，有意水準5% で帰無仮説 $H_0: \beta_1=\beta_2=0$ を棄却します．

決定係数（⑪）は $R^2=0.9518$ ですから，回帰によって説明できる被説明変数の変動の割合は95.2% と非常に高くなっています．最後の **Root MSE** は Root Mean Square Error（残差の平均平方和の平方根），つまり回帰の標準誤差を表し，$s=0.2777$（⑫）となります．

引き続いて表3.3のように推定された回帰係数に関する出力がなされます．

表3.3 生産関数の推定結果（2）

ly	Coef.	Std. Err.	t	P>|t|	[95% Conf.	Interval]
lk	.5677946①	.0781229④	7.27⑦	0.000 ⑩	.4053292	.73026 ⑬
ll	.5193981②	.0853372⑤	6.09⑧	0.000 ⑪	.3419296	.6968666⑭
_cons	.1154492③	.7120877⑥	0.16⑨	0.873 ⑫	-1.365418	1.596317 ⑮

14 F 分布の臨界値 $F_{0.05}(2,21)$ は，コマンドのウィンドウに `display invFtail(2,21,0.05)` と入力することで得られます．

まず，推定値は $\hat{\beta}_1 = 0.5678$（①），$\hat{\beta}_2 = 0.5194$（②），$\hat{\beta}_0 = 0.1154$（③）ですから，推定された回帰式は

$$\hat{LY}_i = 0.1154 + 0.5678LK_i + 0.5194LL_i$$

となります．推定値の標準誤差は，それぞれ $s_{\hat{\beta}_1} = 0.0781$（④），$s_{\hat{\beta}_2} = 0.0853$（⑤），$s_{\hat{\beta}_0} = 0.7121$（⑥）です．$t$ 値は仮説値を $\beta_{j0} = 0$（$j = 0, 1$）とおいた場合の値で

$$\beta_1 \text{の} t \text{値} = \frac{\hat{\beta}_1 - 0}{s_{\hat{\beta}_1}} = \frac{\hat{\beta}_1}{s_{\hat{\beta}_1}} = 7.27 \quad (⑦)$$

$$\beta_2 \text{の} t \text{値} = \frac{\hat{\beta}_2 - 0}{s_{\hat{\beta}_2}} = \frac{\hat{\beta}_2}{s_{\hat{\beta}_2}} = 6.09 \quad (⑧)$$

$$\beta_0 \text{の} t \text{値} = \frac{\hat{\beta}_0 - 0}{s_{\hat{\beta}_0}} = \frac{\hat{\beta}_0}{s_{\hat{\beta}_0}} = 0.16 \quad (⑨)$$

となります．これを用いれば $H_0 : \beta_j = 0$ に関する仮説検定を行うことができます．例えば，帰無仮説 $H_0 : \beta_1 = 0$ vs 対立仮説 $H_1 : \beta_1 \neq 0$ の仮説検定を有意水準 5% で行いたければ，臨界値は付表Ⅱの t 分布表より，$t_{0.05/2}(24 - 2 - 1) = t_{0.025}(21) = 2.080$ ですから，例えば

「$|t$ 値$| = 7.27 > 2.080$ より有意水準 5% で
$H_0 : \beta_1 = 0$ を棄却し，$H_1 : \beta_1 \neq 0$ を採択する」

などとします．

最後に p 値が出ていますが，これは両側検定の p 値です．

$H_0 : \beta_1 = 0$ vs $H_1 : \beta_1 \neq 0$ の p 値 $= Pr(|T| > 7.27) = 0.000$（⑩）
$H_0 : \beta_2 = 0$ vs $H_1 : \beta_2 \neq 0$ の p 値 $= Pr(|T| > 6.09) = 0.000$（⑪）
$H_0 : \beta_0 = 0$ vs $H_1 : \beta_0 \neq 0$ の p 値 $= Pr(|T| > 0.16) = 0.873$（⑫）

これを用いれば t 分布表を参照するまでもなく，例えば

「p 値 $= 0.000 < 0.05$ より有意水準 5% で
$H_0 : \beta_1 = 0$ を棄却し，$H_1 : \beta_1 \neq 0$ を採択する」

とします．最後に β_1，β_2，β_0 のための 95% 信頼区間が，それぞれ（0.405,

0.730)(⑬),(0.342, 0.697)(⑭),(−1.365, 1.596)(⑮)と計算されています.

最後に，生産関数の一次同次性の仮説検定を行います．重回帰分析を行った後に続けて，下記のように行います．

Stata 3.2 生産関数の一次同次性の仮説検定

統計(S)▶推定後の分析

(1) **検定、コントラスト、パラメータ推定値の比較**の**パラメータ推定値の線形な検定**を選び，**開く**を押します（図 3.5）.

(2) **作成...** を押し，出てきた画面で**検定の種類**に**線形結合式が同じ**を選び，**線形式**に `lk+ll=1` を入力します（図 3.6）.

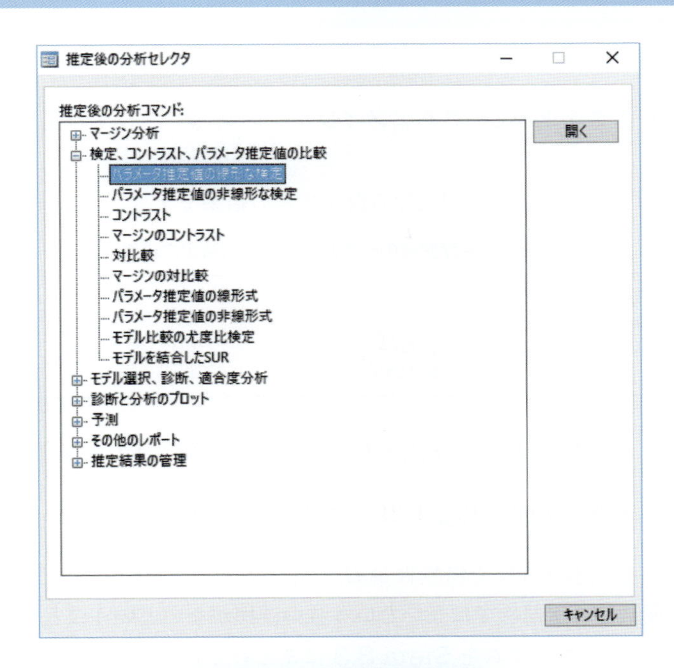

図 3.5 一次同次性の検定（1）

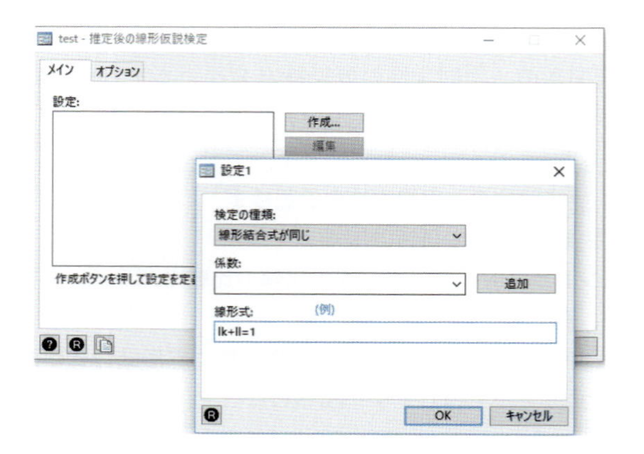

図 3.6　一次同次性の検定（2）

最後に OK ボタンを押し，さらに**メイン**タブの画面で，もう一度 OK ボタンを押します．

表 3.4 は生産関数の一次同次性の仮説検定の結果です．

表 3.4　生産関数の一次同次性の仮説検定の結果

```
. test (lk+ll=1)
 ( 1)  lk + ll = 1
       F(  1,    21) =    2.60①
            Prob > F =    0.1215②
```

$H_0 : \beta_1 + \beta_2 = 1$ vs $H_1 : \beta_1 + \beta_2 \neq 1$ の F 検定の F 値（①）と p 値（②）は

$$F\ 値 = 2.60 < F_{0.05}(1, 21) = 4.32, \quad p\ 値 = 0.1215 > 0.05$$

ですから，有意水準 5% で帰無仮説 $H_0 : \beta_1 + \beta_2 = 1$ を棄却できません．つまり，生産関数が一次同次ではないという強い証拠がないということになります．

最後に Stata プログラムを Stata 3.3 にまとめておきます．

Stata 3.3 生産関数の推定と一次同時性の仮説検定のプログラム

```
import delimited C:¥seisan.csv
generate ly=log(y)
generate lk=log(k)
generate ll=log(l)
regress ly lk ll
display invFtail(2,21,0.05)
test (lk+ll=1)
display invFtail(1,21,0.05)
```


構造変化の仮説検定

例 3.6 データ 3.2 を用いて消費関数

$$CH_t = \beta_0 + \beta_1 YDH_t + \beta_2 WH_t + \epsilon_t, \quad t = 1, \cdots, 22$$

（ただし CH_t：実質家計消費支出，YDH_t：実質家計可処分所得，WH_t：実質家計金融資産残高）に構造変化がないかどうか有意水準 5% で仮説検定しなさい．第 1 期を 1994 年度～2000 年度，第 2 期を 2001 年度～2015 年度とします．

表 3.5　データファイル（ch.csv）

```
YEAR,CH,YDH,WH
1994,241253.3,274642.9,1072215.4
1995,248033.1,276808.5,1150351.2
(以下省略)
```

データは表 3.5 のような CSV ファイルとして用意します．テキストファイルに，変数名，数値を入力し，カンマで区切っています．数値は，左から順に *YEAR*：年度，*CH*：実質家計消費支出，*YDH*：実質家計可処分所得，*WH*：実質家計金融資産残高となっています．

まず，データファイルを Excel で開き，Stata のデータエディタの画面にコピーします．このとき変数名はそれぞれ，**year**，**ch**，**ydh**，**wh** となります．

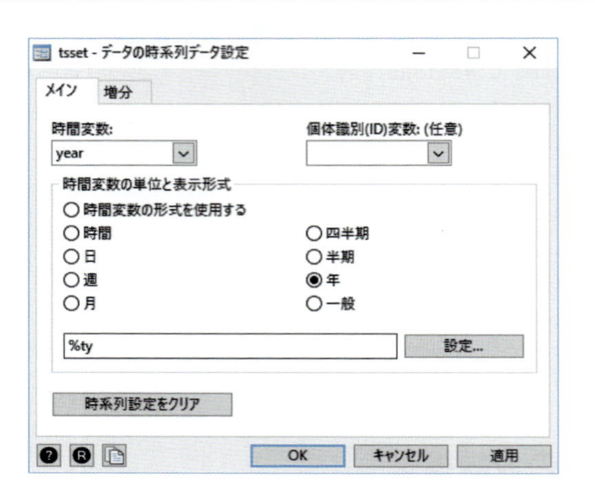

図 3.7　年次の時系列データを定義する

次に年度を表す変数として **year** を時間変数に指定します．2.9 節の分析例の Stata 2.2（時系列データとして定義する）と同様に**時間変数**に **year** を指定し，**時間変数の単位と表示形式**で**年**を選択すると，データは年次の時系列データとして扱われます（図 3.7）．

続けて構造変化を表すダミー変数 D_t（**d**）を 2000 年以前には 0，2001 年以降には 1 となるように作ります．

Stata 3.4　ダミー変数の作り方

（1）**データ(D)▶データを作成または変更▶新規変数の作成**

Stata 2.1 のように**メイン**タブの画面で**変数名**に **d** を，**値または式を指定する**に **0** を入力し，OK を押します．

（2）**データ(D)▶データを作成または変更▶変数の内容を変更**

メインタブの画面で**変数**に **d** を選び，**新しい内容**に **1** を入力します（図 3.8）．if/in タブの画面で**条件式**に **year>=2001** と入力し，OK を押します（図 3.9）．

さて対立仮説の下での重回帰モデル

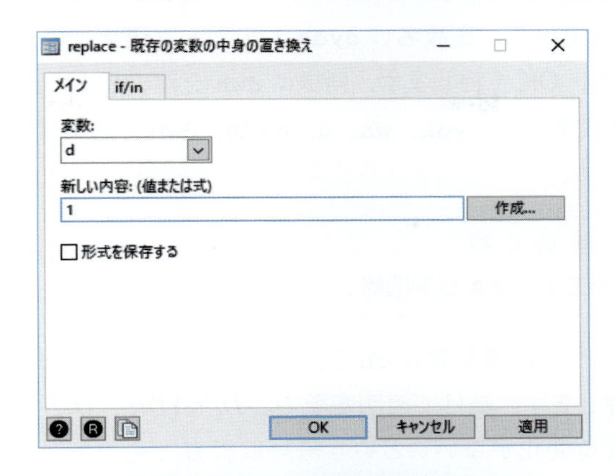

図 3.8　ダミー変数を作る（メインタブ）

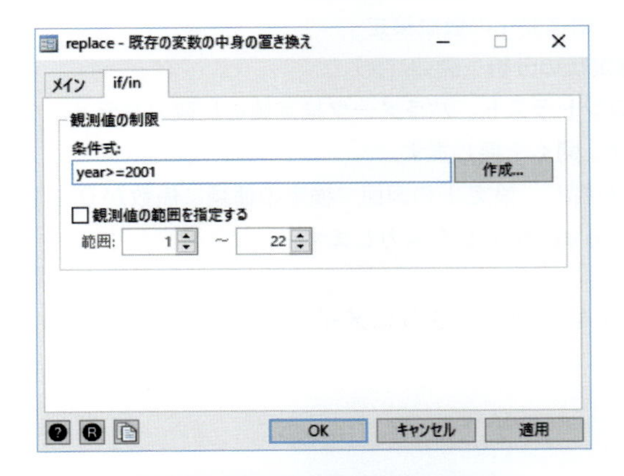

図 3.9　ダミー変数を作る（if/in タブ）

$$
\begin{aligned}
CH_t = \beta_0 + \beta_1 YDH_t + \beta_2 WH_t \\
+ \alpha_0 D_t + \alpha_1 (D_t \times YDH_t) + \alpha_2 (D_t \times WH_t) + \epsilon_t
\end{aligned}
$$

をあてはめるために，ダミー変数 D_t を使って変数 $D_t \times YDH_t$(**dydh**)，$D_t \times WH_t$(**dwh**) を作ります．

具体的には2.9節の分析例のStata 2.1（新規変数の作成）のように**変数の新規作成**の画面を出し，**変数名**に**dydh**と入力し，**値または式を指定する**に**d*ydh**と入力し，OKを押します．同様に**dwh**を作成します．

では**ch**を被説明変数，**ydh**，**wh**，**d**，**dydh**，**dwh**を説明変数とする回帰分析を行いましょう．

> Stata 3.5 回帰分析
> 統計(S)▶線形モデル他▶線形回帰

図3.10のように**従属変数**に**ch**を，**独立変数**に**ydh wh d dydh dwh**を入力し，OKを押します．続けて説明変数D_t，$D_t \times YDH_t$，$D_t \times WH_t$の回帰係数がすべて0（構造変化がない）という帰無仮説H_0：$\alpha_0 = \alpha_1 = \alpha_2 = 0$の$F$検定を行います．

> Stata 3.6 構造変化の仮説検定
> 統計(S)▶推定後の分析（図3.11）
> (1) **検定、コントラスト、パラメータ推定値の比較**の**パラメータ推定値の線形な検定**を選び，**開く**を押します．
> (2) **作成...**を押し，**設定1**の画面で**検定の種類**に**係数が0**を選び，**次の係数を検定する**に**d dydh dwh**を入力します．

最後にOKボタンを押し，さらに**メイン**タブの画面で，もう一度OKボタンを押します．

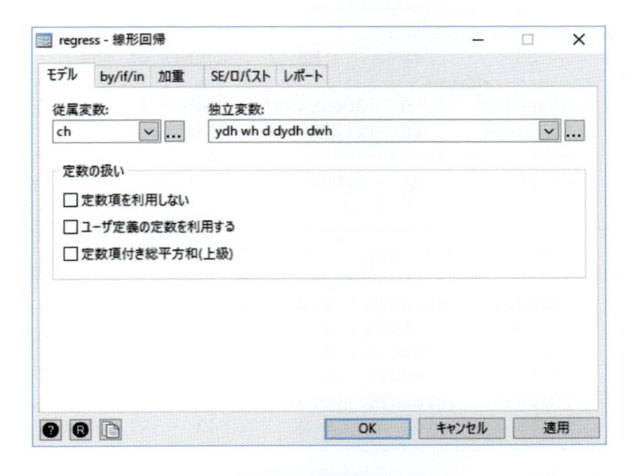

図 3.10　消費関数の推定

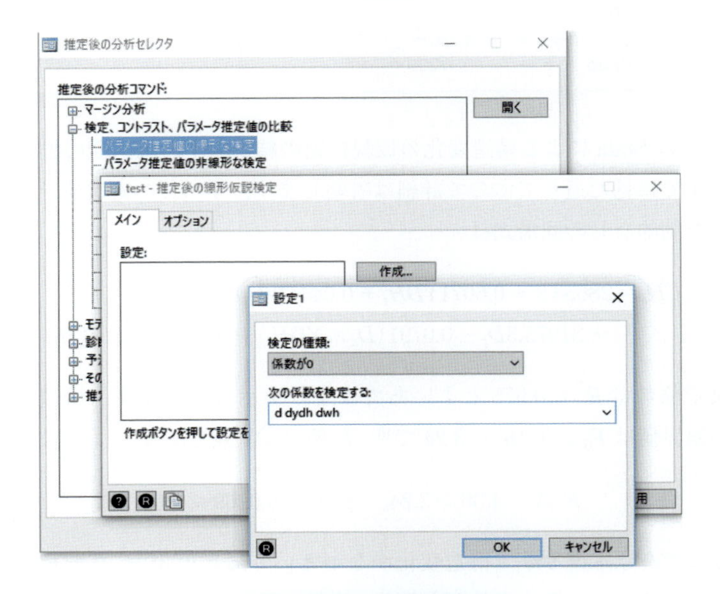

図 3.11　構造変化の仮説検定

表 3.6　構造変化の仮説検定の結果

```
. regress ch ydh wh d dydh dwh
  Source |       SS          df       MS        Number of obs    =         22
---------+------------------------------        F(5, 16)         =     125.47
   Model |  4.5248e+09        5   904954297     Prob > F         =     0.0000
Residual |   115403624       16  7212726.48     R-squared        =     0.9751
---------+------------------------------        Adj R-squared    =     0.9674
   Total |  4.6402e+09       21   220960719     Root MSE         =     2685.7

------------------------------------------------------------------------------
      ch |      Coef.   Std. Err.      t    P>|t|     [95% Conf. Interval]
---------+--------------------------------------------------------------------
     ydh |    .607051   .6010499     1.01   0.328    -.6671178     1.88122
      wh |   .0443964   .0271505     1.64   0.122      -.01316    .1019529
       d |   31973.29   151856.2     0.21   0.836    -289947.5    353894.1
    dydh |  -.0790962   .6399644    -0.12   0.903     -1.43576    1.277568
     dwh |  -.0010014   .0285856    -0.04   0.972    -.0616001    .0595973
   _cons |    28658.3     142380     0.20   0.843    -273173.9    330490.5
------------------------------------------------------------------------------
. test (d dydh dwh)
 ( 1)  d = 0
 ( 2)  dydh = 0
 ( 3)  dwh = 0
       F(  3,     16) =     4.30①
            Prob > F =     0.0209②
```

表 3.6 は Stata による構造変化の仮説検定の結果です．重回帰の推定結果の多くはすでに見た通りですので詳細は省略します．すべての観測値を用いて推定された制約なしの回帰式は

$$\hat{CH}_t = 28658.3 + 0.6071 YDH_t + 0.0444 WH_t \\ + 31973.3 D_t - 0.0791 (D_t \times YDH_t) - 0.0010 (D_t \times WH_t)$$

で，決定係数は $R^2 = 0.975$ とよいあてはまりを示しています．構造変化の F 検定の臨界値は $F_{0.05}(3, 16) = 3.24$ で[15]，F 値（①）及び p 値（②）はそれぞれ

$$F \text{ 値} = 4.30 > 3.24, \quad p \text{ 値} = 0.0209 < 0.05$$

となるので有意水準 5% で構造変化がないという帰無仮説 H_0 を棄却します．つまり，消費関数の構造変化があるという強い証拠が示されたことになります．

15　コマンドウィンドウで `display invFtail(3,16,0.05)` と入力します．

最後にStataプログラムをStata 3.7にまとめておきます．

Stata 3.7　構造変化の仮説検定のプログラム

```
import delimited C:¥ch.csv
tsset year, yearly
generate d=0
replace d=1 if year>=2001
generate dydh=d*ydh
generate dwh =d*wh
regress ch ydh wh d dydh dwh
test (d dydh dwh)
display invFtail(3,16,0.05)
```


グレンジャー因果性の仮説検定

例 3.7　データ 3.3を用いて1985年第1四半期～1990年第4四半期における，マネタリーベースから実質GDPへのグレンジャー因果性の仮説検定を有意水準5%で行いなさい．具体的には重回帰モデル

$$LY_t = \beta_0 + \sum_{j=1}^{4} \beta_j LY_{t-j} + \sum_{j=1}^{4} \alpha_j LM_{t-j} + \gamma_1 DQ_{2t} + \gamma_2 DQ_{3t} + \gamma_3 DQ_{4t} + \epsilon_t$$

(ただしLY_t：実質GDPの対数値，LM_t：マネタリーベースの対数値，DQ_{jt}はt時点が第j四半期のとき1，それ以外は0であるようなダミー変数）を考えて帰無仮説$H_0: \alpha_1 = \cdots = \alpha_4 = 0$を対立仮説$H_1$：ある$i$について$\alpha_i \neq 0$に対して仮説検定しなさい．同様に実質GDPからマネタリーベースへのグレンジャー因果性の仮説検定も有意水準5%で行いなさい．

表 3.7　データファイル (granger.csv)

```
Q,Y,M
1,75102,182010
2,74101,190104
(以下省略)
```

データは表 3.7 のような CSV ファイルとして用意します．テキストファイルに，変数名，数値を入力し，カンマで区切っています．数値は，左から順に Q：四半期，Y：実質 GDP，M：マネタリーベースとなっています．

まず，データファイルを Excel で開き，Stata のデータエディタの画面にコピーします．このとき変数名はそれぞれ `q`，`y`，`m` となります．次に Y，M の対数 LY，LM を計算し，`ly`，`lm` とします．具体的には 2.9 節の Stata 2.1（新規変数の作成）のように**変数の新規作成**の画面を出し，**変数名**に `ly` と入力し，**値または式を指定する**に `log(y)` と入力し，OK を押します．同様に `lm` を作成します．さらに時間を表す変数として**変数名**に `time` と入力し，**値または式を指定する**に `tq(1980q1)+_n-1` と入力し，OK を押します[16]．

そして変数 `time` を時間変数に指定します．2.9 節の Stata 2.2（時系列データとして定義する）のように**時間変数**に `time` を指定し，**時間変数の単位と表示形式**で**四半期**を選択すると，データは四半期の時系列データとして扱われます．四半期の季節性を回帰式に考慮するために四半期ダミーを作ります．

> **Stata 3.8　四半期ダミー変数の作り方**
>
> **データ(D)▶データを作成または変更▶その他の変数作成コマンド▶ダミー変数の作成**
>
> **xi 項の型を選択する**に `I.varname` を選び，**カテゴリ変数**に `q` を選択，さらに**接頭語**に `D` を入力して OK を押します（図 3.12）．

すると図 3.13 のように，第 2 四半期ダミー変数 DQ_{2t}（`Dq_2`），第 3 四半期ダミー変数 DQ_{3t}（`Dq_3`），第 4 四半期ダミー変数 DQ_{4t}（`Dq_4`）が得られます．

1985 年第 1 四半期から 1990 年第 4 四半期のデータを用いてグレンジャーの因果性の検定を行うために，まず `ly` を被説明変数として，説明変数に `ly` と `lm` の過去 4 期の変数と四半期ダミー変数を用いて回帰し，`lm` についても回帰するのを以下のように行います．

16　`tq(1980q1)` は，1980 年第 1 四半期に対応する Stata で指定された数値を返し，後で時間変数を指定する際に用いられます．第 2 四半期，第 3 四半期，第 4 四半期，であれば `q1` を `q2`，`q3`，`q4` に変更します．

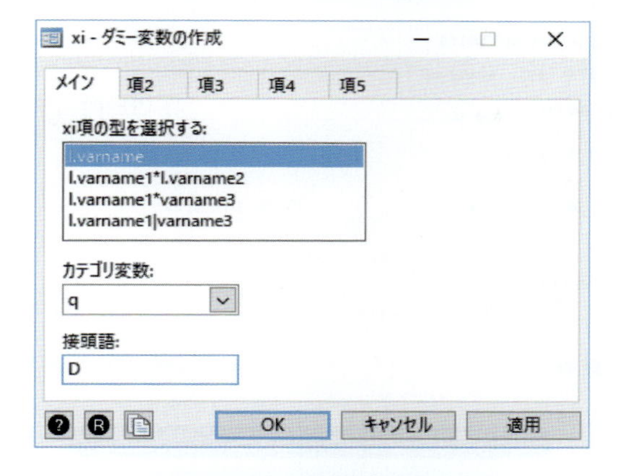

図 3.12　四半期ダミーを作る（1）

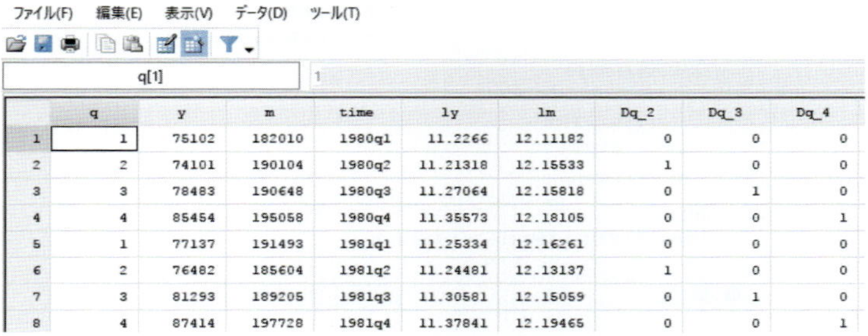

	q	y	m	time	ly	lm	Dq_2	Dq_3	Dq_4
1	1	75102	182010	1980q1	11.2266	12.11182	0	0	0
2	2	74101	190104	1980q2	11.21318	12.15533	1	0	0
3	3	78483	190648	1980q3	11.27064	12.15818	0	1	0
4	4	85454	195058	1980q4	11.35573	12.18105	0	0	1
5	1	77137	191493	1981q1	11.25334	12.16261	0	0	0
6	2	76482	185604	1981q2	11.24481	12.13137	1	0	0
7	3	81293	189205	1981q3	11.30581	12.15059	0	1	0
8	4	87414	197728	1981q4	11.37841	12.19465	0	0	1

図 3.13　四半期ダミーを作る（2）

Stata 3.9　グレンジャーの因果性の検定（1. パラメータの推定）

統計(S) ▶ 多変量時系列分析 ▶ ベクトル自己回帰（VAR）

(1) モデルタブの画面で従属変数に **ly lm** を，ラグに **4** を入力し，外生変数を ✓（チェック）して **Dq_2 Dq_3 Dq_4** を入力します（図 3.14）．

(2) 次にモデル 2 のタブの画面で小標本の自由度調整と小標本 t 及び F 統計量を表示するに ✓（チェック）を入れます（図 3.15）．

(3) さらに **by/if/in** のタブの画面で条件式に **tin(1985q1,1990q4)** を入力し，最後に OK ボタンを押します（図 3.16）．

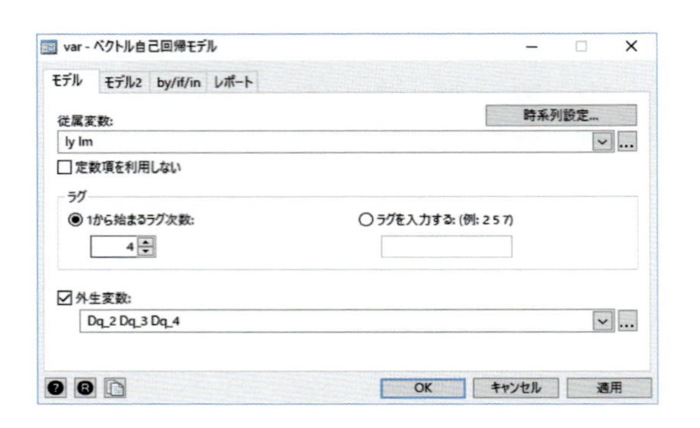

図 3.14　グレンジャー因果性（変数の指定）

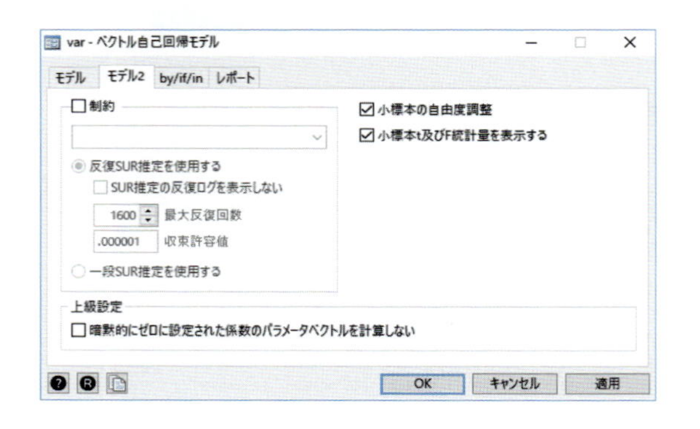

図 3.15　グレンジャー因果性（小標本のとき）

すると表 3.8 のような推定結果が得られます．標本期間は 1985 年第 1 四半期から 1990 年第 4 四半期（①），観測値の個数は 24（②），その後にモデルのあてはまりを示すいくつかの指標が出力されて（詳細は省略），LY を被説明変数とする重回帰分析における，回帰の標準偏差が 0.00889（③），決定係数が 0.9961（④），定数項を除く説明変数のすべての係数が 0 であるという帰無仮説を検定する F 検定の統計値（⑤）と p 値（⑥）が続いています．決定係数は非常に高く LY の全変動の 99.6% を説明しており，またややあたりまえかもしれませんが，定数項を除く説明変数のすべての係数が 0 であるという帰無

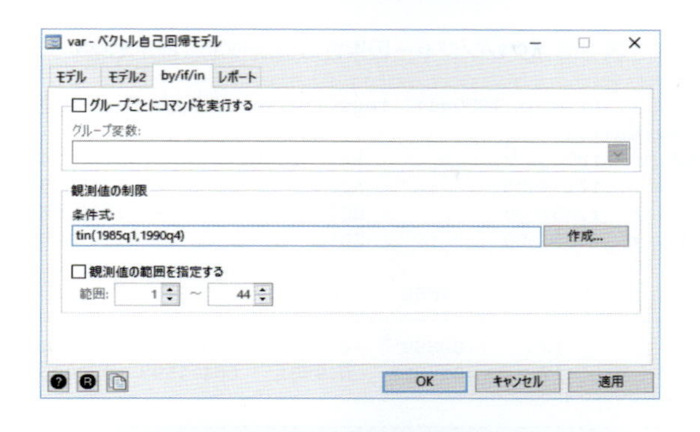

図 3.16　グレンジャー因果性（標本期間の指定）

仮説は p 値が 0 であり，有意水準 5% で棄却することができます．同様な結果は LM を被説明変数とする重回帰分析についても引き続き得られています．

⑦の下では LY を被説明変数とする重回帰分析の結果がまとめられており，

$$
\begin{aligned}
\hat{LY}_t = & 8.4441 - 0.3965LY_{t-1} - 0.0276LY_{t-2} - 0.1347LY_{t-3} - 0.0789LY_{t-4} \\
& - 0.1948LM_{t-1} + 0.1625LM_{t-2} + 0.5685LM_{t-3} + 0.2942LM_{t-4} \\
& - 0.0516DQ_{2t} - 0.010DQ_{3t} + 0.0615DQ_{4t}
\end{aligned}
$$

です．LY_t や LM_t のラグ付き変数や四半期ダミー変数の回帰係数は，p 値（**P>|t|**）から判断すると有意ではありません．

⑧の下では LM を被説明変数とする重回帰分析の結果がまとめられており，

$$
\begin{aligned}
\hat{LM}_t = & -2.722 + 0.3116LY_{t-1} + 0.1793LY_{t-2} - 0.3956LY_{t-3} + 0.4506LY_{t-4} \\
& + 1.6620LM_{t-1} - 0.8764LM_{t-2} + 0.5806LM_{t-3} - 0.6521LM_{t-4} \\
& + 0.0320DQ_{2t} + 0.0759DQ_{3t} + 0.0147DQ_{4t}
\end{aligned}
$$

です．LY_t や LM_t のラグ付き変数の各々は p 値（**P>|t|**）から判断すると一部（LM_{t-1}）の回帰係数は有意水準 5% で有意になっていますが，その他や四半期ダミー変数の回帰係数はいずれも有意ではありません．

表 3.8 グレンジャー因果性の仮説検定（推定結果）

```
. var ly lm if tin(1985q1,1990q4), lags(1/4) exog(Dq_2 Dq_3 Dq_4) small dfk
Vector autoregression
Sample:  1985q1 - 1990q4①           No. of obs      =        24②
Log likelihood =  171.9433           AIC             = -12.32861
FPE            =  1.85e-08           HQIC            = -12.01607
Det(Sigma_ml)  =  2.05e-09           SBIC            = -11.15056

Equation           Parms      RMSE     R-sq        F        P > F
----------------------------------------------------------------
ly                   12     .00889③   0.9961④  280.837⑤  0.0000⑥
lm                   12     .010823   0.9981   564.1593  0.0000
----------------------------------------------------------------
----------------------------------------------------------------
      |    Coef.   Std. Err.     t    P>|t|   [95% Conf. Interval]
------+---------------------------------------------------------
ly⑦   |
   ly |
  L1. |  -.3964562 .3966008  -1.00   0.337   -1.260575  .4676627
  L2. |  -.0276425 .3309044  -0.08   0.935   -.7486213  .6933364
  L3. |  -.1347258 .2285396  -0.59   0.566   -.6326709  .3632193
  L4. |  -.0789187 .1947399  -0.41   0.692   -.5032206  .3453832
   lm |
  L1. |  -.1947605 .2310222  -0.84   0.416   -.6981147  .3085937
  L2. |    .162542 .3690178   0.44   0.667   -.6414788  .9665628
  L3. |   .5684655 .4200893   1.35   0.201   -.3468305  1.483762
  L4. |   .2942491 .4680187   0.63   0.541   -.7254762  1.313974
 Dq_2 |  -.0516041 .0410803  -1.26   0.233   -.1411104  .0379023
 Dq_3 |  -.0098845 .0615618  -0.16   0.875   -.1440162  .1242472
 Dq_4 |   .0615087 .0414752   1.48   0.164   -.0288579  .1518754
_cons |   8.444177 2.865255   2.95   0.012    2.201323  14.68703
-------+--------------------------------------------------------
lm⑧   |
   ly |
  L1. |   .3116151  .482833   0.65   0.531   -.7403877  1.363618
  L2. |   .1793341 .4028525   0.45   0.664    -.698406  1.057074
  L3. |  -.3956373 .2782306  -1.42   0.181    -1.00185  .2105752
  L4. |   .4506003 .2370819   1.90   0.082   -.0659569  .9671574
   lm |
  L1. |    1.66204  .281253   5.91   0.000    1.049242  2.274838
  L2. |  -.8763595 .4492528  -1.95   0.075   -1.855197  .1024783
  L3. |    .580636 .5114287   1.14   0.278   -.5336714  1.694943
  L4. |  -.6520842 .5697793  -1.14   0.275   -1.893527  .5893582
 Dq_2 |    .032026 .0500124   0.64   0.534   -.0769416  .1409936
 Dq_3 |   .0758981 .0749471   1.01   0.331   -.0873977  .2391939
 Dq_4 |   .0146993 .0504931   0.29   0.776   -.0953156  .1247143
_cons |  -2.721785 3.488243  -0.78   0.450   -10.32201  4.878443
----------------------------------------------------------------
```

母数の推定の後でグレンジャーの因果性の検定を以下のように画面でOKを押します．

Stata 3.10　グレンジャーの因果性の検定（2. 仮説検定）
統計(S)▶多変量時系列分析▶VARモデルの診断/検定▶Granger因果性検定（図3.17）

表3.9　グレンジャー因果性の仮説検定（検定結果）

```
. vargranger
  Granger causality Wald tests
 +------------------------------------------------------------------+
 |    Equation①      Excluded② |    F③       df     df_r   Prob>F④   |
 |------------------------------+-----------------------------------|
 |         ly               lm |  5.0778      4       12    0.0125⑤   |
 |         ly              ALL |  5.0778      4       12    0.0125    |
 |------------------------------+-----------------------------------|
 |         lm               ly |  1.0734      4       12    0.4119⑥   |
 |         lm              ALL |  1.0734      4       12    0.4119    |
 +------------------------------------------------------------------+
```

検定結果の表3.9において，①は被説明変数が何かを表し，②は説明変数のうち，何を式から削除するかを表します（ただし被説明変数の過去の変数は対象としません）．また③，④は削除する説明変数の回帰係数が0であるという帰無仮説を仮説検定するためのF検定の統計値とそのp値です．したがって⑤より，

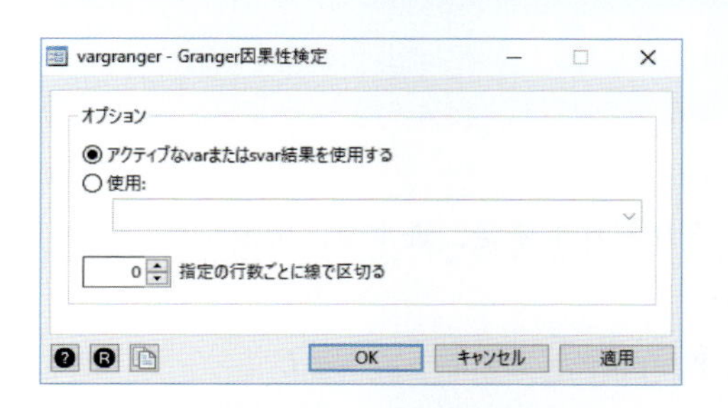

図3.17　グレンジャー因果性（仮説検定）

$$H_0: \alpha_1 = \alpha_2 = \alpha_3 = \alpha_4 = 0 \text{ vs } H_1: \text{少なくとも1つの} i \text{について} \alpha_i \neq 0$$

を仮説検定するための p 値 $=0.0125<0.05$ となり，有意水準5% で H_0 を棄却します．これは LY を被説明変数とする重回帰分析では，説明変数として LM の過去の変数が有用であり，したがって「LM から LY へのグレンジャーの意味での因果性がある」といえます．

一方，⑥では p 値 $=0.4119>0.05$ となり，有意水準5% で H_0 を棄却できません．これは LM を被説明変数とする重回帰分析では，説明変数として LY の過去の変数が有用ではなく，したがって「LY から LM へのグレンジャーの意味での因果性があるとはいえない」となります．

最後に Stata プログラムを Stata 3.11 にまとめておきます．

Stata 3.11　グレンジャー因果性の仮説検定のプログラム

```
import delimited C:¥granger.csv
generate time=tq(1980q1)+_n-1
tsset time, quarterly
generate ly=log(y)
generate lm=log(m)
xi I.q, prefix(D)
var ly lm if tin(1985q1,1990q4), lags(1/4)
    exog(Dq_2 Dq_3 Dq_4) small dfk
vargranger
```

3.9 練習問題

1. Y，K，L をそれぞれ生産量，資本量，労働量とするとき，トランスログ型生産関数は

$$\log Y = \beta_0 + \beta_1 \log K + \beta_2 \log L + \beta_3 \frac{(\log K)^2}{2} + \beta_4 \frac{(\log L)^2}{2} + \beta_5 \log K \log L$$

と表現され，$\beta_3 = \beta_4 = \beta_5 = 0$ のとき，コブ=ダグラス型生産関数となりま

す．データ 3.1 を用いて，上記のトランスログ型生産関数を推定し，次の問いに答えなさい

(1) 推定された回帰式を書きなさい．

(2) 説明変数の回帰係数は有意かどうか，有意水準 5% で仮説検定をしなさい．

(3) 決定係数を書き，解釈しなさい．

(4) 生産関数がコブ=ダグラス型かどうか有意水準 5% で仮説検定をしなさい．その際，帰無仮説と対立仮説を書きなさい．

2. データ 3.2 を用いて，分析例のように消費関数に構造変化がないかどうかを第 1 期を 1994 年度～2004 年度，第 2 期を 2005 年度～2015 年度として有意水準 5% で仮説検定しなさい．構造変化の時点を変えることで，結論は変わるか，あるいは変わらないか説明しなさい．

3. データ 3.4 はある 16 年間に半年ごとに記録された国内銀行の総貸出残高の伸び率（%，X_t），及び市街地価格指数（全国平均）の伸び率（%，Y_t）である．これを用いて，X_t から Y_t へのグレンジャー因果性，Y_t から X_t へのグレンジャー因果性（$t=4, \cdots, 32$）について，X_t と Y_t の過去 3 期の変数を用いて有意水準 5% で仮説検定を行いなさい．

4. 内閣府経済社会総合研究所は『消費動向調査』において，消費者の意識を把握するために，「暮らし向き」「収入の増え方」「雇用環境」及び「耐久消費財の買い時判断」の 4 項目に関し今後半年間の見通しについて，約 6000 世帯に対して 5 段階評価で回答をしてもらい，これをもとに消費者態度指数を計算し発表しています（消費者態度指数が高いということは消費者心理が改善しているということを示します）．

データ 3.5 はある 11 年間の四半期データで，消費者態度指数（DI_t）と実質家計消費支出（CP_t）（帰属家賃を除く）（$t=1, \cdots, 44$）について，DI_t の前年同期比 $RDI_t = (DI_t - DI_{t-4})/DI_{t-4} \times 100$（単位%）と CP_t の前年同期比 $RCP_t = (CP_t - CP_{t-4})/CP_{t-4} \times 100$（単位%）を計算したものです．これを用いて，$RDI_t$ から RCP_t へのグレンジャー因果性，RCP_t から RDI_t へのグレンジャー因果性（$t=5, \cdots, 44$）について，RDI_t と RCP_t の過去 4 期の変数を用いて有意水準 5% で仮説検定を行いなさい．

3.10 データ

データ 3.1　ある年の製造業 24 分類の統計

i	Y_i	K_i	L_i
1	6982768	5747722	802875
2	2665602	2172483	62948
3	651670	776783	76585
4	582181	387551	129030
5	458842	440206	46375
6	525478	497121	56379
7	2161273	3526018	145446
8	2188584	1914313	196466
9	10618979	7922181	305248
10	501262	1716555	16433
11	3075576	2868815	273286
12	1150958	803053	88825
13	78349	63053	11467
14	2283838	2787953	161438
15	3813309	6609117	165655
16	1328718	2703238	104833
17	3634970	3541699	329754
18	8035752	6181878	637368
19	5641947	3529938	455906
20	2991234	1313092	204436
21	6045125	5611136	450670
22	13543150	9402160	771376
23	1298862	753392	114008
24	1091626	775535	82912

i：業種，Y_i：付加価値額（百万円），K_i：有形固定資産年初現在高（百万円），L_i：従業員数
出所：経済産業省『工業統計表』「産業編」（従業者 30 人以上の事業所に関する統計表）

データ 3.2　家計消費

年度	CH_t	YDH_t	WH_t
1994	241253.3	274642.9	1072215.4
1995	248033.1	276808.5	1150351.2
1996	253602.7	279990.3	1151124.7
1997	251163.4	282442.1	1158949.9
1998	251643.0	281798.6	1201605.4
1999	255002.4	283879.5	1277220.7
2000	259299.6	282652.4	1282558.3
2001	263463.3	276965.0	1321154.3
2002	266803.9	279402.7	1329487.9
2003	268854.1	280660.7	1384162.6
2004	271333.8	282114.5	1460684.6
2005	276032.9	283768.3	1541269.3
2006	277991.1	285698.0	1563967.6
2007	280386.3	286234.7	1478029.8
2008	274551.2	284180.1	1428376.3
2009	276936.3	290148.6	1511004.3
2010	280270.2	292081.1	1540454.7
2011	281799.5	293020.3	1566691.2
2012	286450.6	293982.2	1648874.2
2013	294316.7	292079.8	1689069.3
2014	286746.2	287627.7	1730443.5
2015	287690.6	290932.5	1724401.1

CH_t：実質家計消費支出（10 億円），YDH_t：実質家計可処分所得（純）（10 億円），
WH_t：実質家計金融資産残高（10 億円）
出所：実質家計消費支出・実質家計可処分所得：内閣府『国民経済計算年報』，
実質家計金融資産残高：日本銀行『資金循環統計』[17]

[17] ただし，名目値を実質化する際にデフレーターは実質家計消費支出のものを使っています．

データ 3.3　マネタリーベースと実質 GDP

年度	Q_t	Y_t	M_t	年度	Q_t	Y_t	M_t
1980	1	75102	182010	1985	3	91947	239982
1980	2	74101	190104	1985	4	99554	249927
1980	3	78483	190648	1986	1	89666	253750
1980	4	85454	195058	1986	2	88927	252075
1981	1	77137	191493	1986	3	94940	254959
1981	2	76482	185604	1986	4	101971	271830
1981	3	81293	189205	1987	1	92234	281282
1981	4	87414	197728	1987	2	91499	282832
1982	1	78890	196733	1987	3	98622	291671
1982	2	79149	199166	1987	4	107399	304160
1982	3	83337	203862	1988	1	99439	311788
1982	4	89861	213255	1988	2	97913	316574
1983	1	80309	212514	1988	3	105500	323361
1983	2	80093	210811	1988	4	113267	334675
1983	3	85058	214090	1989	1	106704	346798
1983	4	91116	223063	1989	2	102369	351037
1984	1	82131	221434	1989	3	109891	359262
1984	2	82570	219925	1989	4	119171	374784
1984	3	88176	225460	1990	1	110182	387551
1984	4	94196	235777	1990	2	109438	389123
1985	1	86720	238360	1990	3	117282	392159
1985	2	86492	235047	1990	4	124024	399972

Q_t：四半期，Y_t：実質 GDP（10 億円），M_t：マネタリーベース平均残高（億円）
出所：実質 GDP：内閣府『国民経済計算年報』，マネタリーベース平均残高：日本銀行

データ 3.4　総貸出残高と市街地価格指数の伸び率

t	X_t	Y_t	t	X_t	Y_t
1	-5.44	1.64	17	-6.40	-2.86
2	-4.59	0.48	18	-6.72	-4.08
3	-3.96	0.17	19	-6.95	-5.72
4	-3.67	0.24	20	-7.09	-4.65
5	-3.89	1.32	21	-7.95	-3.52
6	-4.44	1.07	22	-8.37	-3.25
7	-4.53	-0.45	23	-7.86	-2.69
8	-4.07	-0.07	24	-7.12	-2.96
9	-3.65	-0.04	25	-6.15	-0.77
10	-3.55	-0.88	26	-4.92	1.58
11	-3.87	-0.19	27	-3.43	1.90
12	-4.84	-1.71	28	-1.98	0.92
13	-5.49	-2.77	29	-0.93	0.69
14	-5.75	-1.44	30	-0.78	1.43
15	-6.20	-1.36	31	-2.02	1.76
16	-6.30	-1.76	32	-3.91	4.29

X_t：国内銀行総貸出残高の伸び率（%），Y_t：市街地価格指数（全国平均）の伸び率（%）

データ 3.5　消費者態度指数と実質家計消費支出の前年同期比

t	RDI_t	RCP_t	t	RDI_t	RCP_t
1	9.41	0.73	23	8.68	0.45
2	-2.06	2.32	24	4.73	0.99
3	-7.88	0.85	25	-7.84	1.20
4	-6.28	2.76	26	-8.68	1.64
5	0.68	3.40	27	-21.46	1.21
6	9.58	2.26	28	-21.62	0.73
7	8.31	1.61	29	-6.70	-0.29
8	-0.69	2.05	30	-2.50	0.92
9	-14.61	4.27	31	9.01	1.82
10	-8.96	-0.89	32	6.97	0.84
11	-6.14	0.25	33	-4.14	0.89
12	-16.51	-1.15	34	-5.38	-0.20
13	-2.37	-4.25	35	6.40	-0.86
14	-14.99	-0.33	36	11.05	0.65
15	-18.69	-0.82	37	23.05	2.17
16	-0.84	-0.56	38	25.20	2.71
17	4.85	0.62	39	20.30	2.56
18	8.82	1.14	40	18.88	0.13
19	15.80	0.63	41	9.37	0.92
20	12.92	0.44	42	2.60	2.00
21	8.23	1.31	43	-1.46	2.05
22	10.89	1.28	44	1.93	3.53

RDI_t：消費者態度指数の前年同期比（%），RCP_t：実質家計消費支出の前年同期比（%）

3.11 付　録

最小二乗推定量 $\hat{\beta}_0, \hat{\beta}_1, \cdots, \hat{\beta}_p$ の導出

重回帰では，

$$Q = \sum_{i=1}^{n} (Y_i - \beta_0 - \beta_1 X_{1i} - \cdots - \beta_p X_{pi})^2 \tag{3.6}$$

を最小にするような $(\beta_0, \beta_1, \cdots, \beta_p)$ を求めますから，Q を $(\beta_0, \beta_1, \cdots, \beta_p)$ に関して偏微分したとき，0 になることが必要です．したがって

$$\frac{\partial Q}{\partial \beta_0} = -2\sum_{i=1}^{n} (Y_i - \beta_0 - \beta_1 X_{1i} - \cdots - \beta_p X_{pi}) = 0,$$

$$\frac{\partial Q}{\partial \beta_j} = -2\sum_{i=1}^{n} (Y_i - \beta_0 - \beta_1 X_{1i} - \cdots - \beta_p X_{pi}) X_{ji} = 0, \quad j = 1, \cdots, p$$

これを整理すると

$$\sum_{i=1}^{n} Y_i = n\beta_0 + \beta_1 \sum_{i=1}^{n} X_{1i} + \cdots + \beta_p \sum_{i=1}^{n} X_{pi}, \tag{3.7}$$

$$\sum_{i=1}^{n} X_{ji} Y_i = \beta_0 \sum_{i=1}^{n} X_{ji} + \beta_1 \sum_{i=1}^{n} X_{1i} X_{ji} + \cdots + \beta_p \sum_{i=1}^{n} X_{pi} X_{ji}, \quad j = 1, \cdots, p \tag{3.8}$$

と $p+1$ 個の連立方程式になります．この式（3.7），（3.8）が重回帰モデルの正規方程式と呼ばれ，この正規方程式を $\beta_0, \beta_1, \cdots, \beta_p$ について解くことにより最小二乗推定量が得られます．

残 差 の 性 質

(1) $\hat{\beta}_0, \hat{\beta}_1, \cdots, \hat{\beta}_p$ は正規方程式（3.7）を満たすので

$$\sum_{i=1}^{n} e_i = \sum_{i=1}^{n} (Y_i - \hat{\beta}_0 - \hat{\beta}_1 X_{1i} - \cdots - \hat{\beta}_p X_{pi}) = 0 \tag{3.9}$$

となりますから，残差の和は 0 です．

(2) 式（3.9）より，残差の平均は $\bar{e} = \frac{1}{n}\sum_{i=1}^{n} e_i = 0$ となりますから，e と X_j の

標本相関係数の分子は

$$\sum_{i=1}^{n}(e_i-\bar{e})(X_{ji}-\overline{X_j})=\sum_{i=1}^{n}e_i(X_{ji}-\overline{X_j})=\sum_{i=1}^{n}e_iX_{ji}$$

となります．一方，$\hat{\beta}_0,\hat{\beta}_1,\cdots,\hat{\beta}_p$ は正規方程式（3.8）を満たすので

$$\sum_{i=1}^{n}e_iX_{ji}=\sum_{i=1}^{n}(Y_i-\hat{\beta}_0-\hat{\beta}_1X_{1i}-\cdots-\hat{\beta}_pX_{pi})X_{ji}=0 \qquad (3.10)$$

となりますから，e と X_j の標本相関係数は 0 となります．

(3) 式（3.9），(3.10）より，残差 e と理論値 $\hat{Y}$ の標本相関係数の分子は

$$\begin{aligned}\sum_{i=1}^{n}(e_i-\bar{e})(\hat{Y}_i-\overline{\hat{Y}})&=\sum_{i=1}^{n}e_i(\hat{Y}_i-\overline{\hat{Y}})=\sum_{i=1}^{n}e_i\hat{Y}_i\\&=\hat{\beta}_0\sum_{i=1}^{n}e_i+\hat{\beta}_1\sum_{i=1}^{n}e_iX_{1i}+\cdots+\hat{\beta}_p\sum_{i=1}^{n}e_iX_{pi}=0\end{aligned}$$

ですから，残差 e と $\hat{Y}$ の標本相関係数は 0 となります．

理論値の標本平均

理論値 $\hat{Y}_i$ の標本平均 $\overline{\hat{Y}}$ は，

$$\overline{\hat{Y}}=\frac{1}{n}\sum_{i=1}^{n}\hat{Y}_i=\hat{\beta}_0+\hat{\beta}_1\overline{X_1}+\cdots+\hat{\beta}_p\overline{X_p}=\overline{Y}$$

ですから，標本平均 $\overline{Y}$ に等しくなります．

偏相関

重回帰モデルにおける最小二乗推定量 $\hat{\beta}_j$（$j=0,1,\cdots,p$）は，式（3.6）の Q を最小にする β_j（$j=0,1,\cdots,p$）ですが，

$$X_{pi}=\tilde{X}_{pi}+v_i, \quad \tilde{X}_{pi}=\tilde{\gamma}_0+\tilde{\gamma}_1X_{1i}+\cdots+\tilde{\gamma}_{p-1}X_{p-1,i}$$

を代入すると

$$Q=\sum_{i=1}^{n}(Y_i-\alpha_0-\alpha_1X_{1i}-\cdots-\alpha_{p-1}X_{p-1,i}-\beta_pv_i)^2$$
$$\text{ただし} \quad \alpha_j=\beta_j+\beta_p\tilde{\gamma}_j, \quad j=0,1,\cdots,p-1$$

となります．u_i，v_i はそれぞれ Y，X_p を被説明変数として $X_1, \cdots, X_{p-1}$ に回帰したときの残差なので，(1) $\sum_{i=1}^{n} v_i Y_i = \sum_{i=1}^{n} v_i (\tilde{Y}_i + u_i) = \sum_{i=1}^{n} u_i v_i$ であること，(2) $\sum_{i=1}^{n} v_i = 0$，$\sum_{i=1}^{n} v_i X_{ji} = 0$ ($j = 1, \cdots, p-1$) であること，に注意すると Q は

$$Q = \sum_{i=1}^{n} (Y_i - \alpha_0 - \alpha_1 X_{1i} - \cdots - \alpha_{p-1} X_{p-1,i})^2 + \beta_p^2 \sum_{i=1}^{n} v_i^2 - 2\beta_p \sum_{i=1}^{n} u_i v_i$$

となるので，Q を最小にする α_j ($j = 0, 1, \cdots, p-1$) と β_p はそれぞれ，$\tilde{\alpha}_j$ ($j = 0, 1, \cdots, p-1$)（Y を $X_1, \cdots, X_{p-1}$ に回帰したときの最小二乗推定量）と

$$\hat{\beta}_p = \frac{\sum_{i=1}^{n} u_i v_i}{\sum_{i=1}^{n} v_i^2}$$

になります．

$$RSS_U = \sum_{i=1}^{n} (Y_i - \hat{\beta}_0 - \hat{\beta}_1 X_{1i} - \cdots - \hat{\beta}_p X_{pi})^2,$$

$$RSS_R = \sum_{i=1}^{n} (Y_i - \tilde{\alpha}_0 - \tilde{\alpha}_1 X_{1i} - \cdots - \tilde{\alpha}_{p-1} X_{p-1,i})^2 = \sum_{i=1}^{n} u_i^2$$

であることから，Q に最小二乗推定量を代入すれば

$$\begin{aligned} RSS_U &= RSS_R + \hat{\beta}_p^2 \sum_{i=1}^{n} v_i^2 - 2\hat{\beta}_p \sum_{i=1}^{n} u_i v_i \\ &= RSS_R - \frac{\left(\sum_{i=1}^{n} u_i v_i\right)^2}{\sum_{i=1}^{n} v_i^2} \\ &= RSS_R (1 - r_{uv}^2) \end{aligned}$$

を得ます．

参考図書

- 山本拓（1995）『計量経済学』（新経済学ライブラリ）新世社．
- 森棟公夫（2005）『基礎コース 計量経済学』新世社．

第 4 章

回帰の診断

この章では，回帰分析において仮定されていることが実際に満たされているかを確認し，仮定が満たされていない場合にはどうすればよいかについて説明を行います．

○ *KEY WORDS* ○

自由度修正済み決定係数，**AIC**，**BIC**，
多重共線性，**VIF**，残差，誤差項の分散不均一性，
誤差項の系列相関，頑健な推定

4.1 説明変数の選択

決定係数はモデルのあてはまりを評価するのに大変便利ですが，説明変数の個数 p を $n=p+1$ となるまで増やしていくと，決定係数 R^2 は 1 になります．つまり，無意味な説明変数であっても，とにかく多くそろえれば，決定係数を高くすることができます．このことを見るために $n=2$，$p=1$ の場合を考えましょう．図 4.1 は単回帰モデルで，2 つの点の散布図と，そこに直線をあてはめた図を描いたものです．

図のように 2 つの点は直線上にのっており，決定係数 R^2 の値は 1 です．しかし，この例のように決定係数が 1 であったとしても，それは回帰モデルによって被説明変数 Y を十分に説明していることにはなりません．3 つの点（$n=3$）に平面（$p=2$）をあてはめた場合も同じです．このような決定係数の短所が特に問題になるのは，重回帰モデルにおいて候補となる説明変数がたくさんあり，どの説明変数の組を選択するべきかという基準として用いる場合です．単純に決定係数を用いれば，すべての説明変数を考慮するのが最も良い選択であるということになります．しかし，図 4.1 で見たようにそれは必ずしも被説明変数をよく説明しているということにはなりません．

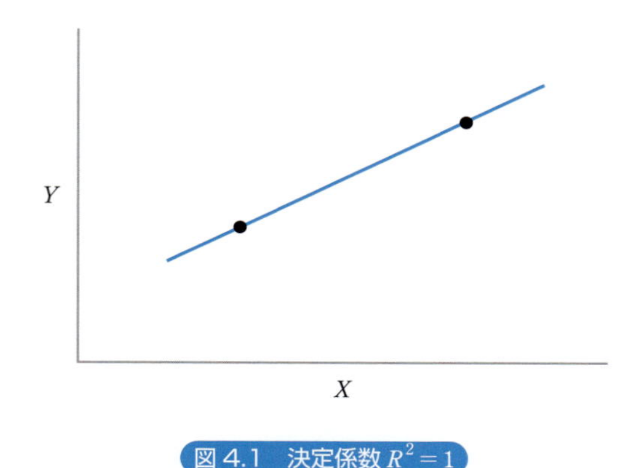

図 4.1　決定係数 $R^2=1$

この問題点を解決するために考えられたのが，自由度修正済み決定係数 $\overline{R}^2$ で，説明変数の増加に対してペナルティを課すように修正されたものです．決定係数では説明変数の個数を増加させると残差平方和 $RSS=\sum_{i=1}^{n} e_i^2$ が徐々に減少していくので，式 (3.3) から，決定係数 R^2 は 1 に近づいていきます．そこで自由度修正済み決定係数 $\overline{R}^2$ を次のように定義します．

定義 4.1　自由度修正済み決定係数 $\overline{R}^2$

$$\overline{R}^2 = 1 - \frac{RSS/(n-p-1)}{TSS/(n-1)} = 1 - \frac{s^2}{s_Y^2} \tag{4.1}$$

ただし，

$$s^2 = RSS/(n-p-1), \quad s_Y^2 = TSS/(n-1)$$

$n-p-1$ 及び $n-1$ はそれぞれ RSS，TSS の自由度で s^2 は誤差分散 σ^2 の不偏推定量，s_Y^2 は Y の分散の不偏推定量です．

すると，説明変数の個数 p が増えて RSS が減少しても必ずしも s^2 は減少しません．説明変数の増加に対して十分な説明力が得られなければ s^2 は減少しないのです．R^2 と $\overline{R}^2$ の間には以下のような関係があります．

$$\overline{R}^2 = 1 - (1-R^2)\frac{n-1}{n-p-1}$$

この式から $p+1 \to n$ のとき，$R^2 \to 1$ となっても $\overline{R}^2 \to -\infty$ となることがわかります．このように $\overline{R}^2$ は負の値をとることもあるので数値自体に意味はなく，相対的な値の大きさだけに意味があります．このように自由度修正済み決定係数 $\overline{R}^2$ が最も大きい説明変数の組み合わせをもつモデルが，説明変数の個数に見合ったあてはまりをもつという意味で，最もよいモデルであるということになります[1]．

モデルのあてはまりのよさに対して，パラメータが増加することに対するペナルティを考慮するモデル選択の基準には，以下の AIC（Akaike Information

[1] ただし，本来モデルに含めるべき説明変数まで誤って削除してしまうと，他の説明変数の回帰係数の推定量の不偏性・一致性が失われる可能性が出てきますので，注意しましょう．一方，不要な説明変数を加えても他の説明変数の回帰係数の推定量の不偏性・一致性は失われませんが，推定量の精度が悪くなる可能性があります．

Criterion，赤池情報量基準），BIC（Bayesian Information Criterion，ベイズ情報量基準）があります．

定義 4.2　AIC（赤池情報量基準），BIC（ベイズ情報量基準）

$$\mathrm{AIC} = -2 \times (\text{最大対数尤度}) + 2 \times (\text{自由パラメータ数}),$$
$$\mathrm{BIC} = -2 \times (\text{最大対数尤度}) + \log(n) \times (\text{自由パラメータ数})$$

と定義されます（n は観測値の個数）[a]．

[a] 書籍やソフトウェアによって定義が多少異なる場合もありますが，いずれの場合にも AIC や BIC はその相対的な大小関係を用います．

最大対数尤度（ゆうど）の説明は第 6 章に譲りますが，モデルのデータへのあてはまりを表し，AIC も BIC もその値が小さい値をとるモデルが最もよいモデルとして選択されます．このことを図 4.2 で見ましょう．

図 4.2 は，重回帰モデルで $n = 100$，$p = 4$，$(\beta_0, \beta_1, \beta_2, \beta_3, \beta_4) = (1, 1, 1, 1, 1)$

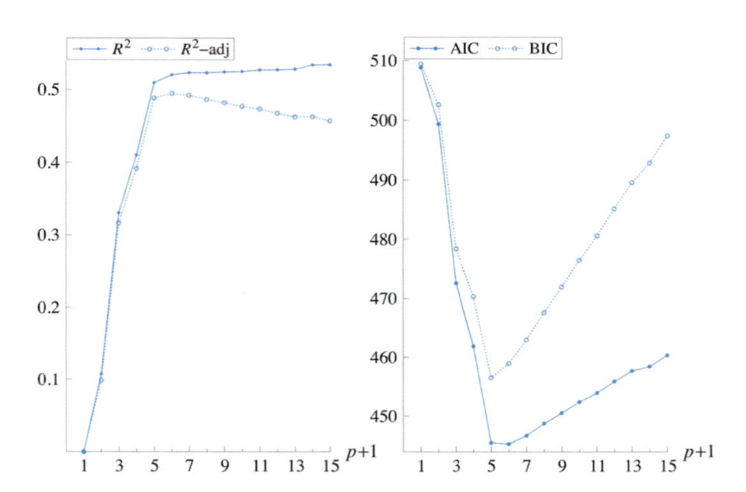

左側：決定係数（R^2，実線）と自由度修正済み決定係数（R^2-adj，点線）
右側：AIC（実線）と BIC（点線）

図 4.2　決定係数，自由度修正済み決定係数，AIC，BIC

として $Y_i = 1 + X_{1i} + X_{2i} + X_{3i} + X_{4i} + \epsilon_i, \epsilon_i \sim i.i.d.\ N(0,4)$，$i = 1, 2, \cdots, 100$ を人工的に発生したデータに対して，決定係数，自由度修正済み決定係数，AIC，BIC を計算したものです．まず説明変数として定数項のみのモデル（$p = 0$）から始めて，次に X_1，X_2，X_3，X_4 を順に追加したモデル（$p = 1, 2, 3, 4$）を考え，その後，被説明変数 Y_i とは無関係な乱数で作られた $X_5, \cdots, X_{14}$（$p = 5, \cdots, 14$）を追加したモデルを考えて計算しています[2]．

決定係数 R^2 は真の説明変数が追加されている間（$p + 1 = 5$ まで）に急激に増加した後も，不要な説明変数が追加されると徐々に増加しています．一方，自由度修正済み決定係数 $\overline{R}^2$ は，不要な説明変数がモデルに組み込まれ始めると徐々に減少しています．これはモデルの説明力は説明変数が増えるほどには十分増えないことを意味し，その値が $p + 1 = 5$〜6 のあたりでピークを迎えていることから，説明変数は 4〜5 個で十分であるといえます．AIC や BIC についても同様で，最初は急激に減少しますが，$p + 1 = 5$〜6 のあたりで底を打ち上昇に転じており，説明変数は 4〜5 個で十分であることを示しています．

POINT 4.1　説明変数の選択

- 決定係数 R^2 はモデルのあてはまりのよさを示すが，説明変数が増えると同時に大きくなるという性質があります．
- 説明変数の増加に対して十分なモデルのあてはまりがあるかを，自由度修正済み決定係数 $\overline{R}^2$ や AIC・BIC 等でチェックします．

4.2　多重共線性

重回帰分析では，説明変数の候補がたくさんある場合に，似たような説明変数を一緒に入れてしまうことがあります．そのように，説明変数がだぶついて入れられた場合には被説明変数を説明する変数としては区別できなくなり，推定精度が悪くなる，という問題を引き起こします．例えば

[2] 現実の応用においては，真の説明変数の組み合わせは未知ですから，試行錯誤的にモデルに取り込む説明変数を選択して，$\overline{R}^2$ が最大になる，または AIC・BIC が最小になる組み合わせを探します．

$$Y_i = \beta_0 + \beta_1 X_{1i} + \beta_2 X_{2i} + \beta_3 X_{3i} + \epsilon_i, \quad i = 1, 2, \cdots, n \tag{4.2}$$

という重回帰モデルにおいて，説明変数 X_1 と X_2 がまったく同じである，$X_{2i} = X_{1i}$，$i = 1, 2, \cdots, n$ としましょう．すると重回帰モデルの式（4.2）は

$$Y_i = \beta_0 + (\beta_1 + \beta_2) X_{1i} + \beta_3 X_{3i} + \epsilon_i, \quad i = 1, 2, \cdots, n$$

となるため，β_1 と β_2 を別々に推定することはできなくなります．推定することができるのは $\beta_1 + \beta_2$ だけで，その場合には説明変数 X_2 も重回帰モデルの式から削除する必要があります．同様なことは説明変数 X_3 が，他の説明変数 X_1，X_2 の線形結合で表現できる場合にも起こります．例えば $X_{3i} = 2X_{1i} + 3X_{2i}$，$i = 1, 2, \cdots, n$ とすると，重回帰モデルの式（4.2）は

$$Y_i = \beta_0 + (\beta_1 + 2\beta_3) X_{1i} + (\beta_2 + 3\beta_3) X_{2i} + \epsilon_i, \quad i = 1, 2, \cdots, n$$

となり，推定することができるのは $\beta_1 + 2\beta_3$ と $\beta_2 + 3\beta_3$ だけで，その場合には説明変数 X_3 も重回帰モデルの式（4.2）から削除する必要があります．このように，ある説明変数が他の説明変数の線形結合で表現できるという線形関係が説明変数間にあるとき，完全な共線性（perfect collinearity）が存在するといいます．完全な共線性が存在する場合には，その説明変数を重回帰モデルから削除しなければ，回帰係数を推定することはできません．

現実のデータにおいては，このように完全な共線性が存在することはほとんどありません．しかし，しばしば見られる現象として，ある説明変数が他の説明変数の線形結合でほぼ説明できてしまうことがあります．例えば重回帰モデルの式（4.2）における説明変数 X_3 について，

$$X_{3i} = \alpha_0 + \alpha_1 X_{1i} + \alpha_2 X_{2i} + u_i, \quad i = 1, 2, \cdots, n \tag{4.3}$$

を考えたとき，式（4.3）の決定係数 R^2 が 1 に非常に近いということがあるのです．このように，ある説明変数が他の説明変数の線形結合によってほとんど説明できてしまうとき，いいかえればある説明変数と他の説明変数の線形結合との相関が非常に強いとき，説明変数間に多重共線性（multicollinearity）が存在するといいます．

説明変数間に多重共線性が存在しても重回帰モデルの式（4.2）を推定する

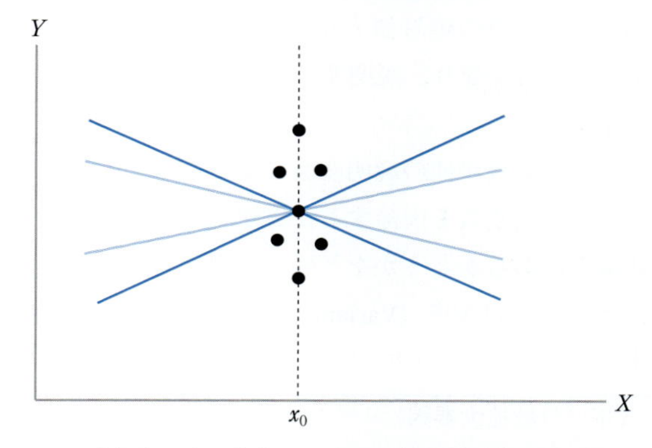

$X = x_0$ のまわりに点が集中していて X と定数項を区別できない．

図 4.3　多重共線性の極端な例

ことはできますが，似通った説明変数が存在するために回帰係数の推定精度が悪くなります．極端な例ですが，次のような散布図（図 4.3）において単回帰モデルを考えてみましょう．

図 4.3 では，観測された点が $X = x_0$ に集中しています．このことはつまり，説明変数である X が定数項とほとんど区別できないということを意味しています．この散布図に直線をあてはめようとすると，傾きに関する情報が X から得られないので，少し散布図の点の位置がずれるだけで推定される直線は図のように不安定に動くことになります．逆にいえば，説明変数 X の意味は定数項とほとんど変わりはなく，単回帰モデルから説明変数 X を削除しなければ得られる結果の精度は悪くなってしまうことになります．実際，第 2 章で見たように傾きの推定量 $\hat{\beta}_1$ の分散は

$$Var(\hat{\beta}_1) = \frac{\sigma^2}{\sum_{i=1}^{n}(X_i - \overline{X})^2}$$

でしたから，もしすべての i で $X_i = c$ ならば $X_i = \overline{X} = c$ となり，$Var(\hat{\beta}_1) = \infty$ となってしまいます．このように多重共線性が存在する場合には，回帰係数の

推定精度が悪くなる，つまり推定量の分散が大きくなります．推定量の分散が大きくなるときには，t 値の絶対値も小さくなるので，$H_0: \beta_j = 0$ vs $H_1: \beta_j \neq 0$ のための p 値も大きくなり，説明変数の回帰係数が有意ではないという結論になりやすくなります．

したがってある説明変数が他の説明変数によってほとんど説明することができる場合には，その説明変数を削除することが望ましいといえます．

では，多重共線性があるかどうかをどのように判断すればよいかについて説明しましょう．次のようにVIF（Variance Inflation Factor，分散拡大要因）を用いて考えます．

定義 4.3 VIF（分散拡大要因）

$$VIF_j = \frac{1}{1-R_j^2}, \quad j = 1, 2, \cdots, p \tag{4.4}$$

ただし，R_j^2 は p 個の説明変数について

$$X_{ji} = \alpha_0 + \alpha_1 X_{1i} + \cdots + \alpha_{j-1} X_{j-1,i} + \alpha_{j+1} X_{j+1,i} + \cdots + \alpha_p X_{pi} + u_i$$

という重回帰モデルを考えたときの決定係数とします．

決定係数 R_j^2 が高いときに VIF_j が大きくなるので，例えば $VIF_j \geq 10$（$R_j^2 \geq 0.90$）のときに多重共線性があると考えます．

POINT 4.2 多重共線性と VIF

- ある説明変数と他の説明変数の線形結合との相関が非常に強いとき，説明変数間に多重共線性が存在するといいます．
- $VIF \geq 10$ のときには多重共線性の恐れがあります．多重共線性が存在する場合には，回帰係数の推定精度が悪くなりますので，特に VIF の高い説明変数は削除することを検討します．

4.3 残差の分析

次に重回帰モデルにおいて誤差項に仮定されている性質が満たされているかどうかを診断します．特に問題となりやすいのは次の2点です．

POINT 4.3　分散不均一性と系列相関

誤差項 ϵ_i に関する仮定

(1) 分散が一定

(2) ϵ_i と ϵ_j は互いに無相関

において，(1)が満たされていないときには，誤差項に**分散不均一性**（heteroscedasticity）があるといい，時系列データで(2)が満たされていないときには，誤差項に**系列相関**（serial correlation）があるといいます．

分散不均一性や系列相関があるときには，重回帰モデルの最小二乗法によるあてはまりが過大評価されたり，得られる仮説検定の結果が正しくなくなったりしてしまうので，推定方法を修正する必要があります．

残差のプロット

この問題を調べる方法のひとつに残差のプロットがあります．最も基本的な残差のプロットは残差と理論値（$e_i, \hat{Y}_i$）の散布図を描くことです．残差のばらつき具合を見やすくするために，残差 e_i をその標準誤差 s_{e_i} で割った e_i/s_{e_i} を用いて，その絶対値が2を超えるような場合にはその観測値に何か異常がないか調べるとよいでしょう．基準化されている残差 e_i/s_{e_i} は，仮定に異常がなければ大雑把にいって95% 程度は±2の中に入っていると考えられます．ですから±2の外に多くの残差があるということは，何か仮定に異常があるか，あるいは異常値があることを示唆していると考えられます．残差 e_i/s_{e_i} を利用することが難しい場合には，誤差項の分散の推定量 s^2 を用いて簡便に e_i/s を用いてもよいでしょう．

図4.4は，縦軸に基準化された残差 e/s_e，横軸に理論値 $\hat{Y}$ をとって描いた

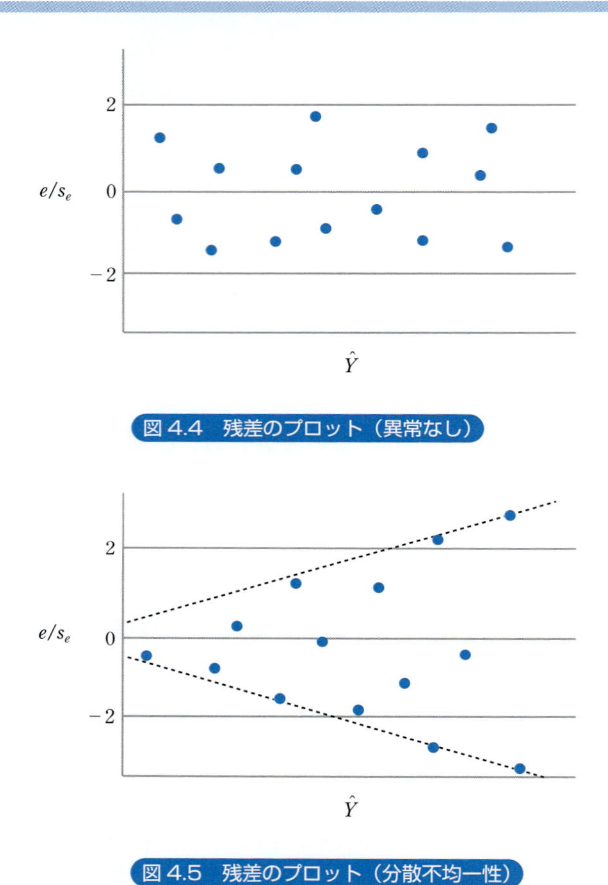

図 4.4　残差のプロット（異常なし）

図 4.5　残差のプロット（分散不均一性）

残差のプロットです．ここでは特に目立った傾向はなく，また基準化された残差も±2の間に入っています．したがって図 4.4 からは何も異常は見られません．

一方，図 4.5 では，$\hat{Y}$の値が大きくなるにつれ，残差のばらつきが大きくなる（横向きのV字型の）傾向があるので，分散不均一性が疑われます．経済時系列データの場合には，年を経るにしたがって時系列データの数値が大きくなることが多いので，それに伴って分散も大きくなるという現象がしばしば

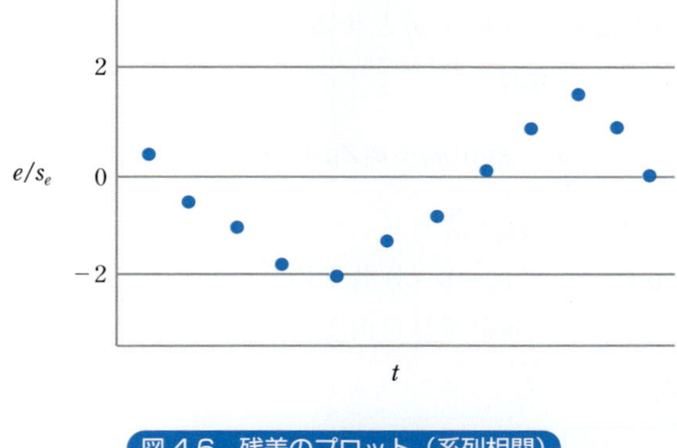

図 4.6 残差のプロット（系列相関）

見られます．

図 4.6 は，時系列データに重回帰モデルをあてはめた場合について横軸に時間をとったものですが，隣り合う残差の相関が高く見えるので系列相関の存在が疑われます．時系列データを用いる重回帰分析においては，本来説明変数として加えるべき変数が加えられていない場合，誤差項の中に押し込められることになります．時系列データである説明変数は通常，過去の自分自身の値と正の相関をもつことが多いですから，残差もこのことを反映して正の相関をもったプロットになりやすくなります．

誤差項の分散不均一性の仮説検定と対処方法

分散不均一性を調べるために残差のプロットを用いる以外に，仮説検定する方法もあります．以下は分散不均一性の LM（ラグランジュ乗数）検定あるいは Breusch-Pagan（ブルーシュ=ペイガン）検定と呼ばれています．

POINT 4.4 分散不均一性の Breusch-Pagan（ブルーシュ=ペイガン）検定

第 i 番目の誤差項 ϵ_i の分散を σ_i^2 とするとき，既知の変数 $Z_1, \cdots, Z_q$ を用いて

$$\sigma_i^2 = \exp(\alpha_0 + \alpha_1 Z_{1i} + \cdots + \alpha_q Z_{qi}) \tag{4.5}$$

と仮定し[a]，帰無仮説 H_0：$\alpha_1 = \cdots = \alpha_q = 0$（分散均一性）vs 対立仮説 H_1：ある $j>0$ について $\alpha_j \neq 0$（分散不均一性）を検定します．帰無仮説 H_0 が正しいとき，検定統計量は自由度 q のカイ二乗分布にしたがいます．

[a] $\sigma_i^2 = \alpha_0 + \alpha_1 Z_{1i} + \cdots + \alpha_q Z_{qi}$ とすることもあります．

実際に仮説検定を行うためには Z_{ji} を選ぶ必要がありますが，Stata ではデフォルトで $q=1$ とし，$Z_{1i} = \hat{Y}_i$ を使います．

では，もし誤差項に分散不均一性が存在する場合にはどうすればよいでしょうか．誤差項に分散不均一性がある場合には，例えば回帰係数 β_j に関する仮説検定 H_0：$\beta_j = 0$ vs H_1：$\beta_j \neq 0$ の p 値を正しく計算できなくなることが知られていますので，これを修正する対応が必要となります．この問題に対処するには

1. 被説明変数 Y_i の対数変換をとり，$\log(Y_i)$ を被説明変数とした回帰分析を行う（対数変換は，Y_i の平均と分散が同時に高くなるときには，分散を一定化する効果があります）．
2. 分散不均一性に影響されない頑健な推定・検定の方法を用いる[3]．

ことが考えられます．

誤差項の系列相関の仮説検定と対処方法

誤差項の系列相関の仮説検定についても考えましょう．よく知られている仮説検定にダービン=ワトソン検定（Durbin-Watson test）があります．経済時系列のデータ分析においては，誤差項 ϵ_t が一期前の誤差項と相関をもつことが

[3] Huber-White による方法を分析例の 4.4 節で紹介します．

多いので，

POINT 4.5　ダービン=ワトソン検定の系列相関のモデル

$$Y_t = \beta_0 + \beta_1 X_{1t} + \cdots + \beta_p X_{pt} + \epsilon_t, \quad t = 1, \cdots, n, \tag{4.6}$$

$$\epsilon_t = \rho\epsilon_{t-1} + u_t \tag{4.7}$$

ただし $u_t \sim i.i.d.\ N(0, \sigma_u^2)$，$|\rho| < 1$ とし，説明変数の中にはラグ付き従属変数 Y_{t-j} がないとします[a]．

[a] 後述するように，もしラグ付き従属変数がある場合にはダービンの h 検定やダービンの代替検定（Durbin's alternative test）を行います．

と考えます．誤差項 ϵ_t の式（4.7）の中で $|\rho| \geq 1$ とすれば過去の誤差項が大きな影響をいつまでも及ぼすことになりますので，$|\rho| < 1$ と仮定します．この式（4.7）のように 1 期前の誤差項 ϵ_{t-1} に当期の誤差項が説明されるとき，1 階の系列相関があるといいます．同様に p 期前の誤差項 ϵ_{t-p} が式（4.7）の右辺に含まれるとき，p 階の系列相関があるといいます．

経済時系列では通常正の系列相関（$\rho > 0$）が予想されることから

帰無仮説 H_0：$\rho = 0$（系列相関がない）

vs

対立仮説 H_1：$\rho > 0$（正の系列相関がある）

という仮説検定を行うことになります．もちろん H_1：$\rho < 0$ や H_1：$\rho \neq 0$ についても同様な仮説検定を行うことができますが，ここでは省略します．仮説検定のための統計量 DW は，式（4.6）に最小二乗法を適用して得られる残差 e_t を用いて

$$DW = \frac{\sum_{t=2}^{n} (e_t - e_{t-1})^2}{\sum_{t=1}^{n} e_t^2}$$

で与えられます．ρ の推定量を

$$\hat{\rho} = \frac{\sum_{t=2}^{n} e_t e_{t-1}}{\sum_{t=1}^{n} e_t^2}$$

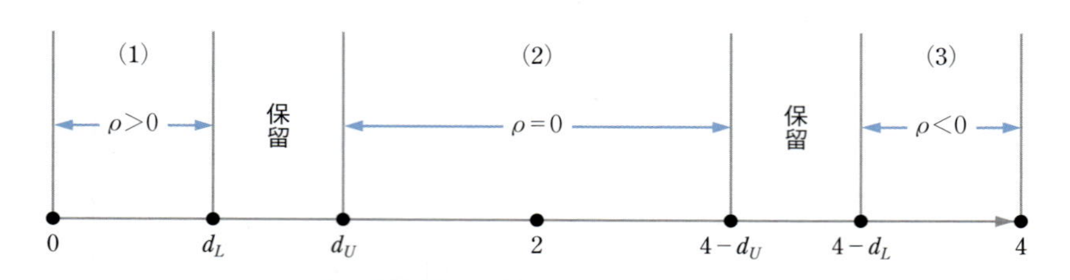

図 4.7　系列相関のダービン=ワトソン検定

とすれば

$$DW \approx 2(1-\hat{\rho})$$

であることから

(1) DW が 0 に近いとき正の系列相関がある　($\rho>0$)
(2) DW が 2 に近いとき系列相関はない　　　($\rho=0$)
(3) DW が 4 に近いとき負の系列相関がある　($\rho<0$)

と考えます（図 4.7）．具体的には，定数項以外の説明変数の個数 p と観測値の個数 n から，有意水準 $\alpha=0.05$ としたときの臨界値 d_L，d_U が付表Ⅴのダービン=ワトソン検定の 5% 境界区間のように与えられて以下のように考えます．

POINT 4.6　ダービン=ワトソン検定

$H_0 : \rho=0$ vs $H_1 : \rho>0$ のダービン=ワトソン検定は以下の手順で行います．

(1) $DW<d_L$ ならば有意水準 α で帰無仮説 H_0 を棄却し，「正の系列相関が存在する強い証拠がある」とします．

(2) $d_L \leq DW \leq d_U$ ならば「正の系列相関があるともないともいえない」とします．

(3) $DW>d_U$ ならば有意水準 α で帰無仮説 H_0 を受容し，「正の系列相関が存在する強い証拠がない」とします．

例 4.1　n（標本のサイズ）$=20$，p（定数項を除く説明変数の個数）$=3$ のときに $DW=0.54$ であったとしましょう．もし有意水準を $\alpha=0.05$ ととると，付表Vのダービン=ワトソン検定の 5% 境界区間より，$d_L=1.00$，$d_U=1.68$ ですので，$DW=0.54<1.00$ となります．したがって有意水準 5% で帰無仮説 $H_0: \rho=0$ を棄却し，対立仮説 $H_1: \rho>0$ を採択します．

厳密にはダービン=ワトソン検定のための分布表を参照するべきですが，大雑把にいって $0<DW<1$ なら「正の系列相関がある」と考えてもよいでしょう．ところで，ダービン=ワトソン検定では，説明変数にラグ付き従属変数がないことを仮定していました．もしラグ付き従属変数が説明変数になっているときには，ダービン=ワトソン検定ではなく，ダービンの h（Durbin's h）検定またはダービンの代替（Durbin's alternative）検定を行います．詳細は省略しますが，いずれも検定統計量が帰無仮説 $H_0: \rho=0$ を対立仮説 $H_1: \rho\neq 0$ に対して仮説検定を行います．

では，誤差項に系列相関を支持するという強い証拠があった場合にはどうすればよいでしょうか．誤差項に系列相関がある場合には，例えば回帰係数 β_j に関する仮説検定 $H_0: \beta_j=0$ vs $H_1: \beta_j\neq 0$ の p 値を過小評価したり，決定係数を過大評価したりしてしまう見せかけの回帰（spurious regression）[4] という問題が生じます．この問題に対処するには，

1. 系列相関に影響されない頑健な推定・検定の方法を用いる[5]．
2. 1 階の系列相関があるときには被説明変数及び説明変数に Prais-Winsten 変換を行い，誤差項に系列相関がない形にして推定を行う．
3. 本来含めるべき説明変数を見落としていないか，再度調べる．

ことが考えられます．1 階の系列相関があるときの Prais-Winsten 変換とは

$$Y_t-\rho Y_{t-1}=\beta_0(1-\rho)+\beta_1(X_{1t}-\rho X_{1,t-1})+\cdots+\beta_p(X_{pt}-\rho X_{p,t-1})+u_t,$$
$$t=2,\cdots,n,$$
$$\sqrt{1-\rho^2}Y_1=\sqrt{1-\rho^2}\beta_0+\beta_1(\sqrt{1-\rho^2}X_{11})+\cdots+\beta_p(\sqrt{1-\rho^2}X_{p1})+u_1$$

という変換で，これにより誤差項の系列相関が消えるので，この変換を利用して推定を行います．

4　9.1 節を参照してください．
5　Newey-West（ニューイ=ウェスト）による方法を分析例の 4.4 節で紹介します．

4.4 分析例

例 4.2 データ 3.2 の 2001 年度から 2015 年度の期間を用いて消費関数

$$CH_t = \beta_0 + \beta_1 YDH_t + \beta_2 WH_t + \epsilon_t, \quad t = 1, \cdots, 15$$

（ただし CH_t：実質家計消費支出，YDH_t：実質家計可処分所得，WH_t：実質家計金融資産残高）をあてはめ，

1. AIC，BIC を計算しなさい．
2. 多重共線性があるか調べなさい．
3. 残差のプロットを描きなさい．
4. 誤差項の分散不均一性の仮説検定を行いなさい．
5. 誤差項の系列相関の仮説検定を行いなさい．

表 4.1 データファイル（ch2001.csv）

```
YEAR,CH,YDH,WH
2001,263463.3,276965,1321154.3
2002,266803.9,279402.7,1329487.9
2003,268854.1,280660.7,1384162.6
(以下省略)
```

データは表 4.1 のようなファイルとして用意します．ch.csv（表 3.5）の 2001 年度～2015 年度までのデータを改めて ch2001.csv としています[6]．

AIC・BIC

Stata 3.1（回帰分析）のように**統計(S)▶線形モデル他▶線形回帰**を選んで消費関数をあてはめたとしましょう．続けて以下のように行います．

6 なお第 4 章以降の例題では，データファイルの Stata への読み込み作業の説明は省略していますので，方法がわからない場合は第 1 章の例題や 1.8 節を参照してください．

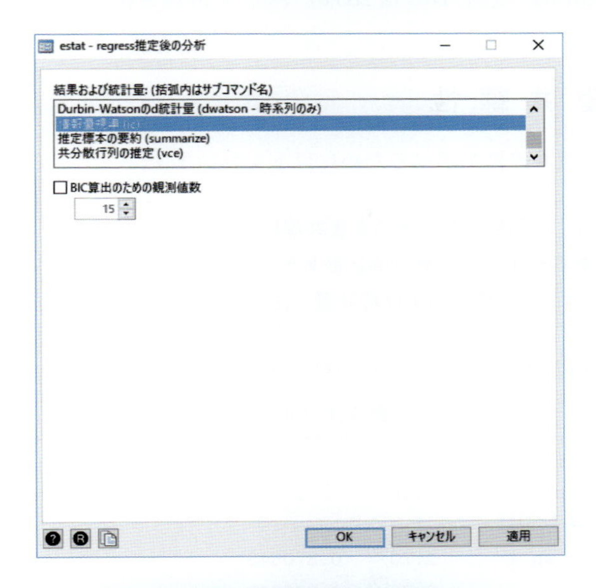

図 4.8　回帰分析の後に AIC，BIC を求める

Stata 4.1　回帰分析の後に AIC，BIC を求める

統計(S)▶線形モデル他▶回帰診断▶モデル選択のための検定など

出てきた画面で**結果および統計量**で**情報量基準（ic）**を選びます（図 4.8）.

すると表 4.2 のように出力されます.

表 4.2　回帰分析の後に AIC，BIC を求める

```
. estat ic
Akaike's information criterion and Bayesian information criterion
-----------------------------------------------------------------------
  Model |     Obs   ll(null)  ll(model)      df        AIC        BIC
--------+--------------------------------------------------------------
      . |      15 -156.5033  -137.7718       3   281.5436①283.6677②
-----------------------------------------------------------------------
        Note: N=Obs used in calculating BIC
```

AIC は 281.54（①），BIC は 283.67（②）と計算されています[7].

多 重 共 線 性

続けて多重共線性を調べるために以下を行います.

Stata 4.2 回帰分析の後に多重共線性を調べる

統計(S)▶線形モデル他▶回帰診断▶モデル選択のための検定など

出てきた画面で，**結果および統計量**で**独立変数の VIF（vif）**を選びます.

すると表 4.3 のような結果が得られます.

表 4.3　VIF の計算結果

```
. estat vif
    Variable |       VIF       1/VIF
-------------+----------------------
          wh |      2.70①   0.370548
         ydh |      2.70②   0.370548
-------------+----------------------
    Mean VIF |      2.70
```

$VIF_1 = 2.70$（①），$VIF_2 = 2.70$（②）（<10）ですから，多重共線性の恐れはないといえます．多重共線性がある場合には，まず VIF の値が大きい説明変数を一つ除き，残った説明変数の多重共線性を調べましょう．

残差のプロット

次に誤差項の標準誤差 s_e を用いた e/s_e を描いてみましょう．回帰分析の後に，次のような手順で理論値 $\hat{Y}$，標準化残差 e/s_e を計算して **yhat**，**sres** という名前で保存します．

[7] Stata のコマンドでは，**estat ic** を入力すれば同じ結果を得ることができます．

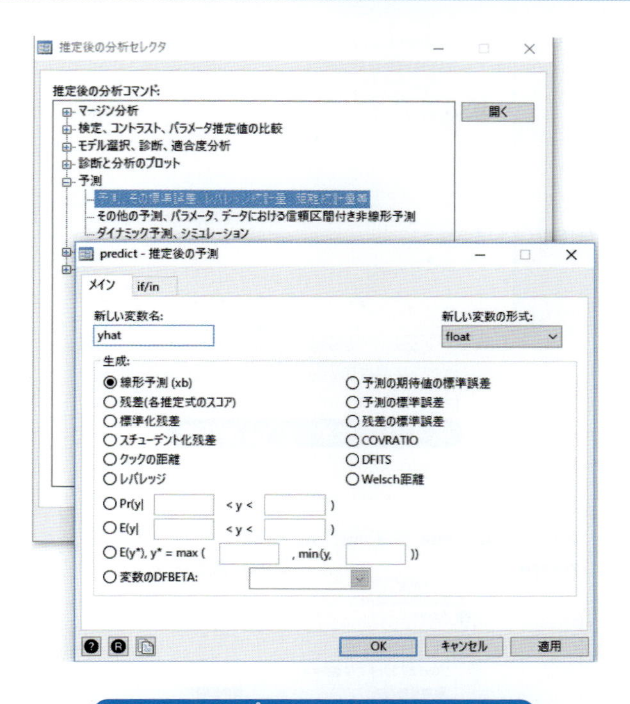

図 4.9　理論値 $\hat{Y}$，標準化残差 e/s_e を保存する

Stata 4.3　回帰分析の後に理論値 $\hat{Y}$，標準化残差 e/s_e を保存する

統計(S)▶推定後の分析（図 4.9）

(1) **予測の予測、その標準誤差、レバレッジ統計量、距離統計量等**を選び，**開く**を押します．

(2) **新しい変数名**に **yhat** と入力し，**生成**で**線形予測（xb）**を選択する．一旦**適用**を押します．

(3) 続けて**新しい変数名**に **sres** を入力し，**生成**で**標準化残差**を選択し，**OK** を押します．

これらを用いて標準化残差 vs 理論値のプロットを描きます．Stata 1.3（散布図）にしたがって，y 変数に **sres** を，x 変数に **yhat** を入れると図 4.10 が得られます．

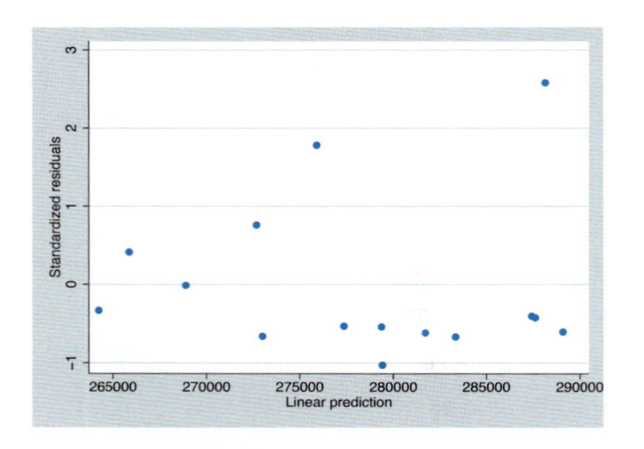

図 4.10　残差 e/s_e vs 理論値

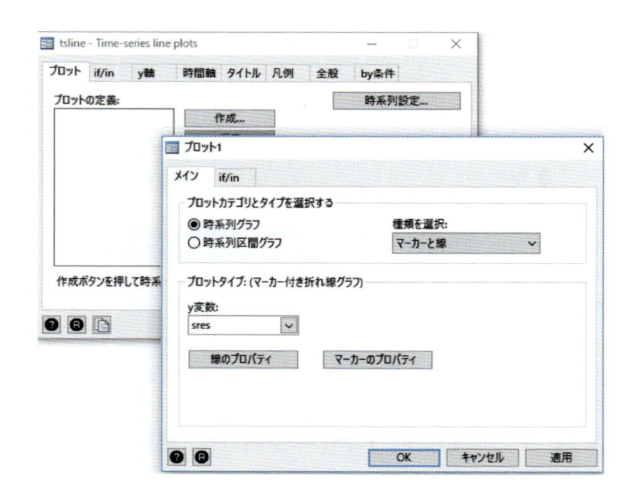

図 4.11　残差の時系列プロットを描く

ほとんどの残差は y 軸の ± 2 の中に入っていて，また分散不均一性の傾向も見られません．ところが y 軸の $+2$ の直線を少し超える観測値が右上に1つあり，異常値である可能性もあります．続けて残差の時系列プロットも描いてみましょう．

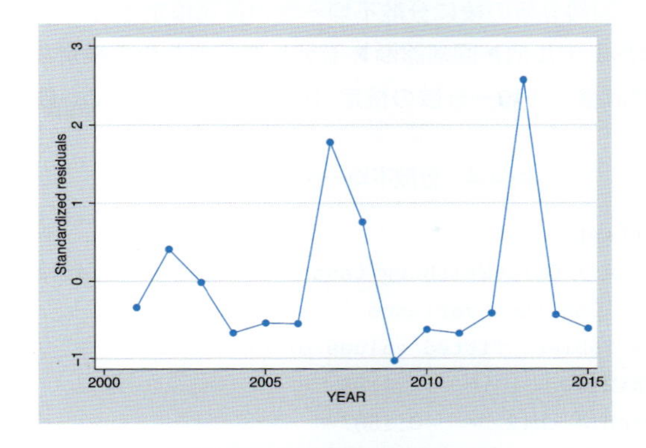

図 4.12　残差の時系列プロット

Stata 4.4　標準化残差 e/s_e の時系列プロットを描く

グラフィックス(G) ▶ 時系列グラフ ▶ 折れ線グラフ

(1) 作成... を押します.

(2) メインタブで時系列グラフを選択, 種類を選択でマーカーと線, y 変数に `sres` を選択し, OK を押します (図 4.11).

図 4.12 の残差の時系列プロットを見ると, 大きな残差は 2013 年度の観測値であることがわかります. また, 各時点における残差が過去の残差に引きずられて近い値をとっているようにも見えますので, 誤差項に系列相関があるかどうか, 仮説検定をしてみる必要があります.

誤差項の分散不均一性の仮説検定

引き続き分散不均一性の仮説検定を行います. 式 (4.5) を用いますが, Z に指定のない場合に理論値 $\hat{Y}_i$ を Z として $(q=1)$[8], 仮説検定を行います.

8　もし Z に指定したい説明変数が $Z1$, $Z2$, $Z3$ とある場合には以下の変数を使用するを ✓ (チェック) し, `z1 z2 z3` などと入力します (コマンドウィンドウに入力する場合には `estat hettest z1 z2 z3`).

Stata 4.5 回帰分析の後に分散不均一性の仮説検定を行う

統計(S)▶線形モデル他▶回帰診断▶モデル選択のための検定など

結果および統計量に不均一分散の検定 (hettest) を選んで，OK を押します．

表 4.4　分散不均一性の仮説検定の結果

```
. estat hettest
Breusch-Pagan / Cook-Weisberg test for heteroskedasticity
         Ho: Constant variance
         Variables: fitted values of ch
         chi2(1)      =      1.99①
         Prob > chi2  =    0.1587②
```

検定結果の表 4.4 において，①，②が分散不均一性を検定するためのカイ二乗値と p 値です．p 値$=0.1587>0.05$ ですから，帰無仮説 H_0：$\alpha_1=0$（分散均一性）(H_1：$\alpha_1\neq 0$) を有意水準 5% で棄却することはできません．誤差項の分散不均一性を支持する強い証拠はないということになります．

ここでは誤差項の分散不均一性を支持する強い証拠はないということですが，以下に分散不均一性に影響されない推定・検定の方法として Huber-White による回帰を紹介します．

Stata 4.6 Huber-White によるロバスト回帰

統計(S)▶線形モデル他▶線形回帰

SE/ロバストタブで標準誤差の種類にロバストを選びます．

誤差項の系列相関の仮説検定

最後に，誤差項の系列相関の仮説検定をしましょう．以下では，ダービン=ワトソン検定ではなく，ダービンの代替検定を用いて検定を行うことにします[9]．

[9] ダービン=ワトソン統計量については，結果および統計量で Durbin-Watson の d 統計量 (dwatson-時系列のみ) を選べば得ることができます．

Stata 4.7 回帰分析の後に系列相関の仮説検定を行う

統計(S)▶線形モデル他▶回帰診断▶モデル選択のための検定など

結果および統計量でダービンの代替検定（durbinalt-時系列のみ）を選びます．

ここでは，標本のサイズが15と小さいのでp値の計算のF分布またはt分布を用いてp値を計算するを選択します．

表 4.5　系列相関の仮説検定の結果

```
. estat durbinalt, small
Durbin's alternative test for autocorrelation
---------------------------------------------------------------------------
 lags(p)  |       F            df        Prob > F
----------+----------------------------------------------------------------
    1     |   0.006①        (1, 11)     0.9403②
---------------------------------------------------------------------------
                    H0: no serial correlation
```

検定結果の表 4.5 において，①と②はダービンの代替検定の統計値と p 値です（帰無仮説は $H_0 : \rho = 0$ で，対立仮説は $H_1 : \rho \neq 0$）．p 値 $= 0.9403 > 0.05$ であることにより，帰無仮説 $H_0 : \rho = 0$（系列相関はない）を有意水準 5% で棄却できない．誤差項に系列相関を支持するという強い証拠はないということになります[10]．

ここでは，誤差項に系列相関を支持するという強い証拠はないということですが，もし系列相関があった場合にはどうすればよいでしょうか．以下ではまず Newey-West（ニューイ=ウェスト）による分散の推定値を用いた推定方法を説明します．これは Huber-White による方法を拡張した方法で，分散不均一性と系列相関の両方を考慮することができます．

Stata 4.8 分散不均一性・系列相関に頑健な推定

統計(S)▶時系列▶ニューイ=ウェスト標準誤差を用いた回帰

モデルタブで従属変数に **ch**，独立変数に **ydh wdh** を入力します．系列相関が

[10] 2次の系列相関の有無も同様で，検定するラグ次数をリストで指定するを✓（チェック）し，**2** を指定することで検定することができます（コマンドウィンドウを使う場合には **estat durbinalt, lags(2) small** とします）．

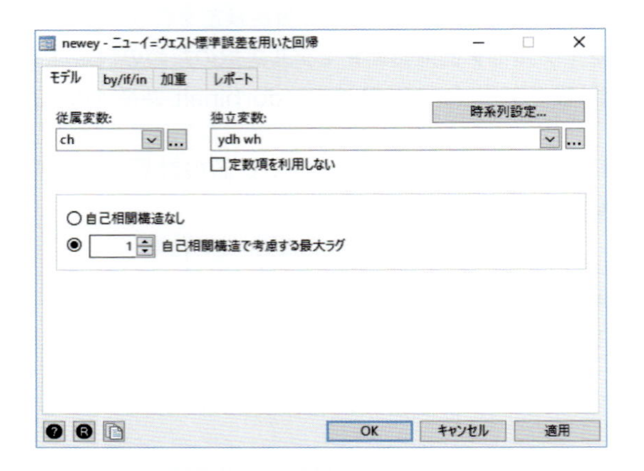

図 4.13　Newey-West による方法

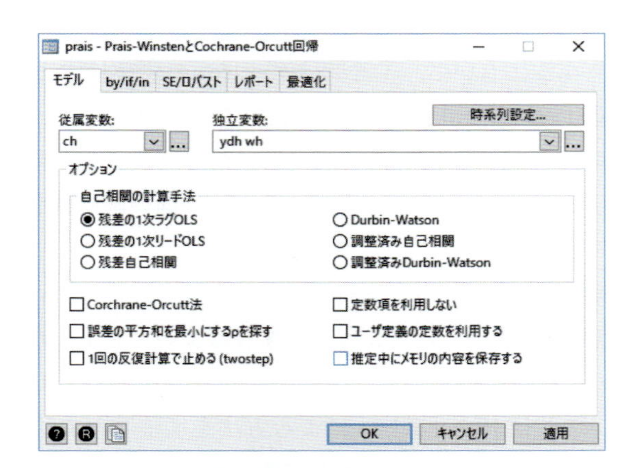

図 4.14　Prais-Winsten 変換による方法

ない場合には**自己相関なし**を選びますが，ここでは仮に 1 階の系列相関があると考えて**自己相関構造で考慮する最大ラグ**に **1** を入れます（図 4.13）[11].

[11] 系列相関がないとしたときには Huber-White による方法と同じ結果が得られます.

最後に1階の系列相関があるときに被説明変数及び説明変数にPrais-Winsten（プレイス=ウィンステン）変換を行い，誤差項に系列相関がない形にして推定を行う方法について説明します．

Stata 4.9　系列相関を考慮した推定方法（Prais-Winsten 変換）
統計(S)▶時系列▶プレイス=ウィンステン回帰

まず**モデル**タブで**従属変数**に **ch**，**独立変数**に **ydh wdh** を入力します（分散不均一性も考慮したい場合には**SE/ロバスト**タブで**ロバスト**を選択します）（図4.14）．

参考としてStataプログラムをStata 4.10とStata 4.11にまとめておきます．

Stata 4.10　回帰診断のプログラム

```
import delimited C:¥ch2001.csv
tsset year, yearly
regress ch ydh wh
estat ic
estat vif
predict yhat, xb
predict sres, rstandard
twoway (scatter sres yhat)
twoway (tsline sres, recast(connected))
estat hettest
estat durbinalt, small
```

Stata 4.11　頑健な回帰のプログラム

```
import delimited C:¥ch2001.csv
tsset year, yearly
regress ch ydh wh, vce(robust)
newey ch ydh wh, lag(1)
prais ch ydh wh, rhotype(regress) vce(robust)
```

4.5 練習問題

1. 第3章練習問題の問1において，データ3.1を用いてトランスログ型生産関数とコブ=ダグラス型生産関数を推定して自由度修正済み決定係数・AIC・BICを計算し，解釈しなさい．
2. データ3.2の2001年度〜2015年度の期間を用いて，次の回帰式をあてはめなさい．

$$CH_t = \beta_0 + \beta_1 YDH_t + \beta_2 WH_t + \beta_3 CH_{t-1} + \epsilon_t$$

   また，VIFを計算して多重共線性があるかどうか調べなさい．
3. 第3章練習問題の問3で使用したデータ3.4を用いて，

(1) ある16年間に半年ごとに記録された市街地価格指数（全国平均）の伸び率（%）を被説明変数 Y_t，国内銀行の総貸出残高の伸び率（%）を説明変数 X_t として

$$Y_t = \beta_0 + \beta_1 X_t + \epsilon_t, \quad t = 1, \cdots, 44$$

のように回帰したとき，誤差項の分散不均一性・系列相関についてそれぞれ仮説検定を行いなさい．

(2) 市街地価格指数の伸び率と国内銀行の総貸出残高の伸び率のラグ付き変数を次のように説明変数として回帰したとき，

$$\begin{aligned} Y_t = &\beta_0 + \beta_1 Y_{t-1} + \beta_2 Y_{t-2} + \beta_3 Y_{t-3} \\ &+ \beta_4 X_{t-1} + \beta_5 X_{t-2} + \beta_6 X_{t-3} + \epsilon_t, \quad t = 4, \cdots, 44 \end{aligned}$$

誤差項の分散不均一性・系列相関についてそれぞれ仮説検定を行いなさい．

参考図書

- 山本拓（1995）『計量経済学』（新経済学ライブラリ）新世社．
- 森棟公夫（2005）『基礎コース 計量経済学』新世社．
- 小西貞則・北川源四郎（2004）『情報量規準』朝倉書店．
- 坂元慶行・石黒真木夫・北川源四郎（1983）『情報量統計学』共立出版．

第5章

パネルデータの分析

この章では，時間を追って観測される都道府県のデータのように，パネルデータと呼ばれるクロスセクションの時系列データについて，その分析の方法を説明します．

○ KEY WORDS ○

パネルデータ，固定効果，変量効果，
within（ウィジン）推定量，
between（ビトウィーン）推定量，
ハウスマン検定

5.1 パネルデータと個別効果

パネルデータ（panel data）は「クロスセクションの時系列データ」ともいわれます．クロスセクションデータは例えば，1987 年 10 月時点での 1 万世帯の家計についての消費・所得のデータのように，ある一時点でのデータです．一方，時系列データは，例えばある家計の消費・所得の 1987 年 10 月，11 月，12 月，1988 年 1 月…のデータのように，ある個体について時点の経過とともに観測されるデータです．このクロスセクションデータと時系列データの性質を両方を合わせもったものがパネルデータで，例えば，1 万世帯の家計の消費・所得の 1987 年 10 月，11 月，12 月，1988 年 1 月…のデータです．このようなデータには次のような重回帰モデルが用いられます．

POINT 5.1　パネルデータの回帰分析

Y_{it} を第 i 個体の t 時点における被説明変数とし，$X_{j,it}$（$j=1,\cdots,p$）をその説明変数とするとき，

$$Y_{it}=\alpha+\beta_1X_{1,it}+\cdots+\beta_pX_{p,it}+u_i+\epsilon_{it}, \tag{5.1}$$

$$i=1,2,\cdots,n,\quad t=1,2,\cdots,T,\quad \epsilon_{it}\sim i.i.d.\,(0,\sigma_\epsilon^2)^a$$

とします．ここで，誤差項は互いに独立で，$E(\epsilon_{it})=0$，$Var(\epsilon_{it})=\sigma_\epsilon^2$ と仮定し，$\epsilon_{it}\sim i.i.d.\,(0,\sigma_\epsilon^2)$ と表します．

[a]「互いに独立で同一の平均 0，分散 σ_ϵ^2 の分布にしたがう」を意味することとします．

u_i は各個体ごとに異なるので個別効果（individual effect）といいます．u_i を定数と考えるときには固定効果（fixed effect）と呼び，確率変数と考えるときには変量効果（random effect）と呼びますが，固定効果と考えるか，変量効果と考えるかによって推定の方法が異なります．ただし，$u_1=\cdots=u_n=0$ のときには個別効果はなくなるので，式（5.1）は通常の重回帰モデルに帰着し，パラメータを最小二乗法で推定をすることができます．

例えば 47 都道府県に関するデータの場合には，都道府県はランダムに選ばれるのではなくすべて固定されたものですから，u_i は固定効果と考えられま

ライブラリ 経済学コア・テキスト&最先端 12

コア・テキスト 国際金融論 第3版

藤井英次 著　A5判／384頁　本体3,100円

定評ある国際金融論テキストの最新版。第2版刊行以降の激動する世界情勢，また急激な円安が進行する日本経済を踏まえて，第3版では全章にわたってデータの刷新，解説の見直しと補強，コラムの更新を行い，さらに国際金融の新たな課題を考察した章を追加した。読みやすい2色刷。

コンパクト経済学ライブラリ 2

コンパクト マクロ経済学 第3版

飯田泰之・中里　透 共著　四六判／224頁　本体1,850円

マクロ経済学の「入門の入門書」として好評テキストの最新版。第2版刊行後の日本経済の変化をとらえ，金融政策に関する項目を中心に大幅に刷新。統計データのアップデートも行った。見開き・2色刷で読みやすく，マクロ経済学を初めて学ぶ大学生のみならず短時間で日本経済をめぐる状況の基礎的知識を整理したい社会人の方にも最適の一冊。

コンパクト経済学ライブラリ 1

コンパクト 経済学 第3版

井堀利宏 著　四六判／208頁　本体1,700円

経済学の基本的な原理・原則をコンパクトに解説すると共に，日本経済の具体的な事例もわかりやすく説明した入門書の第3版。経済学の基本的な知識に基づき，現実の経済状況を踏まえて解説内容をさらに拡充。身近な経済問題や日本経済全体の動向を考える際のヒントを提供する。読みやすい2色刷・完全見開き構成。

ライブラリ 今日の経済学 13

金融論

櫻川昌哉・櫻川幸恵 共著　A5判／304頁　本体2,700円

金融の基本的な考え方や概念を深く理解でき，金融にかかわる様々なテーマについて本質を踏まえて考える力を養成するテキスト。基本編では，貨幣と決済／金融取引／金融システム／市場システム／証券／リスクの取引／金融取引／国際金融を扱い，続く応用編では，金融市場の制度設計／経済成長と金融／バブル／資産形成を扱う。読みやすい2色刷。

新刊

ライブラリ 経済学ワークブック 3

統計学ワークブック

アクティブに学ぶ書き込み式

來島愛子・竹内明香 共著　　B5判／200頁　本体2,000円

Excelを使って現実の統計データを素材にした例題・問題に取り組み，手を動かして得た結果を教科書に直接書き込んでいくことで，確実な理解を実現したワークブック。内容は基本的な問題を精選したものとなっている。また，Excelのアウトプットのまとめ方についても説明した。ウェブ上で，統計データの提供からExcel操作の解説まで全面的にサポート。

入門統計解析 第2版

倉田博史・星野崇宏 共著　　A5判／352頁　本体2,600円

東京大学教養学部で採用され，斯学の基本テキストとして好評を得てきた書を，データサイエンスへの関心の高まりと統計教育の進展を念頭に記述を見直し，統計学の根幹部分「母集団と標本」の概念図式をより正確に理解し効率的に習得できるよう加筆・修正した。データ解析を学びたい社会人の方の自習書としても好適。読みやすい２色刷。

経済学叢書 Introductory

入門 計量経済学 第2版

山本　拓・竹内明香 共著　　A5判／288頁　本体2,600円

確率や統計学の知識がなくてもExcelを用いて計量経済学の基礎を学ぶことができる好評入門書の改訂版。近年のデータ分析のトレンドを鑑み，パネル・データ分析とAR (1) モデルの章を新設し，ミクロ・データ分析と時系列分析の概念や仕組みについて解説した。また各章末に練習問題を設け，一層の理解を配慮した。２色刷。

グラフィック［経済学］6

グラフィック 国際経済学

阿部顕三・寳多康弘 共著　　A5判／288頁　本体2,400円

国際経済学における基本的なテーマを精選し，初学者が基礎となる知識や考え方を着実に身に付けられるよう解説した入門教科書。第I部では国際貿易と貿易政策を，第II部では国際金融と国際マクロ経済を扱う。左頁に本文解説，右頁に対応した図表や数値例や囲み記事を配した見開き形式・２色刷。

す．一方，家計調査のように全国の家計の中からランダムに選ばれた一部の家計に関するデータの場合には，u_i は確率変数で変量効果と考えられます．

5.2 固定効果モデル

固定効果モデルでは以下のように与えられます．

POINT 5.2 固定効果モデル

重回帰モデルの式（5.1）において以下を仮定します．
- u_i は定数
- $\sum_{i=1}^{n} u_i = 0$

固定効果モデルのパラメータを推定するために，ダミー変数

$$D_i = \begin{cases} 1, & \text{観測値が第}\ i\ \text{個体のとき} \\ 0, & \text{観測値が第}\ i\ \text{個体ではないとき} \end{cases} \quad i = 1, \cdots, n$$

を定義します．このとき，定数項のない重回帰モデル

$$Y_{it} = \sum_{j=1}^{n} \alpha_j D_j + \beta_1 X_{1,it} + \cdots + \beta_p X_{p,it} + \epsilon_{it}, \quad \alpha_j = \alpha + u_j$$

または，重回帰モデル

$$Y_{it} = \alpha_1^* + \sum_{j=2}^{n} \alpha_j^* D_j + \beta_1 X_{1,it} + \cdots + \beta_p X_{p,it} + \epsilon_{it},$$
$$\alpha_1^* = \alpha + u_1, \quad \alpha_j^* = u_j - u_1, \quad j = 2, \cdots, n$$

を最小二乗法であてはめれば推定値が求まります．

ここで得られる β_j の推定量は次のように平均からの偏差を用いて求めることもできます．まず各個体 i について，時間に関して平均をとると，

$$\overline{Y_i} = \alpha + \beta_1 \overline{X}_{1,i} + \cdots + \beta_p \overline{X}_{p,i} + u_i + \overline{\epsilon}_i, \quad i = 1, 2, \cdots, n, \tag{5.2}$$
$$\overline{Y_i} = \frac{1}{T} \sum_{t=1}^{T} Y_{it}, \quad \overline{X}_{j,i} = \frac{1}{T} \sum_{t=1}^{T} X_{j,it}, \quad j = 1, \cdots, p$$

となるので，式（5.1）から式（5.2）を引くと

$$Y_{it}-\overline{Y_i}=\beta_1(X_{1,it}-\overline{X_{1,i}})+\cdots+\beta_p(X_{p,it}-\overline{X_{p,i}})+\epsilon_{it}-\overline{\epsilon_i}$$

となります[1]．そして $Y_{it}-\overline{Y_i}$ を被説明変数とし，$X_{1,it}-\overline{X_{1,i}},\cdots,X_{p,it}-\overline{X_{p,i}}$ を説明変数とする，定数項のない重回帰モデルを最小二乗法であてはめると，β_j の最小二乗推定量はダミー変数を用いた重回帰モデルの最小二乗推定量と同じになることが知られています[2]．この推定量は within（ウィジン）推定量とも呼ばれます．

固定効果モデルにおいては，各パラメータに関する推定・検定の他に，固定効果の存在に関する検定を行うことができます．具体的には帰無仮説 H_0：$u_1=\cdots=u_n=0$（固定効果は存在しない）を H_1：「少なくとも 1 つの i について $u_i\neq0$」（固定効果は存在する）に対して検定を行います．

5.3 変量効果モデル

変量効果モデルでは以下のように与えられます．

POINT 5.3 変量効果モデル

重回帰モデルの式（5.1）において以下を仮定します．

- u_i は確率変数
- $u_i\sim i.i.d.(0,\sigma_u^2)$
- 説明変数と変量効果 u_i は無相関[a]

a ここでは説明変数も確率変数である可能性を考えます．

このとき式（5.1）は

1 時間を通じて一定の値をとるような説明変数は，$X_{j,it}-\overline{X_{j,i}}=0$ となるので，回帰係数の推定ができなくなることに注意します．

2 ただし，パネルデータ用ではないソフトウェアの最小二乗法のプログラムを単純に使った場合には，出力される標準誤差等の値が正しくなくなるので注意が必要です．これは偏差をとっているデータなので実際には自由度がさらに N だけ小さくなるためです（Wooldridge（2015））．

$$Y_{it}=\alpha+\beta_1 X_{1,it}+\cdots+\beta_p X_{p,it}+v_{it},\quad v_{it}=u_i+\epsilon_{it} \tag{5.3}$$

であり，$E(v_{it})=0$，$Var(v_{it})=\sigma_u^2+\sigma_\epsilon^2$ となりますが，

$$Cov(v_{it},v_{js})=\begin{cases}\sigma_u^2, & i=j,\quad t\neq s\\ 0, & i\neq j\end{cases}$$

と誤差項間に相関が生じるので，通常の最小二乗法を適用することはできません．パラメータの推定を行うには，誤差項の相関を考慮した一般化最小二乗法等の方法を用います．実は $\lambda=1-\sqrt{\sigma_\epsilon^2/(\sigma_\epsilon^2+T\sigma_u^2)}$ として

$$Y_{it}-\lambda\overline{Y_i}=\alpha(1-\lambda)+\beta_1(X_{1,it}-\lambda\overline{X_{1i}})+\cdots+\beta_p(X_{p,it}-\lambda\overline{X_{pi}})+(v_{it}-\lambda\overline{v}_i)$$

と変換すると誤差項 $v_{it}-\lambda\overline{v}_i$ は互いに無相関になります．そこで λ を何らかの方法で推定することで，一致性のある推定量を得ることができます（Wooldridge（2015））．

その他の推定方法として，次のような平均値を用いた回帰があります．式（5.3）において，時間 t に関して平均をとると

$$\overline{Y_i}=\alpha+\beta_1\overline{X_{1,i}}+\cdots+\beta_p\overline{X_{p,i}}+\overline{v}_i,\quad \overline{v}_i=u_i+\overline{\epsilon}_i \tag{5.4}$$

となります．ここで $E(\overline{v}_i)=0$，$Var(\overline{v}_i)=\sigma_u^2+T^{-1}\sigma_\epsilon^2$，$Cov(\overline{v}_i,\overline{v}_j)=0\,(i\neq j)$ ですので，最小二乗法により $\alpha,\beta_1,\cdots,\beta_p$ を推定することができ，between（ビトウィーン）推定量と呼ばれています．between 推定量は変数の時間的変化を無視するため，推定精度はその分悪くなります．

変量効果モデルにおいては，各パラメータに関する推定・検定の他に，変量効果の存在に関する検定を行うことができます．具体的には帰無仮説 $H_0:\sigma_u^2=0$（変量効果は存在しない）を $H_1:\sigma_u^2>0$（変量効果は存在する）に対して検定を行います[3]．

また「説明変数は変量効果と無相関である」という仮定を検定する，ハウスマン検定もしばしば行われます．なぜなら，説明変数が確率変数で変量効果と相関をもつとき，得られる推定量は一致性をもたないという問題が生じるため

3 分析例の 5.4 節では Breusch-Pagan（ブルーシュ=ペイガン）検定を紹介します．

です．帰無仮説を「説明変数は変量効果と無相関である」とし，対立仮説を「説明変数は変量効果と無相関ではない」として仮説検定を行い，帰無仮説が棄却された場合には固定効果モデルで紹介した within 推定量によって推定します．within 推定量は推定精度は劣りますが，変量効果が回帰式から除かれるので，変量効果に影響を受けずに一致推定量となることが知られているためです．

5.4 分析例

例 5.1 特許申請と研究開発費の分析

データ 5.1 の $n=45$ の企業に関する $T=7$ 年間のデータを用いて[a]，企業における研究開発のための費用と，その成果である特許申請件数の関係についての分析を行いなさい．以下では，被説明変数を Y_{it}（第 i 企業の t 期における 1 年間の特許申請件数の対数値）とし，説明変数を X_{it}（第 i 企業の t 期における 5 年前の研究開発費の対数値）とします（$i=1,\cdots,45,\ t=1,\cdots,7$）．

1. 固定効果モデルをあてはめなさい．
2. 変量効果モデルをあてはめなさい．
3. 変量効果モデルにおいて，ハウスマン検定を有意水準 5% で行いなさい．

[a] The Office of Technology Assesment and Forecasting. R. S. Pindyck and Rubinfeld, D. L. (1998) *Econometric Models and Economic Forecasts*, 4th Edition, Irwin/McGraw-Hill より引用.

データは表 5.1 のようなファイルとして用意し，`id` が企業番号 i，`year` が t 年を表すとします．

表 5.1　データファイル（panel.csv）

```
id,year,y,x
1,1,3.807,0.994
1,2,3.434,0.957
1,3,3.434,0.809
(以下省略)
```


まず，通常の最小二乗法で

$$Y_{it} = \alpha + \beta X_{it} + \epsilon_{it}, \quad i = 1, 2, \cdots, 45, \quad t = 1, 2, \cdots, 7$$

を推定してみましょう．

2.9 節の Stata 2.3 のように単回帰を行います．従属変数に **y**，独立変数に **x** を選び，OK を押すと表 5.2 のような結果が得られます．

表 5.2　単 回 帰 分 析

```
. regress y x
  Source |       SS           df       MS      Number of obs   =       315
---------+----------------------------------   F(1, 313)       =    584.06
   Model | 372.904976         1  372.904976   Prob > F        =    0.0000
Residual | 199.840793       313  .638468986   R-squared       =    0.6511
---------+----------------------------------   Adj R-squared   =    0.6500
   Total | 572.745769       314  1.82403111   Root MSE        =    .79904

------------------------------------------------------------------------------
       y |      Coef.   Std. Err.      t    P>|t|     [95% Conf. Interval]
---------+--------------------------------------------------------------------
       x |   .8454378   .0349826    24.17   0.000     .7766069    .9142686
   _cons |   1.438101   .1026212    14.01   0.000     1.236187    1.640016
------------------------------------------------------------------------------
```

これより，パネルデータの構造を考慮せずに推定した場合には，

$$\hat{Y}_{it} = 1.438 + \mathbf{0.845} X_{it}$$

となり，X の係数 **0.845** は，平均的にいって研究開発費が 1% 増えると特許申請件数が 0.845% 増えるということを意味します[4]．

[4] Y も X も対数値であるときには，回帰係数は弾力性として解釈できます．

パネルデータの要約

まずパネルデータとして，企業の識別変数（ID）と時間変数（YEAR）を指定します．

> **Stata 5.1** パネルデータを定義
> 統計(S)▶縦断的/パネルデータ▶セットアップとユーティリティ▶パネルデータを定義

個体識別（ID）変数に `id` を入力し，時間変数に✓（チェック）を入れて `year` を入力して，時間変数の単位と表示形式で年をチェックし，OK を押します（図 5.1）．

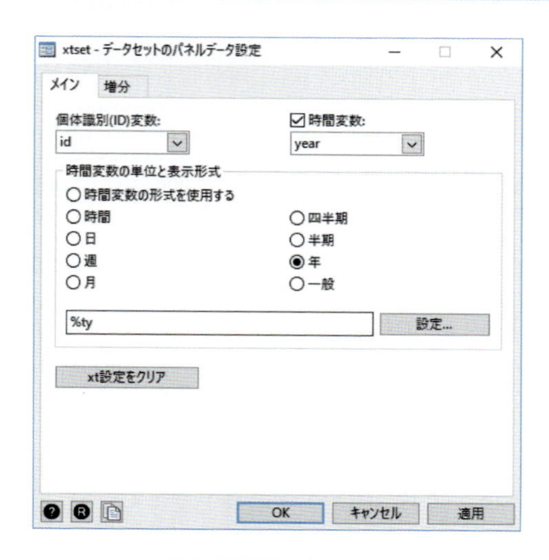

図 5.1　ID 変数と時間変数の設定

表 5.3　パネルデータを定義する

```
. xtset id year, yearly
      panel variable:  id (strongly balanced)①
       time variable:  year, 1 to 7②
               delta:  1 year
```

表 5.3 において，①は **id** が企業の識別変数であることを表し，②は **year** が時間変数で，第 1 年から第 7 年までであることを表します．パネルデータのパターンを見るには，以下の通りにします．

Stata 5.2　パネルデータのパターンを見る

統計(S) ▶ 縦断的/パネルデータ ▶ セットアップとユーティリティ ▶ xt データのパターンを表示

表 5.4　パネルデータのパターンを見る

```
. xtdescribe
      id:  1, 2, ..., 45①                          n =          45②
    year:  1, 2, ..., 7 ③                          T =           7④
           Delta(year) = 1 year
           Span(year)  = 7 periods
           (id*year uniquely identifies each observation)
Distribution of T_i:   min    5%    25%    50%    75%   95%   max
                         7     7      7      7      7     7     7
     Freq.  Percent    Cum. |  Pattern⑤
 ---------------------------+---------
       45    100.00  100.00 |  1111111
 ---------------------------+---------
       45    100.00         |  XXXXXXX
```

表 5.4 において，①，②は **id** は識別番号の値とその個数，③，④は **year** の時間変数の値とその個数を表します．⑤は観測されるパターンを表しますが，ここではすべての企業について，すべての時点で観測されていることを表しています．パネルデータの要約統計量を見るためには，

Stata 5.3　パネルデータの要約統計量

統計(S) ▶ 縦断的/パネルデータ ▶ セットアップとユーティリティ ▶ xt データの要約（図 5.2）

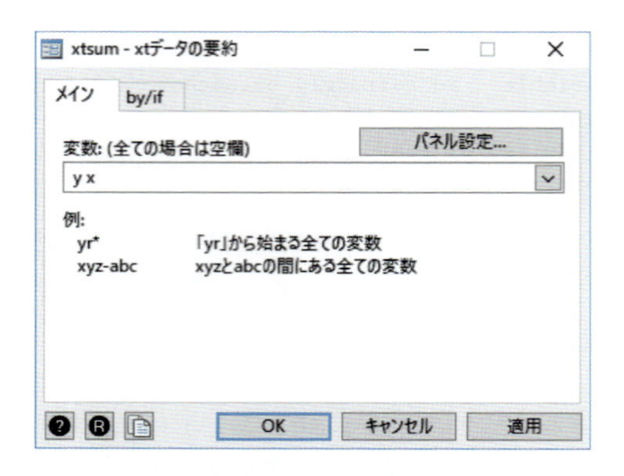

図 5.2　パネルデータの要約統計量

とすると表 5.5 のような結果が得られます.

表 5.5　パネルデータの要約統計量

Variable		Mean	Std. Dev.	Min	Max	Observations
y	overall	①3.666775	1.350567	0	6.486	N = 315
	between	②	1.318978	.7418571	6.289571	n = 45
	within	③	.3428869	2.111489	4.716918	T = 7
x	overall	2.636117	1.288999	-1.068	5.161	N = 315
	between		1.276231	-.4745714	4.876428	n = 45
	within		.2527363	1.289832	3.845832	T = 7

ここで①, ②, ③はそれぞれ Y_{it}, $\overline{Y_i}$, $Y_{it}-\overline{Y_i}+\overline{\overline{Y}}$に関する要約統計量を表します. ただし,

$$\overline{Y_i}=\frac{1}{7}\sum_{t=1}^{7}Y_{it},\quad \overline{\overline{Y}}=\frac{1}{45}\sum_{i=1}^{45}\overline{Y_i}$$

です. 最後に, 企業番号が 1~4 について図を描いてみましょう.

Stata 5.4　パネルデータの時系列プロット

グラフィックス(G)▶パネルデータ折れ線グラフ

メインタブで**パネルでグラフ作図**を選び（同時にプロットしたい場合には, 下

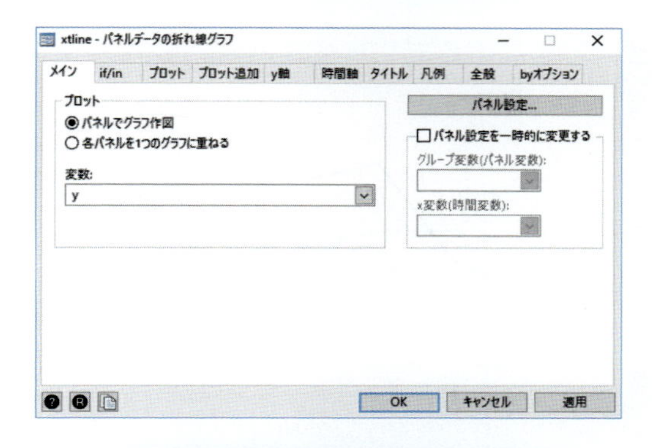

図 5.3　パネルデータの時系列プロット

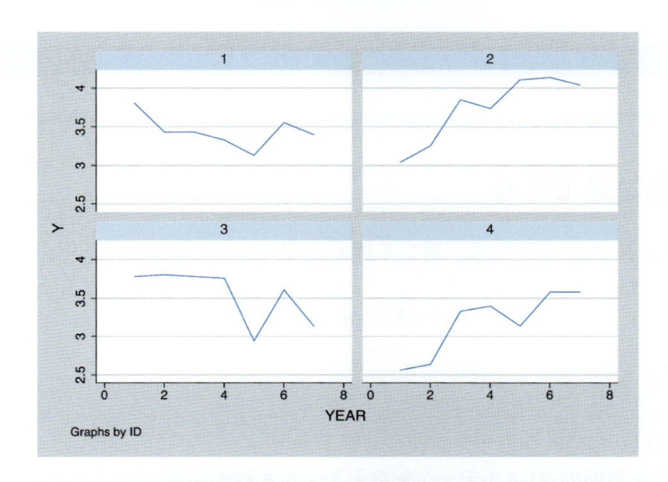

図 5.4　パネルデータの時系列プロット（パネルでグラフ作図）

の**各パネルを 1 つのグラフに重ねる**を選びます），**変数**に **y** を入力します（複数を入力できます）（図 5.3）．さらに **if/in** タブで**条件式**に **id<=4** を入力し，**OK** を押します．

すると図 5.4，図 5.5 が得られます．

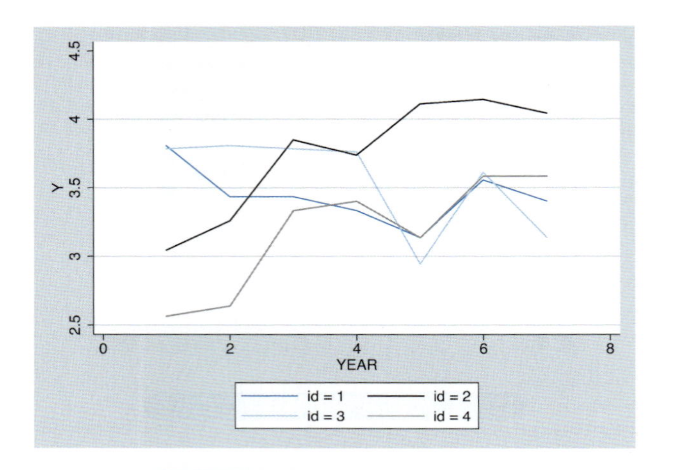

図 5.5　パネルデータの時系列プロット（各パネルを 1 つのグラフに重ねる）

固定効果モデル

次に各企業ごとに定数項が異なる固定効果モデル

$$Y_{it} = \alpha + \beta X_{it} + u_i + \epsilon_{it}, \quad \sum_{i=1}^{45} u_i = 0$$

を推定します．

Stata 5.5　パネルデータ：固定効果モデル

統計(S) ▶ 縦断的/パネルデータ ▶ 線形モデル ▶ 線形回帰（FE/RE/PA/BE）

モデルタブの画面で，**モデルのタイプ**に**固定効果**を選びます．

図 5.6 のように**従属変数**に **y**，**独立変数**に **x** を選んで，OK を押すと表 5.6 のような推定結果が得られます．

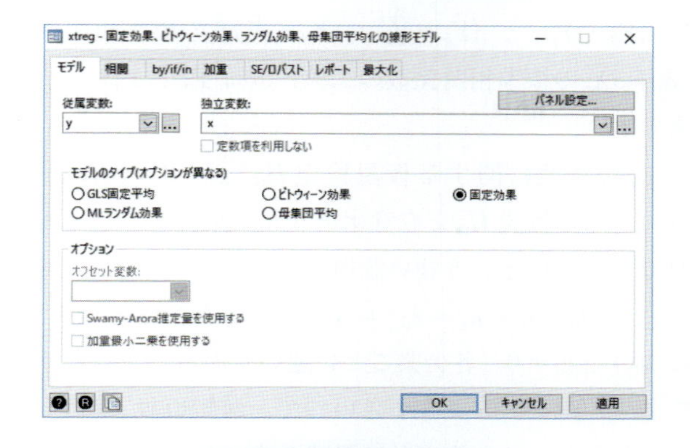

図 5.6　固定効果モデル

表 5.6　固定効果モデルの推定結果

```
. xtreg y x, fe
Fixed-effects (within) regression         Number of obs     =        315①
Group variable: id                        Number of groups  =         45②
R-sq:                                     Obs per group:
     within  = 0.0208⑥                                min =          7
     between = 0.7109⑦                                avg =        7.0③
     overall = 0.6511⑧                                max =          7
                                          F(1,269)          =       5.71④
corr(u_i, Xb)  = 0.7575                   Prob > F          =     0.0176⑤
------------------------------------------------------------------------------
       y |      Coef.   Std. Err.      t    P>|t|     [95% Conf. Interval]
---------+--------------------------------------------------------------------
       x |   .1955844   .0818553     2.39   0.018⑨    .0344259    .3567429
   _cons |   3.151191   .2167665    14.54   0.000     2.724417    3.577966
---------+--------------------------------------------------------------------
 sigma_u |  1.1166051
 sigma_e |  .36658878
     rho |  .90270208   (fraction of variance due to u_i)
------------------------------------------------------------------------------
F test that all u_i=0: F(44, 269) = 27.68⑩           Prob > F = 0.0000⑪
```

①，②，③はそれぞれ，観測値全体の個数，企業の個数，各企業ごとの平均観測個数を表します．④，⑤は回帰の有意性検定の F 値とその p 値で，この場合は説明変数が1つしかないので $H_0: \beta=0$ vs $H_1: \beta \neq 0$ を検定しますが，p 値が $0.0176 < 0.05$ ですので，有意水準5%で $H_0: \beta=0$ を棄却します．し

たがって回帰は有用であるといえます．

また，⑥は $(Y_{it}-\overline{Y_i})$ と $(\hat{Y}_{it}-\hat{\overline{Y}}_i)=(X_{it}-\overline{X_i})\hat{\beta}$ の標本相関係数の二乗，⑦は $\overline{Y_i}$ と $\hat{\overline{Y}}_i=\hat{\alpha}+\hat{\beta}\overline{X_i}$ の標本相関係数の二乗，⑧は Y_{it} と $\hat{Y}_{it}=\hat{\alpha}+\hat{\beta}X_{it}$ の標本相関係数の二乗です．

⑨は個別の回帰係数に関する仮説検定 $H_0:\beta=0$ vs $H_1:\beta\neq 0$ の p 値で 0.05 より小さく，帰無仮説 H_0 を有意水準 5% で棄却することができます．したがって β は 0 ではないという強い証拠があるということができます．

最後に⑩，⑪は $H_0:u_1=u_2=\cdots=u_n=0$（各企業ごとの違いがない）vs H_1：ある i について $u_i\neq 0$（各企業ごとに違いがある）を仮説検定するための F 値，p 値です．p 値は 0.05 より小さいので，帰無仮説 H_0 は有意水準 5% で棄却されます．したがって企業ごとに係数の違いがあるという強い証拠があり，これをモデルに考慮する必要があることがわかります．

各企業の個別の要因を考慮してみると研究開発費の回帰係数 $\hat{\beta}$ は **0.196** であって，個別の要因や時間的変動を無視した推定では **0.845** と研究開発費の影響を過大評価していたことになります．

最後に，個別効果の推定値 $\hat{u}_i$ を求めるには，**統計(S)▶推定後の分析**を選んで，**予測**の**線形予測、残差、誤差成分**を選んで**開く**を押します．出てきた画面の**生成**で**固定またはランダム誤差要素**（**u_i**）を選び，**新しい変数名**に **u_est** と入力して **OK** を押します（コマンドでは **predict u_est, u**）．

変量効果モデル

モデルの推定

固定効果モデルでは各企業ごとの u_i が定数であるとしましたが，これを確率変数と考える変量効果モデルを推定します．

$$Y_{it}=\alpha+\beta X_{it}+u_i+\epsilon_{it},\quad u_i\sim i.i.d.\,(0,\sigma_u^2)$$

Stata 5.6 パネルデータ：変量効果モデル

統計(S)▶縦断的/パネルデータ▶線形モデル▶線形回帰（FE/RE/PA/BE）

モデルタブの画面で，モデルのタイプにGLS固定平均を選びます[a].

[a] ビトウィーン効果を選ぶと，between 推定量を出力しますが，ここでは分析例を割愛します.

これまでと同様に**従属変数**に **y**，**独立変数**に **x** を選んで，OK を押すと表 5.7 のような推定結果が得られます.

表 5.7　変量効果モデルの推定結果

```
. xtreg y x, re
Random-effects GLS regression                  Number of obs      =        315
Group variable: id                             Number of groups   =         45
R-sq:                                          Obs per group:
     within  = 0.0208                                        min =          7
     between = 0.7109                                        avg =        7.0
     overall = 0.6511                                        max =          7
                                               Wald chi2(1)       =      71.30①
corr(u_i, X)    = 0 (assumed)                  Prob > chi2        =     0.0000②
------------------------------------------------------------------------------
           y |      Coef.   Std. Err.      z    P>|z|     [95% Conf. Interval]
-------------+----------------------------------------------------------------
           x |   .5218242   .0617999     8.44   0.000③   .4006986    .6429498
       _cons |   2.291185   .1978396    11.58   0.000④   1.903426    2.678943
-------------+----------------------------------------------------------------
     sigma_u |  .70381744⑤
     sigma_e |  .36658878⑥
         rho |  .78660085   (fraction of variance due to u_i)⑦
------------------------------------------------------------------------------
```

①，②は回帰の有意性検定のカイ二乗値とその p 値で，この場合は説明変数が1つしかないので帰無仮説 $H_0: \beta = 0$ vs 対立仮説 $H_1: \beta \neq 0$ を検定しますが，p 値が $0.0000 < 0.05$ より，有意水準 5% で $H_0: \beta = 0$ を棄却します．したがって回帰は有効であるといえます．③は個別の回帰係数についての帰無仮説 $H_0: \beta = 0$ vs 対立仮説 $H_1: \beta \neq 0$ の仮説検定の p 値，④は帰無仮説 $H_0: \alpha = 0$ vs 対立仮説 $H_1: \alpha \neq 0$ の仮説検定の p 値でいずれも 0.05 より小さく，帰無仮説 H_0 を有意水準 5% で棄却することができます．したがって α も β も 0 ではないという強い証拠があるということができ，

$$\hat{Y}_{it} = 2.291 + \mathbf{0.522} X_{it}$$

を得ます．⑤，⑥はそれぞれ σ_u，σ_ϵ の推定値であり，⑦は $\rho = \sigma_u^2/(\sigma_u^2 + \sigma_\epsilon^2)$ を

計算したものです．

変量効果の仮説検定

変量効果モデルの推定に続けて仮説検定を行います．帰無仮説 $H_0: \sigma_u^2 = 0$（変量効果は存在しない）vs 対立仮説 $H_1: \sigma_u^2 > 0$（変量効果は存在する）を，Breusch-Pagan（ブルーシュ=ペイガン）の LM 検定により行うことができます．

Stata 5.7　変量効果モデルの推定後，変量効果の検定を行う

統計(S)▶縦断的/パネルデータ▶線形モデル▶変量効果のラグランジュ乗数法検定

出てきた画面で OK を押すと表 5.8 のような結果が得られます．

表 5.8　変量効果の LM 検定の結果

```
. xttest0
Breusch and Pagan Lagrangian multiplier test for random effects
        y[id,t] = Xb + u[id] + e[id,t]
        Estimated results:
                         |       Var     sd = sqrt(Var)
                ---------+-----------------------------
                       y |   1.824031       1.350567
                       e |   .1343873       .3665888
                       u |    .495359       .7038174
        Test:   Var(u) = 0
                             chibar2(01) =    516.79①
                          Prob > chibar2 =    0.0000②
```

①，②は仮説検定のカイ二乗値及びその p 値で，p 値 $= 0.0000 < 0.05$ より帰無仮説 $H_0: \sigma_u^2 = 0$ を有意水準 5% で棄却し，対立仮説 $H_1: \sigma_u^2 > 0$ を受容します．したがって変量効果が存在する強い証拠があるといえます．

ハウスマン検定

最後にハウスマン検定を行います．ハウスマン検定では帰無仮説 H_0：「変量効果と説明変数は無相関」を対立仮説 H_1：「変量効果と説明変数は無相関ではない」に対して仮説検定します．

Stata 5.8 パネルデータ：ハウスマン検定

1. 固定効果モデルの推定

統計(S)▶縦断的/パネルデータ▶線形モデル▶線形回帰（FE/RE/PA/BE）

モデルのタイプに**固定効果**を選び，**従属変数**，**独立変数**を選んで，**OK** を押します.

2. 固定効果モデルの推定結果の保存

統計(S)▶推定後の分析

画面で**推定結果の管理—現在の推定結果をメモリに一時保存する**を選び，**開く**を押し，出た画面で**名前**に **fixed** と入れ，**OK** を押します（図 5.7）.

3. 変量効果モデルの推定及び推定結果の保存

固定効果モデルと同様に行い，推定結果は **random** という名前で保存します.

4. ハウスマン検定

統計(S)▶推定後の分析

画面で**モデル選択、診断、適合度分析—ハウスマン検定**を選び，**開く**を押し，出た画面で，**一致推定量**に **fixed**，**有効な推定量**に **random** と入れ，**OK** を押します（図 5.8）.

表 5.9 ハウスマン検定の結果

```
. hausman fixed random
         ---- Coefficients ----
     |      (b)          (B)           (b-B)     sqrt(diag(V_b-V_B))
     |     fixed        random       Difference         S.E.
-----+----------------------------------------------------------------
   x |   .1955844     .5218242      -.3262398        .0536755
----------------------------------------------------------------------
                 b = consistent under Ho and Ha; obtained from xtreg
  B = inconsistent under Ha, efficient under Ho; obtained from xtreg
    Test:  Ho:  difference in coefficients not systematic
                  chi2(1) = (b-B)'[(V_b-V_B)^(-1)](b-B)
                          =       36.94①
              Prob>chi2 =       0.0000②
```

検定結果の表 5.9 において，①，②は仮説検定のカイ二乗値及びその p 値で，p 値 $= 0.0000 < 0.05$ より帰無仮説 H_0：「変量効果と説明変数は無相関」を有意水準 5% で棄却し，対立仮説 H_1：「変量効果と説明変数は無相関ではな

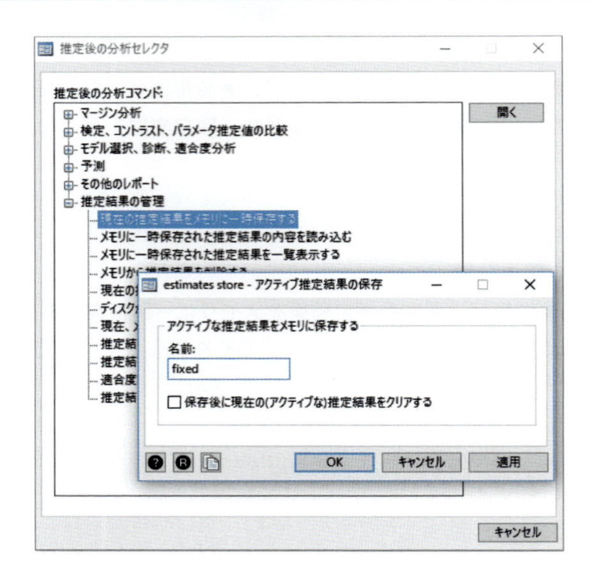

図 5.7　推定結果の保存

い」を受容します．ここでは変量効果モデルに必要な仮定が満たされず推定量の一致性があるとはいえませんので，固定効果モデルによる推定値を使うことが望ましいことになります．

参考として Stata プログラムを Stata 5.9 にまとめておきます．

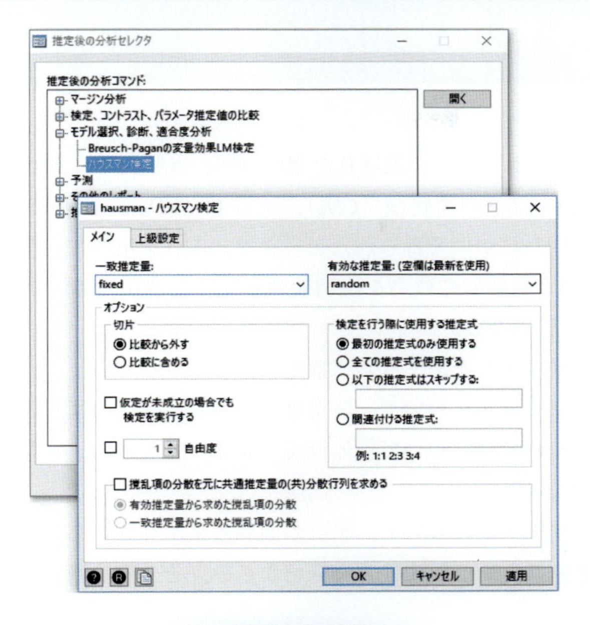

図 5.8 ハウスマン検定

Stata 5.9 パネルデータの分析のプログラム

```
import delimited C:¥panel.csv
regress y x
xtset id year, yearly
xtdescribe
xtsum y x
xtline y if id <=4
xtline y if id <=4, overlay
xtreg y x, fe
predict u_est, u
estimates store fixed
xtreg y x, re
estimates store random
xttest0
hausman fixed random
```

5.5 練習問題

1. データ 5.2 はランダムに選ばれた 20 の世帯（$i=1,\cdots,20$）について 5 年間（$t=1,\cdots,5$）の消費額（CH_{it}），所得額（YD_{it}），金融資産残高（W_{it}）（単位は万円）について得られたデータで，これを用いて消費額を被説明変数，所得額と金融資産残高を説明変数とする消費関数の推計を行います．次の問いに答えなさい．
   (1) 固定効果モデルをあてはめて推定結果を書きなさい．
   (2) 固定効果モデルにおいて，所得額と金融資産残高の回帰係数は有意かどうか，それぞれについて帰無仮説，対立仮説を書き，有意水準 5% で仮説検定しなさい．
   (3) 固定効果モデルにおいて，家計の個別効果が有意であるかどうかについて有意水準 5% で仮説検定を行いなさい．その際，帰無仮説と対立仮説を書きなさい．
   (4) 変量効果モデルをあてはめて推定結果を書きなさい．
   (5) 変量効果モデルにおいて，所得額と金融資産残高の回帰係数は有意かどうか，それぞれについて帰無仮説，対立仮説を書き，有意水準 5% で仮説検定しなさい．
   (6) 変量効果モデルにおいて，変量効果の有無について帰無仮説，対立仮説を書き，有意水準 5% で仮説検定をしなさい．
   (7) 変量効果モデルにおいて，ハウスマン検定を有意水準 5% で行いなさい．またその結果について説明しなさい．
2. データ 5.3 は，2008 年～2010 年（$t=1,2,3$）の 47 都道府県（$i=1,\cdots,47$）における，国内銀行の総貸出残高の伸び率（%，X_{it}），及び地価（住宅地）の変動率（%，Y_{it}）のデータです．これを用いて地価の変動率を被説明変数，国内銀行の総貸出残高の伸び率を説明変数とする消費関数の推計を行います．次の問いに答えなさい．
   (1) 固定効果モデルをあてはめて推定結果を書きなさい．
   (2) 固定効果モデルにおいて，総貸出残高の伸び率の回帰係数は有意かどうか帰無仮説，対立仮説を書き，有意水準 5% で仮説検定しなさい．

(3) 固定効果モデルにおいて，都道府県の個別効果が有意であるかどうかについて有意水準 5% で仮説検定を行いなさい．その際，帰無仮説と対立仮説を書きなさい．

(4) 変量効果モデルをあてはめて推定結果を書きなさい．

(5) 変量効果モデルにおいて，総貸出残高の伸び率の回帰係数は有意かどうか帰無仮説，対立仮説を書き，有意水準 5% で仮説検定しなさい．

(6) 変量効果モデルにおいて，変量効果の有無について帰無仮説，対立仮説を書き，有意水準 5% で仮説検定をしなさい．

(7) 変量効果モデルにおいて，ハウスマン検定を有意水準 5% で行いなさい．またその結果について説明しなさい．

5.6 データ

データ 5.1　企業の特許申請件数と研究開発費

i	t	Y_{it}	X_{it}	i	t	Y_{it}	X_{it}	i	t	Y_{it}	X_{it}
1	1	3.807	0.994	8	1	5.338	4.004	15	1	2.944	1.163
1	2	3.434	0.957	8	2	5.394	3.973	15	2	3.178	1.433
1	3	3.434	0.809	8	3	5.303	4.064	15	3	2.708	1.758
1	4	3.332	0.715	8	4	5.371	4.089	15	4	3.045	2.105
1	5	3.135	0.661	8	5	5.159	4.027	15	5	3.526	2.305
1	6	3.555	0.594	8	6	5.242	3.972	15	6	3.296	2.487
1	7	3.401	1.060	8	7	5.182	3.962	15	7	3.970	2.525
2	1	3.045	2.877	9	1	4.762	2.382	16	1	4.094	2.871
2	2	3.258	3.049	9	2	4.575	2.433	16	2	4.489	3.006
2	3	3.850	3.178	9	3	4.543	2.527	16	3	4.078	3.149
2	4	3.738	3.242	9	4	4.263	2.613	16	4	4.190	3.172
2	5	4.111	3.283	9	5	4.159	2.709	16	5	4.407	3.252
2	6	4.143	3.316	9	6	3.912	3.478	16	6	4.127	3.119
2	7	4.043	3.342	9	7	3.989	3.616	16	7	4.060	3.143
3	1	3.784	2.514	10	1	6.486	4.587	17	1	3.850	3.701
3	2	3.807	2.652	10	2	6.430	4.595	17	2	3.714	3.768
3	3	3.784	2.739	10	3	6.444	4.625	17	3	3.871	3.922
3	4	3.761	2.782	10	4	6.412	4.719	17	4	3.466	3.957
3	5	2.944	2.813	10	5	6.261	4.731	17	5	3.714	4.043
3	6	3.611	2.697	10	6	5.900	4.763	17	6	4.290	4.415
3	7	3.135	2.508	10	7	6.094	4.821	17	7	4.511	4.427
4	1	2.565	1.744	11	1	3.526	2.657	18	1	4.654	3.460
4	2	2.639	1.761	11	2	3.689	2.625	18	2	4.736	3.501
4	3	3.332	1.949	11	3	3.829	2.651	18	3	4.431	3.591
4	4	3.401	1.982	11	4	3.555	2.737	18	4	4.500	3.556
4	5	3.135	1.883	11	5	2.890	2.843	18	5	4.477	3.663
4	6	3.584	2.020	11	6	2.708	3.020	18	6	4.263	3.688
4	7	3.584	2.044	11	7	2.890	3.097	18	7	4.431	3.822
5	1	5.118	3.644	12	1	3.296	1.885	19	1	4.394	3.170
5	2	5.308	3.744	12	2	3.332	1.883	19	2	4.804	3.068
5	3	4.787	3.838	12	3	2.944	1.903	19	3	4.956	3.099
5	4	5.100	3.739	12	4	3.091	2.019	19	4	4.543	3.238
5	5	4.920	3.596	12	5	2.833	2.128	19	5	4.407	3.365
5	6	4.836	3.613	12	6	2.833	1.933	19	6	4.500	3.472
5	7	4.852	3.558	12	7	1.946	1.938	19	7	4.394	3.770
6	1	1.609	2.655	13	1	3.332	1.341	20	1	3.526	2.465
6	2	2.197	2.699	13	2	3.434	1.424	20	2	3.401	2.439
6	3	2.773	2.945	13	3	3.584	1.565	20	3	3.367	2.538
6	4	2.708	2.927	13	4	3.850	1.764	20	4	2.944	2.598
6	5	1.792	2.825	13	5	3.434	1.913	20	5	2.565	2.945
6	6	2.079	2.820	13	6	3.332	2.020	20	6	3.258	3.021
6	7	2.944	2.632	13	7	3.850	2.185	20	7	3.135	2.984
7	1	3.584	0.682	14	1	3.892	2.369	21	1	2.485	2.296
7	2	2.890	0.657	14	2	3.714	2.398	21	2	2.398	2.089
7	3	2.565	0.755	14	3	3.892	2.508	21	3	2.197	2.175
7	4	2.944	0.828	14	4	3.401	2.621	21	4	1.792	2.271
7	5	3.219	0.782	14	5	3.807	2.696	21	5	1.609	2.317
7	6	2.303	0.638	14	6	3.738	2.650	21	6	2.565	2.337
7	7	2.565	0.796	14	7	3.466	2.661	21	7	2.944	2.360

i：企業番号，t：年，Y_{it}：特許申請件数（対数），X_{it}：研究開発費（対数）

i	t	Y_{it}	X_{it}	i	t	Y_{it}	X_{it}	i	t	Y_{it}	X_{it}
22	1	1.099	1.662	30	1	0.000	0.029	38	1	5.220	3.046
22	2	1.099	1.786	30	2	1.609	0.455	38	2	5.176	3.249
22	3	0.693	1.876	30	3	1.792	0.872	38	3	5.182	3.397
22	4	1.099	1.935	30	4	1.099	1.499	38	4	5.050	3.518
22	5	1.099	2.016	30	5	1.792	1.910	38	5	4.977	3.588
22	6	1.609	2.042	30	6	2.197	2.277	38	6	4.844	3.567
22	7	0.693	2.106	30	7	2.398	2.585	38	7	4.511	3.582
23	1	5.056	4.135	31	1	6.242	4.523	39	1	3.045	2.696
23	2	4.949	4.218	31	2	6.098	4.524	39	2	3.434	2.793
23	3	4.844	4.384	31	3	6.028	4.534	39	3	3.497	2.784
23	4	5.056	4.489	31	4	5.948	4.554	39	4	2.398	3.048
23	5	5.236	4.497	31	5	5.872	4.581	39	5	2.197	3.238
23	6	5.333	4.499	31	6	5.971	4.643	39	6	2.833	3.172
23	7	5.624	4.484	31	7	5.808	4.626	39	7	3.219	3.172
24	1	3.664	1.908	32	1	1.386	0.386	40	1	3.178	2.915
24	2	3.970	2.431	32	2	1.386	0.499	40	2	3.829	3.009
24	3	4.331	2.402	32	3	0.693	0.511	40	3	4.060	2.980
24	4	4.466	2.489	32	4	1.946	0.524	40	4	3.850	3.004
24	5	4.043	2.557	32	5	1.099	0.636	40	5	4.094	3.048
24	6	3.045	2.722	32	6	1.792	0.715	40	6	4.078	3.174
24	7	2.944	2.744	32	7	1.099	0.728	40	7	4.025	3.249
25	1	4.575	3.458	33	1	2.708	-0.142	41	1	3.611	2.320
25	2	4.466	3.491	33	2	1.946	-0.220	41	2	3.829	2.324
25	3	4.500	3.540	33	3	2.079	-0.738	41	3	3.951	2.437
25	4	4.143	3.504	33	4	2.773	-0.311	41	4	2.996	2.537
25	5	4.078	3.495	33	5	2.639	-0.449	41	5	3.219	2.534
25	6	3.951	3.470	33	6	1.609	-0.727	41	6	3.332	2.686
25	7	3.951	3.510	33	7	2.398	-0.735	41	7	2.833	2.770
26	1	4.277	1.770	34	1	6.170	4.535	42	1	4.934	2.871
26	2	4.159	2.049	34	2	5.996	4.655	42	2	4.820	3.005
26	3	4.143	2.099	34	3	6.205	4.784	42	3	4.718	3.110
26	4	4.382	1.910	34	4	6.127	4.870	42	4	4.812	3.141
26	5	4.205	2.349	34	5	5.958	5.035	42	5	4.382	3.100
26	6	4.407	2.465	34	6	5.576	5.095	42	6	4.635	3.178
26	7	4.443	2.438	34	7	5.429	5.161	42	7	4.500	3.112
27	1	4.771	3.117	35	1	0.000	-0.818	43	1	3.932	1.937
27	2	4.407	3.264	35	2	1.386	-1.068	43	2	3.912	1.989
27	3	4.394	3.334	35	3	0.000	-0.932	43	3	3.989	2.099
27	4	4.419	3.430	35	4	0.693	-0.493	43	4	3.912	2.208
27	5	4.564	3.492	35	5	1.099	-0.024	43	5	4.111	2.210
27	6	4.543	3.579	35	6	1.386	0.289	43	6	4.205	2.158
27	7	4.700	3.382	35	7	1.386	0.411	43	7	3.892	2.103
28	1	1.609	0.029	36	1	3.296	1.436	44	1	4.394	3.042
28	2	1.792	0.243	36	2	2.485	1.488	44	2	4.736	3.161
28	3	0.693	0.184	36	3	2.485	1.752	44	3	4.635	3.269
28	4	0.000	-0.053	36	4	3.367	1.796	44	4	4.277	3.339
28	5	0.000	0.536	36	5	3.045	1.697	44	5	4.290	3.331
28	6	0.000	0.975	36	6	3.178	1.694	44	6	4.220	3.362
28	7	1.099	1.264	36	7	2.708	1.742	44	7	3.829	3.302
29	1	3.466	2.101	37	1	5.513	4.648	45	1	4.205	2.699
29	2	2.996	2.068	37	2	5.525	4.825	45	2	3.761	2.869
29	3	3.296	2.252	37	3	5.595	4.895	45	3	3.850	3.171
29	4	3.332	2.300	37	4	5.489	4.816	45	4	3.932	3.442
29	5	3.664	2.473	37	5	5.497	4.849	45	5	3.989	3.570
29	6	3.526	2.437	37	6	5.333	4.817	45	6	3.829	3.603
29	7	3.497	2.472	37	7	5.263	4.782	45	7	3.912	3.643

データ 5.2　家計のデータ

i	t	CH_{it}	YD_{it}	W_{it}	i	t	CH_{it}	YD_{it}	W_{it}
1	1	367.95	534.84	758.69	11	1	460.57	611.15	900.03
1	2	475.76	586.18	481.00	11	2	557.87	615.84	1001.29
1	3	259.87	345.57	917.04	11	3	645.79	701.81	1436.97
1	4	364.91	570.53	754.06	11	4	564.47	632.65	1558.85
1	5	535.49	656.03	547.93	11	5	652.35	673.90	1626.46
2	1	595.68	615.28	945.98	12	1	624.32	756.86	612.56
2	2	475.51	455.55	1277.68	12	2	462.75	602.06	1237.46
2	3	625.19	671.34	862.65	12	3	422.83	506.65	1635.50
2	4	759.04	754.15	1140.79	12	4	465.58	538.37	1209.96
2	5	426.13	491.43	989.37	12	5	532.11	665.94	1492.39
3	1	645.73	669.41	1305.83	13	1	596.46	618.71	680.63
3	2	520.22	577.71	946.12	13	2	706.24	553.78	692.01
3	3	688.20	698.48	1651.09	13	3	698.12	627.30	1673.75
3	4	552.47	503.85	583.67	13	4	598.48	493.74	1601.15
3	5	782.87	732.06	1343.99	13	5	577.99	609.51	932.76
4	1	550.73	664.83	1742.33	14	1	679.89	669.54	1170.26
4	2	389.03	494.84	1449.43	14	2	664.69	572.83	1766.37
4	3	445.94	635.30	1216.88	14	3	605.33	489.40	1183.57
4	4	370.76	486.30	1173.41	14	4	582.43	460.81	930.61
4	5	554.48	724.45	1391.86	14	5	571.69	510.78	1785.21
5	1	518.73	572.46	1618.70	15	1	558.83	675.33	1112.23
5	2	465.17	450.68	1739.36	15	2	593.49	732.24	576.43
5	3	637.33	657.27	1386.26	15	3	567.74	624.65	1124.91
5	4	475.74	627.51	1248.13	15	4	485.98	623.79	1495.02
5	5	652.28	696.08	816.55	15	5	642.28	699.21	1014.78
6	1	371.16	365.96	864.83	16	1	561.47	629.10	535.63
6	2	542.49	591.80	355.83	16	2	586.79	596.66	1871.85
6	3	418.14	526.78	757.65	16	3	442.15	645.30	667.76
6	4	546.82	677.79	1927.53	16	4	616.37	643.05	1354.02
6	5	555.51	433.96	1396.48	16	5	606.95	742.50	1232.81
7	1	414.42	706.15	969.09	17	1	447.03	370.56	1270.49
7	2	420.01	564.69	1483.43	17	2	645.83	580.77	1347.22
7	3	385.23	558.26	1309.19	17	3	752.16	725.94	1075.11
7	4	390.89	679.99	1328.64	17	4	710.30	567.84	927.35
7	5	448.88	662.65	1086.35	17	5	504.28	489.34	1081.77
8	1	615.43	557.63	526.21	18	1	486.29	598.45	584.02
8	2	712.20	644.22	1066.11	18	2	727.89	713.52	1619.45
8	3	649.11	618.45	1273.39	18	3	613.76	545.38	1180.08
8	4	632.26	485.90	1650.47	18	4	564.85	609.96	1119.38
8	5	713.83	617.98	1143.26	18	5	643.15	630.99	1212.13
9	1	441.82	445.15	1218.31	19	1	710.44	586.32	485.31
9	2	517.30	545.35	1203.67	19	2	837.49	766.56	1282.16
9	3	508.72	432.63	803.16	19	3	758.78	571.31	1027.20
9	4	718.27	735.07	1374.93	19	4	548.63	427.51	1896.63
9	5	441.13	520.24	744.34	19	5	699.42	451.10	1596.70
10	1	757.74	706.59	1700.96	20	1	552.12	534.81	746.39
10	2	726.98	778.76	1354.49	20	2	580.12	544.79	1464.42
10	3	490.30	633.28	971.23	20	3	622.51	643.08	766.79
10	4	589.65	674.76	1245.92	20	4	688.06	713.77	659.41
10	5	720.15	686.23	1578.31	20	5	584.47	514.76	1273.32

i：家計番号，t：年，CH_{it}：消費額，YD_{it}：所得額，W_{it}：金融資産残高

データ 5.3　都道府県別の地価変動率と総貸出残高伸び率

i	t	Y_{it}	X_{it}	i	t	Y_{it}	X_{it}	i	t	Y_{it}	X_{it}
1	1	-2.2	1.7	1	2	-3.6	2.6	1	3	-4.1	-0.1
2	1	-4.1	0.5	2	2	-4.6	-1.0	2	3	-5.4	0.9
3	1	-2.8	6.5	3	2	-3.7	0.4	3	3	-4.2	-1.5
4	1	-2.1	2.8	4	2	-4.0	0.9	4	3	-3.7	-0.8
5	1	-3.5	0.2	5	2	-4.4	-1.8	5	3	-4.6	-0.2
6	1	-3.7	2.1	6	2	-4.6	4.5	6	3	-4.0	1.8
7	1	-2.1	1.0	7	2	-3.3	-1.8	7	3	-3.1	-0.8
8	1	-2.5	2.1	8	2	-4.1	0.4	8	3	-4.4	-0.4
9	1	-2.0	1.1	9	2	-3.7	0.5	9	3	-4.0	0.2
10	1	-0.9	-1.2	10	2	-2.6	-1.2	10	3	-3.4	-4.0
11	1	0.9	-1.5	11	2	-5.4	0.1	11	3	-3.4	0.4
12	1	0.1	-0.6	12	2	-4.5	1.1	12	3	-2.8	1.1
13	1	1.9	11.5	13	2	-8.7	-2.9	13	3	-3.3	-3.2
14	1	2.6	-2.0	14	2	-5.4	-0.7	14	3	-2.0	-1.0
15	1	-2.2	2.8	15	2	-2.5	0.5	15	3	-2.7	-0.5
16	1	-3.4	1.7	16	2	-5.4	-2.0	16	3	-4.6	-0.1
17	1	-2.3	-1.3	17	2	-6.2	-0.7	17	3	-5.0	-0.5
18	1	-4.4	4.3	18	2	-5.4	-5.3	18	3	-5.1	-4.2
19	1	-2.3	2.5	19	2	-2.7	0.9	19	3	-3.0	-0.1
20	1	-2.0	-3.4	20	2	-3.0	-3.3	20	3	-3.3	-1.8
21	1	-1.2	-0.3	21	2	-2.5	1.4	21	3	-2.8	0.1
22	1	0.0	2.6	22	2	-2.7	2.7	22	3	-2.2	-0.5
23	1	1.7	-4.4	23	2	-4.2	3.0	23	3	-1.2	-1.0
24	1	-1.8	-1.3	24	2	-2.7	-0.1	24	3	-2.7	-1.5
25	1	0.6	2.6	25	2	-2.2	0.9	25	3	-2.7	-2.3
26	1	-0.2	3.2	26	2	-3.7	-2.2	26	3	-3.0	-3.1
27	1	0.8	-3.2	27	2	-4.5	-0.9	27	3	-3.6	-3.3
28	1	0.1	-3.2	28	2	-3.8	-0.2	28	3	-3.3	-1.0
29	1	0.0	-4.9	29	2	-3.3	-2.3	29	3	-3.2	-1.2
30	1	-2.9	-0.9	30	2	-3.7	-1.7	30	3	-4.5	-1.1
31	1	-2.7	-2.4	31	2	-3.7	1.1	31	3	-4.7	0.6
32	1	-1.3	0.5	32	2	-1.8	-0.2	32	3	-2.3	0.8
33	1	-1.2	1.1	33	2	-2.5	-1.1	33	3	-2.9	-0.3
34	1	-2.1	0.8	34	2	-3.2	0.0	34	3	-3.7	0.1
35	1	-2.8	5.7	35	2	-4.9	0.7	35	3	-5.0	0.8
36	1	-4.4	0.5	36	2	-5.3	-2.6	36	3	-6.0	-2.2
37	1	-3.7	-0.4	37	2	-5.0	-3.6	37	3	-5.3	-2.0
38	1	-2.7	2.8	38	2	-3.4	1.7	38	3	-3.6	2.2
39	1	-4.6	-0.8	39	2	-5.1	-1.7	39	3	-6.3	-2.2
40	1	-1.9	2.4	40	2	-3.3	0.9	40	3	-2.9	1.4
41	1	-1.7	-1.7	41	2	-2.5	0.8	41	3	-2.9	-0.3
42	1	-3.3	-3.1	42	2	-4.1	-3.0	42	3	-4.1	-0.8
43	1	-3.2	3.0	43	2	-3.5	0.5	43	3	-3.4	2.0
44	1	-2.8	-0.5	44	2	-3.8	0.5	44	3	-3.8	0.7
45	1	-0.9	2.1	45	2	-1.5	0.9	45	3	-1.9	5.0
46	1	-1.9	2.7	46	2	-2.9	0.8	46	3	-3.7	0.5
47	1	-0.5	3.0	47	2	-1.4	3.3	47	3	-1.2	0.1

i：都道府県番号，t：年，Y_{it}：地価変動率（%），X_{it}：総貸出残高伸び率（%）

参考図書

- 森棟公夫（2005）『基礎コース 計量経済学』新世社.
- 黒住英司（2016）『計量経済学』東洋経済新報社.
- 松浦寿幸（2015）『Stataによるデータ分析入門：経済分析の基礎からパネル・データ分析まで』（第2版）東京図書.
- J. M. Wooldridge（2015）*Introductory Econometrics: A Modern Approach*, 6th edition, South-Western.

第6章

選択行動の分析

この章では，ある商品を購入するかどうかや，どのブランドの商品を選択するかなどの選択行動に関するデータについて，その分析の方法を説明します．

○ *KEY WORDS* ○

最尤法，ロジットモデル，プロビットモデル，確率的効用，順序ロジットモデル，順序プロビットモデル，多項ロジットモデル，多項プロビットモデル

6.1 ロジットモデル・プロビットモデル

ベルヌーイ分布と最尤法

まず，ベルヌーイ分布のように被説明変数Y_iが，1または0のように2つの値のみをとるときのモデルを考えましょう．例えば，

- 車を購入する（$Y_i=1$），または購入しない（$Y_i=0$）
- スポーツクラブの会員になる（$Y_i=1$），またはならない（$Y_i=0$）
- 住宅ローンが貸与される（$Y_i=1$），または貸与されない（$Y_i=0$）

などのような場合があります．このとき確率関数は

$$f(y_i)=Pr(Y_i=y_i)=p^{y_i}(1-p)^{1-y_i},\quad y_i=0,1,\quad 0<p<1$$

となります．もし，n人のうちm人がある選択を行う（$Y_i=1$）とすると$m=\sum_{i=1}^{n}Y_i$であり，このとき選択確率pの推定量は，標本比率を用いて

$$\hat{p}=\frac{m}{n}=\frac{1}{n}\sum_{i=1}^{n}Y_i$$

と考えるのが自然でしょう．実は，この$\hat{p}$は最尤法（さいゆう）（maximum likelihood estimation method）という推定方法で得られる推定量になっています．最尤法では，まずn人のとる選択行動の同時確率関数を

$$\prod_{i=1}^{n}f(y_i)=\prod_{i=1}^{n}p^{y_i}(1-p)^{1-y_i}=p^m(1-p)^{n-m}$$

と求め，観測値を得た後にその観測値の起こる確率が最も大きくなるように未知の定数pを決めます．この例では$\hat{p}=m/n$となります[1]．最尤法について以下に短くまとめておきます．

---

[1] $L(p)=p^m(1-p)^{n-m}$とおいて$L(p)$をpに関して最大化します．$L(p)$を最大化するpと$\log L(p)$を最大化するpは同じになるので，1階の条件

$$\frac{\partial \log L(p)}{\partial p}=\frac{m}{p}-\frac{n-m}{1-p}=0$$

を解くことで求まります．

定義 6.1　最尤法

$X_i (i=1, \cdots, n)$ が互いに独立で同一の確率分布にしたがい，その確率密度関数を $f(x_i|\theta)$ とします（θ はパラメータ）．このとき $X_1, \cdots, X_n$ の同時確率密度関数 $f(x_1, \cdots, x_n|\theta)$ をパラメータ θ の関数として $L(\theta)$ とし，**尤度**（ゆうど）（likelihood）と呼びます．尤度を最大にするような θ を推定量 $\hat{\theta}$ として求める方法を**最尤法**（さいゆうほう）といい，得られた $\hat{\theta}$ を**最尤推定量**（maximum likelihood estimator）といいます．

最尤推定量は一致性をもち，n が大きくなるにしたがって最尤推定量の確率分布は，ある条件の下で正規分布となることや精度がよいことなどが知られていますが，ここでは詳細は割愛することとします．

ロジットモデル・プロビットモデル

分布関数を用いたモデリング

ここまで選択確率は p としてすべての個人に共通であると仮定してきました．しかし，現実には選択確率は個人によって異なり，その違いを説明する変数が存在すると考えられます．そこでまず説明変数が 1 つの場合を考え，被説明変数 Y_i を説明変数 X_i で説明するとしましょう．つまり，p を説明変数の関数として

$$Pr(Y_i=1)=p(X_i), \quad 0<p(X_i)<1$$

としましょう．$p(x)$ の関数形にはいろいろ考えられますが，ロジットモデル（logit model）では，ロジスティック分布という確率分布の分布関数 $F(x)=\exp(x)/\{1+\exp(x)\}$（$-\infty<x<\infty$）を用いて

$$Pr(Y_i=1)=F(\beta_0+\beta_1 X_i)=\frac{\exp(\beta_0+\beta_1 X_i)}{1+\exp(\beta_0+\beta_1 X_i)}$$

と考えます．β_0，β_1 は未知の定数ですが，$\beta_1>0$ とすると，$X_i \to -\infty$ のとき $Pr(Y_i=1)\to 0$ となり，$X_i \to +\infty$ のとき $Pr(Y_i=1)\to 1$ となります．つまり X_i の値が増加するにつれて，$Pr(Y_i=1)$ は単調に増加していきます．図 6.1 は $\beta_0=0$，$\beta_1=1$ としたときの $Pr(Y=1)=F(X)$ です．

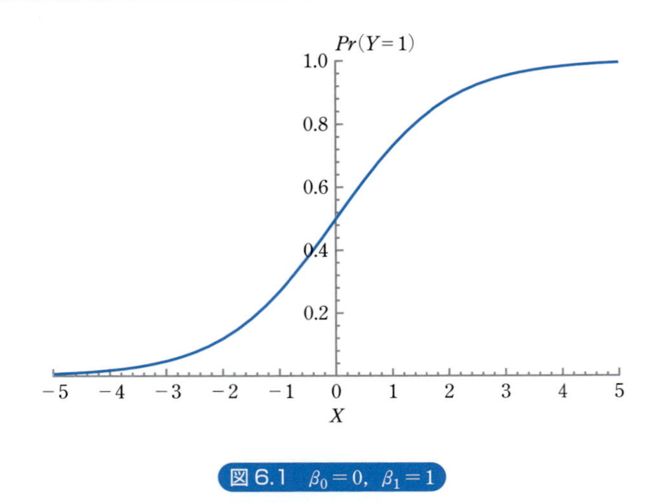

図 6.1　$\beta_0=0,\ \beta_1=1$

実際の選択確率が X_i の単調な増加関数であるとは限りませんが，多くの場合において自然な仮定であると考えられています．プロビットモデル（probit model）は $p(x)$ に標準正規分布の分布関数 $\Phi(x)$ を用いて

$$Pr(Y_i=1)=\Phi(\beta_0+\beta_1 X_i)$$

としたものです．

もし，説明変数が1つだけではなく複数存在し，$X_{1i},\cdots,X_{pi}$ の p 個あるとすれば，ロジットモデルは

$$Pr(Y_i=1)=\frac{\exp(\beta_0+\beta_1 X_{1i}+\cdots+\beta_p X_{pi})}{1+\exp(\beta_0+\beta_1 X_{1i}+\cdots+\beta_p X_{pi})}$$

となり，プロビットモデルは

$$Pr(Y_i=1)=\Phi(\beta_0+\beta_1 X_{1i}+\cdots+\beta_p X_{pi})$$

となります．

ロジットモデルにおける未知の定数の推定は最尤法により行うことができます．尤度 $L(\beta_0,\beta_1,\cdots,\beta_p)$ は

$$L(\beta_0, \beta_1, \cdots, \beta_p) = \prod_{i=1}^{n} f(y_i),$$

$$f(y_i) = \left\{ \frac{\exp(\beta_0 + \sum_{j=1}^{p} \beta_j X_{ji})}{1 + \exp(\beta_0 + \sum_{j=1}^{p} \beta_j X_{ji})} \right\}^{y_i} \left\{ \frac{1}{1 + \exp(\beta_0 + \sum_{j=1}^{p} \beta_j X_{ji})} \right\}^{1-y_i}$$

と書けるので，$L(\beta_0, \beta_1, \cdots, \beta_p)$ を最大化するような $\beta_0, \beta_1, \cdots, \beta_p$ を求めるのです．プロビットモデルについても同様です．

定義 6.2　ロジットモデル・プロビットモデル

Y_i を 0 または 1 をとる離散的な被説明変数とし，$X_{1i}, \cdots, X_{pi}$ を説明変数とするとき，回帰モデル

$$Pr(Y_i = 1) = F(\beta_0 + \beta_1 X_{1i} + \cdots + \beta_p X_{pi}) \tag{6.1}$$

$$Pr(Y_i = 0) = 1 - F(\beta_0 + \beta_1 X_{1i} + \cdots + \beta_p X_{pi}) \tag{6.2}$$

を考えます．ただし，

- $\beta_0, \beta_1, \cdots, \beta_p$ はパラメータ
- $F(\cdot)$ は分布関数

$F(\cdot)$ がロジスティック分布の分布関数であるとき**ロジットモデル**，標準正規分布の分布関数であるとき**プロビットモデル**といいます．

確率的効用を用いた解釈

ロジットモデルは，確率的な効用関数を用いた選択行動のモデルとして解釈できます．例えば，車を買うこと（$Y_i = 1$）により得られる効用を Y_{i1}^*，車を買わないことにより得られる効用を Y_{i0}^* とし，それぞれ

$$Y_{i1}^* = \beta_0^{(1)} + \beta_1^{(1)} X_{1i} + \cdots + \beta_p^{(1)} X_{pi} + \epsilon_i^{(1)},$$

$$Y_{i0}^* = \beta_0^{(0)} + \beta_1^{(0)} X_{1i} + \cdots + \beta_p^{(0)} X_{pi} + \epsilon_i^{(0)}$$

と表現できたとします．ただし $\epsilon_i^{(0)}$，$\epsilon_i^{(1)}$ は誤差項です．$Y_i^* = Y_{i1}^* - Y_{i0}^*$ と定義すれば，車を買うのは $Y_i^* = Y_{i1}^* - Y_{i0}^* > 0$ のときになります．このとき，

$$
\begin{aligned}
Y_i^* &= Y_{i1}^* - Y_{i0}^* \\
&= (\beta_0^{(1)} - \beta_0^{(0)}) + (\beta_1^{(1)} - \beta_1^{(0)})X_{1i} + \cdots + (\beta_p^{(1)} - \beta_p^{(0)})X_{pi} + (\epsilon_i^{(1)} - \epsilon_i^{(0)}) \\
&= \beta_0 + \beta_1 X_{1i} + \cdots + \beta_p X_{pi} + \epsilon_i, \\
&\quad \beta_j \equiv \beta_j^{(1)} - \beta_j^{(0)}, \quad j = 0, 1, \cdots, p, \quad \epsilon_i \equiv \epsilon_i^{(1)} - \epsilon_i^{(0)}
\end{aligned}
$$

となります．Y_i^*は実際に観測することができないので潜在変数（latent variable）と呼ばれます．潜在変数Y_i^*を用いると選択行動のモデルは

$$
Y_i = \begin{cases} 1, & Y_i^* > 0 \text{ のとき} \\ 0, & Y_i^* \leq 0 \text{ のとき} \end{cases}
$$

$$
Y_i^* = \beta_0 + \beta_1 X_{1i} + \cdots + \beta_p X_{pi} + \epsilon_i
$$

と表現できます．したがって，選択行動の確率は

$$
\begin{aligned}
Pr(Y_i = 1) &= Pr(Y_i^* > 0) \\
&= Pr(\beta_0 + \beta_1 X_{1i} + \cdots + \beta_p X_{pi} + \epsilon_i > 0) \\
&= Pr\{\epsilon_i > -(\beta_0 + \beta_1 X_{1i} + \cdots + \beta_p X_{pi})\} \\
&= 1 - Pr\{\epsilon_i \leq -(\beta_0 + \beta_1 X_{1i} + \cdots + \beta_p X_{pi})\}
\end{aligned}
$$

です．確率変数ϵ_iにロジスティック分布という仮定をおくと，その分布関数は

$$
Pr(\epsilon_i \leq z) = \frac{\exp(z)}{1 + \exp(z)}
$$

ですので，これを用いると

$$
Pr(Y_i = 1) = \frac{\exp(\beta_0 + \beta_1 X_{1i} + \cdots + \beta_p X_{pi})}{1 + \exp(\beta_0 + \beta_1 X_{1i} + \cdots + \beta_p X_{pi})}
$$

を得ます．プロビットモデルも同様に，ϵ_iに正規分布の分布関数を用いることで得ることができます．

6.2 順序ロジット／順序プロビットモデル

前節では0または1という2つの選択肢でしたが，2つの選択肢の間に中間的な選択肢がある場合があります．例えば，ある製品が良いと思う，または良くないと思うという2つの選択肢の間には，やや良いと思う，やや悪いと思うというような中間的な選択肢が考えられます．このようなときには，複数のカテゴリに順序があると考えられ，$j=1,2,\cdots,J$ として潜在変数 Y_i^* を

$$Y_i^* = \beta_1 X_{1i} + \cdots + \beta_p X_{pi} + \epsilon_i$$

とし，潜在変数 Y_i^* の大きさによりカテゴリが決まると考えます．つまり，

$$Y_i = j, \quad \Leftrightarrow \quad \alpha_{j-1} < Y_i^* \leq \alpha_j, \quad j = 1, \cdots, J$$

とします．ただし $-\infty = \alpha_0 < \alpha_1 < \cdots < \alpha_{J-1} < \alpha_J = \infty$ です．このとき，

$$\begin{aligned} Pr(Y_i = j) &= Pr(\alpha_{j-1} < Y_i^* \leq \alpha_j) \\ &= Pr(Y_i^* \leq \alpha_j) - Pr(Y_i^* \leq \alpha_{j-1}) \\ &= Pr\{\epsilon_i \leq \alpha_j - (\beta_1 X_{1i} + \cdots + \beta_p X_{pi})\} \\ &\quad - Pr\{\epsilon_i \leq \alpha_{j-1} - (\beta_1 X_{1i} + \cdots + \beta_p X_{pi})\} \end{aligned}$$

となるので，もし ϵ_i にロジスティック分布を考えれば，**順序ロジットモデル**

$$\begin{aligned} &Pr(Y_i = j) \\ &= \frac{1}{1+\exp(-\alpha_j + \beta_1 X_{1i} + \cdots + \beta_p X_{pi})} - \frac{1}{1+\exp(-\alpha_{j-1} + \beta_1 X_{1i} + \cdots + \beta_p X_{pi})} \end{aligned}$$

となり，正規分布を考えれば，**順序プロビットモデル**

$$Pr(Y_i = j) = \Phi\{\alpha_j - (\beta_1 X_{1i} + \cdots + \beta_p X_{pi})\} - \Phi\{\alpha_{j-1} - (\beta_1 X_{1i} + \cdots + \beta_p X_{pi})\}$$

となります．順序ロジットモデルでは，

$$\log\left\{\frac{Pr(Y_i \leq j)}{1 - Pr(Y_i \leq j)}\right\} = \alpha_j - (\beta_1 X_{1i} + \cdots + \beta_p X_{pi})$$

であり累積確率の**オッズ比**（odds ratio）は

$$\frac{Pr(Y_i \le j | X_{1i}, \cdots, X_{pi}) / \{1 - Pr(Y_i \le j | X_{1i}, \cdots, X_{pi})\}}{Pr(Y_i \le j | \tilde{X}_{1i}, \cdots, \tilde{X}_{pi}) / \{1 - Pr(Y_i \le j | \tilde{X}_{1i}, \cdots, \tilde{X}_{pi})\}}$$
$$= \exp\{\beta_1(\tilde{X}_{1i} - X_{1i}) + \cdots + \beta_p(\tilde{X}_{pi} - X_{pi})\}$$

となるので，順序ロジットモデルは**比例オッズモデル**（proportional odds model）とも呼ばれます．

定義 6.3　順序ロジット／順序プロビットモデル

Y_i を順序のあるカテゴリ $j = 1, \cdots, J$ のいずれかをとる離散的な被説明変数とし，$X_{1i}, \cdots, X_{pi}$ を説明変数とするとき，回帰モデル

$$Pr(Y_i = j) = F\{\alpha_j - (\beta_1 X_{1i} + \cdots + \beta_p X_{pi})\} - F\{\alpha_{j-1} - (\beta_1 X_{1i} + \cdots + \beta_p X_{pi})\} \tag{6.3}$$

$j = 1, \cdots, J$ を考えます．ただし，

- $\beta_1, \cdots, \beta_p$ はパラメータ
- $-\infty = \alpha_0 < \alpha_1 < \cdots < \alpha_{J-1} < \alpha_J = \infty$ はパラメータ
- $F(\cdot)$ は分布関数

$F(\cdot)$ がロジスティック分布の分布関数であるとき**順序ロジットモデル**，標準正規分布の分布関数であるとき**順序プロビットモデル**といいます．

6.3　多項ロジット／多項プロビットモデル

順序ロジット／順序プロビットモデルでは，選択肢に順序がありましたが，一般には順序のないことも多くあります．例えば，コーヒーのブランドに A，B，C と 3 種類あるときには，3 つのブランドには順序はありません．このように順序のない選択肢が $j = 1, 2, \cdots, J$ 種類あるときについて考えていきます．

第 i 番目の個人の第 j 選択肢の効用 Y_{ij}^* が，説明変数 $X_{1i}, \cdots, X_{pi}$ を用いて

$$Y_{ij}^* = \beta_0^{(j)} + \beta_1^{(j)} X_{1i} + \cdots + \beta_p^{(j)} X_{pi} + \epsilon_i^{(j)}, \quad j = 1, 2, \cdots, J$$

であるとします．ただし $\beta_i^{(j)}$ は回帰係数，$\epsilon_i^{(j)}$ は誤差項です．このとき，第 i 個人は最大の効用が得られる選択肢を選ぶと考えて

$$Y_i = j \quad \Leftrightarrow \quad Y_{ij}^* = \max_k Y_{ik}^*$$

とすると，すべての $k \neq j$ について

$$Pr(Y_i = j) = Pr(Y_{ij}^* > Y_{ik}^*)$$

となります．誤差項（$\epsilon_i^{(1)}, \cdots, \epsilon_i^{(J)}$）が互いに独立であると仮定すると，

$$Pr(Y_i = j) = \prod_{k \neq j} Pr(Y_{ij}^* > Y_{ik}^*)$$

であり，さらに確率変数 $\epsilon_i^{(j)}$ にタイプⅠの極値分布であるグンベル分布を仮定すれば，その分布関数が $Pr(\epsilon_i^{(j)} < z) = \exp\{-\exp(-z)\}$ であることを用いて

$$Pr(Y_i = j) = \frac{\exp(\beta_0^{(j)} + \beta_1^{(j)} X_{1i} + \cdots + \beta_p^{(j)} X_{pi})}{\sum_{k=1}^{J} \exp(\beta_0^{(k)} + \beta_1^{(k)} X_{1i} + \cdots + \beta_p^{(k)} X_{pi})}$$

となり，これを多項ロジットモデルといいます．多項ロジットモデルではパラメータの一意性を確保するため，選択肢 J を基準とするときに $\beta_0^{(J)} = \beta_1^{(J)} = \cdots = \beta_p^{(J)} = 0$ とし，

$$Pr(Y_i = j) = \begin{cases} \dfrac{1}{1 + \sum_{k=1}^{J-1} \exp(\beta_0^{(k)} + \beta_1^{(k)} X_{1i} + \cdots + \beta_p^{(k)} X_{pi})}, & j = J \\ \dfrac{\exp(\beta_0^{(j)} + \beta_1^{(j)} X_{1i} + \cdots + \beta_p^{(j)} X_{pi})}{1 + \sum_{k=1}^{J-1} \exp(\beta_0^{(k)} + \beta_1^{(k)} X_{1i} + \cdots + \beta_p^{(k)} X_{pi})}, & j = 1, \cdots, J-1 \end{cases}$$

とします．このとき各カテゴリの対数オッズ比は

$$\log \frac{Pr(Y_i = j)}{Pr(Y_i = J)} = \beta_0^{(j)} + \beta_1^{(j)} X_{1i} + \cdots + \beta_p^{(j)} X_{pi}$$

となります．

また誤差項（$\epsilon_i^{(1)}, \cdots, \epsilon_i^{(J)}$）に多変量正規分布を仮定したモデルを多項プロビットモデルといいます．多項プロビットモデルでは，多変量正規分布の相関

行列を通して選択肢間の相関関係を表現することもできますが，多項ロジットモデルでは独立な関係を仮定しています．

定義 6.4 多項ロジット／多項プロビットモデル

Y_i を順序のないカテゴリ $j=1,\cdots,J$ のいずれかをとる離散的な被説明変数とし，$X_{1i},\cdots,X_{pi}$ を説明変数とするとき，回帰モデル

$$Pr(Y_i=j)=Pr(Y_{ij}^*=\max_k Y_{ik}^*),\quad j=1,\cdots,J$$
$$Y_{ij}^*=\beta_0^{(j)}+\beta_1^{(j)}X_{1i}+\cdots+\beta_p^{(j)}X_{pi}+\epsilon_i^{(j)}$$

を考えます．ただし，

- $\beta_0^{(j)},\beta_1^{(j)},\cdots,\beta_p^{(j)}$ はパラメータ
- $\epsilon_i^{(j)}$ は確率変数

$\epsilon_i^{(j)}$ が互いに独立にグンベル分布にしたがうとき**多項ロジットモデル**，$(\epsilon_i^{(1)},\cdots,\epsilon_i^{(J)})$ が多変量正規分布にしたがうとき**多項プロビットモデル**といいます[a]．

[a] パラメータの一意性を確保するために，例えば多項ロジットモデルでは $\beta_0^{(J)}=\cdots=\beta_p^{(J)}=0$，多項プロビットモデルでは $Y_{ij}^*\equiv 0$ を仮定し，Y_{i1}^* の分散を 1 とおくなどとします．

6.4 分析例

ロジットモデル・プロビットモデル

例 6.1 「地方学校税の税率引き上げ案」に対する住民投票の分析[a]

データ 6.1 は，アメリカ合衆国における「地方学校税」の税率引き上げ案に対する 95 人の住民の投票に関するデータです．被説明変数 Y は，引き上げ案に賛成のとき 1，反対のとき 0 とします．また説明変数は X_1〜X_4 の 4 つを考えて，X_1 は子供が私立学校に在籍しているとき 1，それ以外のとき 0，X_2 は教師として学校に勤務している場合 1，それ以外のとき 0，X_3 は年収（単位はドル）の対数値，X_4 は 1 年間で支払った固定資産税額（単位はドル）の対数値です．

1. ロジットモデル，プロビットモデルを推定しなさい．
2. 得られたモデルによる判別結果を示しなさい．
3. 説明変数の標本平均における限界効果を求めなさい．

[a] データは R. S. Pindyck and Rubinfeld, D. L. (1998) *Econometric Models and Economic Forecasts*, 4th Edition, Irwin/McGraw-Hill より引用．

表 6.1　データファイル（vote.csv）

```
y,x1,x2,x3,x4
1,0,1,9.77,7.05
0,0,0,10.02,7.05
(以下省略)
```

データは表 6.1 のようなファイルとして用意します．以下では被説明変数に **y**，説明変数に **x1**，**x2**，**x3**，**x4** を用いたロジットモデル・プロビットモデルについて説明していきます．まず，以下のように

Stata 6.1　ロジットモデル
統計(S) ▶ アウトカム(二値) ▶ ロジスティック回帰

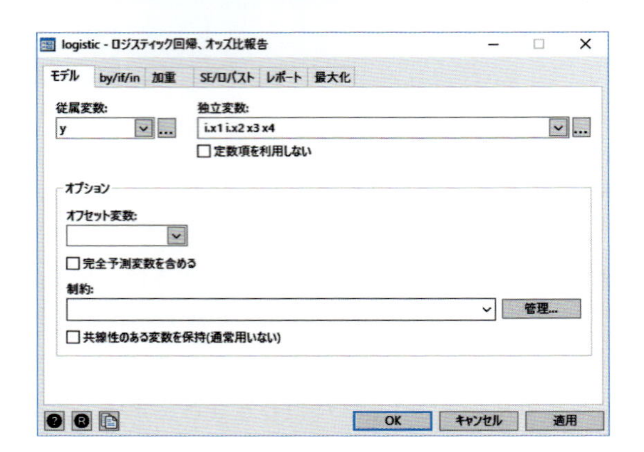

図 6.2　ロジットモデル（変数の指定）

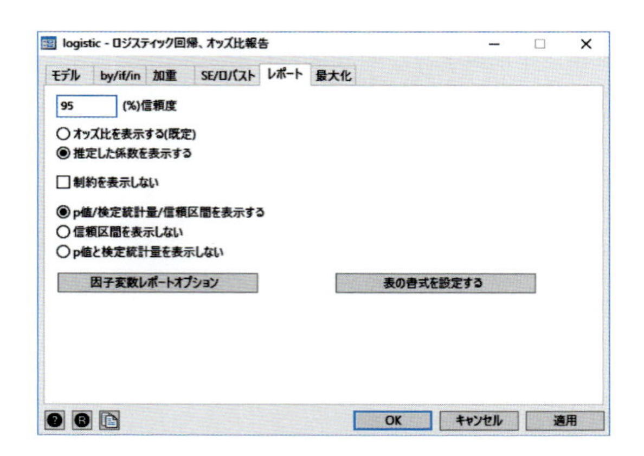

図 6.3　ロジットモデル（係数の報告）

とし，図 6.2 のように従属変数に **y**，独立変数に **i.x1 i.x2 x3 x4** と入れます（**x1**，**x2** は 0，1 のダミー変数なので，indicator を意味する **i.** を付けます）．さらに**レポート**タブで**推定した係数を表示する**を選び，OK を押します（図 6.3）．

表 6.2　ロジットモデルの推定結果

```
. logit y i.x1 i.x2 x3 x4, coef
Logistic regression                          Number of obs =      95①
                                             LR chi2(4)    =   16.43②
                                             Prob > chi2   = 0.0025③
Log likelihood = -54.821573④                 Pseudo R2     = 0.1303⑤

------------------------------------------------------------------------------
           y |      Coef.   Std. Err.      z    P>|z|     [95% Conf. Interval]
-------------+----------------------------------------------------------------
        1.x1 |  -.600891   .7231508    -0.83   0.406⑥  -2.018241    .8164586
        1.x2 |  2.966338   1.478605     2.01   0.045⑦   .0683249    5.864351
          x3 |  2.267994   .7606788     2.98   0.003⑧    .777091    3.758897
          x4 | -1.890113   .9936171    -1.90   0.057⑨  -3.837566    .0573411
       _cons |   -9.0785   6.805657    -1.33   0.182   -22.41734    4.260344
------------------------------------------------------------------------------
```

推定結果の表 6.2 において，①は観測値の個数，②，③は回帰の有意性検定で，定数項を除くすべての説明変数の係数が 0 であるという帰無仮説のカイ二乗値とその p 値です．p 値は 0.0025 と 0.05 より小さいので，帰無仮説を有意水準 5% で棄却して回帰の有用性を支持しています．推定された式は

$$\hat{Y}_i^* = -9.079 - 0.601X_{1i} + 2.966X_{2i} + 2.268X_{3i} - 1.890X_{4i}$$

で，$\hat{Pr}(Y_i=1) = \exp(\hat{Y}_i^*)/\{1+\exp(\hat{Y}_i^*)\}$となります．④はこのモデルの対数尤度 $\log L_1$ で，⑤は $1-(\log L_1/\log L_0)$（ただし $\log L_0$ は定数項のみのモデルの対数尤度）で定義される擬似 R^2 です．定義からもわかるように最小二乗法における決定係数のもつ意味は，擬似 R^2 にはありません．⑥，⑦，⑧，⑨はそれぞれの説明変数の回帰係数が 0 であるという帰無仮説に対して，0 ではないという対立仮説を検定する p 値で，X_2 の p 値が 0.045，X_3 の p 値が 0.003 と有意水準 5% で有意となっています．教師として働いていると直接学校税の恩恵を受けるため税率引き上げには賛成，年収が高いと教育には概して熱心でしょうから税率引き上げには賛成すると解釈することができます．プロビットモデルも以下のように推計することができますが，詳細は割愛します．

Stata 6.2　プロビットモデル

統計(S)▶アウトカム(二値)▶プロビット回帰

さて得られた推定値をもとに，どの程度正しく個人の投票行動を予測できるか

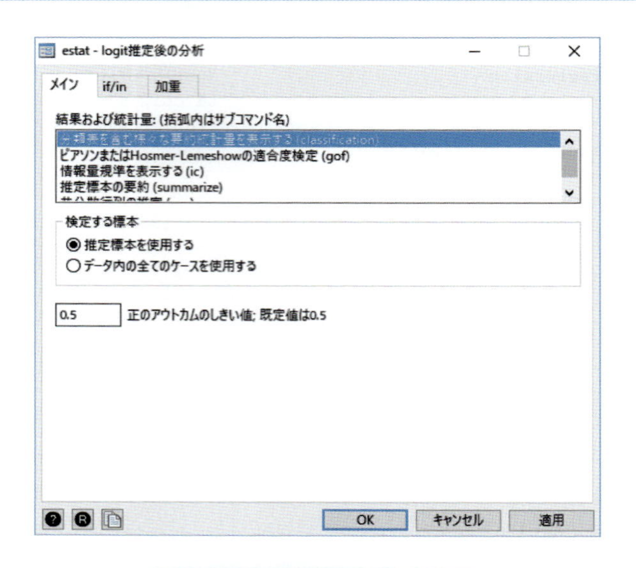

図 6.4　ロジットモデルによる判別

調べてみましょう．ロジットモデルやプロビットモデルにおいて推定をした後で以下のように続けます．

Stata 6.3　判別結果を見る

統計(S)▶アウトカム(二値)▶推定後の分析▶logistic/logit/probit 後の適合度

出てきた画面で結果および統計量で分類表を含む様々な要約統計量を表示する(classification) を選び，OK を押します（図 6.4）．

表 6.3　ロジットモデルの判別結果

```
. estat classification
Logistic model for y
                 -------- True --------
Classified |          D            ~D  |      Total
-----------+--------------------------+-----------
     +     |         50①         22③ |         72
     -     |          9②         14④ |         23
-----------+--------------------------+-----------
   Total   |         59           36  |         95

Classified + if predicted Pr(D) >= .5 ⑤
True D defined as y != 0
--------------------------------------------------
Sensitivity                     Pr( +| D)   84.75%⑥
Specificity                     Pr( -|~D)   38.89%⑦
Positive predictive value       Pr( D| +)   69.44%
Negative predictive value       Pr(~D| -)   60.87%
--------------------------------------------------
False + rate for true ~D        Pr( +|~D)   61.11%
False - rate for true D         Pr( -| D)   15.25%
False + rate for classified +   Pr(~D| +)   30.56%
False - rate for classified -   Pr( D| -)   39.13%
--------------------------------------------------
Correctly classified                        67.37%⑧
--------------------------------------------------
```

表 6.3 はロジットモデルにおいて $\hat{Pr}(Y=1)>0.5$ ならば，賛成する（y＝1）というルール（⑤）にしたがって予測を行った場合の判別結果です．実際に投票に賛成した 59 人の中で，賛成すると正しく予測できた人が 50 人（①），できなかった人が 9 人（②）です．また実際に投票に反対した 36 人の中で，反対すると正しく予測できた人が 14 人（④），できなかった人が 22 人（③）でした．⑥，⑦は，賛成した人及び反対した人のそれぞれの中で正しい判別率を表しています．賛成した人の判別率（Sensitivity）は 84.75%（＝50/59）と高いですが，反対した人の判別率（Specificity）は 38.89%（＝14/36）とやや低くなっています．総合すると⑧の 67.37%（＝(50＋14)/95）という判別率になります．

最後に限界効果（marginal effects）の計算を行ってみましょう．ロジットモデルとプロビットモデルでは，パラメータの推定値をそのまま比較することが難しいので，上記のような判別結果や限界効果を比較します．限界効果とは，「$Pr(Y=1)$ が説明変数 X のわずかな変化によりどう変わるか」であり，偏微

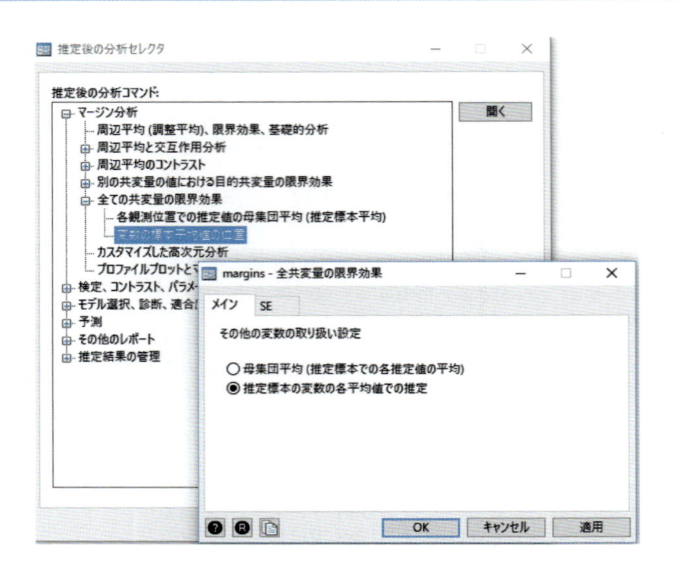

図 6.5　限界効果の計算

分係数 $\partial Pr(Y=1)/\partial X_j$ として計算されます．ロジットモデルやプロビットモデルの推定後に以下を行います．

Stata 6.4　限界効果の計算をする

統計(S) ▶ 推定後の分析

画面で**マージン分析—全ての共変量の限界効果—変数の標本平均値の位置**を選び，**開く**を押します．出てきた画面で **OK** を押します（図 6.5）．

すると表 6.4 のような結果が得られます．①，②は **x1**，**x2** が 0，1 の値をとる変数なので，X_1，X_2 がそれぞれ 0 から 1 に変化したときの $Pr(Y=1)$ の確率の変化を表したものです．具体的には，他の説明変数の値をそれぞれの標本平均としたときに，X_1 (X_2) が 0 から 1 になるときに $Pr(Y=1)$ は 0.14 減少（0.38 増加）します．一方，③，④は X_3，X_4 が連続な変数なので，X_3，X_4 がそれぞれの標本平均の値から少し変化したときの $Pr(Y=1)$ の確率の変化を表しています．つまり他の説明変数の値はそれぞれの標本平均として，X_3 (X_4) がその標本平均の値からわずかに増加したときに $Pr(Y=1)$ は 0.50 増加 (0.42 減少) することがわかります．

表 6.4　ロジットモデルによる限界効果の計算結果

```
. margins, dydx(*) atmeans

Conditional marginal effects                Number of obs     =         95
Model VCE     : OIM

Expression    : Pr(y), predict()
dy/dx w.r.t. : 1.x1 1.x2 x3 x4
at            : 0.x1            =    .8947368 (mean)
                1.x1            =    .1052632 (mean)
                0.x2            =    .8842105 (mean)
                1.x2            =    .1157895 (mean)
                x3              =    9.969579 (mean)
                x4              =    6.942421 (mean)

------------------------------------------------------------------------------
             |            Delta-method
             |      dy/dx   Std. Err.      z    P>|z|     [95% Conf. Interval]
-------------+----------------------------------------------------------------
        1.x1 |  -.1418482① .1773108    -0.80   0.424    -.4893709    .2056745
        1.x2 |   .3789439② .0751475     5.04   0.000     .2316575    .5262302
          x3 |   .5044077③  .162597     3.10   0.002     .1857235    .8230919
          x4 |  -.4203659④ .2162501    -1.94   0.052    -.8442084    .0034766
------------------------------------------------------------------------------
Note: dy/dx for factor levels is the discrete change from the base level.
```

参考として Stata プログラムを Stata 6.5 にまとめておきます．

Stata 6.5　ロジットモデル・プロビットモデルのプログラム

```
import delimited C:¥vote.csv
logit  y  i.x1  i.x2 x3 x4, coef
estat classification
margins, dydx(*) atmeans
probit y  i.x1  i.x2 x3 x4
estat classification
margins, dydx(*) atmeans
```

順序ロジット／順序プロビットモデル

例 6.2　精神的健康に関する研究[a]

データ 6.2 はアメリカ合衆国フロリダ州において単純抽出された 40 人の，精神的健康に関するデータです．被説明変数 Y は精神的健康障害の度合いで，4 段階（1. 良好，2. 軽度，3. 中等度，4. 障害）に順序付けられて分かれています．一方，精神的健康の説明変数として，X_1 は被験者の社会経済的地位（1＝高い，0＝低い），X_2 は被験者の過去 3 年間に起こった人生における重大な出来事の数と厳しさの程度（例えば子供の誕生，就職，離婚，家族の死などを含む）を数値化したインデックスを考えます．

1. 順序ロジットモデルをあてはめなさい．
2. 推定したモデルを用いて各度合いの確率を推定しなさい．

[a] Alan Agresti (2002) *Categorical Data Analysis*, 2nd Edition, Wiley よりデータを引用．

表 6.5　データファイル (mental.csv)

```
y,x1,x2
1,1,1
1,1,9
(以下省略)
```

データは表 6.5 のようなファイルとして用意します．以下では被説明変数に **y**，説明変数に **x1**，**x2** を用いた順序ロジット／順序プロビットモデルについて説明していきます．まず，被説明変数 Y の度合いがどのように分布しているかを見てみましょう．

Stata 6.6　カテゴリ・データの分布を見る

統計(S)▶要約/表/検定▶度数分布表▶一元配置表

画面でカテゴリ変数に **y** を選び OK を押します（図 6.6）．

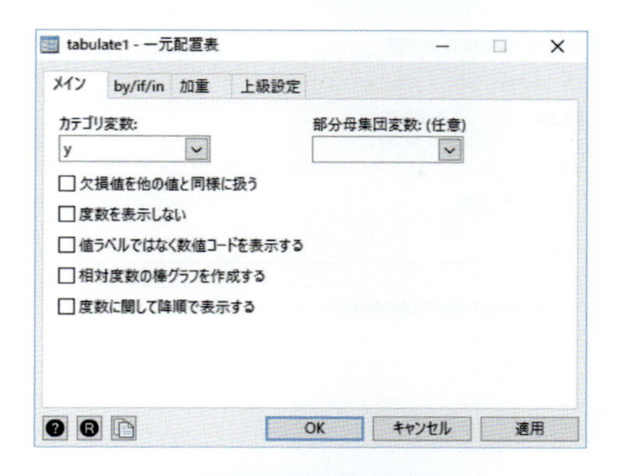

図6.6　度数分布表

表6.6　度数分布表

```
. tabulate y
          y |      Freq.     Percent        Cum.
------------+-----------------------------------
          1 |         12       30.00       30.00
          2 |         12       30.00       60.00
          3 |          7       17.50       77.50
          4 |          9       22.50      100.00
------------+-----------------------------------
      Total |         40      100.00
```

表6.6において，精神的健康が良好の人が12名（30%），軽度の人が12名（30%），中等度の人が7名（17.5%），障害の人が9名（22.5%）となっています．順序ロジットモデルをあてはめるには以下のようにします．

Stata 6.7　順序ロジットモデル

統計(S)▶アウトカム(順序型)▶順序ロジスティック回帰

出てきた画面で従属変数に **y** を，独立変数に **i.x1 x2** を入力して OK を押します（図6.7）．

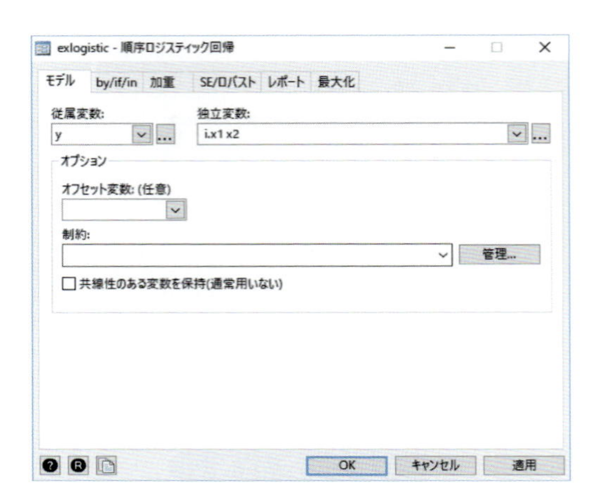

図 6.7　順序ロジットモデル

表 6.7　順序ロジットモデルの推定結果

```
. ologit y i.x1 x2
Ordered logistic regression                     Number of obs     =         40
                                                LR chi2(2)        =       9.94
                                                Prob > chi2       =     0.0069
Log likelihood = -49.548948                     Pseudo R2         =     0.0912
------------------------------------------------------------------------------
           y |      Coef.   Std. Err.      z    P>|z|     [95% Conf. Interval]
-------------+----------------------------------------------------------------
        1.x1 |  -1.111234①  .6108786    -1.82   0.069③-2.308534    .0860662
          x2 |   .3188611②   .120992     2.64   0.008④ .081721     .5560012
-------------+----------------------------------------------------------------
       /cut1 |  -.2819054⑤  .6422665                     -1.540725    .9769138
       /cut2 |   1.212789⑥  .6606541                     -.082069     2.507647
       /cut3 |   2.209368⑦  .7209701                      .7962931    3.622444
------------------------------------------------------------------------------
```

推定結果の表 6.7 より，推定された式は，

$$\hat{Y}_i^* = -1.111X_{1i} + 0.319X_{2i}$$

で，説明変数 X_1 の係数の推定値は $\hat{\beta}_1 = -1.11$（①）でその p 値（③）は 0.069 と 0.05 より大きく，やや説明力がないと思われますが，一方 X_2 の係数の推定

値は $\hat{\beta}_2 = 0.319$（②）でその p 値（④）は0.008と0.05より小さく，有意であることがわかります[2]．⑤〜⑦は閾値 $\alpha_1 \sim \alpha_3$ の推定値で，$\hat{\alpha}_1 = -0.282$，$\hat{\alpha}_2 = 1.213$，$\hat{\alpha}_3 = 2.209$ です．推定結果をもとに各カテゴリの確率を推定するには，以下の通りにします．各カテゴリ（1〜4）の推定確率は **pr1**，**pr2**，**pr3**，**pr4** に保存されます．

Stata 6.8 各カテゴリの確率を推定する

統計(S)▶推定後の分析

予測―確率、線形結合、およびその標準誤差等を選び，**開く**を押します．出てきた画面で**生成**に**確率（アウトカムの数と同じ変数を指定）**を選択して**新規変数名またはワイルドカード付き接頭語**に **pr1 pr2 pr3 pr4** と入力し **OK** を押します（図 6.8）．

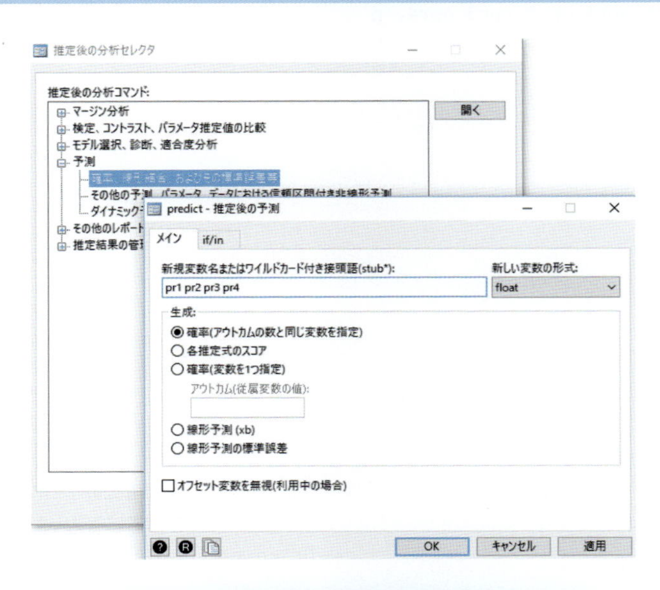

図 6.8　順序ロジットモデル――各カテゴリの推定確率

---

[2] 出力の形式は係数 $\hat{\beta}_1$，$\hat{\beta}_2$ の代わりにオッズ比 $\exp(\hat{\beta}_1)$，$\exp(\hat{\beta}_2)$ とすることもできます．そのためには順序ロジットモデルの画面で**レポート**タブを選択し，**オッズ比を表示する**を選びます．

最後に順序プロビットモデルの推定方法について説明をします．推定については以下のように行います．各カテゴリの推定確率の求め方は，順序ロジットモデルの場合と同様です．

Stata 6.9 順序プロビットモデル

統計(S)▶アウトカム(順序型)▶順序プロビット回帰

参考として Stata プログラムを Stata 6.10 にまとめておきます．

Stata 6.10 順序ロジット／順序プロビットモデルのプログラム

```
import delimited C:¥mental.csv
tabulate y
ologit  y i.x1 x2
predict pr1 pr2 pr3 pr4, p
oprobit y i.x1 x2
predict opr1 opr2 opr3 opr4, p
```

多項ロジット／多項プロビットモデル

例 6.3　社債の格付け[a]

データ 6.3 は 1997 年における製造業 120 社の日本格付投資情報センターの格付けを AA 以上（カテゴリ 1），A（カテゴリ 2），BBB 以下（カテゴリ 3）の 3 つに再区分したデータで，それぞれのカテゴリには 40 社が含まれています．

説明変数は 6 つの財務指標として X_1：キャッシュフロー（＝当期利益＋減価償却費－配当金・役員賞与）の対数値，X_2：有利子負債キャッシュフロー倍率＝有利子負債／キャッシュフロー，X_3：自己資本比率＝自己資本／使用総資本，X_4：総資本事業利益率＝(営業利益＋受取利息・配当金)／使用総資本（期首・期末平均），X_5：インタレストカバレッジ＝(営業利益＋受取利息・配当金)／支払利息・割引料，X_6：経常収支比率＝(営業収入＋営業外収益)／(営業支出＋営業外費用）を考えます．

このとき，格付けを被説明変数 Y として多項ロジットモデルをあてはめなさい．

[a] 小林正人（2001）「順序プロビット・モデルのテストと社債格付データへの応用」『金融研究』第 20 巻別冊第 1 号，1–18 で用いられているデータの一部のみを使用．

6.4 分析例

表 6.8　データファイル（rate.csv）

```
y,x1,x2,x3,x4,x5,x6
1,11.79,0.21,70.52,8.33,79.28,123.79
1,11.87,6.19,29.4,4.35,3.87,137.32
1,9.75,5.96,43.89,9.04,16.1,171.38
(以下省略)
```

データは表 6.8 のようなファイルとして用意します．多項ロジットモデルをあてはめるには

Stata 6.11　多項ロジットモデル

統計(S)▶アウトカム(カテゴリ)▶多項ロジスティック回帰

とします．多項プロビットモデルをあてはめるには

> Stata 6.12 多項プロビットモデル
> 統計(S)▶アウトカム(カテゴリ)▶多項プロビット回帰

としますが，その後は多項ロジットモデルと同様です[3].

出てきた画面で**従属変数**に **y** を，**独立変数**に **x1-x6** を入力します．さらに**オプション**の**アウトカムの基準**に **2**（格付け A のカテゴリ）を指定して✓（チェック）を入れ，OK を押します（図 6.9）.

推定結果の表 6.9 において，観測値の個数は 120（①）で，説明変数の係数がすべて 0 であるという有意性検定のカイ二乗値 172.85（②），その p 値が 0.000（③）であることから，係数がすべて 0 であるという帰無仮説は棄却されます．擬似決定係数は 0.6556（④），対数尤度は −45.41（⑤）です．

格付けが AA 以上のカテゴリ 1 に入るかどうかの潜在変数における係数の推定値は⑥〜⑫，p 値は⑬〜⑲で与えられていて，X_1（対数キャッシュフロー），

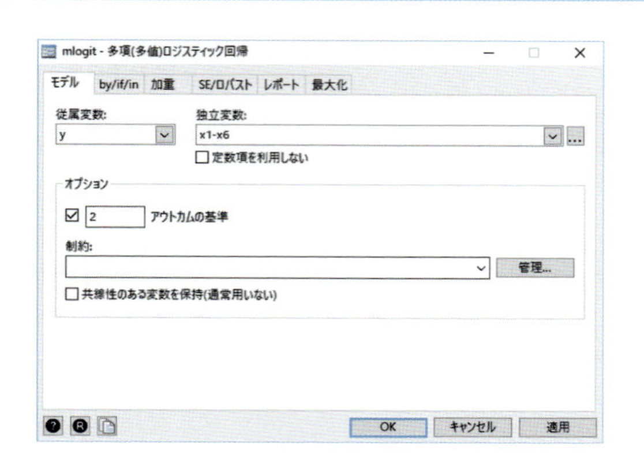

図 6.9　多項ロジットモデル

[3] Stata では，基準となるアウトカム J については $Y^*_{ij}=0$ とし，それ以外のアウトカムの j, k については Y^*_{ij} の分散を 2，Y^*_{ij} と Y^*_{ik} の共分散を 1（$j \neq k$）と仮定しています．このことは各 Y^*_{ij} の誤差項に独立な標準正規分布を仮定し，$Y^*_{ij}-Y^*_{iJ}$ の分布を考えることと同等です．

X_3（自己資本比率）の p 値が0.000，0.001と0.01より小さくなっており，有意水準1%で有意となっています．このことから説明変数 X_1，X_3 はいずれも格付けを説明するために有用であると考えられます．

一方，格付けがBBB以下のカテゴリ3に入るかどうかの潜在変数における係数の推定値も同様に⑳～㉖，p 値は㉗～㉝で与えられています．X_1（キャッシュフローの対数値），X_2（有利子負債キャッシュフロー倍率），X_3（自己資本比率）の p 値は0.000，0.001，0.001といずれも有意水準1%で有意となっていて，これらの3つの説明変数はいずれも格付けBBB以下を説明するために有用であると考えられます．

表6.9　多項ロジットモデルの推定結果

```
. mlogit y x1-x6, baseoutcome(2)
Multinomial logistic regression                 Number of obs     =        120①
                                                LR chi2(12)       =     172.85②
                                                Prob > chi2       =     0.0000③
Log likelihood = -45.406021⑤                     Pseudo R2         =     0.6556④

------------------------------------------------------------------------------
           y |      Coef.   Std. Err.      z    P>|z|     [95% Conf. Interval]
-------------+----------------------------------------------------------------
1            |
          x1 |   3.023676⑥  .6873713     4.40   0.000⑬   1.676453    4.370899
          x2 |   .0719486⑦  .1953101     0.37   0.713⑭  -.3108522    .4547494
          x3 |   .1799104⑧  .0537495     3.35   0.001⑮   .0745633    .2852576
          x4 |   .3470516⑨  .2607448     1.33   0.183⑯  -.1639989    .8581021
          x5 |  -.0507558⑩  .0543179    -0.93   0.350⑰  -.1572169    .0557054
          x6 |  -.0197212⑪  .0115403    -1.71   0.087⑱  -.0423399    .0028975
       _cons |  -37.52898⑫  8.892839    -4.22   0.000⑲  -54.95862   -20.09933
-------------+----------------------------------------------------------------
2            |  (base outcome)
-------------+----------------------------------------------------------------
3            |
          x1 |  -4.178327⑳  1.063614    -3.93   0.000㉗  -6.262973   -2.093682
          x2 |  -.1579314㉑   .049071    -3.22   0.001㉘  -.2541087   -.0617541
          x3 |  -.2253705㉒  .0695072    -3.24   0.001㉙  -.3616022   -.0891389
          x4 |  -.4081539㉓  .2914427    -1.40   0.161㉚  -.9793712    .1630633
          x5 |   .0389759㉔   .041898     0.93   0.352㉛  -.0431426    .1210945
          x6 |  -.0028068㉕  .0119678    -0.23   0.815㉜  -.0262633    .0206497
       _cons |   48.62427㉖  12.90695     3.77   0.000㉝   23.32711    73.92143
------------------------------------------------------------------------------
```

それぞれのカテゴリに対応する潜在変数の関数は

$$\hat{Y}^*_{i1} = -37.529 + 3.024X_{1i} + 0.072X_{2i} + 0.180X_{3i} + 0.347X_{4i} - 0.051X_{5i} - 0.020X_{6i},$$

$$\hat{Y}^*_{i3} = 48.624 - 4.178X_{1i} - 0.158X_{2i} - 0.225X_{3i} - 0.408X_{4i} + 0.039X_{5i} - 0.003X_{6i}$$

で，X_1，X_2，X_3 の符号は AA 以上のカテゴリ 1 に入るには正となり，BBB 以下のカテゴリ 3 に入るにはその反対の負になっています．キャッシュフローが大きく（小さく），有利子負債キャッシュフロー倍率が高く（低く），自己資本比率の高い（低い）企業が，高い（低い）格付け AA 以上（BBB 以下）を受けていることがわかります．各カテゴリの推定確率は，順序ロジットモデルの場合と同様に求めることができます．

参考として Stata プログラムを Stata 6.13 にまとめておきます．

Stata 6.13 多項ロジット／多項プロビットモデル

```
import delimited C:¥rate.csv
mlogit y x1-x6, baseoutcome(2)
predict pr1 pr2 pr3, p
mprobit y x1-x6, baseoutcome(2)
predict pr1 pr2 pr3, p
```

6.5 練習問題

1. データ 6.1 にプロビットモデルをあてはめなさい．
   (1) 推定値を求めて解釈をしなさい．
   (2) 得られた推定値をもとに判別を行い，ロジットモデルの結果と比較しなさい．
   (3) 限界効果を標本平均の値で評価し，ロジットモデルの結果と比較しなさい．
   (4) AIC，BIC を求めてロジットモデルとプロビットモデルを比較しなさい．
2. データ 6.2 に順序プロビットモデルをあてはめなさい．

(1) 推定値を求めて解釈をしなさい.

(2) 得られた推定値をもとに各カテゴリの推定確率を求め，ロジットモデルの結果と比較しなさい.

(3) AIC，BIC を求めて順序ロジットモデルと順序プロビットモデルを比較しなさい.

3. データ 6.3 に多項プロビットモデルをあてはめなさい.

(1) 推定値を求めて解釈をしなさい.

(2) 得られた推定値をもとに各カテゴリの推定確率を求め，ロジットモデルの結果と比較しなさい.

(3) AIC，BIC を求めて多項ロジットモデル，多項プロビットモデル，順序ロジットモデル，順序プロビットモデルを比較しなさい.

6.6 データ

データ 6.1　投票行動のデータ

i	Y_i	X_{1i}	X_{2i}	X_{3i}	X_{4i}	i	Y_i	X_{1i}	X_{2i}	X_{3i}	X_{4i}
1	1	0	1	9.77	7.05	49	0	0	0	9.77	6.75
2	0	0	0	10.02	7.05	50	0	0	0	10.02	7.05
3	0	0	0	10.02	7.05	51	1	0	0	10.02	6.75
4	0	0	0	9.43	6.40	52	1	0	0	9.43	6.75
5	1	0	1	10.02	7.28	53	1	0	0	10.46	7.28
6	0	0	0	10.46	7.05	54	0	1	0	9.77	7.05
7	0	0	0	10.02	7.05	55	1	0	0	10.02	7.05
8	1	0	0	10.02	7.28	56	1	0	0	9.77	5.99
9	0	0	0	10.22	7.05	57	0	0	0	9.43	7.05
10	1	0	0	9.43	7.05	58	1	0	1	9.77	6.40
11	1	0	0	10.02	7.05	59	1	0	0	10.02	6.75
12	0	0	0	9.77	6.40	60	0	0	0	10.46	7.05
13	1	0	0	9.77	6.75	61	1	0	0	10.02	7.05
14	1	0	0	10.02	7.05	62	0	1	0	10.82	7.28
15	1	0	0	10.82	6.75	63	0	0	0	9.43	6.75
16	1	0	0	9.77	6.75	64	1	0	1	9.77	5.99
17	1	0	1	10.22	7.05	65	0	0	0	8.92	6.40
18	0	0	0	10.02	7.05	66	0	0	0	9.43	7.50
19	1	0	0	10.22	7.05	67	0	0	0	9.43	6.75
20	1	1	0	10.22	6.75	68	0	0	0	10.02	7.05
21	1	0	1	10.46	7.05	69	1	1	0	10.02	7.05
22	1	0	0	10.22	7.05	70	1	0	0	10.02	7.05
23	1	0	0	9.77	6.75	71	1	0	0	10.22	7.05
24	1	0	0	10.46	7.28	72	1	0	0	9.77	7.05
25	1	0	0	10.02	6.75	73	0	0	0	10.02	7.28
26	0	1	0	10.46	7.05	74	1	0	0	9.77	7.05
27	1	0	1	9.77	6.75	75	0	0	0	9.77	7.05
28	0	0	0	9.77	7.05	76	1	0	0	10.22	6.75
29	0	0	0	9.77	6.75	77	1	0	0	10.46	6.75
30	1	1	0	10.22	7.05	78	0	0	0	10.22	6.75
31	1	0	0	10.02	6.75	79	1	0	1	9.77	6.75
32	0	0	0	9.43	6.75	80	1	0	0	10.22	7.05
33	0	0	1	8.29	7.05	81	1	0	0	10.02	7.28
34	1	1	0	10.46	7.05	82	1	0	0	10.46	6.75
35	1	0	0	10.02	7.05	83	0	0	0	9.77	7.05
36	0	0	0	10.22	7.28	84	1	0	0	10.82	7.50
37	1	0	0	10.22	7.05	85	0	1	0	8.92	5.99
38	1	0	0	10.22	7.50	86	1	1	0	9.77	7.05
39	0	0	0	10.02	7.05	87	1	0	0	9.43	6.40
40	1	0	0	10.22	7.05	88	1	0	0	9.77	6.75
41	0	0	0	10.02	7.05	89	1	0	0	10.02	7.05
42	0	0	0	10.82	7.50	90	1	0	0	10.02	6.75
43	1	0	0	10.02	7.05	91	1	0	0	10.22	7.28
44	1	0	0	10.02	7.05	92	1	0	1	10.02	7.05
45	1	0	0	10.02	6.75	93	1	0	0	10.02	7.05
46	1	0	0	10.02	7.05	94	1	0	1	8.92	5.99
47	0	0	0	9.77	6.75	95	0	0	0	10.46	7.50
48	0	1	0	10.22	7.50						

データ 6.2　精神的健康のデータ

i	Y_i	X_{1i}	X_{2i}	i	Y_i	X_{1i}	X_{2i}
1	1	1	1	21	2	1	9
2	1	1	9	22	2	0	3
3	1	1	4	23	2	1	3
4	1	1	3	24	2	1	1
5	1	0	2	25	3	0	0
6	1	1	0	26	3	1	4
7	1	0	1	27	3	0	3
8	1	1	3	28	3	0	9
9	1	1	3	29	3	1	6
10	1	1	7	30	3	0	4
11	1	0	1	31	3	0	3
12	1	0	2	32	4	1	8
13	2	1	5	33	4	1	2
14	2	0	6	34	4	1	7
15	2	1	3	35	4	0	5
16	2	0	1	36	4	0	4
17	2	1	8	37	4	0	4
18	2	1	2	38	4	1	8
19	2	0	5	39	4	0	8
20	2	1	5	40	4	0	9

データ 6.3 格付けデータ

i	Y_i	X_{1i}	X_{2i}	X_{3i}	X_{4i}	X_{5i}	X_{6i}
1	1	11.79	0.21	70.52	8.33	79.28	123.79
2	1	11.87	6.19	29.40	4.35	3.87	137.32
3	1	9.75	5.96	43.89	9.04	16.10	171.38
4	1	10.21	1.62	52.55	4.86	14.07	112.22
5	1	11.12	4.12	37.46	5.54	6.19	132.59
6	1	10.83	3.45	57.40	2.89	6.22	116.80
7	1	9.81	4.85	59.04	4.97	14.04	138.10
8	1	10.27	2.98	60.60	11.54	15.80	285.85
9	1	11.20	4.87	32.22	3.89	5.77	128.81
10	1	9.21	5.13	62.68	5.60	6.79	144.72
11	1	11.26	1.73	56.35	9.13	29.59	216.43
12	1	9.16	4.71	60.06	2.11	2.74	121.49
13	1	9.83	2.17	45.49	7.66	14.61	159.54
14	1	10.53	6.56	39.98	5.17	7.30	132.78
15	1	9.64	0.37	58.46	7.13	32.27	134.87
16	1	11.02	4.19	49.47	2.02	2.91	124.88
17	1	11.86	0.86	56.57	4.94	22.57	122.34
18	1	10.21	5.59	40.79	5.82	9.64	128.54
19	1	10.67	5.84	19.82	4.73	3.11	125.08
20	1	10.32	2.59	55.69	7.19	22.13	132.27
21	1	11.32	8.51	49.25	3.40	6.60	122.22
22	1	10.25	2.65	61.61	11.15	31.90	267.70
23	1	11.42	0.88	61.62	6.78	62.06	121.26
24	1	10.95	0.52	63.30	11.94	77.85	202.90
25	1	10.13	5.23	55.50	5.68	11.27	142.62
26	1	11.61	1.06	58.75	6.84	36.52	119.08
27	1	12.12	2.20	32.64	5.21	8.37	128.27
28	1	10.91	5.27	48.45	5.29	5.88	132.63
29	1	11.07	0.93	59.60	6.71	50.88	119.48
30	1	13.10	0.80	64.83	8.46	28.32	119.36
31	1	10.55	3.16	52.51	7.37	13.58	114.38
32	1	9.78	5.58	43.73	2.39	2.83	118.20
33	1	12.50	2.08	38.84	3.57	8.35	127.55
34	1	9.93	2.28	48.80	5.57	9.09	119.42
35	1	12.19	4.55	30.91	3.30	3.49	134.73
36	1	11.75	1.17	55.43	12.49	15.48	123.72
37	1	11.70	5.16	53.18	4.39	5.34	122.14
38	1	11.20	6.45	34.20	1.68	1.55	123.88
39	1	12.04	2.24	29.72	5.40	9.38	117.19
40	1	12.04	2.87	24.19	2.14	3.81	126.59

i	Y_i	X_{1i}	X_{2i}	X_{3i}	X_{4i}	X_{5i}	X_{6i}
41	2	11.71	5.18	24.57	3.41	2.04	118.18
42	2	9.73	4.76	42.39	4.25	4.96	120.69
43	2	9.28	1.13	34.58	5.20	8.22	104.81
44	2	9.11	2.33	36.27	8.24	7.13	112.88
45	2	8.55	4.14	57.31	4.45	6.13	131.48
46	2	10.17	3.51	16.02	3.51	6.50	114.61
47	2	10.60	6.36	24.25	4.14	2.94	114.13
48	2	8.88	4.01	63.30	2.62	4.79	117.79
49	2	8.40	2.57	74.06	9.81	19.16	167.11
50	2	8.78	2.48	50.61	7.55	25.95	128.66
51	2	9.27	2.09	52.67	4.01	15.17	195.90
52	2	9.66	4.81	28.37	4.80	14.00	125.50
53	2	11.06	4.16	29.10	3.16	1.90	128.48
54	2	10.12	1.67	71.33	18.4	61.85	617.45
55	2	9.08	12.55	49.86	4.23	2.78	144.44
56	2	8.27	7.34	45.57	2.93	6.66	200.21
57	2	9.35	4.21	50.08	3.54	4.57	131.44
58	2	7.40	20.81	60.62	1.64	5.55	118.82
59	2	9.87	3.25	46.54	4.44	7.81	136.09
60	2	9.14	2.32	40.96	6.59	8.02	120.84
61	2	8.88	2.91	42.84	5.45	5.16	122.43
62	2	10.50	5.61	14.70	4.82	6.59	114.65
63	2	11.72	7.39	28.00	3.00	1.97	113.49
64	2	8.61	2.75	50.23	4.88	10.04	135.99
65	2	9.02	4.30	62.77	9.70	69.17	331.96
66	2	8.92	1.73	44.76	8.09	17.37	121.86
67	2	9.96	6.49	44.55	5.74	11.35	134.31
68	2	8.91	1.53	50.21	4.69	17.02	127.39
69	2	9.34	0.88	49.54	4.74	9.04	120.99
70	2	6.97	31.09	50.41	1.73	2.35	111.84
71	2	11.50	5.96	23.02	4.93	2.77	111.47
72	2	9.70	3.67	37.92	3.77	5.09	115.86
73	2	8.99	1.84	52.75	9.05	25.73	120.78
74	2	8.48	7.25	68.37	4.89	68.44	143.37
75	2	8.41	8.11	42.58	5.14	11.86	147.91
76	2	8.35	5.00	45.01	6.88	15.78	121.22
77	2	8.86	13.75	41.17	5.48	38.87	144.35
78	2	9.66	1.39	66.18	7.13	31.45	207.54
79	2	8.62	1.25	68.59	9.28	20.16	175.66
80	2	8.55	12.93	44.36	2.86	4.69	142.15

i	Y_i	X_{1i}	X_{2i}	X_{3i}	X_{4i}	X_{5i}	X_{6i}
81	3	7.62	9.77	42.96	3.78	3.94	123.75
82	3	7.84	3.66	52.95	3.17	6.73	146.43
83	3	8.58	5.61	24.87	4.15	5.16	113.23
84	3	8.27	2.64	40.84	4.07	16.31	114.41
85	3	8.58	5.09	28.80	3.19	3.99	124.14
86	3	8.40	1.56	50.86	4.25	12.20	120.87
87	3	9.19	11.09	36.52	2.73	1.23	112.64
88	3	6.33	16.30	28.90	6.61	31.48	119.05
89	3	8.37	3.82	35.28	6.31	5.74	117.94
90	3	9.96	11.67	16.19	4.07	2.35	138.48
91	3	7.05	5.09	59.91	4.74	7.59	232.71
92	3	8.01	10.90	48.02	4.17	5.49	271.66
93	3	7.92	7.46	33.68	4.63	6.50	132.32
94	3	8.70	6.50	44.14	4.45	6.96	132.88
95	3	7.15	9.80	47.73	5.19	4.94	146.72
96	3	8.19	2.38	56.09	3.53	10.16	116.31
97	3	7.72	1.29	42.88	8.74	20.52	127.38
98	3	7.64	5.82	33.32	3.29	6.81	125.09
99	3	7.05	3.62	36.75	4.97	10.69	123.84
100	3	5.00	104.62	39.74	2.27	1.21	129.48
101	3	8.57	1.17	52.95	4.95	10.19	116.83
102	3	7.60	1.54	47.17	4.43	7.01	113.11
103	3	7.91	3.65	43.62	5.16	8.33	120.94
104	3	7.26	5.05	45.57	4.52	5.05	127.81
105	3	10.40	12.04	15.04	2.54	1.44	111.43
106	3	7.50	2.11	66.61	8.04	53.31	115.37
107	3	6.99	0.00	49.02	8.61	22.64	129.44
108	3	6.36	13.77	24.50	2.97	3.38	112.94
109	3	7.58	2.55	54.50	6.79	76.74	165.93
110	3	6.92	7.03	50.65	7.27	12.84	168.04
111	3	8.31	12.89	33.12	1.27	1.67	124.17
112	3	8.09	0.38	57.25	5.21	29.02	124.05
113	3	7.48	6.98	43.79	4.46	4.60	146.97
114	3	8.30	2.96	40.66	6.88	3.93	138.56
115	3	8.56	6.79	36.88	0.19	0.28	114.32
116	3	7.94	10.77	30.72	1.80	1.47	110.07
117	3	6.92	17.65	40.12	1.13	1.20	121.50
118	3	7.95	0.60	51.49	4.65	11.57	130.22
119	3	7.69	5.87	20.35	2.55	1.44	120.82
120	3	8.25	7.98	32.93	7.35	5.78	116.64

参考図書

- 森棟公夫（2005）『基礎コース 計量経済学』新世社.
- 黒住英司（2016）『計量経済学』東洋経済新報社.

第 7 章

さまざまな ミクロ計量経済モデル

この章ではトービットモデル，サンプル・セレクションモデル，ポアソン回帰モデル，ワイブル回帰モデルについて説明します．

○ *KEY WORDS* ○

トービットモデル，打ち切り，
サンプル・セレクション，計数データ，
ポアソン回帰，負の二項回帰，継続時間，
ワイブル回帰

7.1 トービットモデル

回帰分析では，Y_i を被説明変数，$X_{1i}, \cdots, X_{pi}$ を説明変数として

$$Y_i = \beta_0 + \beta_1 X_{1i} + \cdots + \beta_p X_{pi} + \epsilon_i, \quad i = 1, \cdots, n, \quad \epsilon_i \sim i.i.d.\,(0, \sigma^2)$$

を考えますが，被説明変数 Y_i がある値以下のときには観測されないことがあります．例えば Y_i が労働時間である場合について考えてみましょう．本来観測されるはずの潜在的な労働時間 Y_i^* が 0 以下であれば（$Y_i^* \leq 0$），余暇に時間を費やしていると考えられるので労働時間 Y_i は観測されませんが，潜在的な労働時間 Y_i^* が 0 より大きければ（$Y_i^* > 0$），労働時間 Y_i の観測値を得ることができます．このようなとき Y_i には打ち切りがあるといい，トービットモデルあるいは，打ちきりのある回帰（censored regression）モデルと呼びます[1]．トービットモデルは次のように表現でき，推定には最尤法が用いられます．

定義 7.1　トービットモデル

以下のような回帰モデルを**トービットモデル**あるいは**打ちきりのある回帰**モデルといいます．

$$Y_i = \max(Y_i^*, 0), \quad i = 1, \cdots, n$$
$$Y_i^* = \beta_0 + \beta_1 X_{1i} + \cdots + \beta_p X_{pi} + \epsilon_i, \quad \epsilon_i \sim i.i.d.\ N(0, \sigma^2)$$

ただし

- 確率変数 Y_i^* は被説明変数だが，$Y_i^* \geq 0$ のときのみ観測される[a]
- $X_{1i}, \cdots, X_{pi}$ は説明変数で定数
- $\beta_0, \beta_1, \cdots, \beta_p$，$\sigma^2$ はパラメータ

[a] 一般に $Y_i > c$（c はある定数）のとき観測されるような場合でも，$Y_i' = Y_i - c$ とおくことで Y_i' に上記のモデルを適用することができます．

Y_i に打ち切りがあるときに，打ち切りを無視した推定を行うと誤った推定

[1] $Y_i^* \leq 0$ のときに説明変数 X_{ji} も観測されない場合には，切断回帰モデル（truncated regression model）と呼ばれる別のモデルになります．

値が得られることを実験で見てみましょう．人工的に標準正規分布 $N(0,1)$ に独立にしたがう X_i，ϵ_i（$i=1,\cdots,50$）を発生させて $Y_i^*=1+2X_i+\epsilon_i$ とし，$Y_i=\max(Y_i^*,0)$ とします（真の回帰係数は $\beta_0=1$，$\beta_1=2$）．このとき，(X_i, Y_i^*) の散布図は図 7.1 のようになっていますが，これに (X_i, Y_i) の散布図を重ねて描き加えると図 7.2 のようになります．図 7.2 では，$Y_i^*\leq 0$ であるときに (X_i, Y_i) の点は X 軸に沿って並んでいることがわかります．このとき通

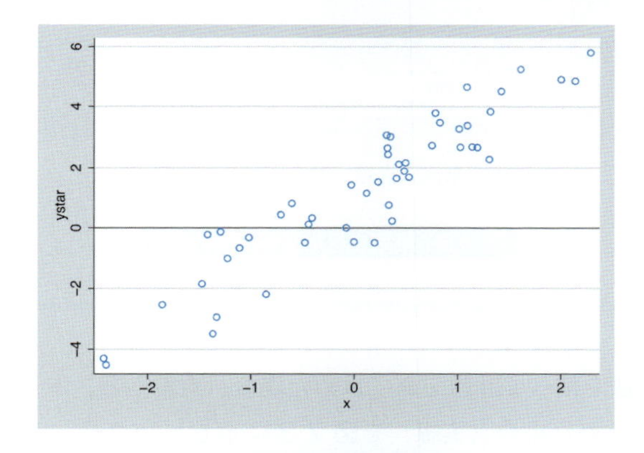

図 7.1　X と Y^* の散布図

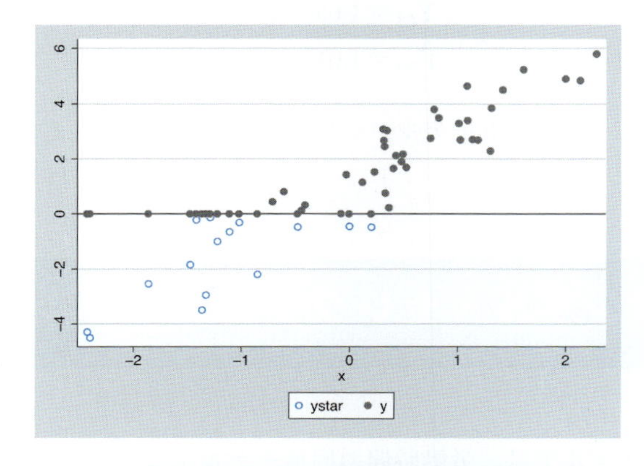

図 7.2　X と Y^* の散布図，及び X と Y の散布図

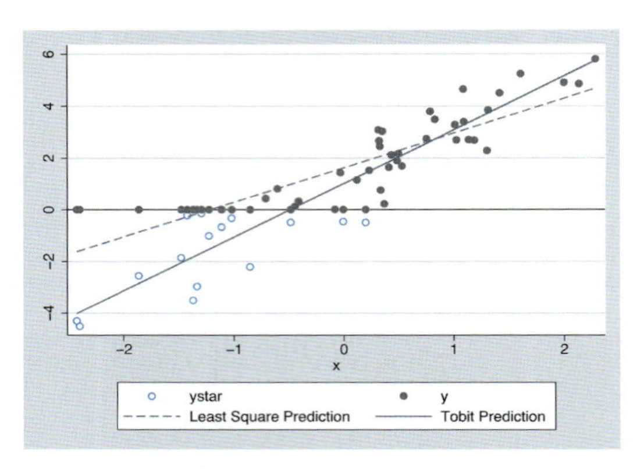

最小二乗法（点線）とトービット（実線）

図 7.3　推定された回帰直線の比較

常の最小二乗法を使って直線をあてはめた場合（点線）と，トービットモデルを使ってあてはめた場合（実線）を図 7.3 に示しています．それぞれの直線は最小二乗法によるもの（$\hat{Y}_{LS}$），トービットモデルによるもの（$\hat{Y}_{TO}$）であり

$$\hat{Y}_{LS} = 1.63 + 1.33X$$
$$\hat{Y}_{TO} = 1.01 + 2.07X$$

となっていて，トービットモデルが正しい推定値を与えていることがわかります．

7.2　サンプル・セレクションモデル

トービットモデルでは，労働時間の回帰モデルを潜在変数 Y_i^* を用いてモデル化しましたが，同様に賃金も働かなければ観測することができず，潜在変数を用いてモデル化をすることが必要です．この節では，労働市場に参加するかどうかという意思決定と，労働市場に参加した場合に賃金がどのように決定されるかを同時にモデル化することを考えます．このようにトービットモデルを拡張して得られるのが，サンプル・セレクションモデルあるいはタイプⅡトービットモデルと呼ばれるモデルです．

サンプル・セレクションモデルでは，まず労働市場に参加するかどうかを変数 Z_i を用いて，参加するときに $Z_i=1$，参加しないときに $Z_i=0$ と表し，この Z_i にプロビットモデルを適用します．具体的には参加することによる効用の増加を表す潜在変数 Z_i^* が説明変数 $W_{1i},\cdots,W_{qi}$ によって定まるとし，標本選択（サンプル・セレクション）をプロビットモデルによってモデル化します．次に賃金 Y_i については，労働市場に参加する場合（$Z_i^*>0$）にだけ観測されると考えて，潜在的な賃金を表す変数 Y_i^* を用いて回帰モデルを仮定します．

定義 7.2　サンプル・セレクションモデル

サンプル・セレクションモデルは，(1)(2)の2段階でモデルを定義します．

(1) プロビットモデル

$$Z_i=\begin{cases}1, & Z_i^*>0 \text{ のとき}\\ 0, & Z_i^*\leq 0 \text{ のとき}\end{cases}$$

$$Z_i^*=\alpha_0+\alpha_1 W_{1i}+\cdots+\alpha_q W_{qi}+u_i,\quad u_i\sim i.i.d.\ N(0,1)$$

(2) 回帰方程式

$$Y_i=\begin{cases}Y_i^*, & Z_i^*>0 \text{ のとき}\\ \text{観測されない}, & Z_i^*\leq 0 \text{ のとき}\end{cases}$$

$$Y_i^*=\beta_0+\beta_1 X_{1i}+\cdots+\beta_p X_{pi}+v_i,\quad v_i\sim i.i.d.\ N(0,\sigma^2)$$

ただし

- 誤差項（u_i, v_i）は2変量正規分布にしたがい，相関係数は ρ
- $\alpha_0,\cdots,\alpha_q$，$\beta_0,\cdots,\beta_p$，σ^2，ρ はパラメータ
- パラメータの推定は最尤法または二段階推定法[a]

[a] ヘックマンの二段階推定法ではプロビットモデルを最尤推定した後，条件付き期待値に基づく回帰式に最小二乗法を用います（7.6節の練習問題を参照してください）．

7.3 計数データの回帰モデル

被説明変数 Y_i $(i=1, \cdots, n)$ が $0, 1, 2, \cdots$ のように計数データ（count data）である場合があります．例えば保険の請求件数，自動車の車種ごとの交通事故数，地域の犯罪発生件数などです．このようなデータには，ポアソン分布を拡張した回帰モデルであるポアソン回帰モデル（Poisson regression model）を用います．特に0や1など小さい観測値が多い場合には，ポアソン分布をもとにした回帰モデルをあてはめることが望ましいでしょう．ポアソン回帰モデルは次のように定義されます．

定義 7.3　ポアソン回帰モデル

被説明変数 Y_i の平均を $\lambda_i > 0$ とするとき，ポアソン回帰モデルでは

$$f(y_i) = Pr(Y_i = y_i) = \frac{\exp(-\lambda_i)\lambda_i^{y_i}}{y_i!},$$

$$\lambda_i = \exp(\beta_0 + \beta_1 X_{1i} + \cdots + \beta_p X_{pi}), \quad y_i = 0, 1, 2, \cdots$$

とします．ただし

- $\beta_0, \beta_1, \cdots, \beta_p$ はパラメータ
- $X_{1i}, \cdots, X_{pi}$ は説明変数で定数

ポアソン回帰モデルの推定は最尤法を用いて行います．ところでポアソン分布の性質から，このモデルでは

$$E(Y_i) = Var(Y_i) = \exp(\beta_0 + \beta_1 X_{1i} + \cdots + \beta_p X_{pi})$$

が成立していて平均と分散が同じですが，現実のデータにおいては平均より分散が大きいことが多いことが知られています．そこで平均が1で分散が $\alpha > 0$ であるような変量効果 $v_i > 0$ を導入して

$$\lambda_i = v_i \exp(\beta_0 + \beta_1 X_{1i} + \cdots + \beta_p X_{pi})$$

とすれば

$$E(Y_i|v_i) = Var(Y_i|v_i) = v_i \exp(\beta_0 + \beta_1 X_{1i} + \cdots + \beta_p X_{pi})$$

となるので，

$$E(Y_i) = \exp(\beta_0 + \beta_1 X_{1i} + \cdots + \beta_p X_{pi}),$$
$$Var(Y_i) = E(Y_i) + \alpha\{E(Y_i)\}^2$$

のように平均よりも分散が大きくなるようなモデルを得ることができます．この変量効果 v_i にガンマ分布[2]という確率分布を仮定するとき，このモデルを負の二項回帰モデル（negative binomial regression model）と呼びます．モデルのパラメータの推定は最尤法によって行います．

7.4 継続時間の回帰モデル

ワイブル回帰モデル

例えば，失業者が失業してから再び就職するまでの時間（継続時間）は失業保険やこれまでの賃金，再就職先の賃金，年齢などによって影響されると考えた場合に，それらの説明変数がどれだけ継続時間への効果があるのかを分析するのが継続時間モデル（duration model）です．同じ性質のデータの分析は医学の分野では生存解析，工学の分野では信頼性工学として知られています．継続時間 T は非負の確率変数で，その確率分布としてワイブル分布がよく使われています．ワイブル分布の確率密度関数 $f(t)$ と分布関数 $F(t)$ は

$$f(t) = \lambda p t^{p-1} e^{-\lambda t^p}, \quad t > 0, \quad \lambda > 0, \quad p > 0,$$
$$F(t) = Pr(T \leq t) = 1 - e^{-\lambda t^p}$$

で与えられます．$p = 1$ のときワイブル分布は指数分布になります．$S(t) = 1 - F(t)$ は生存関数（survival function）と呼ばれ，例えば T が失業の継続時間ならば，ある人が t 時間より長く失業する確率を表します．また，

[2] 指数分布にしたがう確率変数の和の分布としても知られていますが，ここではその詳細の説明は省略します．

$$h(t)=\lim_{\Delta t\to 0}\frac{Pr(t\leq T<t+\Delta t|T\geq t)}{\Delta t}=\frac{f(t)}{S(t)}$$

は，$T\geq t$ の下での $T=t$ の条件付き確率密度関数でハザード率関数（hazard rate function）といいます．ワイブル分布の場合には，それぞれ

$$S(t)=\exp(-\lambda t^p),\quad h(t)=\frac{f(t)}{S(t)}=\lambda pt^{p-1}$$

です．$\lambda=1$ のときのハザード率関数が図 7.4 です．このワイブル分布において λ が各個人によって異なるとして λ_i とするのが，以下のワイブル回帰モデルです．

定義 7.4　ワイブル回帰モデル

被説明変数 Y_i が（λ_i, p）をパラメータとするワイブル分布にしたがうとき，ワイブル回帰モデルでは

$$f(y_i)=Pr(Y_i=y_i)=\lambda_i pt^{p-1}\exp(-\lambda_i t^p)$$
$$\lambda_i=\exp(\beta_0+\beta_1X_{1i}+\cdots+\beta_KX_{Ki}),\quad y_i=0,1,2,\cdots$$

とします．ただし

- $\beta_0,\beta_1,\cdots,\beta_K$ はパラメータ
- $X_{1i},\cdots,X_{Ki}$ は説明変数で定数

ワイブル回帰モデルのパラメータの推定は最尤法によって行います．ワイブル回帰モデルでは，第 i 観測値の継続時間 T_i のハザード率関数と生存関数が

$$h(t_i)=pt_i^{p-1}\exp(\beta_0+\beta_1X_{1i}+\cdots+\beta_KX_{Ki}),$$
$$S(t_i)=\exp\{-t^p\exp(\beta_0+\beta_1X_{1i}+\cdots+\beta_KX_{Ki})\}$$

となります．ハザード率関数 $h(t_i)$ において $X_{1i}=\cdots=X_{Ki}=0$ とした $h_0(t_i)=pt_i^{p-1}\exp(\beta_0)$ を基準ハザード率関数（baseline hazard rate function）といいます．

データの打ち切り

継続時間のデータでは，しばしば打ち切り（censoring）が起こります．つまり，時点 t まで観測対象であったのに（したがって $T\geq t$ であることはわか

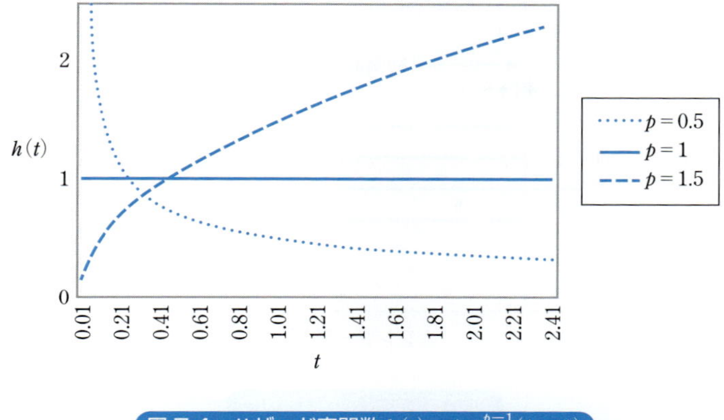

図 7.4　ハザード率関数 $h(t) = \lambda pt^{p-1} (\lambda = 1)$

っています)，その後観測対象からはずれてしまうことがしばしばあります．例えば失業保険を受給している人が途中で連絡がとれなくなって，その時点まで失業していたことはわかっていても，その先どうなったのかまではわからない，といった場合です．このような打ち切りを特に右側打ち切り（right censoring）（図 7.5 の①）と呼んでいます．モデルのパラメータの推定では，この打ち切りを考慮する必要がありますが，打ち切りの発生はランダムに起こると通常仮定します．

打ち切りにはこの他にも，途中から観測対象になったために継続時間がいつ始まったのかわからない左側打ち切り（left censoring）（図 7.5 の②），あらかじめ観測期間を設けて一定の時間が来たら観測をやめてしまうタイプⅠ打ち切り（図 7.5 の③），あらかじめ決められた個数の継続時間の終了が観測されたら観測をやめるタイプⅡ打ち切りなどがあります．

ノンパラメトリックモデル

説明変数を考慮せず，継続時間の分布に特に仮定を設けない場合には，Kaplan-Meier（カプラン=マイヤー）推定量を用います．n 個の観測されたデータが，時点 $0 = T_0 < T_1 < T_2 < \cdots < T_k$ で観測されたとき，生存関数の

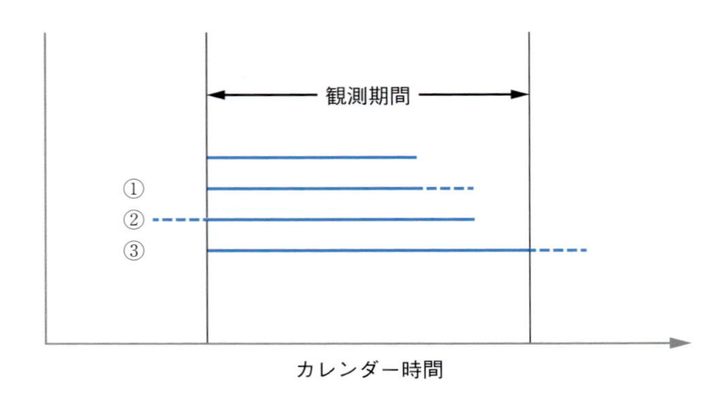

図 7.5　データの打ち切り

Kaplan-Meier 推定量は

$$\hat{S}(t) = \prod_{i=0}^{j} \frac{n_i - d_i}{n_i}, \quad T_j \leq t < T_{j+1}$$

です．ただし，n_i は時点 T_i におけるリスクセットの大きさ（観測対象として残っている個数，$n_0 = n$）であり，d_i は時点 $T_i \leq t < T_{i+1}$ の間に，継続時間の終了が観測されたものの個数です．また，ハザード率関数の推定量は

$$\hat{\lambda}(t) = \frac{d_j}{n_j}, \quad T_j \leq t < T_{j+1}$$

となります．

継続時間モデルでは上記の他にも，ハザード率関数に特定の関数形を仮定しないコックスの比例ハザードモデルなどがありますが，本書の範囲を超えますのでここでは説明を省略します．

7.5 分析例

トービットモデル

例 7.1　既婚女性の労働時間と賃金関数の分析[a]

データ 7.1 の 100 人の既婚女性（$i=1,\cdots,100$）の労働時間と賃金に関するデータを用いてトービットモデルをあてはめなさい．被説明変数は $\boldsymbol{hour_i}$（1 年間の労働時間）で，就職をしていない人については労働時間は 0 となります．説明変数は $\boldsymbol{edu_i}$（教育年数），$\boldsymbol{year_i}$（労働市場における経験年数），$\boldsymbol{age_i}$（年齢），$\boldsymbol{child_i}$（6 歳未満の子供がいるとき 1，それ以外のとき 0），$\boldsymbol{hinc_i}$（夫の収入）です．

[a] Ernst R. Berndt（1991）*The Practice of Econometrics: Classic and Contemporary*, Addison-Wesley よりアメリカ合衆国の 753 人のデータ（Panel Study of Income Dynamics Data）の一部（100 人）を引用．

表 7.1　データファイル（wage.csv）

```
work,hour,child,age,edu,wage,hinc,year
1,1610,1,32,12,3.35,4.03,14
1,1656,0,30,12,1.39,8.44,5
1,1980,1,35,12,4.55,3.58,15
(以下省略)
```

データは表 7.1 のようなファイルとして用意します．トービットモデルをあてはめるには

Stata 7.1　トービットモデル

統計(S)▶線形モデル他▶打ち切り回帰▶トービット回帰

とします．出てきた画面で**従属変数**に **hour** を，**独立変数**に **edu year age child hinc** を選んで，また**左側打ち切り点**のボックスに打ち切られる点の値 **0** を入れて OK を押します（図 7.6）．

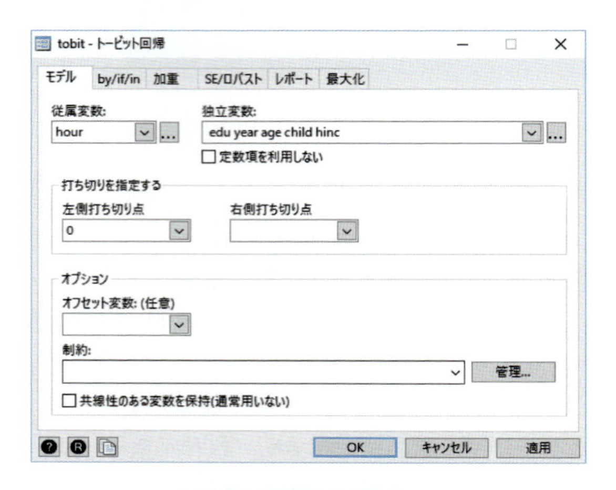

図 7.6　トービットモデル

表 7.2　トービットモデルの推定結果

```
. tobit hour edu year age child hinc, ll(0)
Tobit regression                          Number of obs     =        100①
                                             Uncensored     =         50②
Limits: lower = 0                            Left-censored  =         50③
        upper = +inf                         Right-censored =          0

                                          LR chi2(5)        =      41.20
                                          Prob > chi2       =     0.0000
Log likelihood = -453.84973④              Pseudo R2         =     0.0434

------------------------------------------------------------------------
       hour |      Coef.   Std. Err.      t    P>|t|   [95% Conf.Interval]
------------+-----------------------------------------------------------
        edu |   153.3979⑤  71.44479    2.15   0.034⑪  11.56204    295.2337
       year |   94.78004⑥  19.86691    4.77   0.000⑫  55.33923    134.2208
        age |  -92.45732⑦  22.72607   -4.07   0.000⑬ -137.5743   -47.34038
      child |   -913.179⑧  394.5286   -2.31   0.023⑭ -1696.417   -129.9407
       hinc |  -76.47027⑨  39.01195   -1.96   0.053⑮ -153.9188    .9782383
      _cons |   1787.629⑩  1185.008    1.51   0.135   -564.9098    4140.168
------------+-----------------------------------------------------------
var(e.hour)|     1515675⑯  333107.7                   979759.7     2344729
------------------------------------------------------------------------
```

推定結果の表 7.2 において，観測値の個数は 100（①），労働時間が 0 以下で打ち切られなかった観測値が 50 個（②），打ち切られた観測値の個数が 50 個（③）であることが示されています．対数尤度は -453.85（④）です．⑤〜⑩は回帰係数の推定値で，⑪〜⑮は説明変数の回帰係数の p 値です．**edu**，**year**，**age**，**child** の p 値はいずれも 0.05 より小さいので有意水準 5% で有意で，それぞれの回帰係数が 0 であるという帰無仮説は棄却されます．つまり，それぞれの説明変数が，被説明変数を説明するのに有用であるという強い証拠があるといえます．一方，**hinc** の p 値は $0.053 > 0.05$ であるので有意水準 5 % で回帰係数が 0 であるという帰無仮説を棄却することはできません．また⑯が誤差項分散 σ^2 の推定値になります．

最後に推定された回帰式は

$$\begin{aligned}\widehat{\mathtt{hour}}_i = 1787.63 + 153.40\mathtt{edu}_i + 94.78\mathtt{year}_i \\ - 92.46\mathtt{age}_i - 913.18\mathtt{child}_i - 76.47\mathtt{hinc}_i\end{aligned}$$

となり，年齢が高く，6 歳以下の子供がいる場合には労働時間が少なくなる一方，教育年数・経験年数が長いと労働時間が多くなるという結果が得られます．

最後に Stata コマンドを Stata 7.2 にまとめておきます．

Stata 7.2 トービットモデルのプログラム

```
import delimited C:¥wage.csv
tobit hour edu year age child hinc, ll(0)
```

サンプル・セレクションモデル

例 7.2 既婚女性の労働時間と賃金関数の分析（続き）

データ 7.1 を用いて就職行動と賃金関数の分析をサンプル・セレクションモデルを用いて行いなさい．

(1) プロビットモデルの式においては，被説明変数 Z_i は $work_i$（就職しているとき $Z_i=1$，していないとき $Z_i=0$）で，説明変数は，edu_i（教育年数），

$year_i$（労働市場における経験年数），age_i（年齢），$child_i$（6 歳未満の子供がいるとき 1，それ以外のとき 0），$hinc_i$（夫の収入）の 5 つとします．

(2) 賃金関数の回帰式においては，被説明変数 Y_i は $wage_i$（時間あたりの平均賃金）で，説明変数が edu_i（教育年数），$year_i$（労働市場における経験年数）の 2 つとします．サンプル・セレクションモデルをあてはめるには

Stata 7.3 サンプル・セレクションモデル
統計(S) ▶ サンプルセレクションモデル ▶ ヘックマンセレクションモデル

とします．

出てきた画面で**従属変数**に **wage** を，**独立変数**に **edu year** を選びます．また**選択モデルの従属変数**を ✓（チェック）して **work** を選び，**選択モデルの独立変数**に **edu year age child hinc** を選んで OK を押します（図 7.7）．

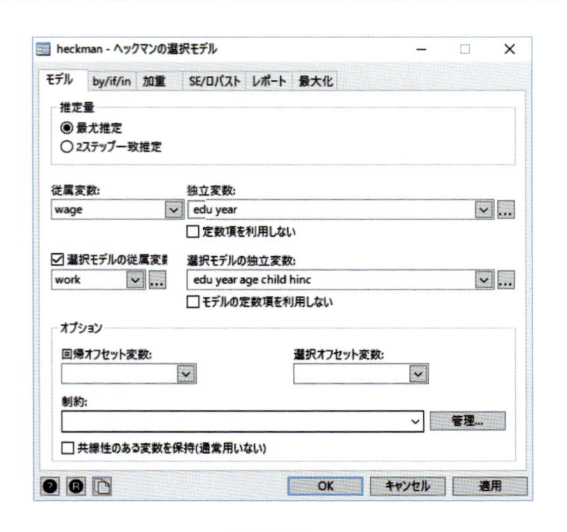

図 7.7 サンプル・セレクションモデル

表 7.3　サンプル・セレクションモデルの推定結果

```
. heckman wage edu year, select(work = edu year age child hinc)
Heckman selection model                     Number of obs     =        100①
(regression model with sample selection)         Selected     =         50②
                                                 Nonselected =          50③

Log likelihood = -156.4665④                  Prob > chi2       =     0.0583
--------------------------------------------------------------------------
             |      Coef.   Std. Err.      z    P>|z|     [95% Conf. Interval]
-------------+------------------------------------------------------------
wage         |
         edu |   .3997403⑤  .1677347    2.38   0.017⑧   .0709863    .7284943
        year |   .0134906⑥  .0371037    0.36   0.716⑨  -.0592313    .0862125
       _cons |  -.5658041⑦  2.397519   -0.24   0.813   -5.264855    4.133247
-------------+------------------------------------------------------------
work         |
         edu |   .1548702⑩  .0695472    2.23   0.026⑯   .0185602    .2911802
        year |   .0799215⑪  .0197678    4.04   0.000⑰   .0411773    .1186657
         age |  -.0941826⑫  .0219723   -4.29   0.000⑱  -.1372475   -.0511178
       child |  -1.000608⑬   .391236   -2.56   0.011⑲  -1.767417   -.2337999
        hinc |  -.0665362⑭  .0364939   -1.82   0.068⑳   -.138063    .0049906
       _cons |   1.844986⑮  1.186236    1.56   0.120㉑  -.4799946    4.169966
-------------+------------------------------------------------------------
     /athrho |  -.6939924㉒  .3754549   -1.85   0.065㉔   -1.42987    .0418857
    /lnsigma |   .8090374㉓  .1316352    6.15   0.000    .5510372    1.067038
-------------+------------------------------------------------------------
         rho |  -.6005407㉕  .2400474                     -.8916401    .0418612
       sigma |   2.245745㉖  .2956191                      1.735052    2.906756
      lambda |  -1.348661㉗  .6696609                     -2.661173    -.03615
--------------------------------------------------------------------------
LR test of indep. eqns. (rho = 0):chi2(1) = 2.80㉘Prob > chi2 = 0.0941㉙
```


推定結果の表 7.3 において，観測値の個数は 100（①）で，そのうち 50 件は打ち切りがなく（②），50 件は打ち切りが観測されています（③）．また対数尤度は−156.47（④）です．

wage（賃金）の回帰方程式において，⑤～⑦は回帰係数の推定値で

$$\widehat{\mathrm{wage}}_i = -0.566 + 0.400\mathrm{edu}_i + 0.013\mathrm{year}_i$$

となります．**edu**（教育年数）の p 値（⑧）は $0.017 < 0.05$ ですので有意水準 5% で有意で，回帰係数が 0 であるという帰無仮説は棄却されます．**year**（経験年数）の p 値（⑨）は 0.716 と有意水準 5% で有意ではありません．以上から賃金関数では，教育年数が長くなるにつれて賃金が高くなることが示されています．

一方，*work*（労働市場に参加するかどうか）を決定するプロビットモデルの式においては，⑩～⑮は回帰係数の推定値で，*work**を *work* に対応する潜在変数とすると

$$\hat{\mathtt{work}}_i^* = 1.845 + 0.155\mathtt{edu}_i + 0.080\mathtt{year}_i - 0.094\mathtt{age}_i - 1.001\mathtt{child}_i - 0.067\mathtt{hinc}_i$$

となります．**edu**（教育年数），**year**（経験年数），**age**（年齢），**child**（6歳以下の子供がいる）の p 値はいずれも 0.05 より小さいので（⑯～⑲）有意水準 5% で有意であり，それぞれの回帰係数が 0 であるという帰無仮説は棄却されます．**hinc**（夫の収入）の p 値（⑳）は $0.068 > 0.05$ とわずかに大きく，回帰係数が 0 であるという帰無仮説は有意水準 5% で棄却できません．このことから，6 歳以下の子供があり，年齢が高い場合には労働市場に参加する確率が低くなる一方，教育年数・経験年数が長い場合にはその確率が高くなるということがわかります．

ρ 及び σ は数値的な最大化問題を安定的に解くために変換がなされており，その変換 **athrho**（㉒）は $\mathrm{atanh}(\rho) = 0.5\log\{(1+\rho)/(1-\rho)\}$ を，**lnsigma**（㉓）は $\log\sigma$ を表しています．$\rho = 0$ は $\mathrm{atanh}(\rho) = 0$ と等しくなっており，その p 値（㉔）が $0.065 > 0.05$ であるので，有意水準 5% で有意ではなく帰無仮説 $H_0 : \rho = 0$ を棄却できません．

この仮説検定は尤度比検定でも行うことができ，カイ二乗値が 2.80（㉘），その p 値が $0.09 > 0.05$（㉙）であることから同様な結論となります．変換前の ρ，σ の値はそれぞれ -0.601（㉕），2.246（㉖）であり，$\rho\sigma$ は -1.349（㉗）と計算されています．

最後に Stata コマンドを Stata 7.4 にまとめておきます．

Stata 7.4　サンプル・セレクションモデルのプログラム

```
import delimited C:¥wage.csv
heckman wage edu year, select(work = edu year age child hinc)
```

計数データの回帰モデル

例 7.3　特許申請と研究開発費の分析

企業における研究開発費用と特許申請件数の関係について，第5章で用いたデータ 5.1 のある2年（$t=1$ 及び $t=2$）に焦点をあてたデータ 7.2 のうち，$t=1$ のデータを用いてポアソン回帰モデルと負の二項回帰モデルをあてはめなさい．被説明変数は Y_i（第 i 企業の1年間の特許申請件数），説明変数は X_i（第 i 企業の5年前の研究開発費の対数値）とします（$i=1,\cdots,45$）．

表 7.4　データファイル（poisson.csv）

```
id,y,x
1,45,0.994
2,21,2.877
3,44,2.514
(以下省略)
```

データは表 7.4 のようなファイルとして用意します．ポアソン回帰モデルをあてはめるには

Stata 7.5　ポアソン回帰モデル

統計(S)▶アウトカム(カウント)▶ポアソン回帰

とします．出てきた画面で**従属変数**に **y** を，**独立変数**に **x** を選んで OK を押します（図 7.8）．

推定結果の表 7.5 において，対数尤度は−732.80（①）で $\hat{\beta}_1=0.977$（②），$\hat{\beta}_0=1.527$（③）と推定され，それぞれの p 値は 0.000（④），0.000（⑤）となっていますので，いずれも有意水準 5% で有意となります．

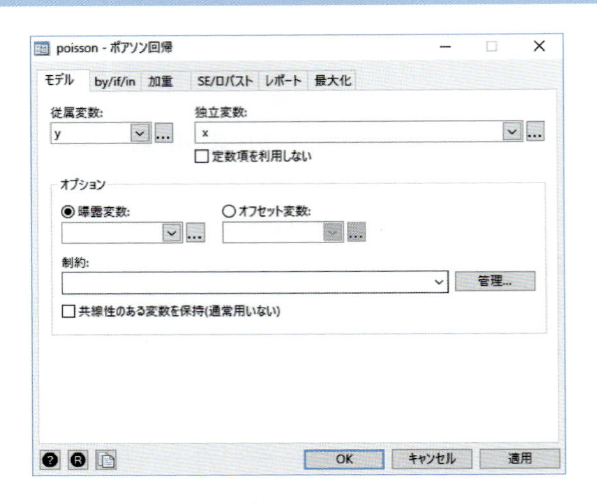

図 7.8　ポアソン回帰モデル（推定）

表 7.5　ポアソン回帰モデルの推定結果

```
. poisson y x
Poisson regression                          Number of obs     =         45
                                            LR chi2(1)        =    4647.01
                                            Prob > chi2       =     0.0000
Log likelihood = -732.71508①                Pseudo R2         =     0.7603
------------------------------------------------------------------------------
           y |      Coef.   Std. Err.      z    P>|z|     [95% Conf. Interval]
-------------+----------------------------------------------------------------
           x |   .9770699②  .0161467    60.51   0.000④    .945423    1.008717
       _cons |   1.527327③  .0608838    25.09   0.000⑤   1.407997    1.646657
------------------------------------------------------------------------------
```

Stata 7.6　ポアソン回帰モデルの適合度検定

統計(S) ▶ 推定後の分析

モデル選択、診断、適合度分析―適合度検定を選び，開くを押します．出てきた画面で結果および統計量で逸脱統計量またはピアソン適合度検定（gof）を選び，OK を押します（図 7.9）．

また同様に AIC・BIC を計算するためにモデル選択、診断、適合度分析―情

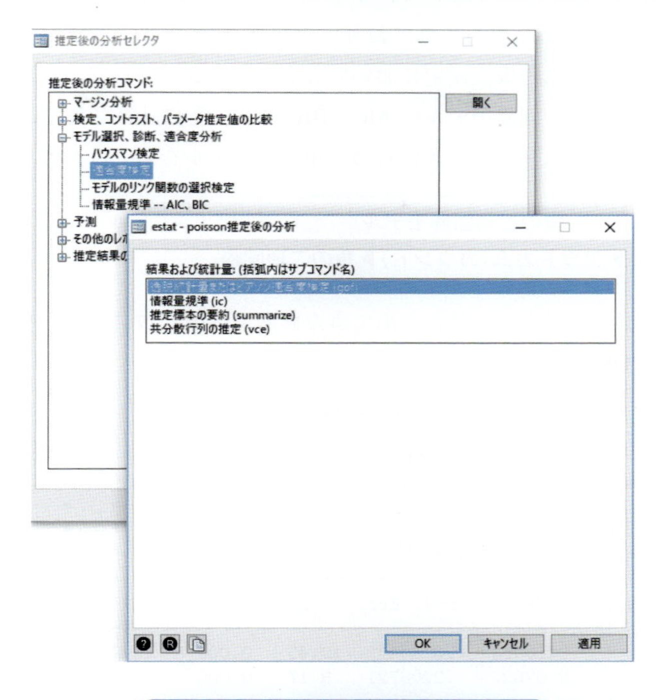

図 7.9　ポアソン回帰モデル（適合度検定）

報量基準--AIC、BIC を選び，**開く**を押し，出てきた画面で**結果および統計量**で**情報量基準（ic）**を選び，**OK** を押します．

表 7.6　ポアソン回帰モデルの適合度検定

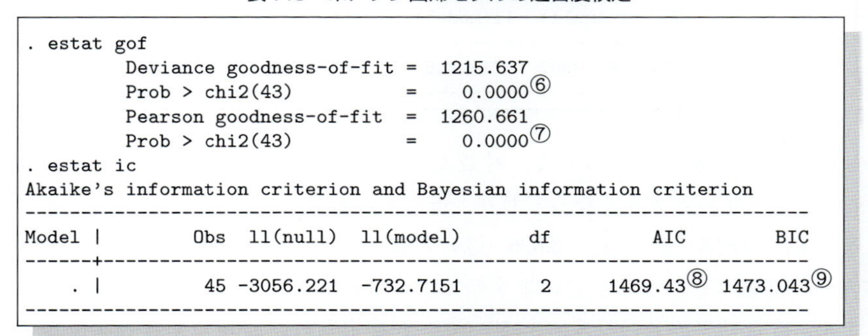

```
. estat gof
         Deviance goodness-of-fit =  1215.637
         Prob > chi2(43)          =    0.0000⑥
         Pearson goodness-of-fit  =  1260.661
         Prob > chi2(43)          =    0.0000⑦
. estat ic
Akaike's information criterion and Bayesian information criterion
-----------------------------------------------------------------------
Model |        Obs  ll(null)  ll(model)      df         AIC         BIC
------+----------------------------------------------------------------
    . |         45 -3056.221  -732.7151       2    1469.43⑧ 1473.043⑨
-----------------------------------------------------------------------
```

検定結果の表 7.6 において，ポアソン分布の適合度検定の p 値が 0.000（⑥），0.000（⑦）と出力されており，ポアソン分布にしたがっているという帰無仮説をいずれの仮説検定においても有意水準 5% で棄却することになります．またポアソン回帰モデルの AIC・BIC は⑧，⑨に計算されています．

次に平均よりも分散が大きい負の二項回帰モデルをあてはめてみましょう．

Stata 7.7 負の二項回帰モデル

統計(S)▶アウトカム(カウント)▶負の二項回帰

ポアソン回帰の場合と同様に，出てきた画面で**従属変数**に **y** を，**独立変数**に **x** を選んで OK を押します．

表 7.7　負の二項回帰モデルの推定結果

```
. nbreg y x, dispersion(mean)
Negative binomial regression                     Number of obs     =         45
                                                 LR chi2(1)        =      56.96
Dispersion      = mean                           Prob > chi2       =     0.0000
Log likelihood = -219.48833①                     Pseudo R2         =     0.1149
------------------------------------------------------------------------------
           y |      Coef.   Std. Err.      z    P>|z|     [95% Conf. Interval]
-------------+----------------------------------------------------------------
           x |   .8180063②  .0784442    10.43   0.000④   .6642585    .9717541
       _cons |   2.02627③   .2208721     9.17   0.000⑤   1.593369    2.459172
-------------+----------------------------------------------------------------
    /lnalpha |  -.783869    .2190962                      -1.21329   -.3544484
-------------+----------------------------------------------------------------
       alpha |   .4566358⑥  .1000472                      .2972179    .7015603
------------------------------------------------------------------------------
LR test of alpha=0: chibar2(01) = 1026.45⑦ Prob >= chibar2 = 0.000⑧
. estat ic
Akaike's information criterion and Bayesian information criterion
-----------------------------------------------------------------------------
Model |        Obs  ll(null)  ll(model)      df         AIC         BIC
------+----------------------------------------------------------------------
    . |         45 -247.9692  -219.4883       3   444.9767⑨   450.3966⑩
-----------------------------------------------------------------------------
```

推定結果の表 7.7 において，対数尤度は−219.49（①）で，ポアソン回帰の場合よりずっと大きくなっており，モデルのあてはまりが改善されています．また $\hat{\beta}_1 = 0.818$（②），$\hat{\beta}_0 = 2.026$（③）と推定され，それぞれの p 値は 0.000（④），0.000（⑤）となっていますので，いずれも有意水準 5% で有意となります．変量効果の分散は $\hat{\alpha} = 0.457$（⑥）と推定され，さらに変量効果はない

(H_0：$\alpha=0$）という帰無仮説の尤度比検定統計量が1026.45（⑦）及びそのp値が0.000（⑧）であることから，有意水準5%でH_0：$\alpha=0$が棄却され，H_1：$\alpha>0$が採択されます．このことから，ポアソン回帰モデルではなく，負の二項回帰モデルを採用すべきであるということがいえます．

最後にポアソン回帰モデルと同様にAIC・BICを計算します（⑨，⑩）．ポアソン回帰モデルと負の二項回帰モデルのAICはそれぞれ1469.4，445.0で，BICはそれぞれ1473.0，450.4であり，いずれも負の二項回帰モデルが小さくなっています．以上のことから，負の二項回帰モデルが選択されることになります．

最後にStataコマンドをStata 7.8にまとめておきます．

Stata 7.8　計数データモデルのプログラム

```
import delimited C:¥poisson.csv
poisson y x
estat gof
estat ic
nbreg y x, dispersion(mean)
estat ic
```

継続時間の回帰モデル

例 7.4　ストライキ継続時間の分析[a]

データ7.3は米国製造業80社のストライキの継続時間です．被説明変数はY_i（ストライキの継続日数），説明変数はX_i（米国製造業における産業生産の対数値，季節性を除く），打ち切り変数は*Status*（打ち切りがあるときに0，ないときに1）とし，ワイブル回帰モデルをあてはめなさい（$i=1,\cdots,80$）．

[a] J. Kennan（1985）“The duration of contract strikes in U.S. manufacturing,” *Journal of Econometrics*, 28(1), 5–28よりデータの一部（80社）を引用．

表 7.8　データファイル（strike.csv）

```
y,x,status
36,-0.09771,1
52,-0.09771,1
99,-0.09771,1
（以下省略）
```


データは表 7.8 のようなファイルとして用意します．ワイブル回帰モデルをあてはめるには，まず分析するデータを継続時間として定義する必要があります．具体的には

Stata 7.9　継続時間データとして定義する

統計(S) ▶ 生存分析 ▶ セットアップとユーティリティ ▶ 生存時間データのセットアップ

とします．出てきた画面で**時間変数**に **y** を，**故障イベント変数**に **status** を選んで，さらに**故障イベントの値**に **1** を入れて OK を押します（図 7.10）．

得られた表 7.9 において，**status** が 1 のときに継続時間の終了が観測さ

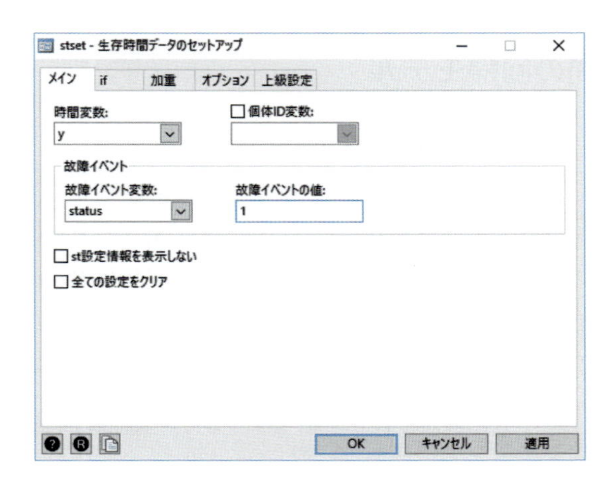

図 7.10　継続時間データとして定義する

表 7.9　継続時間データとして定義する

```
. stset y, failure(status==1) scale(1)
     failure event:  status == 1①
obs. time interval:  (0, y]②
 exit on or before:  failure
------------------------------------------------------------------------------
     80  total observations
      0  exclusions
------------------------------------------------------------------------------
     80  observations remaining, representing③
     80  failures in single-record/single-failure data④
  4,283  total analysis time at risk and under observation
                                                at risk from t =         0
                                     earliest observed entry t =         0
                                          last observed exit t =       163
```

れることとし（①），観測されるデータは右側打ち切りとします（②）．観測値の個数は 80（③）で，そのうち打ち切りのなかった観測値の個数が 80 です（④）．続けてワイブル回帰をあてはめます．

Stata 7.10　ワイブル回帰モデル

統計(S) ▶ 生存分析 ▶ 回帰モデル ▶ パラメトリック生存モデル

とします．出てきた画面で**独立変数**に **x** を，**生存分布とパラメータ化**で**ワイブル PH** を選びます．さらに**レポート**タブで，**ハザード比を表示しない**[3] に✓（チェック）を入れて **OK** を押します（図 7.11）．

推定結果の表 7.10 において，**status** が 1 のときにストライキ継続時間の終了が観測されており（①），観測対象の 80 社（②）の中で，80 社すべてのストライキ継続時間の終了が観測された（③）ことを表しています．ワイブル回帰モデルの対数尤度は -124.13（④）[4] で，回帰係数の推定値は $\hat{\beta}_1 = 0.718$（⑤），$\hat{\beta}_0 = -4.10$（⑥）です．説明変数 X の回帰係数の p 値（⑦）は $0.761 > 0.05$ であることから，有意水準 5% で $H_0: \beta_1 = 0$ を棄却することができません．つまりこの 80 社のデータでは，説明変数 X（米国製造業における産業生産の対数値）はストライキの継続時間を説明するのには有用ではないというこ

3　ハザード比を表示するときには $\exp(\hat{\beta}_i)$ が，表示しないときには $\hat{\beta}_i$ が推定値として出力されます．

4　通常の対数尤度は -398.31 ですが，Stata では打ち切りのない観測値についての対数継続時間の和 $\sum_j \log t_j$ が足された値が出力されます．

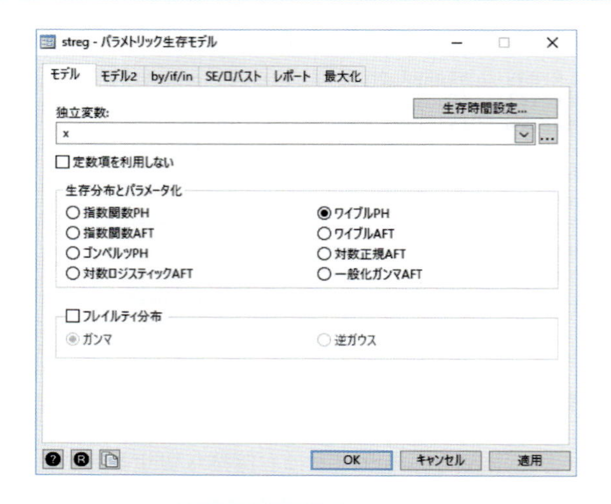

図 7.11　ワイブル回帰モデル

表 7.10　ワイブル回帰モデルの推定結果

```
. streg x, distribution(weibull) nohr
         failure _d:  status == 1①
   analysis time _t:  y
Weibull PH regression
No. of subjects =           80②          Number of obs    =          80
No. of failures =           80③
Time at risk    =         4283
                                         LR chi2(1)       =        0.09
Log likelihood  =   -124.12675④          Prob > chi2      =      0.7595
------------------------------------------------------------------------
      _t |      Coef.   Std. Err.      z    P>|z|     [95% Conf. Interval]
-------+----------------------------------------------------------------
       x |   .7180791⑤  2.359706    0.30   0.761⑦   -3.90686    5.343018
   _cons |  -4.099302⑥  .4335477   -9.46   0.000    -4.94904   -3.249564
-------+----------------------------------------------------------------
   /ln_p |    .032962   .0895708    0.37   0.713   -.1425935    .2085175
-------+----------------------------------------------------------------
       p |   1.033511⑧  .0925724                    .8671065    1.231851⑨
     1/p |   .9675753   .0866665                    .8117868    1.153261
------------------------------------------------------------------------
```

とになります．また $\hat{p}=1.03$（⑧）であることから，ハザード率関数は増加関数であることがわかりますが，その 95% 信頼区間は（0.87，1.23）（⑨）であるので減少関数や一定である可能性も否定できません．

得られた推定値をもとに，説明変数の平均値で評価した生存関数と，ハザード率関数を描いてみましょう．

> **Stata 7.11** 生存関数とハザード率関数を描く
>
> グラフィックス(G)▶生存分析グラフ▶生存/ハザード/累積ハザード/累積罹患率関数

出てきた画面で，**生存**を選んで**OK**を押します．またハザード率関数を描くには**ハザード**を選ぶと（図 7.12），図 7.13 が得られます．ハザード率関数は時間 t の増加関数になっています．

説明変数の回帰係数が有意ではなかったので，最後に説明変数を考慮せずまた確率分布を仮定しない Kaplan-Meier（カプラン=マイヤー）の生存関数の推定値のプロットを見てみましょう．

> **Stata 7.12** Kaplan-Meier の生存関数を描く
>
> グラフィックス(G)▶生存分析グラフ▶Kaplan-Meier 生存関数

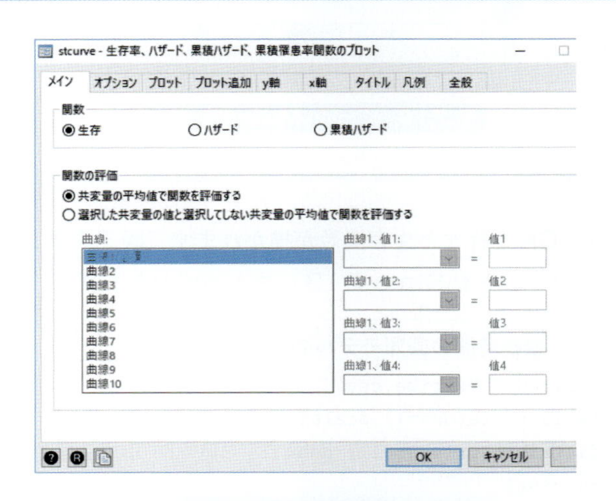

図 7.12　生存関数とハザード率関数を描く

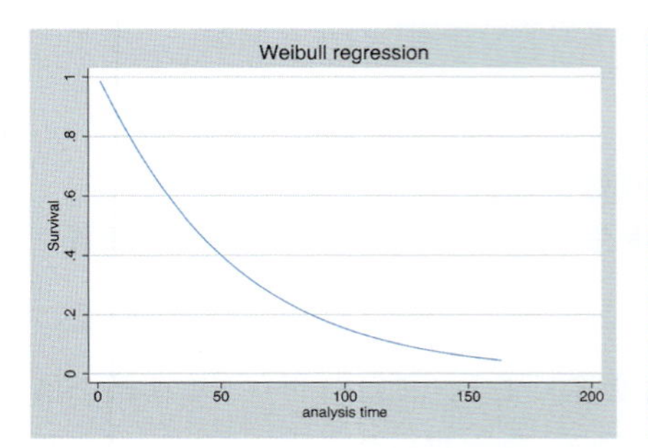

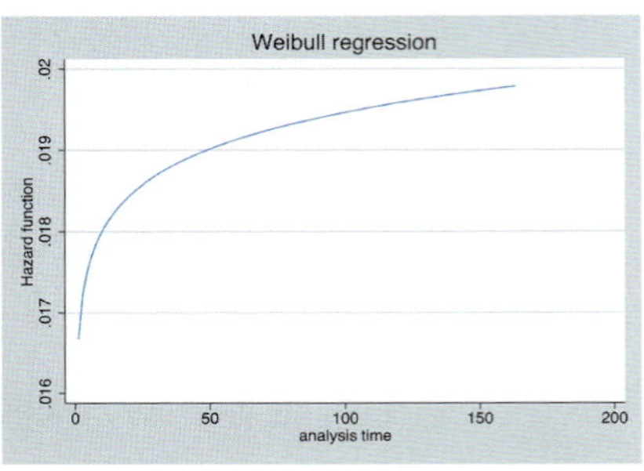

図 7.13 生存関数（左）とハザード率関数（右）

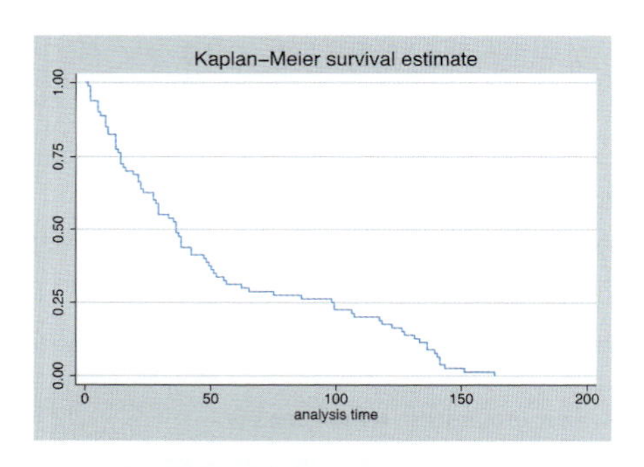

図 7.14 Kaplan-Meier の生存関数

出てきた画面で OK を押すと生存関数が描かれます（図 7.14）.

最後に Stata コマンドを Stata 7.13 にまとめておきます.

Stata 7.13 継続時間の回帰モデルのプログラム

```
import delimited C:¥strike.csv
stset y, failure(status==1) scale(1)
streg x, distribution(weibull) nohr
stcurve, survival
stcurve, hazard
sts graph
```

7.6 練習問題

1. データ 7.5 は，各 X_i（$i=1,\cdots,50$）についてシミュレーションによって $\epsilon_i \sim i.i.d.\ N(0,1)$（$i=1,\cdots,50$）を発生させて

$$Y_i^* = 1.0 + 2.0X_i + \epsilon_i,$$
$$Y_i = \max(Y_i^*, 0), \quad i=1,\cdots,50$$

を求めたものです．打ち切りのないデータ Y_i^* と，打ち切りのあるデータ Y_i のそれぞれを用いて以下の問いに答えなさい．

(1) Y_i を被説明変数，X_i を説明変数とする単回帰モデルを考えて，最小二乗法で回帰式を推定し，回帰係数の推定値及び標準誤差を求めなさい．

(2) Y_i^* を被説明変数，X_i を説明変数とする単回帰モデルを考えて，最小二乗法で回帰式を推定し，回帰係数の推定値及び標準誤差を求めなさい．

(3) Y_i を被説明変数，X_i を説明変数とするトービットモデルを考えて，最尤法で回帰式を推定し，回帰係数の推定値及び標準誤差を求めなさい．

(4) 上記の結果からどのようなことがいえるか，説明しなさい．

2. サンプル・セレクションモデルでは，最尤法による推定法の他にヘックマン（Heckman）の二段階（two-step）推定量と呼ばれる推定量があります[5]．具体的には，

$$E(Y_i|Z_i=1) = \beta_0 + \beta_1 X_{1i} + \cdots + \beta_p X_{pi} + \rho\sigma\lambda(\alpha_0 + \alpha_1 W_{1i} + \cdots + \alpha_q W_{qi}),$$
$$\lambda(x) = \frac{\phi(x)}{\Phi(x)}$$

であることを利用して二段階で推定を行います．ただし，$\phi(x)$，$\Phi(x)$ はそれぞれ標準正規分布の確率密度関数と分布関数で，$\lambda(x)$ は逆ミルズ比（inverse Mills ratio）と呼ばれます．第 1 段階では，すべての観測値を使ってプロビットモデルをあてはめ，推定値 $\hat{\alpha}_i$（$i=0,1,\cdots,q$）を用いて逆ミルズ比 $\hat{\lambda}_i = \lambda(\hat{\alpha}_0 + \hat{\alpha}_1 W_{1i} + \cdots + \hat{\alpha}_q W_{qi})$ を計算します．第 2 段階では，$Z_i=1$ である観測値だけを使って Y_i を被説明変数，$X_{1i},\cdots,X_{pi}$，$\hat{\lambda}_i$ を説明変数と

[5] この方法はトービット（Tobit）推定量になぞらえてヘキット（Heckit）推定量とも呼ばれます．

する回帰を行います[6]．Stataで二段階推定を行うには[7]**コマンド**ウィンドウで

Stata 7.14 サンプル・セレクションモデル（二段階推定法）

```
import delimited C:¥strike.csv
heckman y x1...xp, twostep select(z=w1...wq) rhosigma
```

と入力します．データ7.1を用いて就職行動と賃金関数のサンプル・セレクションモデルをヘックマンの二段階推定法で推定を行いなさい．

3. データ7.2は，企業における研究開発費用と特許申請件数の関係について第5章で用いたデータ5.1の$t=2$の年のデータです．被説明変数をY_i（第i企業の1年間の特許申請件数），説明変数をX_i（第i企業の5年前の研究開発費の対数値）とします（$i=1,\cdots,45$）．以下の問いに答えなさい．
   (1) ポアソン回帰モデルをあてはめなさい．
   (2) 負の二項回帰モデルをあてはめなさい．
   (3) AIC，BICを用いてポアソン回帰モデルと負の二項回帰モデルを比較しなさい．
4. ストライキの継続時間を示したデータ7.3に人工的に打ち切りを加えたデータがデータ7.4です．具体的には1から180までの整数値Z_iをランダムに発生させて（$i=1,\cdots,80$），$Y_i>Z_i$のときに打ち切りが生じたとして$\tilde{Y}_i=\min(Y_i,Z_i)$，$Status2=$（打ち切りがあるときに0，ないときに1）としています．打ち切りのないデータ7.3及び打ち切りのあるデータ7.4を用いてワイブル回帰をあてはめて，回帰係数の推定値及び標準誤差を比較しなさい．

6 標準誤差については，通常の最小二乗法のものではなく修正が必要になります．Stataの二段階推定法では修正済みの標準誤差が得られます．

7 プロビットモデルの説明変数には，回帰式の説明変数の集合には含まれないものがあるとよいでしょう．これは$\hat{\alpha}_0+\hat{\alpha}_1W_{1i}+\cdots+\hat{\alpha}_qW_{qi}$の変動が大きくないとき，逆ミルズ比$\hat{\lambda}_i$が$W_{1i},\cdots,W_{qi}$の線形結合で近似できてしまい多重共線性が生じることがあるためです（Wooldridge（2015））．

7.7 データ

データ 7.1　労働時間と賃金のデータ

i	$work_i$	$hour_i$	$child_i$	age_i	edu_i	$wage_i$	$hinc_i$	$year_i$
1	1	1610	1	32	12	3.35	4.03	14
2	1	1656	0	30	12	1.39	8.44	5
3	1	1980	1	35	12	4.55	3.58	15
4	1	456	0	34	12	1.10	3.54	6
5	1	1568	1	31	14	4.59	10.00	7
6	1	2032	0	54	12	4.74	6.71	33
7	1	1440	0	37	16	8.33	3.43	11
8	1	1020	0	54	12	7.84	2.55	35
9	1	1458	0	48	12	2.13	4.22	24
10	1	1600	0	39	12	4.69	5.71	21
11	1	1969	0	33	12	4.06	9.80	15
12	1	1960	0	42	11	4.59	8.00	14
13	1	240	1	30	12	2.08	5.30	0
14	1	997	0	43	12	2.27	4.34	14
15	1	1848	0	43	10	3.68	10.87	6
16	1	1224	0	35	11	1.35	9.15	9
17	1	1400	0	43	12	3.21	6.12	20
18	1	640	0	39	12	5.18	6.15	6
19	1	2000	0	45	12	2.00	6.92	23
20	1	1324	0	35	12	7.55	4.71	9
21	1	2215	0	42	16	3.51	3.13	5
22	1	1680	0	30	12	3.57	4.00	11
23	1	1600	0	48	13	3.25	7.22	18
24	1	800	0	45	12	3.25	7.97	15
25	1	1955	1	31	12	2.15	4.09	4
26	1	660	0	43	17	3.79	14.18	21
27	1	525	0	59	12	4.00	6.54	31
28	1	1904	0	32	12	4.73	8.50	9
29	1	1516	1	31	17	7.26	6.28	7
30	1	346	0	42	12	5.87	5.21	7
31	1	1040	0	50	11	1.54	2.78	32
32	1	732	0	59	16	2.46	4.91	11
33	1	1880	0	36	13	5.85	5.87	16
34	1	1680	0	51	12	3.57	7.52	14
35	1	2081	0	45	16	3.81	7.54	27
36	1	690	0	42	11	2.46	5.54	0
37	1	4210	0	46	12	2.38	6.92	17
38	1	2205	0	46	10	4.54	5.00	28
39	1	1952	0	51	14	5.62	7.31	24
40	1	1302	0	30	17	14.63	11.22	11
41	1	112	1	30	12	2.68	3.85	1
42	1	893	0	57	12	3.92	5.84	14
43	1	583	1	31	16	2.57	13.73	6
44	1	480	0	48	12	4.54	6.35	10
45	1	1900	0	30	12	2.00	5.25	6

i	$work_i$	$hour_i$	$child_i$	age_i	edu_i	$wage_i$	$hinc_i$	$year_i$
46	1	576	0	34	12	3.47	1.31	4
47	1	2056	0	48	16	2.02	2.80	10
48	1	1984	0	45	12	4.57	2.70	22
49	1	2640	0	51	12	2.27	7.57	16
50	1	240	0	30	12	2.64	3.41	6
51	0	0	0	37	12	0	9.17	8
52	0	0	0	50	16	0	29.64	22
53	0	0	0	42	8	0	4.08	5
54	0	0	1	37	9	0	8.36	10
55	0	0	0	41	16	0	12.06	1
56	0	0	0	31	12	0	2.33	1
57	0	0	0	51	12	0	10.01	6
58	0	0	1	36	12	0	5.27	4
59	0	0	0	54	15	0	10.42	6
60	0	0	0	49	12	0	7.50	0
61	0	0	1	48	9	0	6.35	1
62	0	0	0	42	9	0	3.81	3
63	0	0	1	41	12	0	9.91	15
64	0	0	0	55	16	0	2.67	33
65	0	0	0	42	9	0	4.40	2
66	0	0	0	32	15	0	7.97	1
67	0	0	0	43	12	0	15.43	10
68	0	0	1	33	12	0	1.99	0
69	0	0	0	48	15	0	7.26	14
70	0	0	0	43	12	0	7.04	15
71	0	0	1	47	17	0	8.13	15
72	0	0	0	54	12	0	11.98	10
73	0	0	0	51	12	0	5.99	6
74	0	0	0	51	10	0	4.15	18
75	0	0	1	43	13	0	8.51	15
76	0	0	0	53	12	0	2.96	30
77	0	0	1	34	11	0	8.81	15
78	0	0	1	31	8	0	2.50	10
79	0	0	0	56	12	0	4.88	0
80	0	0	0	42	16	0	10.20	0
81	0	0	0	32	12	0	10.00	4
82	0	0	1	35	12	0	5.36	0
83	0	0	1	30	12	0	9.80	3
84	0	0	0	51	10	0	1.37	20
85	0	0	0	47	12	0	3.46	3
86	0	0	0	54	12	0	5.04	1
87	0	0	3	31	15	0	16.67	5
88	0	0	0	47	10	0	4.33	7
89	0	0	0	47	14	0	10.19	6
90	0	0	0	40	12	0	7.58	2
91	0	0	0	48	8	0	4.12	0
92	0	0	0	34	8	0	4.81	10
93	0	0	0	38	12	0	3.15	6
94	0	0	1	32	12	0	19.00	4
95	0	0	0	48	16	0	6.05	8
96	0	0	0	41	12	0	3.79	18
97	0	0	0	49	5	0	2.93	7
98	0	0	0	59	8	0	9.30	15
99	0	0	0	58	13	0	9.38	7
100	0	0	0	41	12	0	26.53	8

データ 7.2　企業の研究開発費と特許申請件数

$t=1$			$t=2$		
i	Y_i	X_i	i	Y_i	X_i
1	45	0.994	1	31	0.957
2	21	2.877	2	26	3.049
3	44	2.514	3	45	2.652
4	13	1.744	4	14	1.761
5	167	3.644	5	202	3.744
6	5	2.655	6	9	2.699
7	36	0.682	7	18	0.657
8	208	4.004	8	220	3.973
9	117	2.382	9	97	2.433
10	656	4.587	10	620	4.595
11	34	2.657	11	40	2.625
12	27	1.885	12	28	1.883
13	28	1.341	13	31	1.424
14	49	2.369	14	41	2.398
15	19	1.163	15	24	1.433
16	60	2.871	16	89	3.006
17	47	3.701	17	41	3.768
18	105	3.460	18	114	3.501
19	81	3.170	19	122	3.068
20	34	2.465	20	30	2.439
21	12	2.296	21	11	2.089
22	3	1.662	22	3	1.786
23	157	4.135	23	141	4.218
24	39	1.908	24	53	2.431
25	97	3.458	25	87	3.491
26	72	1.770	26	64	2.049
27	118	3.117	27	82	3.264
28	5	0.029	28	6	0.243
29	32	2.101	29	20	2.068
30	1	0.029	30	5	0.455
31	514	4.523	31	445	4.524
32	4	0.386	32	4	0.499
33	15	-0.142	33	7	-0.220
34	478	4.535	34	402	4.655
35	1	-0.818	35	4	-1.068
36	27	1.436	36	12	1.488
37	248	4.648	37	251	4.825
38	185	3.046	38	177	3.249
39	21	2.696	39	31	2.793
40	24	2.915	40	46	3.009
41	37	2.320	41	46	2.324
42	139	2.871	42	124	3.005
43	51	1.937	43	50	1.989
44	81	3.042	44	114	3.161
45	67	2.699	45	43	2.869

i：企業番号，Y_i：特許申請件数，X_i：研究開発費（対数値）

データ 7.3　米国製造業 80 社のストライキの継続時間

i	Y_i	X_i	$Status_i$	i	Y_i	X_i	$Status_i$
1	36	-0.09771	1	41	141	-0.00528	1
2	52	-0.09771	1	42	163	-0.00528	1
3	99	-0.09771	1	43	22	-0.00155	1
4	38	-0.12124	1	44	23	-0.00155	1
5	47	-0.12124	1	45	29	-0.00155	1
6	62	-0.12124	1	46	99	-0.00155	1
7	38	-0.13996	1	47	118	-0.00155	1
8	51	-0.13996	1	48	2	-0.00700	1
9	98	-0.13996	1	49	12	-0.00700	1
10	133	-0.13996	1	50	12	-0.00700	1
11	9	-0.12590	1	51	21	-0.00700	1
12	86	-0.12590	1	52	21	-0.00700	1
13	141	-0.12224	1	53	27	-0.00700	1
14	5	-0.10443	1	54	38	-0.00700	1
15	49	-0.10443	1	55	42	-0.00700	1
16	8	-0.08656	1	56	117	-0.00700	1
17	13	-0.08656	1	57	2	-0.00157	1
18	2	-0.06279	1	58	12	-0.00157	1
19	6	-0.06279	1	59	19	-0.00157	1
20	37	-0.06279	1	60	22	-0.00157	1
21	28	-0.05790	1	61	75	-0.00157	1
22	36	-0.05790	1	62	126	-0.00157	1
23	48	-0.05790	1	63	8	0.00134	1
24	136	-0.05790	1	64	36	0.00134	1
25	139	-0.05790	1	65	107	0.00134	1
26	2	-0.04919	1	66	5	-0.01281	1
27	14	-0.04919	1	67	5	-0.01281	1
28	15	-0.04919	1	68	29	-0.01281	1
29	33	-0.04919	1	69	151	-0.01281	1
30	143	-0.04919	1	70	9	-0.01538	1
31	42	-0.04494	1	71	16	-0.01538	1
32	8	-0.02700	1	72	29	-0.01538	1
33	122	-0.00601	1	73	35	-0.01538	1
34	56	-0.00693	1	74	65	-0.01538	1
35	14	-0.00528	1	75	136	-0.01538	1
36	14	-0.00528	1	76	50	-0.00703	1
37	106	-0.00528	1	77	55	-0.00703	1
38	127	-0.00528	1	78	1	-0.00003	1
39	131	-0.00528	1	79	12	-0.00003	1
40	140	-0.00528	1	80	27	-0.00003	1

i：観測値番号，Y_i：米国製造業におけるストライキ継続時間（日数），
X_i：米国製造業における産業生産（季節性除く，対数値），
$Status_i$：打ち切りがあるとき 0，ないとき 1

データ 7.4　データ 7.3 のストライキデータに人工的に打ち切りを加えたデータ

i	$\tilde{Y}_i$	X_i	$Status2_i$	i	$\tilde{Y}_i$	X_i	$Status2_i$
1	36	-0.09771	1	41	33	-0.00528	0
2	11	-0.09771	0	42	66	-0.00528	0
3	80	-0.09771	0	43	22	-0.00155	1
4	38	-0.12124	1	44	16	-0.00155	0
5	47	-0.12124	1	45	27	-0.00155	0
6	62	-0.12124	1	46	13	-0.00155	0
7	6	-0.13996	0	47	118	-0.00155	1
8	51	-0.13996	1	48	2	-0.00700	1
9	54	-0.13996	0	49	12	-0.00700	1
10	133	-0.13996	1	50	12	-0.00700	1
11	9	-0.12590	1	51	21	-0.00700	1
12	86	-0.12590	1	52	21	-0.00700	1
13	27	-0.12224	0	53	27	-0.00700	1
14	5	-0.10443	1	54	29	-0.00700	0
15	49	-0.10443	1	55	42	-0.00700	1
16	8	-0.08656	1	56	101	-0.00700	0
17	13	-0.08656	1	57	2	-0.00157	1
18	2	-0.06279	1	58	12	-0.00157	1
19	6	-0.06279	1	59	15	-0.00157	0
20	37	-0.06279	1	60	22	-0.00157	1
21	28	-0.05790	1	61	64	-0.00157	0
22	36	-0.05790	1	62	126	-0.00157	1
23	48	-0.05790	1	63	8	0.00134	1
24	6	-0.05790	0	64	36	0.00134	1
25	128	-0.05790	0	65	107	0.00134	1
26	2	-0.04919	1	66	5	-0.01281	1
27	14	-0.04919	1	67	5	-0.01281	1
28	15	-0.04919	1	68	22	-0.01281	0
29	33	-0.04919	1	69	9	-0.01281	0
30	138	-0.04919	0	70	9	-0.01538	1
31	42	-0.04494	1	71	16	-0.01538	1
32	1	-0.02700	0	72	29	-0.01538	1
33	101	-0.00601	0	73	35	-0.01538	1
34	56	-0.00693	1	74	65	-0.01538	1
35	14	-0.00528	1	75	4	-0.01538	0
36	14	-0.00528	1	76	1	-0.00703	0
37	89	-0.00528	0	77	55	-0.00703	1
38	46	-0.00528	0	78	1	-0.00003	1
39	131	-0.00528	1	79	12	-0.00003	1
40	70	-0.00528	0	80	4	-0.00003	0

データ 7.5　打ち切りの有無に関するデータ

i	Y_i	Y_i^*	X_i	i	Y_i	Y_i^*	X_i
1	0.009	0.009	-0.080	26	5.236	5.236	1.609
2	3.029	3.029	0.350	27	3.795	3.795	0.783
3	5.801	5.801	2.286	28	0	-0.313	-1.02
4	0	-4.502	-2.402	29	3.844	3.844	1.314
5	0	-0.476	-0.481	30	0	-2.950	-1.333
6	4.845	4.845	2.136	31	0.226	0.226	0.366
7	0	-2.538	-1.862	32	1.898	1.898	0.482
8	1.530	1.530	0.230	33	0.122	0.122	-0.444
9	2.288	2.288	1.303	34	2.118	2.118	0.431
10	1.153	1.153	0.118	35	0	-0.217	-1.423
11	0	-4.290	-2.428	36	0	-0.998	-1.226
12	3.487	3.487	0.826	37	2.685	2.685	1.188
13	2.448	2.448	0.326	38	0.323	0.323	-0.411
14	0	-0.656	-1.112	39	2.691	2.691	1.025
15	0.755	0.755	0.334	40	3.391	3.391	1.093
16	0	-2.195	-0.854	41	0	-0.451	-0.005
17	0	-0.132	-1.294	42	0.439	0.439	-0.712
18	2.700	2.700	1.137	43	4.647	4.647	1.088
19	3.284	3.284	1.012	44	2.664	2.664	0.321
20	1.430	1.430	-0.032	45	0.812	0.812	-0.606
21	2.747	2.747	0.751	46	1.693	1.693	0.528
22	1.654	1.654	0.408	47	4.504	4.504	1.418
23	0	-3.492	-1.37	48	2.170	2.170	0.496
24	0	-0.483	0.198	49	3.078	3.078	0.313
25	0	-1.840	-1.477	50	4.900	4.900	2.001

i：観測値番号，Y_i：打ち切りあり，Y_i^*：打ち切りなし，X_i：説明変数

参考図書

- 森棟公夫（2005）『基礎コース　計量経済学』新世社.
- 黒住英司（2016）『計量経済学』東洋経済新報社.
- 古澄英男（2007）「継続時間の計量分析」『計量経済学ハンドブック』（蓑谷千凰彦・縄田和満・和合肇編）朝倉書店.
- J. M. Wooldridge（2015）*Introductory Econometrics: A Modern Approach*, 6th Edition, South-Western.

第 8 章

同時方程式モデル

この章では，マクロ計量経済モデルのように複数の方程式を推定する場合に，どのような問題があるかについて説明を行い，モデルパラメータの推定方法を紹介します．

○ *KEY WORDS* ○

同時方程式モデル，内生変数，外生変数，
先決変数，先決内生変数，構造形，誘導形，
識別条件，操作変数法，**2** 段階最小二乗法，
3 段階最小二乗法，見かけ上無関係な回帰モデル

8.1 同時方程式モデル

内生変数，外生変数，先決内生変数

第2章・第3章では，次のように1本の回帰方程式についてパラメータの推定や仮説検定について説明をしてきました．つまり

(1) 単回帰のときには，被説明変数が1個，説明変数が1個で

$$Y_t = \beta_0 + \beta_1 X_t + \epsilon_t, \quad t = 1, \cdots, T$$

(2) 重回帰のときには，被説明変数が1個，説明変数が2個以上で

$$Y_t = \beta_0 + \beta_1 X_{1t} + \cdots + \beta_p X_{pt} + \epsilon_t, \quad t = 1, \cdots, T$$

という方程式を考えてきました．この章では，被説明変数が2個以上ある場合，つまり連立方程式に基づくモデル（同時方程式モデル，simultaneous equation model）を考えていきます．

まず簡単な所得決定モデルを考えてみましょう．例えば C_t を t 期の消費，Y_t を t 期の所得，Z_t を t 期の消費以外の支出とすると，

$$C_t = \beta_0 + \beta_1 Y_t + \epsilon_t, \tag{8.1}$$

$$Y_t = C_t + Z_t, \ t = 1, \cdots, T \tag{8.2}$$

という連立方程式モデルを考えることができます．第2章の単回帰では，Y_t を所与として式（8.1）の消費関数についてだけ考えましたが，ここではさらに式（8.2）のように消費 C_t が所得 Y_t の構成要素になっていることを考慮します．

この連立方程式モデルでは，Z_t が与えられると，所得 Y_t と消費 C_t が決定されます．このようにモデルの中で決定される変数を，内生変数（endogenous variable）といい，モデルの外から与えられるような変数を外生変数（exogenous variable）といいます．

また式（8.1）の代わりに

$$C_t = \beta_0 + \beta_1 Y_t + \beta_2 C_{t-1} + \epsilon_t$$

とすると，消費 C_t が前期の消費 C_{t-1} に依存します．ここで C_{t-1} は t 期ではモデルの外から与えられますが，$t-1$ 期にはモデルによって決定されます．このようにラグ付きの内生変数 C_{t-1} を先決内生変数といいます．また，外生変数と先決内生変数を併せて，先決変数といいます．

定義 8.1　内生変数と先決変数

- 内生変数：モデル内で決定される変数
- 先決変数
  - ― 先決内生変数：ラグ付きの内生変数
  - ― 外生変数：モデル外から与えられる変数

構造形と誘導形

経済変数の構造的な関係に基づいて書かれた式（8.1)-(8.2）のような連立方程式をモデルの構造形（structural form）といいます．これに対して，構造形の連立方程式から内生変数を先決変数について解いた次のような式を，モデルの誘導形（reduced form）といいます．

$$C_t = \frac{\beta_0}{1-\beta_1} + \frac{\beta_1}{1-\beta_1} Z_t + \frac{1}{1-\beta_1} \epsilon_t, \tag{8.3}$$

$$Y_t = \frac{\beta_0}{1-\beta_1} + \frac{1}{1-\beta_1} Z_t + \frac{1}{1-\beta_1} \epsilon_t \tag{8.4}$$

定義 8.2　構造形と誘導形

- 構造形：経済変数の構造的な関係に基づいて書かれた連立方程式
- 誘導形：構造形から内生変数を先決変数について解いた式

識 別 問 題

まず，なぜ「識別問題」を考える必要があるのかを説明するために簡単な推定問題を考えます.

間接最小二乗法

式 (8.1)–(8.2) の所得決定モデルでは，構造形の式 (8.1) に最小二乗法を用いることは適切ではありません．誘導形の式 (8.4) から Y_t が ϵ_t を含んでいることから，式 (8.1) の説明変数 Y_t は誤差項 ϵ_t と相関しているためです．このように説明変数と誤差項に相関がある場合には，最小二乗推定量は不偏性も一致性ももちません．このとき推定量に生じるバイアスを同時方程式バイアスといいます．

一方，モデルの誘導形では式の右辺はすべて先決変数なので，説明変数は誤差項と無相関です．そこで

$$C_t = \pi_{10} + \pi_{11} Z_t + u_t,$$
$$Y_t = \pi_{20} + \pi_{21} Z_t + u_t$$

ただし，

$$\pi_{10} = \frac{\beta_0}{1-\beta_1}, \quad \pi_{11} = \frac{\beta_1}{1-\beta_1}, \quad u_t = \frac{1}{1-\beta_1}\epsilon_t,$$
$$\pi_{20} = \frac{\beta_0}{1-\beta_1}, \quad \pi_{21} = \frac{1}{1-\beta_1}$$

に最小二乗法を行えば，最小二乗推定量 $\hat{\pi}_{ij}$ は BLUE（最良線形不偏推定量）になります．したがって

$$\beta_0 = \hat{\pi}_{10}(1-\hat{\beta}_1), \quad \hat{\beta}_1 = \frac{\hat{\pi}_{11}}{\hat{\pi}_{21}}$$

とすることで，β_0，β_1 の一致推定量が得られます．このような推定法を間接最小二乗法といいます．しかし，この方法はいつも使うことができるわけではありません．例えば次のような需要・供給関数からなるモデルを考えましょう．

P_t を t 期の価格，Q_t を t 期の需要とします．需要と供給は等しい値として観測されるので，Q_t は供給も表します．需要関数と供給関数の構造形を

$$Q_t = \beta_0 + \beta_1 P_t + \beta_2 Y_t + \epsilon_{1t}, \quad \text{（需要関数）}$$
$$Q_t = \alpha_0 + \alpha_1 P_t + \epsilon_{2t} \quad \text{（供給関数）}$$

とすると，その誘導形は，

$$P_t = \pi_{10} + \pi_{11} Y_t + u_{1t},$$
$$Q_t = \pi_{20} + \pi_{21} Y_t + u_{2t}$$

ただし，

$$\pi_{10} = \frac{\beta_0 - \alpha_0}{\alpha_1 - \beta_1}, \quad \pi_{11} = \frac{\beta_2}{\alpha_1 - \beta_1}, \quad u_{1t} = \frac{\epsilon_{1t} - \epsilon_{2t}}{\alpha_1 - \beta_1},$$
$$\pi_{20} = \frac{\beta_0 \alpha_1 - \beta_1 \alpha_0}{\alpha_1 - \beta_1}, \quad \pi_{21} = \frac{\beta_2 \alpha_1}{\alpha_1 - \beta_1}, \quad u_{2t} = \frac{\alpha_1 \epsilon_{1t} - \beta_1 \epsilon_{2t}}{\alpha_1 - \beta_1}$$

となります．この誘導形に最小二乗法を適用して得られた推定量 $\hat{\pi}_{ij}$ を用いると，

$$\hat{\alpha}_0 = \hat{\pi}_{20} - \hat{\alpha}_1 \hat{\pi}_{10}, \quad \hat{\alpha}_1 = \frac{\hat{\pi}_{21}}{\hat{\pi}_{11}}$$

のように（α_0，α_1）の一致推定量は得られますが，（β_1，β_2，β_3）については得ることができません．このように，誘導形の方程式の係数から，構造形の方程式の係数が復元できないとき，その方程式は識別できない（識別不能）といいます．また，復元できる場合には，その方程式は識別できる（識別可能）といいます．

POINT 8.1　識 別 性

誘導形の方程式の係数から構造形の方程式の係数を
- 復元できるとき，その方程式は識別できる（識別可能）
- 復元できないとき，その方程式は識別できない（識別不能）

この例では，需要関数の Y_t の値が変動することによって供給関数は識別できますが，需要関数は識別できません（図 8.1）．

識 別 条 件

では同時方程式モデルにおいて方程式が識別できる条件について考えてみましょう．いま，同時方程式モデルの内生変数が $Y_{1t}, \ldots, Y_{Mt}$ で M 個，先決変数が $Z_{1t}, \ldots, Z_{Nt}$ で N 個であるとします．このとき第 1 式が

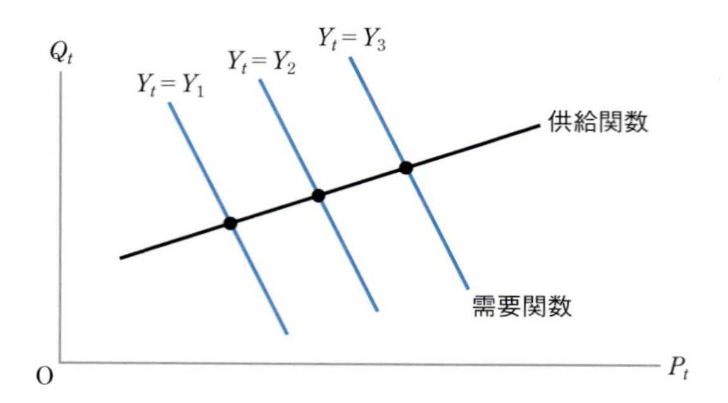

図 8.1　需給曲線と識別性

$$Y_{1t} = \sum_{i=2}^{m} \beta_i Y_{it} + \sum_{j=1}^{n} \gamma_j Z_{jt} + \epsilon_{1t} \tag{8.5}$$

と表されたとしましょう．第 1 式には内生変数が m 個（$m \leq M$），先決変数が n 個（$n \leq N$）あります．一方，誘導形で内生変数 Y_{it} が

$$Y_{it} = \sum_{j=1}^{N} \pi_{ij} Z_{jt} + u_{it}$$

と表されるとき，誘導形の式だけを使って

$$Y_{1t} - \sum_{i=2}^{m} \beta_i Y_{it} = \sum_{j=1}^{N} \left(\pi_{1j} - \sum_{i=2}^{m} \beta_i \pi_{ij} \right) Z_{jt} + \left(u_{1t} - \sum_{i=2}^{m} \beta_i u_{it} \right)$$

となるので，

$$Y_{1t} = \sum_{i=2}^{m} \beta_i Y_{it} + \sum_{j=1}^{N} \left(\pi_{1j} - \sum_{i=2}^{m} \beta_i \pi_{ij} \right) Z_{jt} + \left(u_{1t} - \sum_{i=2}^{m} \beta_i u_{it} \right) \tag{8.6}$$

となることから，式（8.5）と式（8.6）の第 2 項の Z_{jt} の係数を比較すると

$$\gamma_j = \pi_{1j} - \sum_{i=2}^{m} \beta_i \pi_{ij}, \quad j = 1, 2, \cdots, n, \tag{8.7}$$

$$0 = \pi_{1j} - \sum_{i=2}^{m} \beta_i \pi_{ij}, \quad j = n+1, \cdots, N \tag{8.8}$$

となります．誘導形の係数 π_{ij} と β_i の値がわかっていれば，式（8.7）より γ_j の値が求まります．したがって識別できるかどうかは，誘導形の係数 π_{ij} の値が

わかっているとき，式（8.8）から β_i が求められるかどうかで決まることになります．式（8.8）では，

$$\text{未知数} = m-1, \quad \text{方程式の数} = N-n$$

なので，

$$\text{未知数} = m-1 \;=\; N-n = \text{方程式の数} \;\rightarrow\; \text{適度識別（識別可能）}$$
$$\text{未知数} = m-1 \;<\; N-n = \text{方程式の数} \;\rightarrow\; \text{過剰識別（識別可能）}$$
$$\text{未知数} = m-1 \;>\; N-n = \text{方程式の数} \;\rightarrow\; \text{識別不能}$$

となり，識別性の必要条件は以下の条件で次数条件と呼ばれています[1].

POINT 8.2　識別性の次数条件

ある方程式に内生変数が m 個（$m \leq M$），先決変数が n 個（$n \leq N$）あるとき，その方程式が識別できる必要条件は

$$m-1 \leq N-n$$

ただし，M：同時方程式モデルの内生変数の個数，N：同時方程式モデルの先決変数の個数です．

重回帰では似たような説明変数が多くあるときに多重共線性の問題が起きましたが，同時方程式モデルでも似たような方程式が多くあるときに識別問題が起きるのです．

推定法

操作変数法

前項で説明をしたように，説明変数が誤差項と相関をもつ場合には，最小二乗法を用いることは適切ではありません．その場合にはパラメータをどのように推定するのがよいでしょうか[2]．例えば，構造方程式の第1式が

1　式（8.5）が識別可能であるための必要十分条件は階数条件といいますが，その説明は本書の範囲を超えるので省略します．

2　前項で紹介した間接最小二乗法は適度識別の場合には推定値が一意に定まりますが，過剰識別の場合には定まらないという問題があります．

$$Y_t = \beta_0 + \beta_1 X_t + \epsilon_t \tag{8.9}$$

だとしましょう．X_t，Y_t がともに内生変数で，X_t が ϵ_t と相関しているとします．このとき，誤差項 ϵ_t とは無相関だが，説明変数 X_t とは相関があるような変数 Z_t があるとすると，

$$\begin{aligned} Cov(Z_t, \epsilon_t) &= Cov(Z_t, Y_t - \beta_0 - \beta_1 X_t) \\ &= Cov(Z_t, Y_t) - \beta_1 Cov(Z_t, X_t) \end{aligned}$$

より

$$Cov(Z_t, Y_t) - \beta_1 Cov(Z_t, X_t) = 0$$

となるので，それぞれの共分散を標本共分散で推定して

$$\hat{\beta}_1 = \frac{\sum_{t=1}^{T}(Z_t - \overline{Z})(Y_t - \overline{Y})}{\sum_{t=1}^{T}(Z_t - \overline{Z})(X_t - \overline{X})}, \quad \hat{\beta}_0 = \overline{Y} - \hat{\beta}_1 \overline{X} \tag{8.10}$$

ただし

$$\overline{X} = \frac{1}{T}\sum_{t=1}^{T} X_t, \quad \overline{Y} = \frac{1}{T}\sum_{t=1}^{T} Y_t, \quad \overline{Z} = \frac{1}{T}\sum_{t=1}^{T} Z_t$$

とすると，ある条件の下で $\hat{\beta}_0$，$\hat{\beta}_1$ は β_0，β_1 の一致推定量になることが示せます．このように誤差項とは無相関だが，説明変数とは相関があるような変数群 $Z_{1t}, \cdots, Z_{rt}$ を**操作変数**（instrumental variable）といい，操作変数を用いて一致推定量を得るのが**操作変数法**です．

POINT 8.3　操作変数

説明変数が誤差項と相関をもつ場合には最小二乗法を用いることは適切ではないため，その説明変数と相関があるが誤差項とは無相関な変数（**操作変数**）を用いて一致推定量を得ることができます．

実際の応用においては必ずしも適切な操作変数を見つけることは容易ではなく，先決変数を用いることが多くなります．また操作変数と説明変数の相関が弱い場合には推定値が不安定になるなどの問題もあります．パラメータの個数を K 個とするとき，操作変数の個数 r が K であれば適度識別で推定を行うことが

できます．もし$r > K$の過剰識別のときには，残りの$r - K$個の操作変数に基づく推定式を使って操作変数と誤差項が無相関であるという仮説を検定することもできます．その場合，帰無仮説H_0は「操作変数と誤差項が無相関である」になります．この仮説検定は過剰識別制約の検定と呼ばれ，帰無仮説が棄却された場合には，その変数は操作変数として使うことは適切とはいえないということになります．

2段階最小二乗法

操作変数法の場合と同じく，式（8.9）における推定を考えましょう．X_t，Y_tがともに内生変数で，X_tがϵ_tと相関しているとします．

2段階最小二乗法では2段階で推定を行います．まず第1段階では，操作変数Z_tを用いて回帰式

$$X_t = \alpha_0 + \alpha_1 Z_t + u_t$$

を最小二乗法で推定します．そして最小二乗推定量$\hat{\alpha}_0$，$\hat{\alpha}_1$を用いて

$$\hat{X}_t = \hat{\alpha}_0 + \hat{\alpha}_1 Z_t$$

を計算します．そして第2段階では，回帰式

$$Y_t = \beta_0 + \beta_1 \hat{X}_t + \epsilon_t$$

を最小二乗法で推定します．このとき得られる最小二乗推定量は，実は操作変数法による推定量と同じになっています．この推定方法を2段階最小二乗法（Two Stage Least Square）といいます．重回帰の場合には，第1段階で誤差項と相関のある説明変数X_{jt}を操作変数に回帰することで$\hat{X}_{jt}$を計算し[3]，第2段階では，説明変数X_{jt}の代わりに$\hat{X}_{jt}$を用いた回帰を行います．

GMM

GMM（Generalized Method of Moments，一般化積率法，一般化モーメント法）は，操作変数法や積率法の一般化された推定法です．積率法（モーメント

3　誤差項とは無相関な操作変数の中には，誤差項と相関のないX_{it}が含まれてもかまいません．

法）とは，母集団の積率（平均など）を標本の積率（標本平均など）で推定する方法で，GMM はそれを一般化したものです．GMM では例えば次のような単一方程式を考えます（同時方程式モデルにも拡張できます）．

$$Y_t = f(\boldsymbol{x}_t, \boldsymbol{\beta}) + \epsilon_t, \quad E(\epsilon_t) = 0, \quad Var(\epsilon_t) = \sigma^2, \quad t = 1, \cdots, T$$

f は線形・非線形な関数で，Y_t は被説明変数，$\boldsymbol{x}_t = (X_{1t}, \cdots, X_{Kt})$ は説明変数のセット，$\boldsymbol{\beta} = (\beta_1, \cdots, \beta_K)$ はパラメータ，ϵ_t は誤差項とします．このとき，次のように誤差項と無相関な操作変数 Z_{it} が存在するとします．

$$Cov(Z_{it}, \epsilon_t) = E(Z_{it}\epsilon_t) = 0, \quad t = 1, \cdots, T, \quad i = 1, \cdots, r, \quad r > K \qquad (8.11)$$

ここで平均 $E(Z_{it}\epsilon_t)$ の推定量として標本平均

$$m_i(\boldsymbol{\beta}) = \frac{1}{T}\sum_{t=1}^{T} Z_{it}(Y_t - f(\boldsymbol{x}_t, \boldsymbol{\beta})), \quad i = 1, \cdots, r$$

を考え，さらにある適当な重み w_{ij} を用いて[4]

$$q(\boldsymbol{\beta}) = \sum_{i=1}^{r}\sum_{j=1}^{r} w_{ij} m_i(\boldsymbol{\beta}) m_j(\boldsymbol{\beta})$$

を最小にするような $\hat{\boldsymbol{\beta}}$ を GMM 推定量といいます．

3 段階最小二乗法

2 段階最小二乗法は個々の方程式を別々に推定する方法でしたが，複数の方程式を同時に推定する方法もあります．そのひとつが各構造方程式の誤差項の相関関係を考慮した 3 段階最小二乗法（Three Stage Least Square）です．

3 段階最小二乗法では，まず 2 段階最小二乗法を行います．次に得られた残差を使って誤差項の分散共分散行列を推定し，誤差項の相関を考慮する一般化最小二乗法と呼ばれる推定方法を行います．構造方程式の誤差項に相関がある場合には，3 段階最小二乗法を用いることで推定精度の改善を期待できます[5]．しかし複数の方程式を同時に推定する場合には，構造方程式のひとつに定式化

4　重みの選択の方法については本書の範囲を超える高度な内容なので省略します．

5　観測値の個数が無限に大きくなるときに 2 段階最小二乗推定量より分散が小さくなることが知られています．しかし誤差項が無相関であったり，すべての構造方程式が適度識別である場合には 2 段階最小二乗推定量と同等になります．

の誤りがある場合にその影響が広く他の推定結果に影響を与えるという欠点もあり，注意が必要です．

8.2 見かけ上無関係な回帰モデル

いま重回帰方程式が m 個あるとしましょう．第 j 番目の回帰方程式は，被説明変数が $Y_{j,t}$ で，説明変数が $X_{j,1},\cdots,X_{j,p_j}$ の p_j 個あるとすると（$j=1,\cdots,m$），

$$
\begin{aligned}
Y_{j,t} = \beta_{j,0} + \beta_{j,1}X_{j,1t} + \cdots + \beta_{j,p_j}X_{j,p_jt} + \epsilon_{j,t},\\
E(\epsilon_{j,t}) = 0, \quad Var(\epsilon_{j,t}) = \sigma_{jj},\\
Cov(\epsilon_{j,t}, \epsilon_{j',s}) = \begin{cases} \sigma_{jj'}, & t = s \\ 0, & \text{それ以外のとき} \end{cases}\\
j = 1,\cdots,m, \quad t = 1,\cdots,T
\end{aligned}
$$

と書くことができます．ただし，$\beta_{j,k}$（$k=1,\cdots,p_j$）は回帰係数，$\epsilon_{j,t}$ は誤差項です．誤差項 $\epsilon_{j,t}$ と $\epsilon_{j',t}$ の相関が 0（したがって共分散 $\sigma_{jj'}=0$）のときには，m 個の重回帰を別々に行えばよいのですが，誤差項の相関が 0 ではない（したがって共分散 $\sigma_{jj'}\neq 0$）のときには，誤差項の相関を考慮する一般化最小二乗法と呼ばれる推定方法を行うことで推定精度の改善を行うことができます．このような重回帰モデルは見かけ上無関係な回帰（Seemigly Unrelated Regression，SUR）モデルと呼ばれています．

POINT 8.4　見かけ上無関係な回帰

誤差項の標準的な仮定を満たす m 個の重回帰方程式において，第 i 番目の回帰方程式と第 j 番目の回帰方程式（$i\neq j$）の誤差項に相関があるとき，見かけ上無関係な回帰（Seemingly Unrelated Regression）といいます．

8.3 分析例

同時方程式モデル

例 8.1 マクロ経済モデル

データ 8.1 のアメリカ合衆国の経済データを用いて，以下のクラインのモデル[a]について

1. 推定しなさい．
2. 過剰識別制約の検定を行いなさい．
3. 内生性の検定を行いなさい．
4. 1937 年から 1941 年までの内生変数の動的予測をしなさい．

$$C_t = \alpha_0 + \alpha_1 P_t + \alpha_2 P_{t-1} + \alpha_3 W_t + \epsilon_{1t}, \tag{8.12}$$

$$I_t = \beta_0 + \beta_1 P_t + \beta_2 P_{t-1} + \beta_3 K_{t-1} + \epsilon_{2t}, \tag{8.13}$$

$$W_t^p = \gamma_0 + \gamma_1 Y_t + \gamma_2 Y_{t-1} + \gamma_3 A_t + \epsilon_{3t}, \tag{8.14}$$

$$Y_t = C_t + I_t + G_t, \tag{8.15}$$

$$P_t = Y_t - T_t - W_t^p, \tag{8.16}$$

$$K_t = K_{t-1} + I_t, \tag{8.17}$$

$$W_t = W_t^p + W_t^g \tag{8.18}$$

ただし，

名前	変数	分類	名前	変数	分類
C_t	t 期の消費	内生変数	I_t	t 期の投資	内生変数
P_t	t 期の民間企業利益	内生変数	K_t	t 期の資本ストック	内生変数
W_t	t 期の民間及び政府賃金総額	内生変数	Y_t	t 期の総所得	内生変数
			G_t	t 期の政府支出	外生変数
W_t^p	t 期の民間賃金総額	内生変数	T_t	t 期の税額	外生変数
W_t^g	t 期の政府賃金総額	外生変数	A_t	t 期の西暦年−1931	外生変数

[a] L. R. Klein (1950) *Economic fluctuations in the United States 1921–1941*, Wiley.

表 8.1　データファイル（klein.csv）

```
year,a,c,p,wp,i,k,y,wg,w,g,t
1920,-11,39.8,12.7,28.8,2.7,182.8,44.9,2.2,31.0,2.4,3.4
1921,-10,41.9,12.4,25.5,-0.2,182.6,45.6,2.7,28.2,3.9,7.7
(以下省略)
```

データは表 8.1 のようなファイルとして用意します．**year**，**a**，**c**，**p**，**wp**，**i**，**k**，**y**，**wg**，**w**，**g**，**t** はそれぞれ，西暦年，A_t，C_t，P_t，W_t^p，I_t，K_t，Y_t，W_t^g，W_t，G_t，T_t を表しています．

構造方程式は 7 本で，第 1 式は消費関数，第 2 式は投資関数，第 3 式は民間賃金関数，第 4 式は需給均衡式で，第 5 式～第 7 式はそれぞれの変数の定義式となっています．内生変数は $M=7$ 個，先決変数は $N=8$ 個（外生変数は 5 個，先決内生変数は 3 個）です[6]．第 1 式～第 3 式の右辺に含まれる内生変数の個数はそれぞれ $m=2,1,1$ で，先決変数の個数は $n=2,3,3$ ですから，いずれの場合にも $m-1<N-n$ が成り立ち，次数条件については過剰識別になっています．

まず第 1 式の消費関数だけを，2 段階最小二乗法で推定する場合を考えましょう．データを変数 **year**（西暦年）を時間変数とする時系列データ（時間変数の単位は年）として定義しておきます[7]．

2 段階最小二乗法

2 段階最小二乗法で推定するには

Stata 8.1　2 段階最小二乗法

統計(S) ▶ 内生共変量 ▶ 内生変数を含む線形

とし，出てきた画面で**従属変数**に **c**，**独立変数**に **L.p**，**内生変数**に **p w**，**操作変数**に **t wg g a L.k L.y** を入力して，さらに**レポート**タブで**自由度調整し小標本統計量を表示する**に ✓（チェック）を入れ，**OK** を押します（図 8.2）．

6　外生変数には W_t^g，G_t，T_t，A_t のほか定数項（すべて 1 からなる変数）も含みますので，5 個となります．

7　Stata 2.2（時系列データを定義）を参照してください．

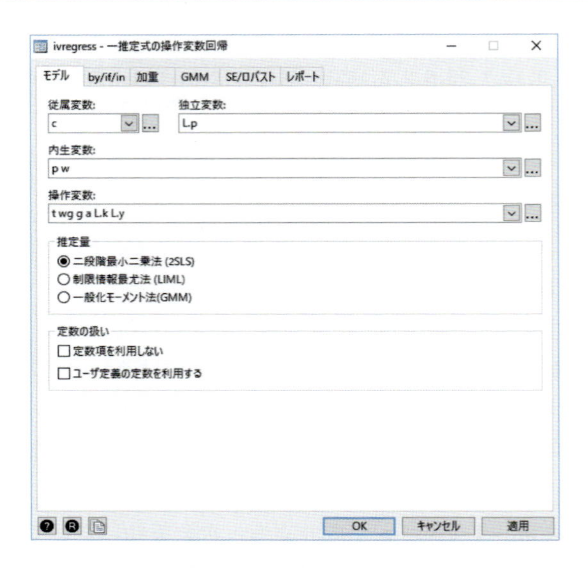

図 8.2　2 段階最小二乗法

表 8.2　2 段階最小二乗法による消費関数の推定結果

```
. ivregress 2sls c L.p (p w = L.p t wg g a L.k L.y), small
Instrumental variables (2SLS) regression
  Source |       SS       df       MS        Number of obs   =          21①
---------+------------------------------    F(  3,     17)   =      225.93
   Model |  919.504138     3  306.501379    Prob > F         =      0.0000
Residual |  21.9252518    17  1.28972069    R-squared        =      0.9767
---------+------------------------------    Adj R-squared    =      0.9726
   Total |  941.429389    20  47.0714695    Root MSE         =      1.1357
-----------------------------------------------------------------------
       c |      Coef.   Std. Err.      t    P>|t|    [95% Conf. Interval]
---------+-------------------------------------------------------------
       p |   .0173022② .1312046    0.13   0.897⑥ -.2595153    .2941197
       w |   .8101827③ .0447351   18.11   0.000⑦     .7158    .9045654
         |
       p |
     L1. |   .2162338④ .1192217    1.81   0.087⑧ -.0353019    .4677696
         |
   _cons |   16.55476⑤ 1.467979   11.28   0.000⑨  13.45759    19.65192
-----------------------------------------------------------------------
Instrumented:  p w⑩
Instruments:   L.p t wg g a L.k L.y⑪
```

推定結果の表 8.2 において，推定に用いた観測値の個数は 21（①）です．消費関数の右辺にはラグ付きの内生変数があるので，1921 年から 1941 年までの 21 年のデータを使います．右辺の内生変数は P_t と W_t で（⑩），操作変数は P_{t-1}，T_t，W_t^g，G_t，A_t，K_{t-1}，Y_{t-1}（⑪）を用いています．②〜⑤は推定された回帰係数で，

$$\hat{C}_t = 16.555 + 0.017P_t + 0.216P_{t-1} + 0.810W_t$$

となり，⑥〜⑨はそれぞれの p 値を表しています．P_t 及び P_{t-1} の p 値は 0.897（⑥）及び 0.087（⑧）と 0.05 より大きいので，$H_0 : \alpha_1 = 0$（$H_1 : \alpha_1 \neq 0$）及び $H_0 : \alpha_2 = 0$（$H_1 : \alpha_2 \neq 0$）という帰無仮説を有意水準 5% で棄却できず，回帰係数が有意ではないことを示唆しています．W_t の p 値は 0.00（⑦）と 0.05 より小さいので，$H_0 : \alpha_3 = 0$（$H_1 : \alpha_3 \neq 0$）という帰無仮説を有意水準 5% で棄却することができ，回帰係数は有意であることがわかります．続けて過剰識別制約の検定を行ってみましょう．

Stata 8.2 過剰識別制約検定

統計(S)▶推定後の分析

画面で**モデル選択、診断、適合度分析—過剰識別制約検定**を選び，**開く**を押します．さらに出てきた画面で**結果および統計量**で**過剰識別制約検定を実行する (overid)** を選び，**OK** を押します（図 8.3）．

表 8.3　過剰識別制約検定の結果

```
. estat overid
  Tests of overidentifying restrictions:
  Sargan (score) chi2(4) =  8.77151  (p = 0.0671)①
  Basmann chi2(4)        =  9.32492  (p = 0.0535)②
```

推定結果の表 8.3 において，①，②が過剰識別制約の検定の p 値です．2 つの検定の p 値はいずれも 0.05 より大きいので，「操作変数と誤差項は無相関」という帰無仮説を有意水準 5% で棄却できません．したがって使用している操作変数には特に問題はないということになります．さらに内生性の検定を行ってみましょう．内生性の検定は，右辺に表れている内生変数が誤差項と相関していない（変数は外生的である）かどうかの仮説検定で，具体的には以下

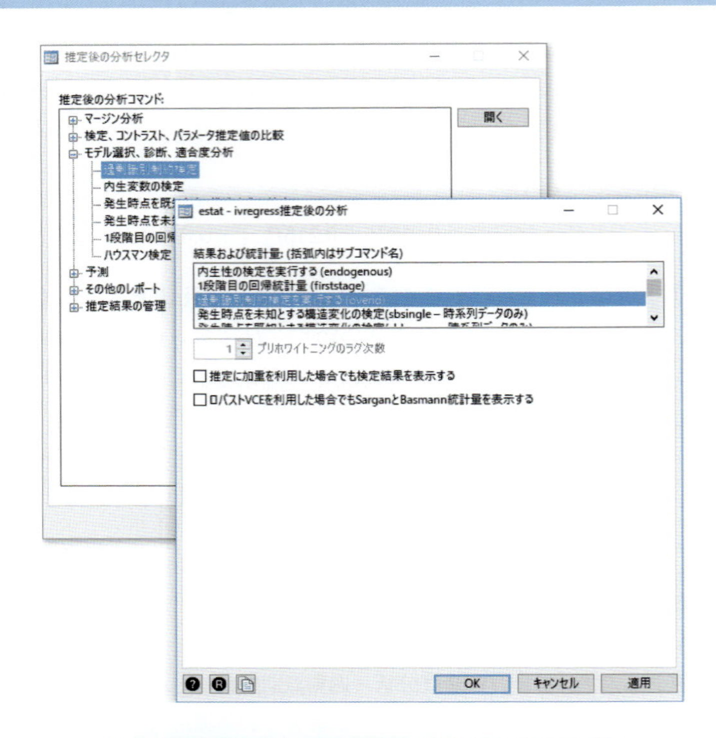

図 8.3　2 段階最小二乗法後に過剰識別制約検定を行う

のように行います.

Stata 8.3　内生性の検定

統計(S)▶推定後の分析

画面で**モデル選択、診断、適合度分析—内生変数の検定**を選び, **開く**を押します. さらに出てきた画面で**結果および統計量**で**内生性の検定を実行する (endogenous)** を選び, **OK** を押します.

表 8.4　内生性の検定の結果

```
. estat endogenous
  Tests of endogeneity
  Ho: variables are exogenous
  Durbin (score) chi2(2)          =  8.98009  (p = 0.0112)①
  Wu-Hausman F(2,15)              =  5.60326  (p = 0.0152)②
```

検定結果の表 8.4 において，①，②が内生性の検定の p 値です．2 つの検定の p 値はいずれも 0.05 より小さいので，「変数は外生的である（内生性がない）」という帰無仮説を有意水準 5% で棄却します．したがって 2 段階最小二乗法のように，内生性を考慮した推定方法を用いることが適切であるという結果になります．

3 段階最小二乗法

次に消費関数，投資関数，民間賃金関数を 3 段階最小二乗法で同時推定する方法を説明します．

> **Stata 8.4**　3 段階最小二乗法
> 統計(S)▶線形モデル他▶連立方程式モデル▶三段階最小二乗法
> （または統計(S)▶内生共変量▶三段階最小二乗法）

とします．まず**連立方程式に表れない外生変数**に **t wg g** を入力し，その下の**右辺への追加的な内生変数**[8] に **w p y** と入力します（図 8.4）．

次に**作成...**を押し，**式 1** の画面で，Dependent variables に **c**，Independent variables に **p L.p w** を入力し，OK を押します（図 8.4）．第 2 式も同様に**作成...**を押し，**式 2** の画面で，Dependent variables に **i**，Independent variables に **p L.p L.k** を入力し，OK を押します．第 3 式も**作成...**を押し，**式 3** の画面で，Dependent variables に **wp**，Independent variables に **y L.y a** を入力し，OK を押します．

さらに戻った画面で，この例では標本のサイズが小さいので**自由度調整**タブを開き，**既定の小標本統計量の設定を一時的に変更する**に ✓（チェック）を入

[8] 図 8.4（Stata 15）では**右辺への追加的な外生変数**となっていますが，これは近く修正される予定です．

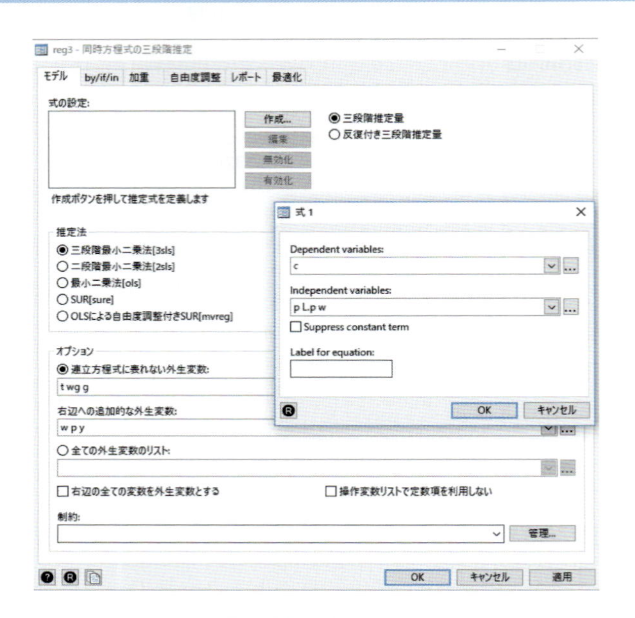

図 8.4　3 段階最小二乗法

れて，**小標本統計量を表示する**を選択し，OK を押します．

また推定結果を **kleineqs** という名前で保存しておきます．

> Stata 8.5　推定結果の保存
>
> **統計(S)▶推定後の分析**
>
> 画面で**推定結果の管理—現在の推定結果をメモリに一時保存する**を選び，**開く**を押し，出た画面で**名前**に **kleineqs** と入れます（図 8.5）.

推定結果の表 8.5 において，①〜④が消費関数の回帰係数の推定値で，

$$\hat{C}_t = 16.441 + 0.125P_t + 0.163P_{t-1} + 0.790W_t$$

となり，⑤〜⑧はそれぞれの p 値です．P_t，P_{t-1} の p 値は 0.253，0.110 といずれも 0.05 より大きいので，$H_0: \alpha_i = 0$ $(H_1: \alpha_i \neq 0)$，$(i = 1, 2)$ というそれぞ

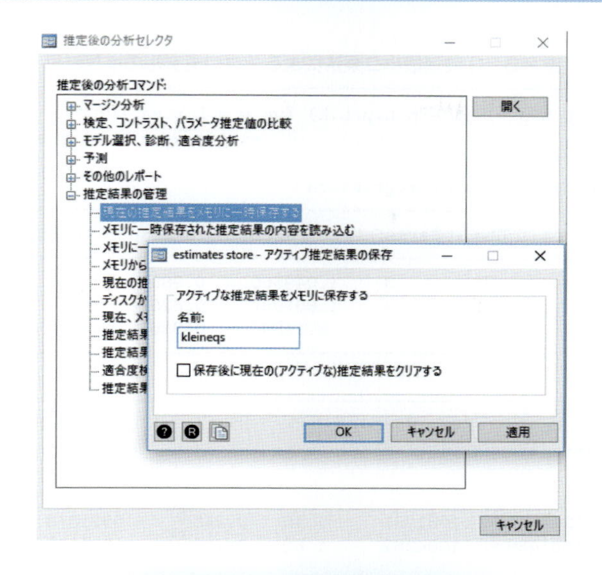

図 8.5　3 段階最小二乗法の結果の保存

れの帰無仮説を有意水準 5% で棄却できず，有意ではないことを示唆しています．W_t の p 値は 0.00 と 0.05 より小さいので，回帰係数が 0 であるという帰無仮説 $H_0：\alpha_3 = 0$（$H_1：\alpha_3 \neq 0$）を有意水準 5% で棄却することができ，有意であることがわかります．

⑨～⑫が投資関数の回帰係数の推定値で，

$$\hat{I}_t = 28.178 - 0.013P_t + 0.756P_{t-1} - 0.195K_{t-1}$$

となり，⑬～⑯はそれぞれの p 値を表しています．P_t の p 値は $0.936 > 0.05$ より，$H_0：\beta_1 = 0$（$H_1：\beta_1 \neq 0$）という帰無仮説を有意水準 5% で棄却できず，有意ではないことを示唆しています．P_{t-1}，K_{t-1} の p 値はいずれも 0.00 と 0.05 より小さいので，回帰係数が 0 であるという帰無仮説 $H_0：\beta_i = 0$（$H_1：\beta_i \neq 0$），($i = 2,\ 3$) をそれぞれ有意水準 5% で棄却することができ，有意であることがわかります．

⑰～⑳が民間賃金関数の回帰係数の推定値で，

表 8.5　3 段階最小二乗法によるマクロモデルの推定結果

```
. reg3 (c = p L.p w) (i = p L.p L.k) (wp = y L.y a),
                                exog(t wg g) endog(w p y) small

Three-stage least-squares regression
----------------------------------------------------------------------
Equation          Obs   Parms        RMSE    "R-sq"      F-Stat        P
----------------------------------------------------------------------
c                  21       3    1.049565    0.9801      288.20   0.0000
i                  21       3    1.607957    0.8258       54.33   0.0000
wp                 21       3    .8014892    0.9863      531.58   0.0000
----------------------------------------------------------------------


----------------------------------------------------------------------
       |      Coef.   Std. Err.      t    P>|t|     [95% Conf. Interval]
-------+--------------------------------------------------------------
c      |
     p |
   --. |   .1248904① .1081291     1.16   0.253⑤  -.0921878    .3419685
   L1. |   .1631439② .1004382     1.62   0.110⑥  -.0384942     .364782
       |
     w |    .790081③ .0379379    20.83   0.000⑦   .7139174    .8662445
 _cons |   16.44079④ 1.304549    12.60   0.000⑧    13.8218    19.05978
-------+--------------------------------------------------------------
i      |
     p |
   --. |  -.0130791⑨ .1618962    -0.08   0.936⑬  -.3380992    .3119411
   L1. |   .7557238⑩ .1529331     4.94   0.000⑭   .4486978     1.06275
       |
     k |
   L1. |  -.1948482⑪ .0325307    -5.99   0.000⑮ -.2601563   -.1295402
       |
 _cons |   28.17785⑫ 6.793768     4.15   0.000⑯   14.53879    41.81691
-------+--------------------------------------------------------------
wp     |
     y |
   --. |   .4004919⑰ .0318134    12.59   0.000㉑  .3366239      .46436
   L1. |    .181291⑱ .0341588     5.31   0.000㉒  .1127145    .2498676
       |
     a |    .149674⑲ .0279352     5.36   0.000㉓  .0935917    .2057563
 _cons |   1.797216⑳ 1.115854     1.61   0.113㉔ -.4429548    4.037387
----------------------------------------------------------------------
Endogenous variables:  c i wp w p y㉕
Exogenous variables:   L.p L.k L.y a t wg g㉖
----------------------------------------------------------------------
```

$$\hat{W}_t^p = 1.797 + 0.400Y_t + 0.181Y_{t-1} + 0.150A_t$$

となり，㉑〜㉔はそれぞれの p 値を表しています．Y_t，Y_{t-1}，A_t の p 値はいずれも 0.00 と 0.05 より小さいので，回帰係数が 0 であるという帰無仮説 $H_0：\gamma_i = 0$（$H_1：\gamma_i \neq 0$），($i=1, 2, 3$) をそれぞれ有意水準 5% で棄却することができ，有意であることがわかります．

最後に㉕は，内生変数が C_t，I_t，W_t^p，W_t，P_t，Y_t であることを，㉖は，先決変数が P_{t-1}，K_{t-1}，Y_{t-1}，A_t，T_t，W_t^g，G_t であることを示しています．

動的予測

最後に 3 段階最小二乗法で推定したパラメータと外生変数を所与として，1937 年から 1941 年までの内生変数を予測してみましょう[9]．

Stata 8.6 動的予測
統計(S)▶時系列▶予測

(1) 予測モデルの作成：まず**作成**の画面で，**次の新たな予測モデルを作成する**に，予測モデルの名前 **kleinmodel** を入力し，**適用**を押します（図 8.6）．

(2) 予測モデルの推定：モデル推定はすでに終わっているので，(3) の**構築**の画面に進みます[10]．

(3) 予測モデルの構築：**構築**の画面を選びます．

(a) **コマンド**に**予測モデルに推定結果を追加する**を選んで，**現在メモリにある推定結果を使用する**で **kleineqs** を選び，**適用**を押します（図 8.7）．

(b) さらに**コマンド**に**予測モデルに恒等式を追加する**を選んで，まず Y_t の定義式（**y=c+i+g**）として，**変数**に **y** を**式**に **c+i+g** を入力し，**適用**を押します．次に P_t（**p=y-t-wp**），K_t（**k=L.k+i**），W_t（**w=wg+wp**）の定義式を入力し，その都度，**適用**を押します（図 8.8）．

(4) 予測モデルの解を求める：**求解**の画面を選びます．**予測に含める期間の開始**に **1937** を入力し，**適用**を押します（図 8.9）．予測された内生変数は，

9 ラグ付き内生変数に観測された実績値を代入する場合には，静的予測といいます．

10 初めてここで推定を行う場合には，推定方法を選んで推定を行い，結果を保存しておきます．

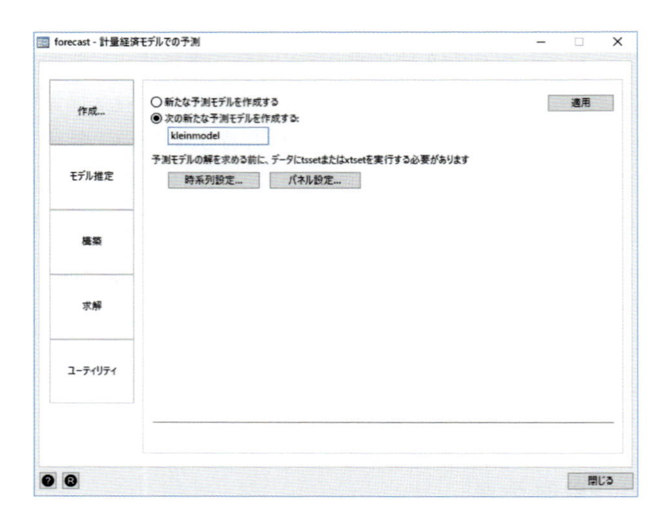

図 8.6 予測モデルの作成

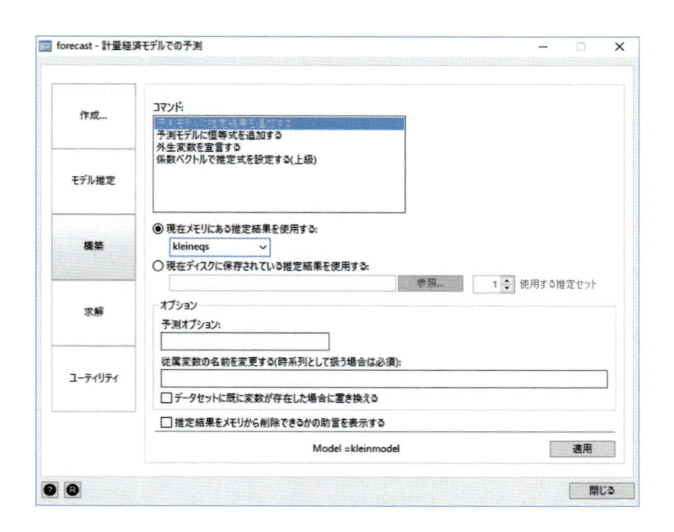

図 8.7 予測モデルの構築 (a)

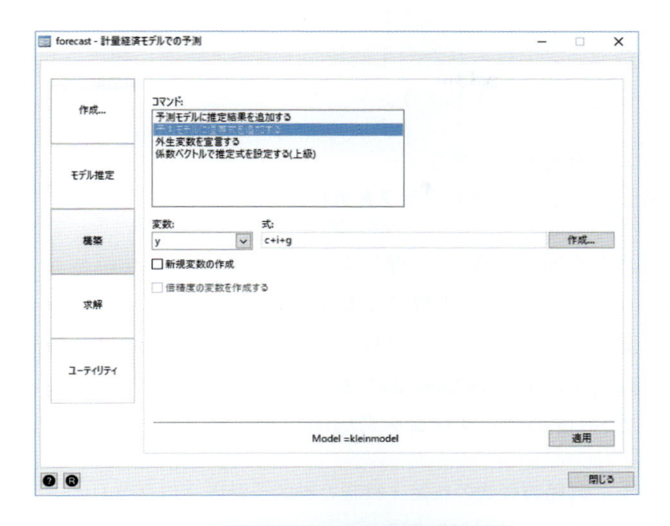

図 8.8 予測モデルの構築（b）

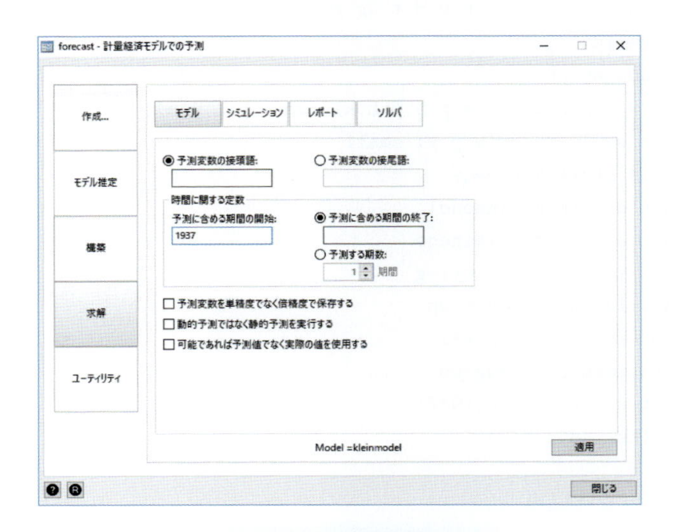

図 8.9 予測モデルの解を求める

例えば **c** については **f_c** というように **f_** を接頭に付けた名前で保存されます.

シミュレーションで得られた内生変数の予測値と実際に観測された値を時系列プロットで比較してみましょう.

Stata 8.7 動的予測のプロット

グラフィックス(G) ▶ 時系列グラフ ▶ 折れ線グラフ

とし, 出てきた画面で**作成...**を押します.

プロット 1 の画面で, **y 変数**に **c f_c** と入力して **OK** を押し, さらに **OK** を押すと (図 8.10), 図 8.11 が得られます. **consumption** が消費の観測値で, **consumption** (**kleinmodel f_**) が予測された消費の値になります.

参考として Stata のプログラムを Stata 8.8 にまとめておきます.

Stata 8.8 同時方程式の推定・検定と動的予測のプログラム

```
import delimited C:¥klein.csv
tsset year, yearly
ivregress 2sls c L.p (p w = t wg g a L.k L.y), small
estat overid
estat endogenous
reg3 (c = p L.p w) (i = p L.p L.k) (wp = y L.y a),
  exog(t wg g) endog(w p y) small
estimates store kleineqs
forecast create kleinmodel
forecast estimates kleineqs
forecast identity y = c+i+g
forecast identity p=y-t-wp
forecast identity k=L.k+i
forecast identity w=wg+wp
forecast solve, begin(1937)
twoway (tsline c f_c)
```

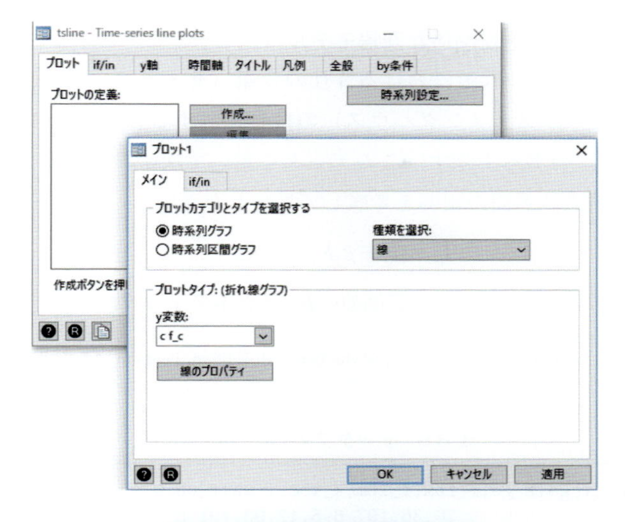

図 8.10　動的予測のプロット（1）

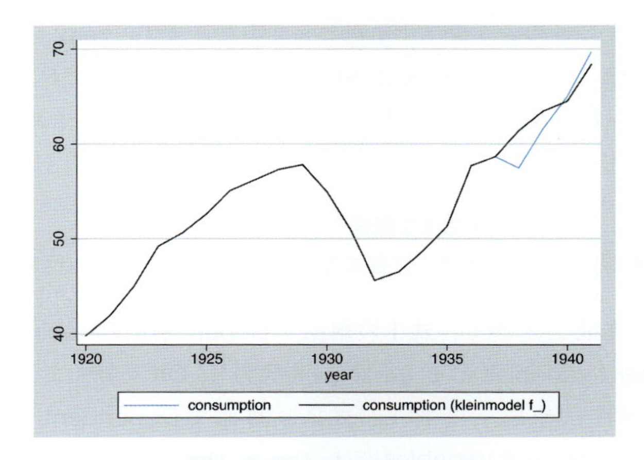

図 8.11　動的予測のプロット（2）

見かけ上無関係な回帰モデル

例 8.2 見かけ上無関係な回帰モデル[a]

データ 8.2 は，米国における 3 社の企業（ゼネラル・エレクトリック，IBM，ウェスティングハウス）の投資に関する 20 年間（1935 年から 1954 年）のデータです．このデータを用いて次の投資に関する回帰式を 3 企業の誤差間の相関を考慮して推定しなさい．

$$I_{it} = \beta_0 + \beta_1 F_{it} + \beta_2 K_{it} + \epsilon_{it} \tag{8.19}$$

ただし，I_{it} は投資，F_{it} は企業価値，K_{it} は資本ストックです．

[a] William E. Greene (2012) *Econometric Analysis*, 7th Edition, Pearson より引用.

表 8.6 データファイル (sur.csv)

```
year,i_ge,f_ge,k_ge,i_ibm,f_ibm,k_ibm,i_wh,f_wh,k_wh
1935,33.1,1170.6,97.8,20.36,197 6.5,12.93,191.5,1.8
1936,45.0,2015.8,104.4,25.98,210.3,15.8,25.9,516.0,0.8
(以下省略)
```

データは表 8.6 のようなファイルとして用意します．**year**，**i_ge**，**f_ge**，**k_ge**，**i_ibm**，**f_ibm**，**k_ibm**，**i_wh**，**f_wh**，**k_wh** はそれぞれ，西暦年，I_{1t}，F_{1t}，K_{1t}，I_{2t}，F_{2t}，K_{2t}，I_{3t}，F_{3t}，K_{3t} を表しています．見かけ上無関係な回帰モデルを推定するには，

Stata 8.9 見かけ上無関係な回帰モデル
統計(S) ▶ 線形モデル他 ▶ 連立方程式モデル ▶ 見かけ上無相関な回帰

とします．作成... を押し，式 1 の画面で Dependent variables に **i_ge**，Independent variables に **f_ge k_ge** を入力し，OK を押します（図 8.12）．第 2 式も同様に作成... を押し，式 2 の画面で Dependent variables に **i_ibm**，Independent variables に **f_ibm k_ibm** を入力します．第 3 式も作成... を押し，式 3 の画面で Dependent variables に **i_wh**，Independent variables に **f_wh k_wh** を入力します．

次にレポートのタブを選んで，その画面で Breusch-Pagan 検定をするに

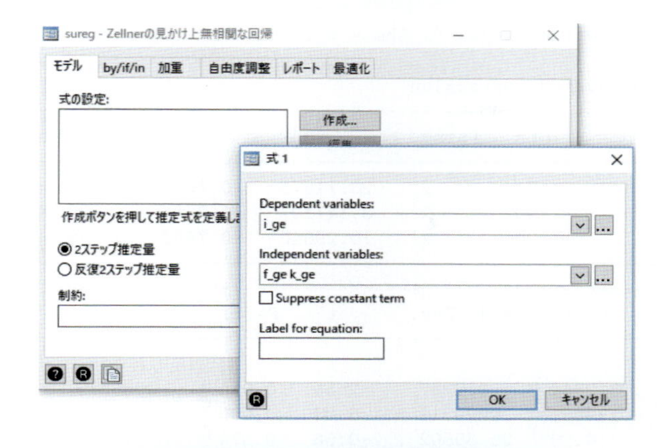

図 8.12　見かけ上無相関な回帰モデル（1）

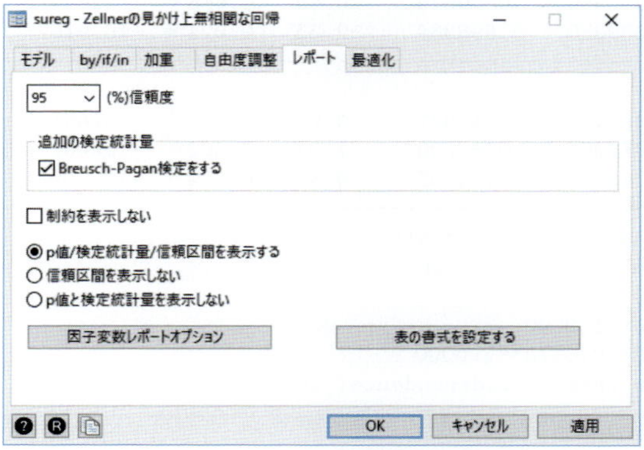

図 8.13　見かけ上無相関な回帰モデル（2）

✓（チェック）を入れ，OK を押します（図 8.13）.

さらに，この例では標本のサイズが小さいので**自由度調整**タブを開き，**既定の小標本統計量の設定を一時的に変更する**に✓（チェック）を入れて，**小標本統計量を表示する**を選択し，OK を押します。

表 8.7　見かけ上無関係な回帰モデルの推定結果

```
. sureg (i_ge = f_ge k_ge) (i_ibm = f_ibm k_ibm) (i_wh = f_wh k_wh),
                                                              small corr
Seemingly unrelated regression
----------------------------------------------------------------------
Equation             Obs   Parms        RMSE    "R-sq"     F-Stat        P
----------------------------------------------------------------------
i_ge                  20       2    28.11573    0.7004      23.46   0.0000
i_ibm                 20       2    8.147107    0.9514     206.07   0.0000
i_wh                  20       2    10.29045    0.7406      28.48   0.0000
----------------------------------------------------------------------

----------------------------------------------------------------------
        |      Coef.   Std. Err.      t    P>|t|     [95% Conf. Interval]
--------+-------------------------------------------------------------
i_ge    |
   f_ge |  .0312844①  .012267      2.55   0.014④   .0066573    .0559115
   k_ge |   .139561② .0229319      6.09   0.000⑤   .0935234    .1855987
  _cons |    -14.29③ 25.35502     -0.56   0.575⑥  -65.19233    36.61233
--------+-------------------------------------------------------------
i_ibm   |
  f_ibm |  .1446577⑦ .0247833      5.84   0.000⑩   .0949031    .1944123
  k_ibm |  .0360956⑧ .0809615      0.45   0.658⑪  -.1264414    .1986326
  _cons | -9.089935⑨ 3.898384     -2.33   0.024⑫  -16.91627   -1.263602
--------+-------------------------------------------------------------
i_wh    |
   f_wh |  .0487107⑬ .0119841      4.06   0.000⑯   .0246516    .0727698
   k_wh |  .0871956⑭ .0457609      1.91   0.062⑰  -.0046733    .1790645
  _cons |  2.743578⑮  6.45197      0.43   0.672⑱  -10.20929    15.69645
----------------------------------------------------------------------
Correlation matrix of residuals:
         i_ge    i_ibm     i_wh
  i_ge  1.0000
 i_ibm  0.4606⑲ 1.0000
  i_wh  0.7290⑳ 0.5173㉑ 1.0000
Breusch-Pagan test of independence: chi2(3) =    20.223, Pr = 0.0002㉒
```

推定結果の表 8.7 より，3 企業のための回帰方程式は以下のように推定されています．

$$
\begin{aligned}
\hat{I}_{1t} &= -14.29 + 0.03F_{1t} + 0.14K_{1t}, \\
\hat{I}_{2t} &= -9.09 + 0.14F_{2t} + 0.04K_{2t}, \\
\hat{I}_{3t} &= 2.74 + 0.05F_{3t} + 0.09K_{3t}
\end{aligned}
$$

①〜③は企業 1（ゼネラル・エレクトリック）の回帰係数で，④〜⑥はそれぞれの p 値です．F_{1t}，K_{1t} の回帰係数の p 値はいずれも 0.05 より小さく有意水

準 5% で有意です．⑦～⑨は企業 2（IBM）の回帰係数で，⑩～⑫はそれぞれの p 値です．F_{2t} の回帰係数の p 値は 0.05 より小さく有意水準 5% で有意ですが，K_{2t} の回帰係数の p 値は 0.05 より大きく有意水準 5% で有意ではありません．⑬～⑮は企業 3（ウェスティングハウス）の回帰係数で，⑯～⑱はそれぞれの p 値です．F_{3t} の回帰係数の p 値は 0.05 より小さく有意水準 5% で有意ですが，K_{3t} の回帰係数の p 値は 0.05 よりわずかに大きく有意水準 5% で有意ではありません．

⑲～㉑は，3 つの回帰方程式の誤差項の相関係数の推定値で，いずれもある程度高い値になっています．誤差項が無相関であるという帰無仮説を検定する Breusch-Pagan（ブルーシュ=ペイガン）検定では，p 値（㉒）が $0.0002 < 0.05$ であることから有意水準 5% で帰無仮説を棄却します．つまり，誤差項は無相関ではないという強い証拠がありますので，3 つの回帰方程式を個別に推定するのではなく，誤差項の相関を考慮した推定方法を用いることでより精度の高い推定値を求めることができます．

参考として Stata のプログラムを Stata 8.10 にまとめておきます．

Stata 8.10 見かけ上無関係な回帰モデルのプログラム

```
import delimited C:¥sur.csv
sureg (i_ge = f_ge k_ge) (i_ibm = f_ibm k_ibm)
      (i_wh = f_wh k_wh), small corr
```

8.4 練習問題

1. データ 8.3 及びデータ 8.4 は以下の需要関数と供給関数の同時方程式から人工的に発生したデータです.

$Q_t = 1.0 - 1.0P_t + 1.0Y_t + \epsilon_{1t},\ \epsilon_{1t} \sim i.i.d.\ N(0, \sigma_1^2),$ （需要関数）

$Q_t = 0.0 - 1.0P_t + \epsilon_{2t},\ \epsilon_{2t} \sim i.i.d.\ N(0, \sigma_2^2)$ （供給関数）

ここで, P_t, Q_t, Y_t はそれぞれ t 期の価格, 数量, 所得を表すものとします.

(1) データ 8.3 を用いて,

(a) P_t と Y_t の標本相関係数を求めなさい.

(b) 供給関数を最小二乗法で推定しなさい. 推定値と標準誤差についてコメントしなさい.

(c) Y_t を操作変数として供給関数を 2 段階最小二乗法で推定しなさい. 推定値と標準誤差についてコメントしなさい.

(2) データ 8.4 を用いて,

(a) P_t と Y_t の標本相関係数を求めなさい.

(b) 供給関数を最小二乗法で推定しなさい. 推定値と標準誤差についてコメントしなさい.

(c) Y_t を操作変数として供給関数を 2 段階最小二乗法で推定しなさい. 推定値と標準誤差についてコメントしなさい.

(d) データ 8.3 及びデータ 8.4 で (a) と (c) の結果についてコメントしなさい.

2. データ 8.1 を用いてクラインのモデルの消費関数を GMM で推定しなさい.

(1) GMM で推定するには 2 段階最小二乗法の場合と同様に

Stata 8.11 GMM
統計(S)▶内生共変量▶内生変数を含む線形

とします. 出てきた画面で従属変数, 独立変数, 内生変数, 操作変数を 2 段階最小二乗法の場合と同様に選び, さらに**推定量**として**一般化モー**

メント法 (GMM) を指定します (コマンドでは **ivregress 2sls** を **ivregress gmm** におきかえます).

(2) 過剰識別制約の検定を有意水準 5% で行いなさい.

(3) 内生性の検定を有意水準 5% で行いなさい.

3. データ 8.2 を用いて次の問いに答えなさい.

(1) 各企業ごとに最小二乗法で回帰式を推定したとき，回帰係数の推定値及びその標準誤差を，表 8.7 の結果と比較しなさい.

(2) 2 つの企業（ゼネラル・エレクトリック，IBM）を用いて回帰式の誤差項の相関を考慮した推定を行った場合はどうなるでしょうか.

8.5 データ

データ 8.1　アメリカ経済のデーター——クラインのモデル

年	A_t	C_t	P_t	WP_t	I_t	K_t	Y_t	WG_t	W_t	G_t	T_t
1920	-11	39.8	12.7	28.8	2.7	182.8	44.9	2.2	31.0	2.4	3.4
1921	-10	41.9	12.4	25.5	-0.2	182.6	45.6	2.7	28.2	3.9	7.7
1922	-9	45.0	16.9	29.3	1.9	184.5	50.1	2.9	32.2	3.2	3.9
1923	-8	49.2	18.4	34.1	5.2	189.7	57.2	2.9	37.0	2.8	4.7
1924	-7	50.6	19.4	33.9	3.0	192.7	57.1	3.1	37.0	3.5	3.8
1925	-6	52.6	20.1	35.4	5.1	197.8	61.0	3.2	38.6	3.3	5.5
1926	-5	55.1	19.6	37.4	5.6	203.4	64.0	3.3	40.7	3.3	7.0
1927	-4	56.2	19.8	37.9	4.2	207.6	64.4	3.6	41.5	4.0	6.7
1928	-3	57.3	21.1	39.2	3.0	210.6	64.5	3.7	42.9	4.2	4.2
1929	-2	57.8	21.7	41.3	5.1	215.7	67.0	4.0	45.3	4.1	4.0
1930	-1	55.0	15.6	37.9	1.0	216.7	61.2	4.2	42.1	5.2	7.7
1931	0	50.9	11.4	34.5	-3.4	213.3	53.4	4.8	39.3	5.9	7.5
1932	1	45.6	7.0	29.0	-6.2	207.1	44.3	5.3	34.3	4.9	8.3
1933	2	46.5	11.2	28.5	-5.1	202.0	45.1	5.6	34.1	3.7	5.4
1934	3	48.7	12.3	30.6	-3.0	199.0	49.7	6.0	36.6	4.0	6.8
1935	4	51.3	14.0	33.2	-1.3	197.7	54.4	6.1	39.3	4.4	7.2
1936	5	57.7	17.6	36.8	2.1	199.8	62.7	7.4	44.2	2.9	8.3
1937	6	58.7	17.3	41.0	2.0	201.8	65.0	6.7	47.7	4.3	6.7
1938	7	57.5	15.3	38.2	-1.9	199.9	60.9	7.7	45.9	5.3	7.4
1939	8	61.6	19.0	41.6	1.3	201.2	69.5	7.8	49.4	6.6	8.9
1940	9	65.0	21.1	45.0	3.3	204.5	75.7	8.0	53.0	7.4	9.6
1941	10	69.7	23.5	53.3	4.9	209.4	88.4	8.5	161.8	3.8	11.6

データ 8.2　アメリカ企業 3 社の投資データ

年	General Electric			IBM			Westinghouse		
	I_{1t}	F_{1t}	K_{1t}	I_{2t}	F_{2t}	K_{2t}	I_{3t}	F_{3t}	K_{3t}
1935	33.1	1170.6	97.8	20.36	197.0	6.5	12.93	191.5	1.8
1936	45.0	2015.8	104.4	25.98	210.3	15.8	25.90	516.0	0.8
1937	77.2	2803.3	118.0	25.94	223.1	27.7	35.05	729.0	7.4
1938	44.6	2039.7	156.2	27.53	216.7	39.2	22.89	560.4	18.1
1939	48.1	2256.2	172.6	24.60	286.4	48.6	18.84	519.9	23.5
1940	74.4	2132.2	186.6	28.54	298.0	52.5	28.57	628.5	26.5
1941	113.0	1834.1	220.9	43.41	276.9	61.5	48.51	537.1	36.2
1942	91.9	1588.0	287.8	42.81	272.6	80.5	43.34	561.2	60.8
1943	61.3	1749.4	319.9	27.84	287.4	94.4	37.02	617.2	84.4
1944	56.8	1687.2	321.3	32.60	330.3	92.6	37.81	626.7	91.2
1945	93.6	2007.7	319.6	39.03	324.4	92.3	39.27	737.2	92.4
1946	159.9	2208.3	346.0	50.17	401.9	94.2	53.46	760.5	86.0
1947	147.2	1656.7	456.4	51.85	407.4	111.4	55.56	581.4	111.1
1948	146.3	1604.4	543.4	64.03	409.2	127.4	49.56	662.3	130.6
1949	98.3	1431.8	618.3	68.16	482.2	149.3	32.04	583.8	141.8
1950	93.5	1610.5	647.4	77.34	673.8	164.4	32.24	635.2	136.7
1951	135.2	1819.4	671.3	95.30	676.9	177.2	54.38	723.8	129.7
1952	157.3	2079.7	726.1	99.49	702.0	200.0	71.78	864.1	145.5
1953	179.5	2371.6	800.3	127.52	793.5	211.5	90.08	1193.5	174.8
1954	189.6	2759.9	888.9	135.72	927.3	238.7	68.60	1188.9	213.5

データ 8.3　需要と供給のシミュレーションデータ（1）

t	P_t	Q_t	Y_t	t	P_t	Q_t	Y_t
1	8.12	7.98	15.94	26	6.35	6.70	15.48
2	2.69	2.06	2.82	27	7.44	6.58	12.67
3	2.31	1.99	3.01	28	5.76	6.46	10.22
4	5.89	6.14	11.81	29	11.17	8.24	18.05
5	5.32	5.80	10.36	30	6.53	5.39	11.47
6	5.02	4.90	9.67	31	3.08	3.60	3.82
7	8.73	7.67	14.13	32	5.87	6.86	10.59
8	6.89	6.84	13.89	33	11.36	11.63	22.92
9	3.16	4.13	6.61	34	4.46	6.58	9.12
10	6.88	4.76	10.97	35	6.53	5.26	9.81
11	9.38	7.28	14.16	36	6.40	8.30	13.49
12	7.55	7.28	14.10	37	2.18	4.22	7.01
13	4.78	4.24	6.33	38	6.92	6.75	12.42
14	2.42	3.39	4.19	39	4.46	4.17	9.05
15	5.48	4.72	9.93	40	4.05	3.25	7.92
16	5.02	4.49	8.37	41	1.59	4.31	4.05
17	4.79	5.21	7.48	42	6.33	5.40	9.67
18	6.71	6.69	12.14	43	7.93	8.61	14.86
19	6.82	7.73	14.82	44	4.15	3.97	8.38
20	3.15	4.96	6.90	45	4.66	6.34	7.59
21	6.38	6.42	13.12	46	7.20	5.94	12.54
22	7.73	6.83	12.98	47	7.90	7.30	14.78
23	10.47	10.48	19.15	48	6.77	4.80	9.85
24	4.38	4.73	8.55	49	3.91	3.34	6.48
25	2.26	1.35	1.91	50	3.26	1.75	5.03

データ 8.4　需要と供給のシミュレーションデータ（2）

t	P_t	Q_t	Y_t	t	P_t	Q_t	Y_t
1	7.62	6.52	11.38	26	6.02	5.97	11.11
2	6.17	6.20	11.51	27	5.88	6.50	10.61
3	6.60	5.94	10.25	28	2.47	3.98	9.22
4	2.89	5.98	10.59	29	8.13	5.48	8.81
5	2.93	4.12	8.50	30	7.05	3.75	9.66
6	6.13	6.66	10.70	31	3.63	3.39	8.86
7	3.59	3.58	8.60	32	5.54	6.64	10.53
8	5.16	6.13	10.48	33	6.71	6.41	11.50
9	6.03	6.04	11.04	34	6.04	4.87	9.52
10	5.26	6.10	9.21	35	5.09	5.95	10.60
11	6.89	4.79	12.71	36	6.84	6.23	9.45
12	6.21	5.67	10.71	37	5.70	5.71	10.91
13	5.77	4.77	11.23	38	7.08	6.18	12.36
14	4.94	5.19	9.53	39	5.96	7.54	9.33
15	4.98	6.59	10.71	40	4.12	5.94	9.78
16	6.52	7.30	10.25	41	4.54	6.77	8.47
17	6.95	5.20	10.36	42	5.82	6.73	10.70
18	6.28	4.36	8.76	43	4.81	5.22	10.11
19	7.47	4.78	11.34	44	3.60	4.15	9.10
20	8.15	3.09	9.13	45	5.17	4.77	10.91
21	3.63	6.12	9.41	46	6.05	4.29	10.15
22	3.58	3.87	10.79	47	8.26	4.30	11.12
23	5.50	4.59	9.20	48	6.17	3.89	9.77
24	5.05	6.01	10.85	49	4.88	5.28	11.04
25	5.41	6.35	11.21	50	8.03	6.24	10.18

参考図書

- 北村行伸（2009）『ミクロ計量経済学入門』日本評論社.
- 黒住英司（2016）『計量経済学』東洋経済新報社.
- 森棟公夫（2005）『基礎コース 計量経済学』新世社.
- ジェームス・ストック／マーク・ワトソン著，宮尾龍蔵訳（2016）『入門計量経済学』共立出版.
- G. S. マダラ著，和合肇訳（1996）『計量経済分析の方法』第2版，シーエーピー出版.
- 末石直也（2015）『計量経済学：ミクロデータ分析へのいざない』日本評論社.

第 9 章

時系列モデル・分布ラグモデル

この章では，時系列データのモデルとしてARMA過程を紹介し，単位根や共和分について説明します．また，分散の変動をモデル化するGARCHモデルや分布ラグモデルについても紹介します．

○ *KEY WORDS* ○

自己回帰過程，移動平均過程，和分過程，**ARMA**過程，単位根，共和分，**GARCH**モデル，分布ラグモデル

9.1 時系列モデル

ARMA過程

定常性

定義 9.1　弱定常性

時系列 Y_t は,

$$E(Y_t) = \mu < \infty,$$
$$Var(Y_t) = \gamma(0) < \infty,$$
$$Cov(Y_t, Y_{t-s}) = \gamma(s), \quad s = 1, 2, \cdots$$

を満たすとき**弱定常**（weakly stationary）あるいは**共分散定常**（covariance stationary）であるといいます[a].

[a] 任意の $(Y_{t_1}, Y_{t_2}, \cdots, Y_{t_n})$ の同時分布が，時点を s だけ移動させても変わらないときに Y_t は強定常（strictly stationary）であるといいます.

Y_t と Y_{t-s} の共分散は t には依存せず，時点の差 s のみに依存することを意味していて，$\gamma(s)$ を自己共分散関数といいます．以下では弱定常な時系列を単に定常な時系列と呼び，定常ではないとき非定常と呼ぶこととします.

例えば，以下の性質を満たす時系列 ϵ_t は定常な時系列でホワイト・ノイズ（white noise）といいます.

$$E(\epsilon_t) = 0,$$
$$Var(\epsilon_t) = \sigma^2 < \infty,$$
$$Cov(\epsilon_t, \epsilon_{t-s}) = 0, \quad s = 1, 2, \cdots$$

また Y_t を

$$Y_t = \rho Y_{t-1} + \epsilon_t, \quad \epsilon_t \sim i.i.d.(0, \sigma^2), \quad |\rho| < 1$$

と定義すると,

$$E(Y_t) = 0,$$

$$Var(Y_t) = \gamma(0) = \frac{\sigma^2}{1-\rho^2} < \infty,$$

$$Cov(Y_t, Y_{t-s}) = \rho^s \gamma(0), \quad s = 1, 2, \cdots$$

となるので定常な時系列です．一方，

$$Y_t = Y_{t-1} + \epsilon_t, \quad \epsilon_t \sim i.i.d.(0, \sigma^2)$$

であるような Y_t はランダム・ウォーク過程（酔歩過程）と呼ばれますが，分散が無限大となり非定常な時系列です．階差オペレータ Δ を $\Delta Y_t = Y_t - Y_{t-1}$ と定義して，ランダム・ウォーク過程の1階の階差をとると

$$\Delta Y_t = Y_t - Y_{t-1} = \epsilon_t, \quad \epsilon_t \sim i.i.d.(0, \sigma^2)$$

となるので ΔY_t は定常です．

和分過程 $I(d)$

このランダム・ウォーク過程の例のように非定常な時系列 Y_t が，1階の階差をとってはじめて定常になるとき，Y_t を1次の和分過程（integrated process）といい $Y_t \sim I(1)$ と表記することとします．一般には以下のように表記します．

定義 9.2　和分過程

d 回の階差（$\Delta^d Y_t$）をとってはじめて定常になるとき，Y_t を d 次の**和分過程**といい，$Y_t \sim I(d)$ と表記します．

階差をとらなくても Y_t が定常であるときには $Y_t \sim I(0)$ と表記します．

ARMA（autoregressive moving average，自己回帰移動平均）過程

以下ではさまざまな時系列モデルを紹介します．まず p 次の自己回帰 AR(p) 過程は，

$$Y_t = \mu + \phi_1 Y_{t-1} + \phi_2 Y_{t-2} + \cdots + \phi_p Y_{t-p} + \epsilon_t, \quad \epsilon_t \sim i.i.d.(0, \sigma^2)$$

のように自分自身の過去の値（$Y_{t-1}, \cdots, Y_{t-p}$）と現在のショック ϵ_t によって

現在の Y_t が説明されるというモデルです．一方，q 次の移動平均 MA(q) 過程は

$$Y_t = \mu + \epsilon_t + \theta_1 \epsilon_{t-1} + \theta_2 \epsilon_{t-2} + \cdots + \theta_q \epsilon_{t-q}, \quad \epsilon_t \sim i.i.d.\,(0, \sigma^2)$$

のように過去と現在のショック（$\epsilon_t, \cdots, \epsilon_{t-q}$）によって現在の Y_t が説明されるというモデルです．さらに AR(p) 過程と MA(q) 過程を合わせると以下の過程が得られます．

定義 9.3　ARMA（自己回帰移動平均）過程

$$\begin{aligned} Y_t = \mu &+ \phi_1 Y_{t-1} + \phi_2 Y_{t-2} + \cdots + \phi_p Y_{t-p} \\ &+ \epsilon_t + \theta_1 \epsilon_{t-1} + \theta_2 \epsilon_{t-2} + \cdots + \theta_q \epsilon_{t-q}, \quad \epsilon_t \sim i.i.d.\,(0, \sigma^2) \end{aligned}$$

を ARMA（自己回帰移動平均）過程といい，$Y_t \sim \mathrm{ARMA}(p, q)$ と表記します[a]．

[a] また $Y_t \sim I(d)$，$\Delta^d Y_t \sim \mathrm{ARMA}(p, q)$ であるときには，Y_t を ARIMA（autoregressive integrated moving average，自己回帰和分移動平均）過程といい，$Y_t \sim \mathrm{ARIMA}(p, d, q)$ と表記します．

ARMA(p, q) 過程の推定

ARMA 過程を推定するためには，まず次数（p, q）を決める必要があります．そのために標本自己相関関数（autocorrelation function，ACF）のプロット（コレログラムといいます）や標本偏自己相関関数（partial autocorrelation function，PACF）のプロットを利用しますが，AIC や BIC などのモデル選択基準も利用します．

標本 ACF は，Y_t と Y_{t-s} の標本相関係数で，$\hat{\rho}(s) = \hat{\gamma}(s)/\hat{\gamma}(0)$（$\hat{\gamma}(s)$ は Y_t と Y_{t-s} の標本共分散）と定義されます．また s 次の標本 PACF は，

$$Y_t = \mu + \phi_{s1} Y_{t-1} + \phi_{s2} Y_{t-2} + \cdots + \phi_{ss} Y_{t-s} + u_t$$

で得られる，Y_{t-s} の回帰係数の推定値 $\hat{\phi}_{ss}$ です．AR(p) 過程及び MA(q) 過程では以下のような特徴があります．

(1) AR(p) 過程では，標本 ACF は s が大きくなるにつれて絶対値が指数的

に減衰します．一方，標本 PACF は，$s \geq p+1$ のとき 0 に近くなります．

(2) MA(q)過程では，標本 ACF は $s \geq q+1$ のとき 0 に近くなります．一方，標本 PACF は s が大きくなるにつれて絶対値が指数的に減衰します．

(1)(2)のいずれでもないときには，低い次数の ARMA(p, q)過程がよい場合があります．ただし，もし標本 ACF や標本 PACF が指数的に減衰するのではなく，非常にゆっくりとしか小さくならない場合には，時系列が和分過程である可能性があります．その場合には時系列の階差をとり，その階差について標本 ACF，標本 PACF を調べます．次数が決まったら，パラメータの推定を最小二乗法や最尤法などで行います．図ではなかなか判断がつかないことも多いので，AIC や BIC などの情報量基準も利用して次数を選択しましょう．

以下では次の 4 つの過程を人工的に発生させて，その時系列プロットと標本自己相関関数（ACF），標本偏自己相関関数（PACF）を描き，AR(1)，MA(1)，ARMA(1, 1)などのモデルと AIC・BIC を用いた比較を行ってみましょう．

(1) AR(1)過程：$Y_t = 0.95Y_{t-1} + \epsilon_t$, $\epsilon_t \sim i.i.d.\ N(0, 1)$，$t = 1, \cdots, 1000$, $Y_0 = 0$

(2) MA(1)過程：$Y_t = \epsilon_t + 0.75\epsilon_{t-1}$, $\epsilon_t \sim i.i.d.\ N(0, 1)$，$t = 1, \cdots, 1000$, $\epsilon_0 = 0$

(3) ARMA(1, 1)過程：$Y_t = 0.95Y_{t-1} + \epsilon_t + 0.75\epsilon_{t-1}$, $\epsilon_t \sim i.i.d.\ N(0, 1)$, $t = 1, \cdots, 1000$, $Y_0 = \epsilon_0 = 0$

(4) ランダム・ウォーク過程（ARIMA(0, 1, 0)過程）：$Y_t = Y_{t-1} + \epsilon_t$, $\epsilon_t \sim i.i.d.\ N(0, 1)$，$t = 1, \cdots, 1000$, $Y_0 = 0$

例 9.1 AR(1)過程：$Y_t = 0.95Y_{t-1} + \epsilon_t$, $\epsilon_t \sim i.i.d.\ N(0, 1)$, $t = 1, \cdots, 1000$, $Y_0 = 0$

表 9.1 AR(1)，MA(1)，ARMA(1, 1)の AIC・BIC による比較——例 9.1

```
Akaike's information criterion and Bayesian information criterion
-----------------------------------------------------------------------------
Model |         Obs  ll(null)  ll(model)      df          AIC         BIC
-------+---------------------------------------------------------------------
   ar1 |      1,000         .  -1400.842       3     2807.683    2822.407
   ma1 |      1,000         .   -1974.43       3     3954.861    3969.584
arma11 |      1,000         .  -1400.768       4     2809.535    2829.166
-----------------------------------------------------------------------------
```

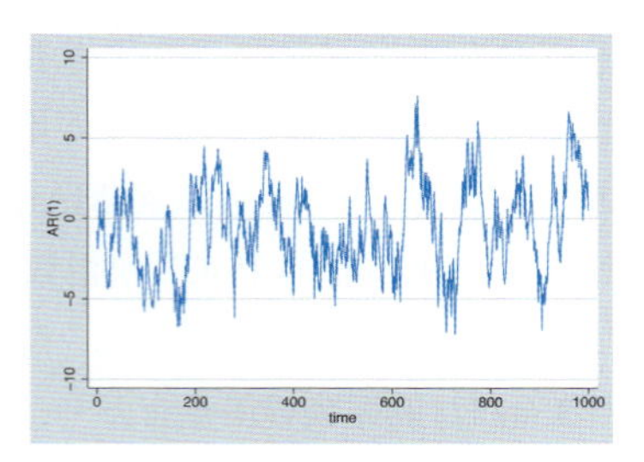

図 9.1　時系列プロット――例 9.1

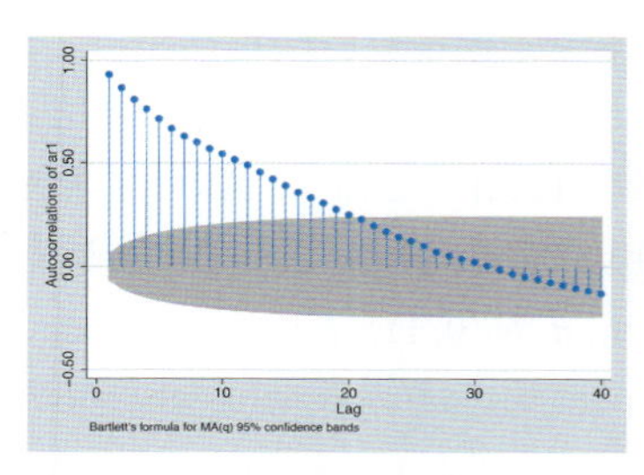

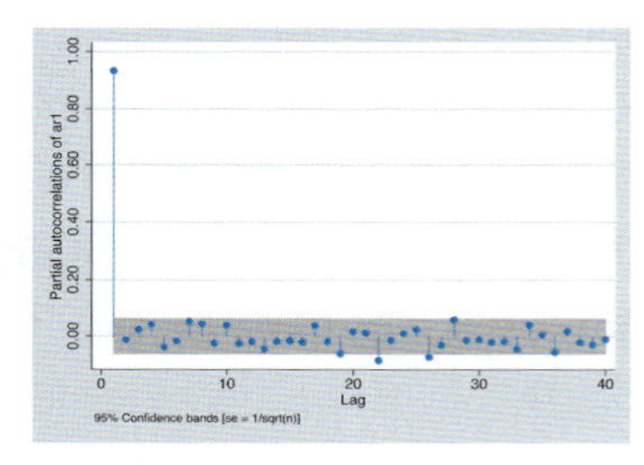

※ACF（PACF）のグレー部分は，時系列が MA(k)過程（AR(k)過程）であるときの $\rho(s)=0$（$\phi_{ss}=0$），$s>k$，の 95% 信頼区間．

図 9.2　標本自己相関関数（ACF）（左）と標本偏自己相関関数（PACF）（右）――例 9.1

ACF は指数的に減衰する一方，PACF はラグ 2 以上でほぼ 0 とみなすことができるので，AR(1)モデルと推測されます（図 9.2）．またモデル選択基準 AIC・BIC によっても，AR(1)モデルの値が最も小さく，AR(1)モデルが正しく選択されています（表 9.1）．

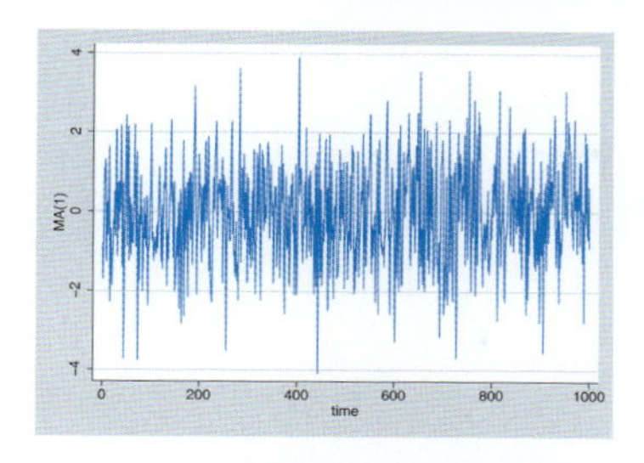

図 9.3　時系列プロット——例 9.2

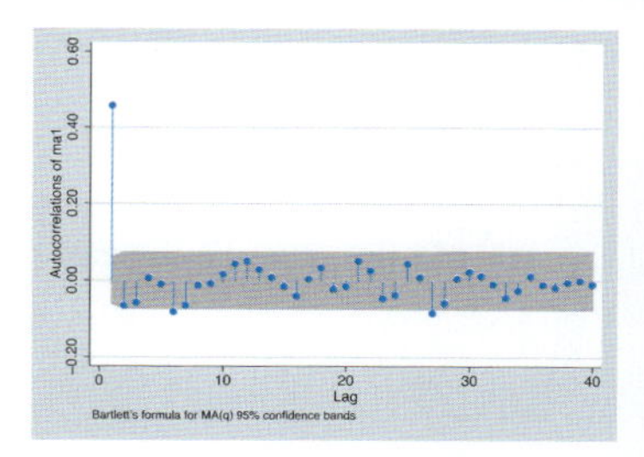

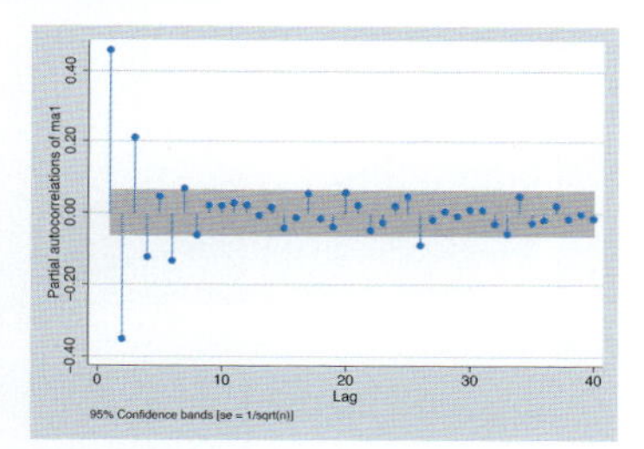

図 9.4　標本自己相関関数（ACF）（左）と標本偏自己相関関数（PACF）（右）——例 9.2

例 9.2　MA(1)過程：$Y_t = \epsilon_t + 0.75\epsilon_{t-1}$, $\epsilon_t \sim i.i.d.\ N(0,1)$, $t = 1, \cdots, 1000$, $\epsilon_0 = 0$

表 9.2　AR(1)，MA(1)，ARMA(1,1)の AIC・BIC による比較——例 9.2

Akaike's information criterion and Bayesian information criterion

Model	Obs	ll(null)	ll(model)	df	AIC	BIC
ar1	1,000	.	-1503.987	3	3013.975	3028.698
ma1	1,000	.	-1401.431	3	2808.861	2823.584
arma11	1,000	.	-1401.416	4	2810.831	2830.462

ACF はラグ 2 以上でほぼ 0 とみなすことができる一方，PACF は指数的に減衰しているので，MA(1)モデルと推測されます（図 9.4）．またモデル選択基準 AIC・BIC によっても，MA(1)モデルの値が最も小さく，MA(1)モデルが正しく選択されています（表 9.2）．

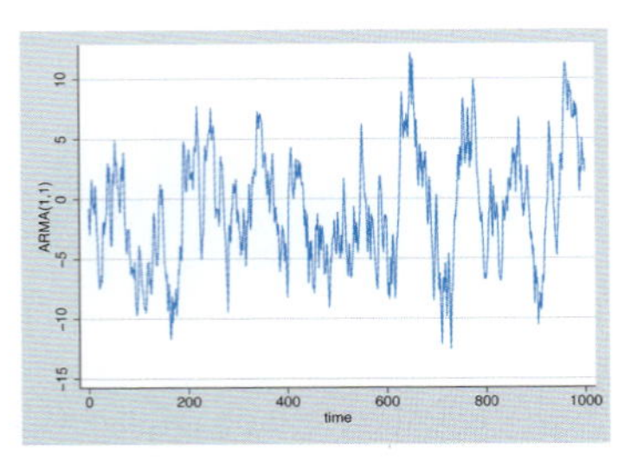

図 9.5　時系列プロット——例 9.3

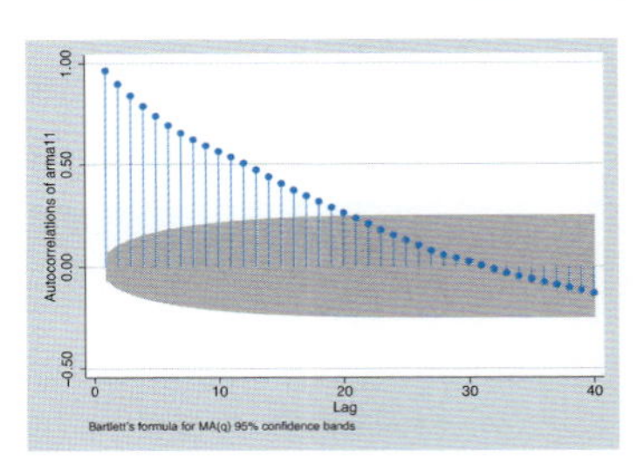

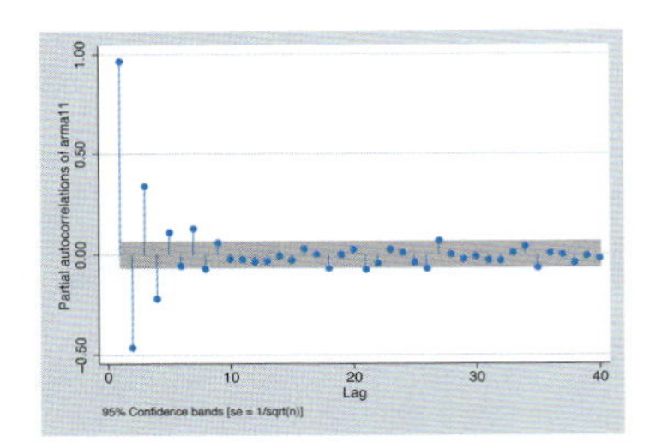

図 9.6　標本自己相関関数（ACF）（左）と標本偏自己相関関数（PACF）（右）——例 9.3

例 9.3　ARMA(1, 1) 過程：$Y_t = 0.95Y_{t-1} + \epsilon_t + 0.75\epsilon_{t-1}$，$\epsilon_t \sim i.i.d.\ N(0, 1)$，$t = 1, \cdots, 1000$，$Y_0 = \epsilon_0 = 0$

表 9.3　AR(1)，MA(1)，ARMA(1, 1)の AIC・BIC による比較——例 9.3

Akaike's information criterion and Bayesian information criterion

Model	Obs	ll(null)	ll(model)	df	AIC	BIC
ar1	1,000	.	-1622.014	3	3250.028	3264.751
ma1	1,000	.	-2336.775	3	4679.550	4694.274
arma11	1,000	.	-1402.026	4	2812.052	2831.683

ACF と PACF はいずれも指数的に減衰しているので，AR とも MA とも決めかねます（図 9.6）．またモデル選択基準 AIC・BIC によっても，ARMA(1, 1) モデルの値が最も小さく，ARMA(1, 1) モデルが正しく選択されています（表 9.3）．

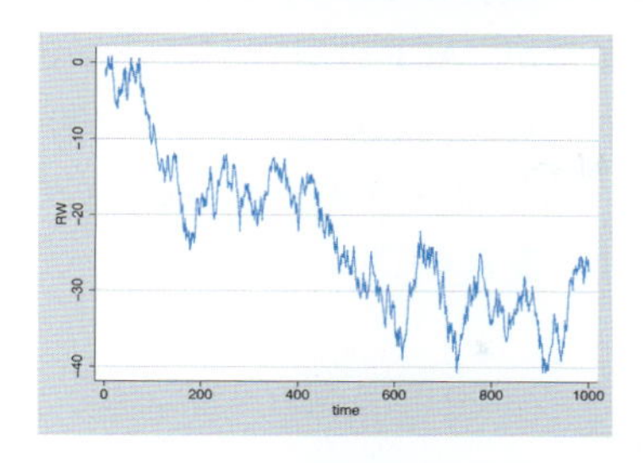

図 9.7　時系列プロット――例 9.4

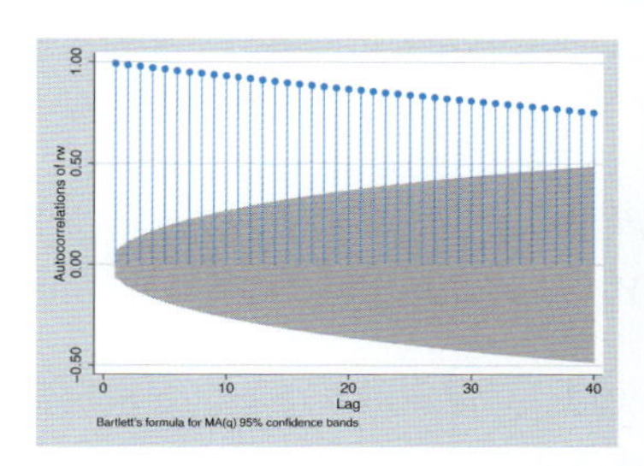

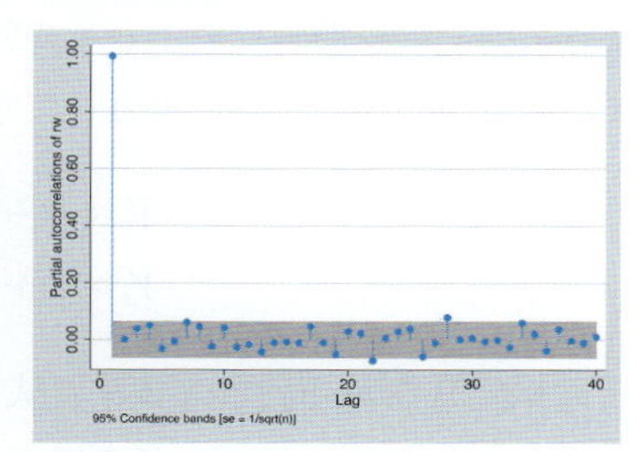

図 9.8　標本自己相関関数（ACF）（左）と標本偏自己相関関数（PACF）（右）――例 9.4

例 9.4　ランダム・ウォーク過程（ARIMA(0, 1, 0) 過程）：$Y_t = Y_{t-1} + \epsilon_t$, $\epsilon_t \sim i.i.d.\ N(0, 1)$，$t = 1, \cdots, 1000$, $Y_0 = 0$

表 9.4　AR(1), MA(1), ARMA(1, 1), ランダム・ウォークの AIC・BIC による比較――例 9.4

Akaike's information criterion and Bayesian information criterion

Model	Obs	ll(null)	ll(model)	df	AIC	BIC
ar1	999	.	-1401.743	3	2809.485	2824.205
ma1	999	.	-3097.095	3	6200.19	6214.911
arma11	999	.	-1401.743	4	2811.485	2831.112
rw	999	.	-1399.89	2	2803.78	2813.593

※ランダム・ウォーク（ARIMA(0, 1, 0)）過程の場合には，ΔY_1 を計算するために Y_0 が必要となるので，4 つのモデルの比較のために Y_t（$t = 2, \cdots, 1000$ の 999 個）を用いて推定します．

ACFは非常にゆっくりと減衰しており，PACFはラグ2以上で0になっています．AR(1)と思われますが，ACFの減衰が遅いのでAR(1)の係数が1に近く，ランダム・ウォークの可能性が考えられます（図9.8）．モデル選択基準AIC・BICによっても，ランダム・ウォーク（`rw`）モデルの値が最も小さく，正しく選択されています（表9.4）．

単位根と共和分

階差定常とトレンド定常

経済時系列では長期的に右上がりの傾向をもったものが多いですが，例えば次のような2つのモデルが候補として考えられます[1]．

$$Y_t = \alpha + \beta t + \epsilon_t, \tag{9.1}$$

$$Y_t = \beta + Y_{t-1} + \epsilon_t \tag{9.2}$$

ただしϵ_tは定常な時系列とします．式（9.1）は確定的なトレンドに定常な時系列を加えたもので，トレンド定常な時系列と呼ばれます．これに対して式（9.2）は階差$\Delta Y_t = Y_t - Y_{t-1}$が定常になるので階差定常な時系列と呼ばれます．また式（9.2）で$\beta \neq 0$のときには，Y_tは確率的なトレンドをもつといいます．

図9.9は以下の式を用いて人工的に発生したY_{1t}（トレンド定常）とY_{2t}（階差定常）の時系列プロットです．図ではY_{1t}は直線に沿って変動をしていますが，Y_{2t}は直線から離れて不安定な動きをしているように見えます．

$$Y_{1t} = 1.0 + 1.0t + \epsilon_t, \quad \epsilon_t = 0.75\epsilon_{t-1} + u_t, \quad u_t \sim i.i.d.\ N(0,1),$$
$$Y_{2t} = 1.0 + Y_{2,t-1} + \epsilon_t, \quad \epsilon_t \sim i.i.d.\ N(0,1)$$

単位根検定

ではY_tがトレンド定常か階差定常かを仮説検定する方法について説明しましょう．簡単な例として式（9.1）でϵ_tがAR(1)過程にしたがう場合を考えます．

1　右上がりの傾向がない時系列については以下ではβを0として考えてください．

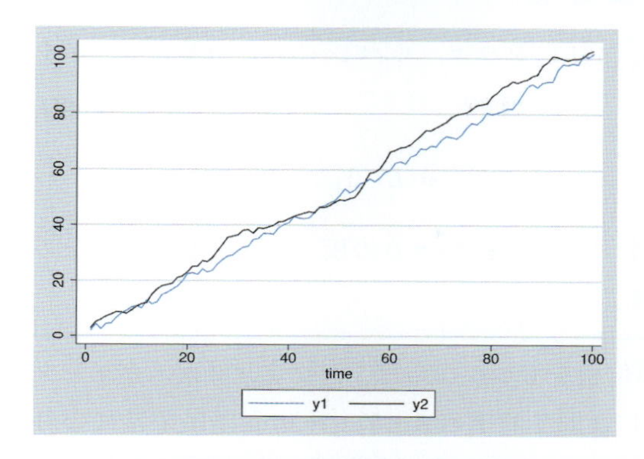

図 9.9　Y_{1t}（トレンド定常）と Y_{2t}（階差定常）の時系列プロット

$$Y_t = \alpha + \beta t + \epsilon_t, \quad \epsilon_t = \rho\epsilon_{t-1} + u_t, \tag{9.3}$$
$$u_t \sim i.i.d.\,(0, \sigma^2), \quad Y_0 = 0$$

いまラグ・オペレータ L を

$$LY_t = Y_{t-1}$$

と定義すると式（9.3）は

$$(1-\rho L)(Y_t - \alpha - \beta t) = u_t$$

と表すことができますが，$1-\rho L = 0$ の根（解）$L = \rho^{-1}$ が 1（したがって $\rho = 1$）であるとき，単位根（unit root）をもつといいます．一般には以下のように定義します．

定義 9.4　単位根

時系列 Y_t が，$\phi(L)$ をラグ・オペレータ L の多項式，μ を平均，u_t をホワイト・ノイズとして

$$\phi(L)(Y_t-\mu)=u_t \tag{9.4}$$

であるとします．もし $\phi(L)=0$ の根（解）に1があるならば**単位根**をもつといいます．

もし $\rho=1$（単位根をもつ）ならば，ϵ_t はランダム・ウォーク過程で定常ではなく，式（9.2）と同じく $Y_t=\beta+Y_{t-1}+u_t$ と階差定常になります．一方，もし $|\rho|<1$ ならば ϵ_t は定常で式（9.1）のように Y_t はトレンド定常となります．したがって式（9.3）を

$$\begin{aligned}\Delta Y_t&=\alpha+\beta t+(\rho\epsilon_{t-1}+u_t)-Y_{t-1}\\&=\alpha+\beta t+\rho\{Y_{t-1}-\alpha-\beta(t-1)\}+u_t-Y_{t-1}\\&=\{\alpha(1-\rho)+\rho\beta\}+\beta(1-\rho)t+(\rho-1)Y_{t-1}+u_t\end{aligned}$$

と表現すれば，Y_{t-1} の回帰係数を使って

$$H_0:\rho=1 \text{ vs } H_1:\rho<1$$

を仮説検定することができ，単位根検定と呼ばれています．さらに u_t が $AR(p)$ 過程にしたがう場合に拡張された仮説検定として ADF（Augmented Dickey-Fuller）検定が知られています．

見せかけの回帰

誤差項に系列相関があることを示しているときには，見せかけの回帰（spurious regression）が存在する可能性があることを4.3節で指摘しました．例えばランダム・ウォーク過程にしたがう2つの時系列 X_t，Y_t が

$$\begin{aligned}Y_t&=Y_{t-1}+\epsilon_t,\quad \epsilon_t\sim i.i.d.(0,\sigma_\epsilon^2),\\X_t&=X_{t-1}+\eta_t,\quad \eta_t\sim i.i.d.(0,\sigma_\eta^2)\end{aligned}$$

とします．このとき

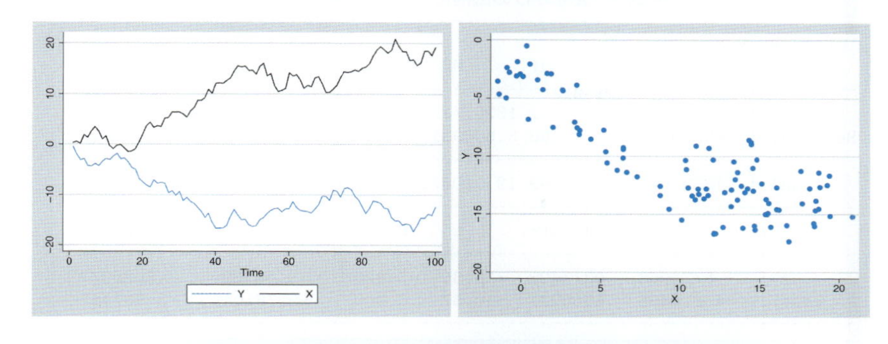

図 9.10　見せかけの回帰の時系列プロット（左）と散布図（右）

$$Y_t = \alpha + \beta X_t + u_t$$

という回帰を行うと，β の最小二乗推定量は標本のサイズが大きくなっても 0 には収束せず，t 値も有意性を示しやすいことが知られています．本来独立な X_t，Y_t に「見せかけの回帰」が生じるのです．これは $Z_t = Y_t - \beta X_t$ が

$$Z_t = Z_{t-1} + (\epsilon_t - \beta\eta_t)$$

のように $I(1)$ であるためで，u_t も $I(1)$ になっています．

例を見てみましょう．図 9.10 は，人工的に発生した 2 つのランダム・ウォーク過程 X_t，Y_t の時系列プロットと散布図です（$X_0 = Y_0 = 0$，$\epsilon_t \sim i.i.d.\ N(0,1)$，$\eta_t \sim i.i.d.\ N(0,1)$ としています）．X_t，Y_t はそれぞれ独立に変動していますが，散布図を見ると相関があるように見えます．

表 9.5　見せかけの回帰における回帰分析の結果

```
. regress y x
  Source |       SS           df       MS      Number of obs   =       100
---------+------------------------------       F(1, 98)        =    234.12
   Model |  1326.71716         1 1326.71716    Prob > F        =    0.0000
Residual |  555.359246        98 5.66693108    R-squared       =    0.7049①
---------+------------------------------       Adj R-squared   =    0.7019
   Total |  1882.07641        99 19.0108728    Root MSE        =    2.3805
--------------------------------------------------------------------------
       y |      Coef.   Std. Err.      t    P>|t|     [95% Conf. Interval]
---------+----------------------------------------------------------------
       x |  -.5774966   .0377428   -15.30   0.000②    -.652396   -.5025972
   _cons |  -4.874495   .4568221   -10.67   0.000    -5.781044   -3.967947
--------------------------------------------------------------------------
```

そこで Y_t を被説明変数，X_t を説明変数として回帰を行ってみると，決定係数は 70.5%（①）と高く，また説明変数の回帰係数の p 値も 0（②）で，有意水準 5% で有意になっています（表 9.5）．これが「見せかけの回帰」です．

共和分

上記の例のように $X_t \sim I(1)$，$Y_t \sim I(1)$ であるときには，$Z_t = Y_t - \beta X_t$ も通常 $I(1)$ ですが，ある $\beta \neq 0$ について $Z_t \sim I(0)$ となることがあります．そのようなとき X_t と Y_t は**共和分**（cointegrated）関係にある，または共和分しているといいます．

定義 9.5　共和分

2 つの時系列 X_t，Y_t が 1 次の和分過程にしたがっているとし，$X_t \sim I(1)$，$Y_t \sim I(1)$ とします．このとき，

$$Z_t = Y_t - \beta X_t \sim I(0), \quad \beta \neq 0 \tag{9.5}$$

ならば X_t，Y_t は**共和分**関係にある，または共和分しているといいます．

経済時系列でいえば，2 つの経済変数がそれぞれランダム・ウォークででたらめに見える動きをしていても，変数間の関係は安定的である（長期的な均衡関係にある）といった状況です．このような場合には，最小二乗推定量は一致性をもち，収束の速度も速いことが知られています．

例えば，次の例を考えてみましょう．

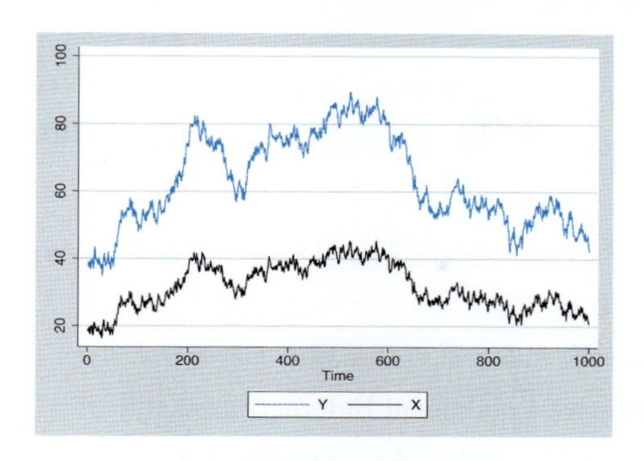

図 9.11　共和分している X_t, Y_t

$$Y_t - 2X_t = u_t, \quad u_t = \rho u_{t-1} + \epsilon_t, \quad |\rho| < 1, \quad \epsilon_t \sim i.i.d.\,(0, \sigma_\epsilon^2),$$
$$Y_t - X_t = v_t, \quad v_t = v_{t-1} + \eta_t, \quad \eta_t \sim i.i.d.\,(0, \sigma_\eta^2)$$

このとき，u_t は $I(0)$ ですが，v_t は $I(1)$ です．上の式を ΔX_t, ΔY_t について解くと

$$\Delta Y_t = (1-\rho)(Y_{t-1} - 2X_{t-1}) + (2\eta_t - \epsilon_t),$$
$$\Delta X_t = (1-\rho)(Y_{t-1} - 2X_{t-1}) + (\eta_t - \epsilon_t)$$

となるので，$X_t \sim I(1)$，$Y_t \sim I(1)$ ですが，$Y_t - 2X_t$ は $I(0)$ となっています．図 9.11 は $X_0 = 10$，$Y_0 = 20$，$u_0 = v_0 = 0$，$\epsilon_t \sim i.i.d.\ N(0, 1)$，$\eta_t \sim i.i.d.\ N(0.0.25)$，$\rho = 0.7$ として人工的に発生した X_t, Y_t の時系列プロットです．

X_t, Y_t のそれぞれの動きは不安定ですが，両者の関係は安定的であるように見えます．

m 個の経済変数が $I(1)$ であるとき，いくつの共和分関係があるのかを仮説検定することもできます．その詳細については本書の範囲を超えますので省略します．

GARCH モデル

経済時系列には，資産収益率やインフレ率のようにその分散が時間とともに変動するものがあります．図 9.12 はある年の TOPIX（東証株価指数）の収益率の時系列プロットです[2]．

分散は一定ではなく，大きい時期にはしばらく大きく，小さい時期にはしばらく小さくなっており，ボラティリティ・クラスタリングという現象が見られます．このように変動する分散の時系列モデルのひとつとして GARCH（Generalized Autoregressive Conditional Heteroscedasticity）モデルを紹介します．まず ARCH(q) モデルは，次のように定義されます．

$$Y_t = \beta_0 + \beta_1 X_{1t} + \cdots + \beta_k X_{kt} + \epsilon_t,$$
$$\epsilon_t = z_t \sigma_t, \quad z_t \sim i.i.d.\ N(0, 1)$$

ただし，σ_t^2 は $t-1$ 期までの情報に基づく関数

$$\sigma_t^2 = \omega + \alpha_1 \epsilon_{t-1}^2 + \cdots + \alpha_q \epsilon_{t-q}^2, \quad \omega > 0, \quad \alpha_j \geq 0, \quad j = 1, \cdots, q$$

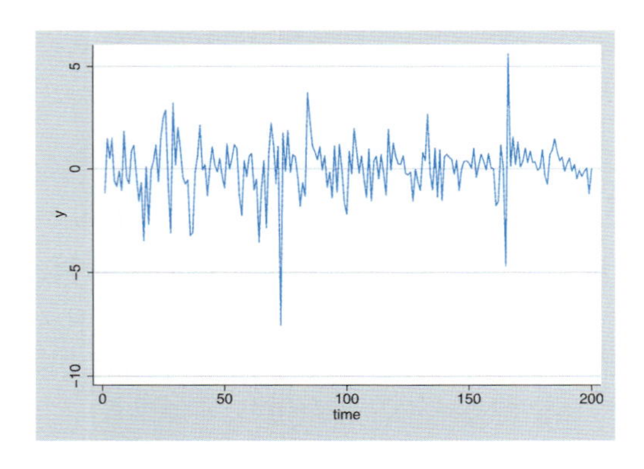

図 9.12　TOPIX 収益率

2　収益率は，対数収益率（$\log p_t - \log p_{t-1}$）× 100（p_t は t 時点の TOPIX の値）を用いて計算しています．

で過去の誤差項の 2 乗の線形関数になっています．ここで $v_t = \epsilon_t^2 - \sigma_t^2$ とおくと

$$\epsilon_t^2 = \sigma_t^2 + v_t = \omega + \alpha_1 \epsilon_{t-1}^2 + \cdots + \alpha_p \epsilon_{t-q}^2 + v_t$$

と AR(q) 過程として表現することもできます．この ARCH モデルを一般化したモデルが GARCH モデルで，以下のように定義されます．

定義 9.6　GARCH(p, q) モデル

$$Y_t = \beta_0 + \beta_1 X_{1t} + \cdots + \beta_k X_{kt} + \epsilon_t,$$
$$\epsilon_t = z_t \sigma_t, \quad z_t \sim i.i.d.\ N(0, 1)$$

ただし，σ_t^2 は $t-1$ 期までの情報に基づく関数で

$$\sigma_t^2 = \omega + \gamma_1 \sigma_{t-1}^2 + \cdots + \gamma_p \sigma_{t-p}^2 + \alpha_1 \epsilon_{t-1}^2 + \cdots + \alpha_q \epsilon_{t-q}^2,$$
$$\omega > 0, \quad \gamma_j \geq 0, \quad j = 1, \cdots, p, \quad \alpha_j \geq 0, \quad j = 1, \cdots, q$$

たとえば GARCH(1, 1) は

$$\sigma_t^2 = \omega + \gamma_1 \sigma_{t-1}^2 + \alpha_1 \epsilon_{t-1}^2, \quad \omega > 0, \quad \gamma_1 \geq 0, \quad \alpha_1 \geq 0$$

で，$v_t = \epsilon_t^2 - \sigma_t^2$ を用いると

$$\epsilon_t^2 = \omega + (\alpha_1 + \gamma_1) \epsilon_{t-1}^2 + v_t - \gamma_1 v_{t-1}$$

となり，ARMA(1, 1) 過程として表現することもできます．

9.2 分布ラグモデル

定義 9.7 分布ラグモデル

重回帰モデルにおいて

$$Y_t = \alpha + \beta_0 X_t + \beta_1 X_{t-1} + \cdots + \beta_m X_{t-m} + \epsilon_t \tag{9.6}$$

のように説明変数 X が現在の値ばかりでなく過去の値によっても Y の現在の値に影響を与えるモデルのことを**分布ラグ**（distributed lag）**モデル**といいます．説明変数 X が Y に与える効果に関して

- β_0 を**短期乗数**
- $\beta_0 + \beta_1 + \cdots + \beta_m$ を**長期乗数**
- $\sum_{j=0}^{m} j\beta_j / \sum_{j=0}^{m} \beta_j$ を**平均ラグ**

といいます．

分布ラグモデルでは，説明変数間に多重共線性が生じることが多いので，X の係数に何らかの制約をおいて推定を行うことがあります．そのような制約にコイックラグ（幾何ラグ）やアーモンラグ（多項式ラグ）などがあります．

コイックラグ（幾何ラグ）

コイックラグ（幾何ラグ）はラグを無限にとって，係数に

$$\beta_j = \beta_0 \times \lambda^j, \quad |\lambda| < 1, \quad j = 0, 1, 2, \cdots \tag{9.7}$$

を仮定します．この式（9.7）を式（9.6）に代入すると

$$Y_t = \alpha + \beta_0 (X_t + \lambda X_{t-1} + \lambda^2 X_{t-2} + \cdots) + \epsilon_t$$

となりますが，$Y_t - \lambda Y_{t-1}$ を計算すると

$$Y_t = \alpha(1 - \lambda) + \beta_0 X_t + \lambda Y_{t-1} + (\epsilon_t - \lambda \epsilon_{t-1})$$

となるので，この式のパラメータの推定は誤差項の系列相関を考慮した推定方

法で行います．短期乗数は β_0，長期乗数は $\beta_0/(1-\lambda)$，平均ラグは $\lambda/(1-\lambda)$ となっています．

このコイックラグの分布ラグモデルと似たモデルに，部分調整モデルがあります．部分調整モデルでは Y_t が，その最適水準 Y_t^* からの乖離を調整するのに

$$Y_t - Y_{t-1} = \gamma(Y_t^* - Y_{t-1})$$

というように部分的に調整を行うと考えます（γ は調整速度と呼ばれます）．このとき，

$$Y_t^* = \alpha + \beta X_t + \epsilon_t$$

のように最適水準が決定されるとすれば，上の式に代入して

$$Y_t = \alpha\gamma + \beta\gamma X_t + (1-\gamma)Y_{t-1} + \gamma\epsilon_t$$

となります．この式はまた階差オペレータ Δ を用いて

$$\Delta Y_t = \alpha\gamma + \beta\gamma\Delta X_t - \gamma(Y_{t-1} - \beta X_{t-1}) + \gamma\epsilon_t,$$
$$\Delta Y_t = Y_t - Y_{t-1}, \quad \Delta X_t = X_t - X_{t-1}$$

のようにエラーコレクションモデルと呼ばれる表現をすることもできます．

アーモンラグ（多項式ラグ）

アーモンラグ（多項式ラグ）は，m 個までのラグを考えて，係数に

$$\beta_j = \gamma_0 + \gamma_1 j + \gamma_2 j^2 + \cdots + \gamma_k j^k, \quad j = 1, 2, \cdots, m$$

のように多項式を仮定するもので，推定は次のように係数を並べ替えて最小二乗法で行います．

$$Y_t = \alpha + \gamma_0 Z_{0t} + \gamma_1 Z_{1t} + \cdots + \gamma_k Z_{kt} + \epsilon_t$$

（ただし，$Z_{0t} = \sum_{i=0}^{m} X_{t-i}$，$Z_{jt} = \sum_{i=1}^{m} i^j X_{t-i}$，$j = 1, \cdots, k$）．アーモンラグでは，さらに端点を 0 とする制約（$\beta_{-1} = \beta_{m+1} = 0$）をおくこともあります．

9.3 分析例

ARMA(1,1)モデル

例 9.5 ARMA(1,1)モデル

データ 9.1 の Y_t ($t=1,\cdots,100$) を用いて

1. 時系列プロットを描きなさい.
2. 標本自己相関関数 (ACF) のプロット (コレログラム) を描きなさい.
3. 標本偏自己相関関数 (PACF) のプロットを描きなさい.
4. ARMA(1,1)モデルをあてはめなさい.
5. AR(1)モデル, MA(1)モデル, ARMA(1,1)を AIC・BIC で比較しなさい.

表 9.6 データファイル (arma.csv)

```
time,y
1,-0.793
2,-2.442
(以下省略)
```

データは表 9.6 のようなファイルとして用意します. **time**, **y** はそれぞれ, t, Y_t を表しています. まず, **time** を時系列の時間変数として設定します. データを変数 **time** (t) を時間変数とする時系列データとして定義しておき[3], 次に時系列プロットを描きます.

Stata 9.1 時系列プロット

グラフィックス(G)▶時系列グラフ▶折れ線グラフ

とし, 出てきた画面で**作成...** を押します. **プロット 1** の画面で, **y 変数**に **y**

[3] Stata 2.2 (時系列データとして定義する) を参照してください.

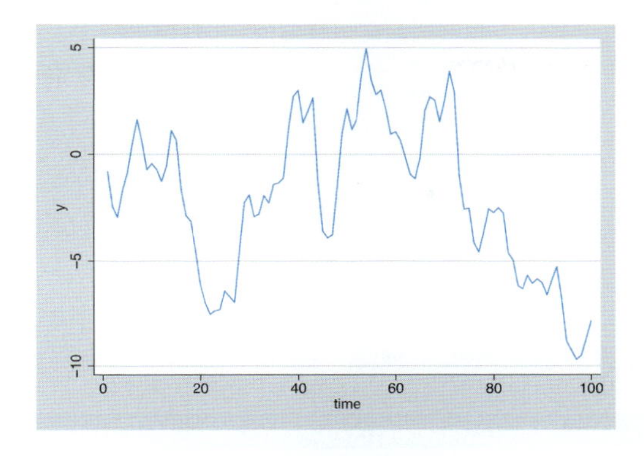

図 9.13　時系列プロット

と入力し，OK を押すと図 9.13 が得られます．

Stata 9.2　ACF のプロット（コレログラム），PACF のプロット

グラフィックス(G)▶時系列グラフ▶コレログラム(ac)

グラフィックス(G)▶時系列グラフ▶パーシャルコレログラム(pac)

ACF のプロットは，出てきた画面で**変数**に **y** を入力し，OK を押します（図 9.14）．同様に PACF のプロットも，出てきた画面で**変数**に **y** を入力し，OK を押します（図 9.15）．

Stata 9.3　ARMA(1,1) モデルの推定

統計(S)▶時系列▶ARIMA モデル/ARMAX モデル

出てきた画面で，**従属変数**に **y** を入力し，ARIMA(p, d, q) の**仕様の自己回帰の次数(p)**に **1** を，**移動平均の次数(q)**に **1** を入力し，OK を押します[4]（図 9.16）．

[4] AR(1) モデル（MA(1) モデル）を推定したい場合には，**自己回帰の次数(p)**（**移動平均の次数(q)**）だけに **1** を入力し，OK を押します．ランダム・ウォークを推定したい場合には**階差の階数(d)**だけに **1** を入力し，OK を押します．

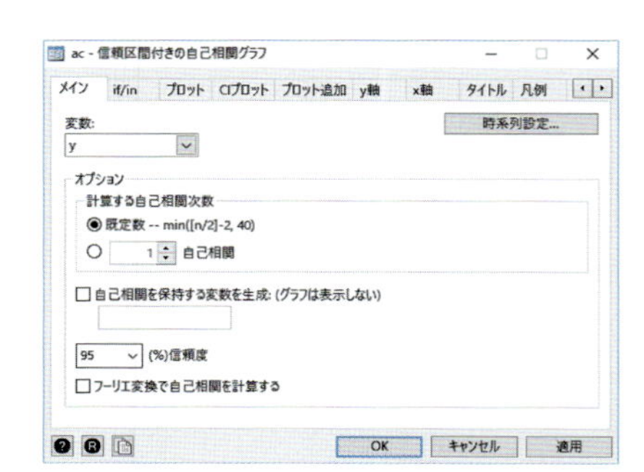

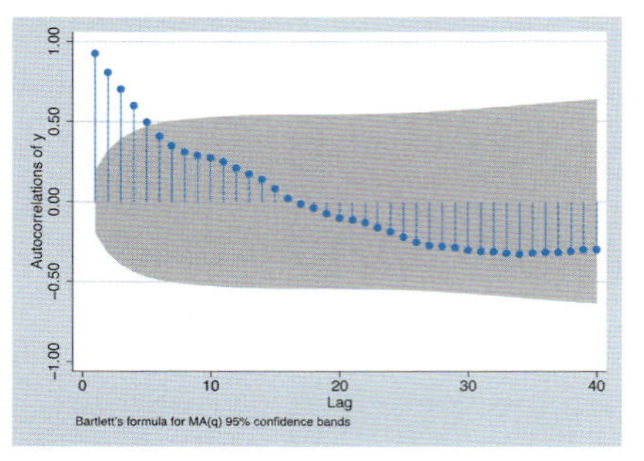

図 9.14　標本自己相関関数（ACF）のプロット（コレログラム）

表 9.7　ARMA(1, 1)モデルの推定結果

```
. arima y, arima(1,0,1)
ARIMA regression
Sample:   1 - 100                              Number of obs     =       100①
                                               Wald chi2(2)      =    431.31
Log likelihood = -140.9988②                    Prob > chi2       =    0.0000
------------------------------------------------------------------------------
             |                 OPG
           y |      Coef.   Std. Err.      z    P>|z|     [95% Conf. Interval]
-------------+----------------------------------------------------------------
y            |
       _cons |  -2.301734③  1.629438    -1.41   0.158⑦   -5.495375    .8919064
-------------+----------------------------------------------------------------
ARMA         |
          ar |
         L1. |    .888435④  .0513875    17.29   0.000⑧    .7877172    .9891527
          ma |
         L1. |   .7473263⑤  .0661287    11.30   0.000⑨    .6177164    .8769362
-------------+----------------------------------------------------------------
      /sigma |   .9744325⑥  .0665858    14.63   0.000⑩    .8439268    1.104938
------------------------------------------------------------------------------
Note: The test of the variance against zero is one sided, and the
      two-sided confidence interval is truncated at zero.
```

推定結果の表 9.7 において，観測値の個数は 100（①）で，対数尤度は −141.0（②）です．③～⑥がモデルパラメータ（μ，ϕ_1，θ_1，σ）の推定値で

$$\hat{Y}_t = -2.302 + 0.888Y_{t-1} + \epsilon_t + 0.747\epsilon_{t-1}, \quad \hat{\sigma} = 0.974$$

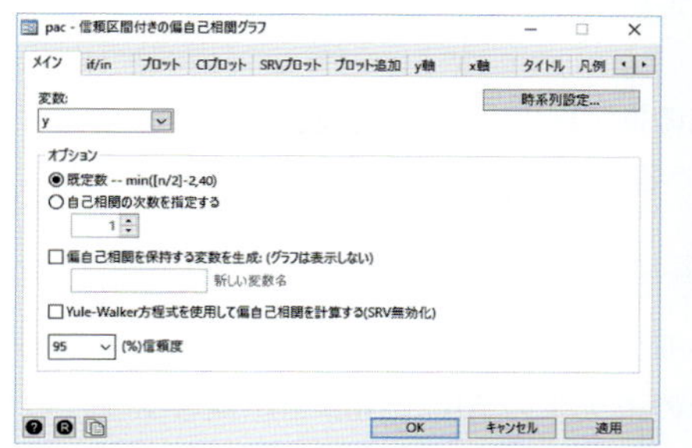

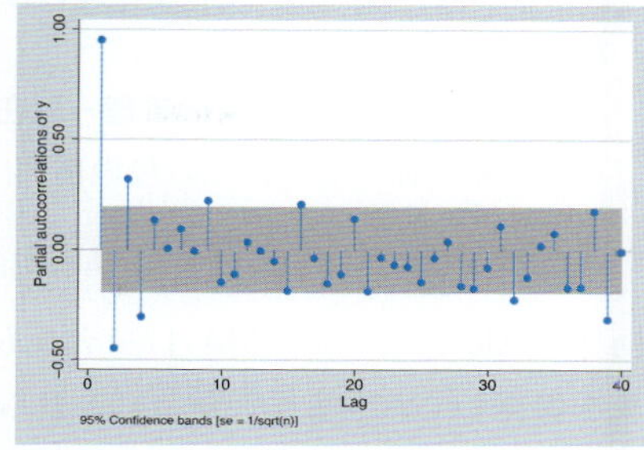

図 9.15　標本偏自己相関関数（PACF）のプロット

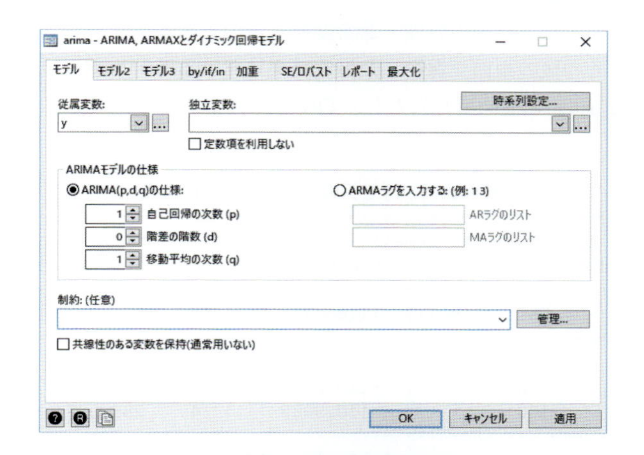

図 9.16　ARMA(1,1)の推定

です．⑦～⑩が各パラメータの p 値で，μ の p 値は 0.158＞0.05 より，有意水準 5% で有意ではありませんが，他のパラメータの p 値はいずれも 0.05 より小さいことから，有意水準 5% で有意になっています．定数項は 0 とみなしてもよいですが，それ以外のパラメータはモデルにとって必要であることになります．

この推定結果を **arma11** という名前で保存しておきます．

Stata 9.4　ARMA(1,1)モデルの推定結果の保存

統計(S)▶推定後の分析

出てきた画面で**推定結果の管理—現在の推定結果をメモリに一時保存する**を選び，**開く**を押します．その後の画面で**名前**に **arma11** を入力して OK を押します．

同様に AR(1) モデル，MA(1) モデルも推定し，**ar1**，**ma1** という名前で推定結果を保存しておきます．最後にこれらのモデルの AIC・BIC を比較します．

Stata 9.5　ARMA(1,1)モデルの AIC・BIC による比較

統計(S)▶推定後の分析

出てきた画面で**推定結果の管理—適合度検定量の表を表示する**を選び，**開く**を押します．その後の画面で**保存した推定結果におけるモデル選択統計量を表示する**に **ar1 ma1 arma11** を入力して OK を押します．

表 9.8　ARMA(1,1)モデルの AIC・BIC による比較結果

```
. estimates stats ar1 ma1 arma11
Akaike's information criterion and Bayesian information criterion
-----------------------------------------------------------------------------
  Model |        Obs  ll(null)  ll(model)      df         AIC         BIC
--------+--------------------------------------------------------------------
    ar1 |        100         .  -161.8881       3    329.7762    337.5918
    ma1 |        100         .  -210.2692       3    426.5384    434.3539
 arma11 |        100         .  -140.9988       4    289.9977    300.4183
-----------------------------------------------------------------------------
         Note: N=Obs used in calculating BIC; see [R] BIC note.
```

表 9.8 より，3 つのモデルの中では ARMA(1,1) の AIC が 290.0，BIC が 300.4 と最も小さいので，ARMA(1,1) モデルが選択されます．

参考として Stata プログラムを Stata 9.6 にまとめておきます．

Stata 9.6 ARMA(1,1)のプログラム

```
import delimited C:¥arma.csv
tsset time
twoway (tsline y)
ac y
pac y
arima y, arima(1,0,1)
estimates store arma11
arima y, arima(1,0,0)
estimates store ar1
arima y, arima(0,0,1)
estimates store ma1
estimates stats ar1 ma1 arma11
```


単位根検定

例 9.6 単位根検定

データ 9.3 を用いて Y_{1t}, Y_{2t} について単位根検定を行いなさい．

表 9.9 データファイル (unit.csv)

```
time,y1,y2
1,2.02,2.84
2,4.37,5.06
(以下省略)
```

データは表 9.9 のようなファイルとして用意します．**time**, **y1**, **y2** はそれぞれ，t, Y_{1t}, Y_{2t} を表しています．まず，**time** を時系列の時間変数として設定します．データを変数 **time** (t) を時間変数とする時系列データとして定義しておきます[5].

[5] Stata 2.2（時系列データとして定義する）を参照してください．

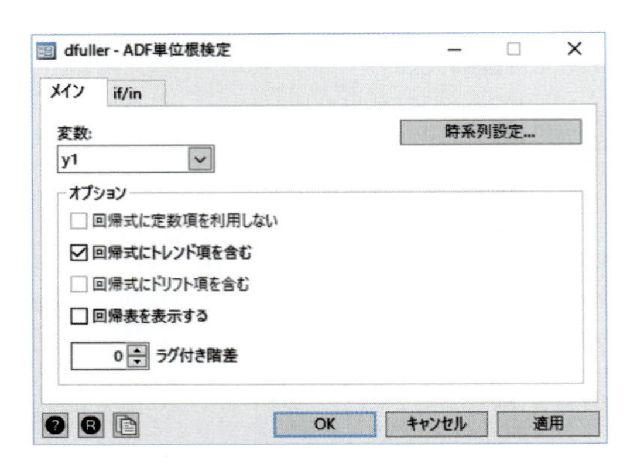

図 9.17 単位根検定

Stata 9.7 単位根検定

統計(S)▶時系列▶検定▶ADF 単位根検定

出てきた画面で，**変数**に **y1** を入力し，**オプション**の**回帰式にトレンド項を含む**に ✓（チェック）を入れます[6]．また，**ラグ付き階差**に考慮する系列相関のラグ数を入力します．ラグ数 p を選ぶ方法にはさまざまな方法がありますが，

$$\Delta Y_{1t} = \alpha_0 + \alpha_1 t + \beta Y_{1,t-1} + \sum_{k=1}^{p} \gamma_k \Delta Y_{1,t-k} + u_t$$

をあてはめて AIC・BIC 等を考慮して選択します[7]．ここではラグ数を **0** として OK を押します（図 9.17）．同様に Y_{2t} についても，ラグ数を **1** として行います．

6 時系列に右肩上がりの傾向がなければ ✓（チェック）を入れません．

7 推定で考慮する最大ラグ数は G. William Schwert (1989) "Tests for unit roots: a Monte Carlo investigation," *Journal of Business & Economic Statistics*, 7(2), 147–159 の提案する $[12\times(T/100)^{0.25}]$（$[x]$ は x の整数部分）を用います．

表 9.10　単位根検定の結果

```
. dfuller y1, trend lags(0)
Dickey-Fuller test for unit root                   Number of obs   =        99
                              ---------- Interpolated Dickey-Fuller ---------
          Test             1% Critical        5% Critical       10% Critical
        Statistic             Value              Value              Value
------------------------------------------------------------------------------
 Z(t)       -6.005            -4.042             -3.451             -3.151
------------------------------------------------------------------------------
MacKinnon approximate p-value for Z(t) = 0.0000①
. dfuller y2, trend lags(1)
Augmented Dickey-Fuller test for unit root         Number of obs   =        98

                              ---------- Interpolated Dickey-Fuller ---------
          Test             1% Critical        5% Critical       10% Critical
        Statistic             Value              Value              Value
------------------------------------------------------------------------------
 Z(t)       -2.165            -4.044             -3.452             -3.151
------------------------------------------------------------------------------
MacKinnon approximate p-value for Z(t) = 0.5095②
```

検定結果の表 9.10 より，Y_{1t} では，仮説検定の p 値が 0.00（①）と 0.05 より小さいことから，帰無仮説 $H_0 : \rho = 1$ を有意水準 5% で棄却し，単位根が存在しないという強い証拠があります．一方，Y_{2t} では，仮説検定の p 値が 0.5095（②）と 0.05 より大きいことから，帰無仮説 $H_0 : \rho = 1$ を有意水準 5% で棄却することができず，単位根が存在しないとはいうことができません．

Y_{1t}，Y_{2t} は人工的に発生したデータで，Y_{1t} はトレンド定常な時系列，Y_{2t} は階差定常な時系列でしたので，仮説検定の結果は正しく得られていることがわかります．

参考として Stata プログラムを Stata 9.8 にまとめておきます．

Stata 9.8　単位根検定のプログラム

```
import delimited C:¥unit.csv
tsset time
dfuller y1, trend lags(0)
dfuller y2, trend lags(1)
```

共 和 分

例 9.7　共和分の検定と共和分ベクトルの推定

データ 9.4 の (Y_t, X_t) $(t=1,\cdots,200)$ は，図 9.11 の最初の 200 個の観測値です．このデータを用いて，2 つの時系列が共和分しているかどうか仮説検定をし，共和分している場合には共和分の式を推定しなさい．

表 9.11　データファイル（coint.csv）

```
time,y,x
1,38.715,18.884
2,37.460,18.420
(以下省略)
```

データは表 9.11 のようなファイルとして用意します．**time**，**y**，**x** はそれぞれ，t，Y_t，X_t を表しています．まず，**time** を時系列の時間変数として設定します．データを変数 **time** (t) を時間変数とする時系列データとして定義しておきます[8].

共和分の仮説検定を行うには，まず (Y_t, X_t) が過去何期までの値に依存をしているか，そのラグの次数を決める必要があります．このため，まず以下のようにします．

Stata 9.9　共和分の検定（ラグ次数の選択）
統計(S) ▶ 多変量時系列分析 ▶ VEC モデルの診断と検定 ▶ ラグ次数選択統計量（推定前）

出てきた画面で，**従属変数**に **y x** を入力し，OK を押します（図 9.18）[9].

得られた表 9.12 において，AIC など複数の基準によって選択された次数が＊によって示されますので（①），ラグの次数として **1** を選択します．

次に共和分式の個数がいくつあるかを仮説検定します．一般に m 個の変数

[8] Stata 2.2（時系列データとして定義する）を参照してください．
[9] **オプション**の**最大ラグ次数**はデフォルトの **4** としますが，適宜変更してください．

varsoc - VARとVECMのラグ次数選択統計量を作成

メイン　by/if/in

従属変数:　時系列設定...

y x

オプション

4 最大ラグ次数

外生変数:　外生変数の制約:

定数項を利用しない

情報量規準のLutkepohl版を使用する

95 (%)信頼度　0 指定の行数ごとに線で区切る

OK　キャンセル　適用

図 9.18　共和分の検定（ラグ次数の選択）

表 9.12　共和分の検定（ラグ次数の選択）

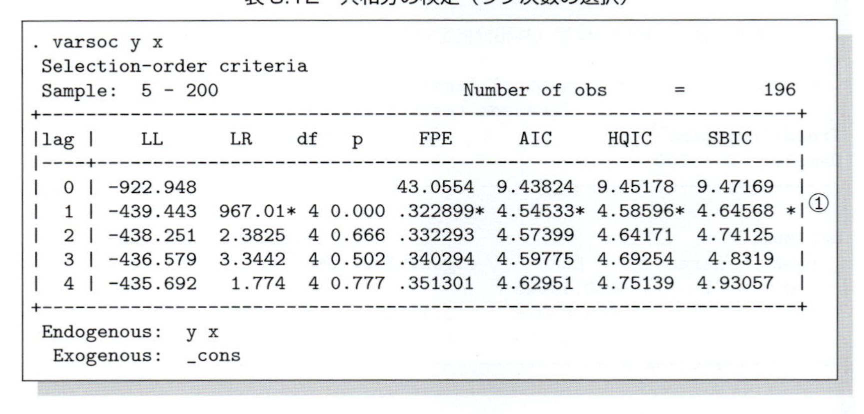

```
. varsoc y x
 Selection-order criteria
 Sample:  5 - 200                           Number of obs      =       196
+---------------------------------------------------------------------------+
|lag |    LL       LR      df    p      FPE       AIC      HQIC      SBIC    |
|----+----------------------------------------------------------------------|
|  0 | -922.948                      43.0554   9.43824   9.45178   9.47169   |
|  1 | -439.443  967.01*  4 0.000  .322899*  4.54533*  4.58596*  4.64568  *|①
|  2 | -438.251  2.3825   4 0.666  .332293   4.57399   4.64171   4.74125   |
|  3 | -436.579  3.3442   4 0.502  .340294   4.59775   4.69254    4.8319   |
|  4 | -435.692   1.774   4 0.777  .351301   4.62951   4.75139   4.93057   |
+---------------------------------------------------------------------------+
 Endogenous:  y x
  Exogenous:  _cons
```

があるとき，最大で $m-1$ 個の共和分式が存在します．ここでは $m=2$ ですから，共和分式の数は 0 か 1 のいずれかです．

Stata 9.10　共和分の検定（共和分式の数）

統計(S) ▶ 多変量時系列分析 ▶ VECM の共和分ランクの推定

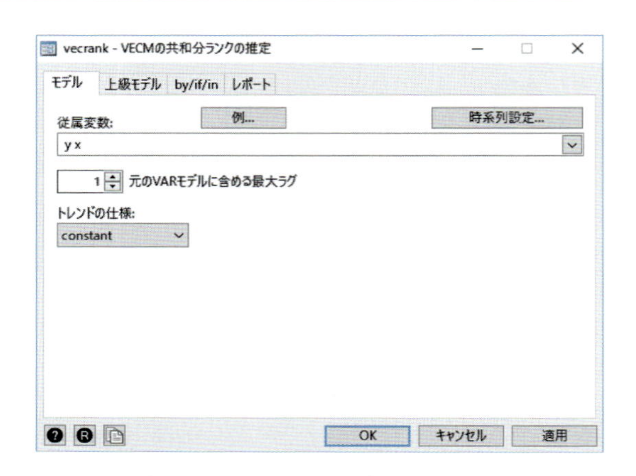

図 9.19　共和分の検定（共和分推定式の数）

出てきた画面で，**従属変数**に **y x** を入力し，**元の VAR モデルに含める最大ラグ**に先ほど選択したラグの次数 **1** を入力して OK を押します（図 9.19）．

表 9.13　共和分の検定（共和分推定式の数，ヨハンセンのトレース検定）

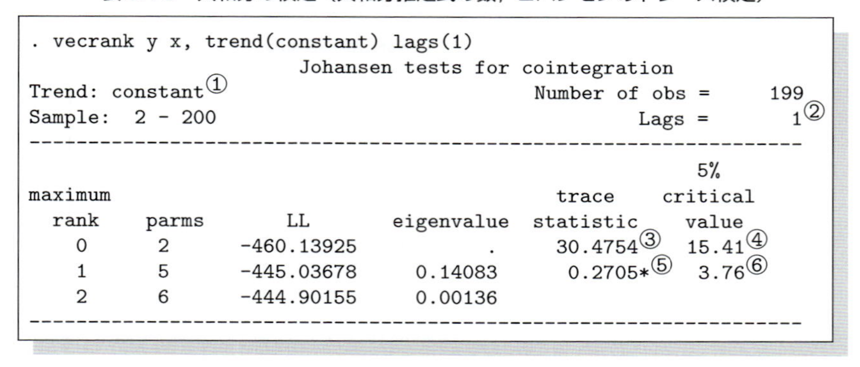

```
. vecrank y x, trend(constant) lags(1)
                         Johansen tests for cointegration
Trend: constant①                                   Number of obs =     199
Sample:  2 - 200                                            Lags =       1②
-------------------------------------------------------------------------------
                                                                      5%
maximum                                                trace    critical
  rank     parms         LL          eigenvalue     statistic     value
    0        2      -460.13925            .          30.4754③   15.41④
    1        5      -445.03678        0.14083         0.2705*⑤   3.76⑥
    2        6      -444.90155        0.00136
-------------------------------------------------------------------------------
```

得られた表 9.13 において，仮説検定で想定するモデルではトレンドが定数（①）で，またラグの次数が 1（②）となっています．帰無仮説 H_0：共和分は存在しない，を検定する統計値は 30.48（③）で，有意水準 5% の臨界値 15.41（④）より大きいので有意水準 5% で棄却されます．一方，帰無仮説 H_0：共和分式の数は 1 以下，を検定する統計値は 0.271（⑤）で，有意水準 5

%の臨界値 3.76（⑥）より小さいので，有意水準 5% で棄却できません．このことから，共和分式の個数は 1 であると考えます．したがって推定する式は以下のようになります[10].

$$\Delta Y_t = \alpha_1(Y_{t-1} + \beta_1 X_{t-1} + \mu) + v_1 + \xi_{1t},$$
$$\Delta X_t = \alpha_2(Y_{t-1} + \beta_1 X_{t-1} + \mu) + v_2 + \xi_{2t}$$

ただし，ξ_{1t}，ξ_{2t} は誤差項です．次に式のパラメータを推定します．

Stata 9.11 共和分モデルの推定
統計(S)▶多変量時系列分析▶ベクトル誤差修正モデル（VECM）

出てきた画面で，**従属変数**に **y x** を入力し，**共和分推定式の数（rank）**に **1** を，**元の VAR モデルに含める最大ラグ**に先ほど選択したラグの次数 **1** を入力して OK を押します（図 9.20）.

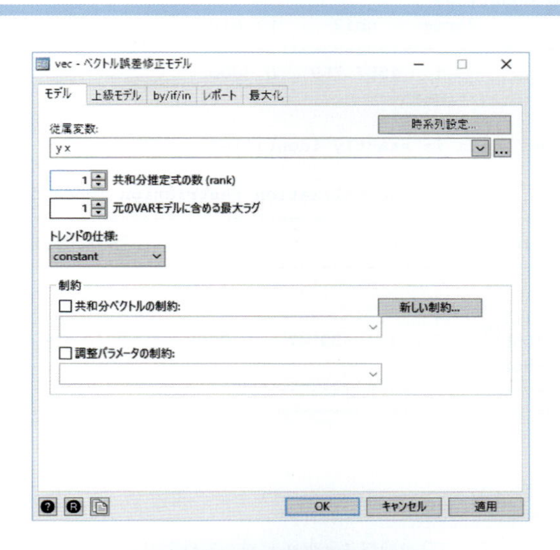

図 9.20 共和分モデルの推定

表9.14　共和分モデルの推定結果

```
. vec y x, trend(constant) lags(1)
Vector error-correction model
Sample:  2 - 200                          Number of obs     =        199
                                          AIC               =   4.522983
Log likelihood = -445.0368                HQIC              =   4.556472
Det(Sigma_ml)  =  .3002852                SBIC              =   4.605729
Equation           Parms      RMSE     R-sq      chi2     P>chi2
----------------------------------------------------------------
D_y                  2     1.46666   0.0682   14.40958   0.0007
D_x                  2     1.11288   0.1071   23.62839   0.0000
----------------------------------------------------------------
----------------------------------------------------------------------
       |     Coef.   Std. Err.      z    P>|z|     [95% Conf. Interval]
-------+--------------------------------------------------------------
D_y    |
  _ce1 |
   L1. | .2513663①  .0742546     3.39   0.001⑤    .10583    .3969026
 _cons | .0508297②  .1106049     0.46   0.646⑥  -.165952    .2676113
-------+--------------------------------------------------------------
D_x    |
  _ce1 |
   L1. | .2666411③  .0563436     4.73   0.000⑦  .1562097    .3770725
 _cons |-.0479178④  .0839258    -0.57   0.568⑧ -.2124094    .1165737
----------------------------------------------------------------------
Cointegrating equations
Equation           Parms    chi2     P>chi2
-------------------------------------------
_ce1                 1   1557.759   0.0000
-------------------------------------------

Identification:  beta is exactly identified

                 Johansen normalization restriction imposed
----------------------------------------------------------------------
  beta |     Coef.   Std. Err.      z    P>|z|     [95% Conf. Interval]
-------+--------------------------------------------------------------
_ce1   |
     y |         1         .        .       .          .           .
     x |-2.001055⑨.0507001   -39.47   0.000⑩   -2.100426   -1.901685
 _cons | .0269565⑪        .        .       .          .           .
----------------------------------------------------------------------
```

10　Stataでは，一般に多変量の時系列ベクトル$\boldsymbol{y}_t$に対して以下のような式を推定しています．$\boldsymbol{\gamma}$は$\boldsymbol{\alpha\mu}$及び$\boldsymbol{\tau}$に直交しています．

$$\Delta \boldsymbol{y}_t = \boldsymbol{\alpha}(\boldsymbol{\beta}'\boldsymbol{y}_{t-1} + \boldsymbol{\mu} + \boldsymbol{\rho}t) + \sum_{i=1}^{p-1} \boldsymbol{\Gamma}_i \Delta \boldsymbol{y}_{t-i} + \boldsymbol{\gamma} + \boldsymbol{\tau}t + \boldsymbol{\epsilon}_t$$

推定結果の表 9.14 より，推定された式は以下の通りです．

$$\Delta Y_t = 0.251(Y_{t-1} - 2.001X_{t-1} + 0.027) + 0.051,$$
$$\Delta X_t = 0.267(Y_{t-1} - 2.001X_{t-1} + 0.027) - 0.048$$

まず ΔY_t の式において，共和分式の係数 α_1 の推定値が 0.251（①）で，定数項 v_1 の推定値が 0.051（②）です．p 値はそれぞれ 0.00（⑤），0.65（⑥）ですので，帰無仮説 $H_0 : \alpha_1 = 0$ は有意水準 5% で棄却できますが，定数項は有意ではありません．

同様に ΔX_t の式において，共和分式の係数 α_2 の推定値が 0.267（③）で，定数項 v_2 の推定値が −0.048（④）です．p 値はそれぞれ 0.00（⑦），0.57（⑧）ですので，帰無仮説 $H_0 : \alpha_2 = 0$ は有意水準 5% で棄却できますが，定数項は有意ではありません．共和分式 $u_t = Y_t + \beta_1 X_t$ の β_1 の推定値は −2.001（⑨）で，その p 値は 0.00（⑩）と有意水準 5% で有意になっており，μ の推定値は 0.027（⑪）となっています．

参考として Stata プログラムを Stata 9.12 にまとめておきます．

Stata 9.12　共和分検定のプログラム

```
import delimited C:¥coint.csv
tsset time
varsoc y x
vecrank y x, trend(constant) lags(1)
vec y x, trend(constant) lags(1)
```

GARCH モデル

例 9.8　資産収益率の GARCH モデル

データ 9.6 はある年の 200 日の TOPIX の日次収益率 Y_t です．Y_t に以下の GARCH(1, 1) モデルをあてはめなさい．

$$Y_t = \mu + \epsilon_t, \quad \epsilon_t = z_t \sigma_t, \quad z_t \sim i.i.d.\ N(0, 1),$$
$$\sigma_t^2 = \omega + \beta\sigma_{t-1}^2 + \alpha\epsilon_{t-1}^2, \quad \omega > 0, \quad \beta \geq 0, \quad \alpha \geq 0$$

表 9.15　データファイル（garch.csv）

```
time,y
1,-1.148
2,1.478
(以下省略)
```

データは表 9.15 のようなファイルとして用意します．**time**，**y** はそれぞれ，t，Y_t を表しています．まず，**time** を時系列の時間変数として設定します．データを変数 **time**（t）を時間変数とする時系列データとして定義しておきます[11]．

Stata 9.13　GARCH モデル
統計(S) ▶ 時系列 ▶ ARCH/GARCH ▶ ARCH モデル/GARCH モデル

出てきた画面で，**従属変数**に **y** を入力し，**ラグを入力する**を選択し，ARCH ラグに **1** を，GARCH ラグに **1** を入力し，OK を押します（図 9.21）．

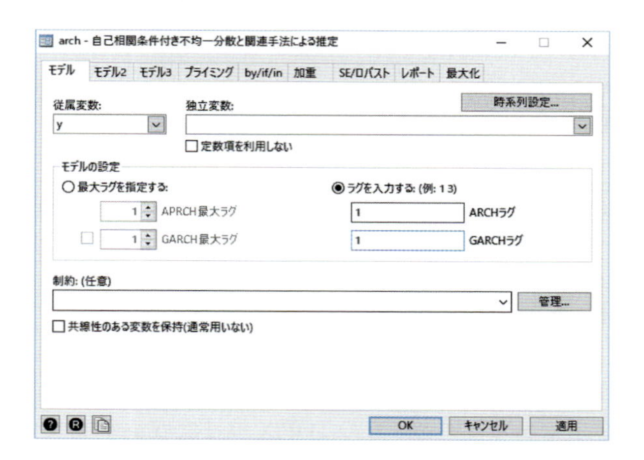

図 9.21　GARCH モデル

11 Stata 2.2（時系列データとして定義する）を参照してください．

表 9.16　GARCH モデルの推定結果

```
. arch y, arch(1) garch(1)
ARCH family regression
Sample: 1 - 200                           Number of obs    =        200①
Distribution: Gaussian                    Wald chi2(.)     =          .
Log likelihood = -338.4382②               Prob > chi2      =          .
------------------------------------------------------------------------------
             |                 OPG
           y |      Coef.   Std. Err.      z    P>|z|     [95% Conf. Interval]
-------------+----------------------------------------------------------------
y            |
       _cons |  .0662828③  .0887879    0.75   0.455⑦    -.1077383    .240304
-------------+----------------------------------------------------------------
ARCH         |
        arch |
         L1. |  .2646632④  .088509     2.99   0.003⑧     .0911887   .4381377
             |
       garch |
         L1. |  .7128357⑤  .0660423   10.79   0.000⑨     .5833953   .8422762
             |
       _cons |  .1413441⑥  .0546954    2.58   0.010⑩     .0341431   .2485451
------------------------------------------------------------------------------
```

推定結果の表 9.16 より，観測値の個数は 200（①）で，対数尤度は−338.44（②）です．③〜⑥がパラメータ（μ，α，β，ω）の推定値で，

$$\hat{\mu} = 0.066, \quad \sigma_t^2 = 0.141 + 0.713\sigma_{t-1}^2 + 0.265\epsilon_{t-1}^2$$

であり，⑦〜⑩が，その p 値です．μ の p 値は 0.455(⑦) と 0.05 より大きいので有意水準 5% で有意ではありませんが，(α, β) の p 値(⑧，⑨)はいずれも 0.05 より小さく，有意水準 5% で有意になっています．したがって TOPIX 収益率の分散は一定ではなく，GARCH 過程にしたがっているということができます．

参考として Stata プログラムを Stata 9.14 にまとめておきます．

Stata 9.14　GARCH モデルのプログラム

```
import delimited C:¥garch.csv
tsset time
arch y, arch(1) garch(1)
```

9.4 練習問題

1. データ 9.2 の Y_t $(t=1,\cdots,100)$ を用いて
   (1) 時系列プロットを描きなさい.
   (2) 標本自己相関関数（ACF）のプロット（コレログラム）を描きなさい.
   (3) 標本偏自己相関関数（PACF）のプロットを描きなさい.
   (4) AR(1) モデルをあてはめなさい.
   (5) AR(1) モデル，MA(1) モデル，ARMA(1,1) モデルを AIC・BIC で比較しなさい.
2. データ 9.5 は，2007 年 4 月～2016 年 12 月のマンション（区分所有）の不動産価格指数で Y_t は東京都，X_t は大阪府の指数です $(t=1,\cdots,117)$.
   (1) 時系列プロットを描きなさい.
   (2) X_t，Y_t について有意水準 5% で単位根検定をしなさい.
   (3) X_t，Y_t が共和分しているかどうか仮説検定をし，共和分している場合には共和分の式を推定しなさい.
3. データ 9.6 の TOPIX の日次収益率 Y_t に GARCH(1,1) モデルの誤差項の分布を t 分布に拡張したモデルをあてはめなさい.

$$Y_t=\mu+\epsilon_t,\quad \epsilon_t=z_t\sigma_t,\quad z_t\sim T(m),$$
$$\sigma_t^2=\omega+\beta\sigma_{t-1}^2+\alpha\epsilon_{t-1}^2,\quad \omega>0,\quad \beta\geq 0,\quad \alpha\geq 0$$

   ただし $T(m)$ は平均 0，分散 1，自由度 m $(m>2)$ の t 分布を表します. t 分布をあてはめるには**モデル 3** のタブで，**分布**に**スチューデントの t 分布**を選択します（Stata のコマンドでは `arch y, arch(1) garch(1) distribution(t)` とします）.

9.5 データ

データ 9.1　ARMA(1, 1)のデータ

t	Y_t	t	Y_t	t	Y_t	t	Y_t
1	-0.793	26	-6.660	51	1.179	76	-4.119
2	-2.442	27	-6.934	52	1.670	77	-4.557
3	-2.935	28	-4.517	53	3.729	78	-3.619
4	-1.703	29	-2.234	54	4.977	79	-2.529
5	-0.848	30	-1.884	55	3.498	80	-2.708
6	0.512	31	-2.902	56	2.807	81	-2.481
7	1.644	32	-2.779	57	3.021	82	-2.732
8	0.580	33	-1.909	58	2.147	83	-4.598
9	-0.699	34	-2.257	59	0.959	84	-4.931
10	-0.418	35	-1.387	60	1.077	85	-6.150
11	-0.688	36	-1.320	61	0.668	86	-6.286
12	-1.245	37	-1.090	62	-0.120	87	-5.643
13	-0.543	38	1.144	63	-0.905	88	-6.035
14	1.130	39	2.723	64	-1.120	89	-5.819
15	0.682	40	3.011	65	-0.137	90	-6.002
16	-1.623	41	1.491	66	2.065	91	-6.579
17	-2.851	42	2.039	67	2.712	92	-5.858
18	-3.132	43	2.657	68	2.555	93	-5.246
19	-4.451	44	-1.170	69	1.544	94	-6.768
20	-6.077	45	-3.575	70	2.525	95	-8.795
21	-6.966	46	-3.894	71	3.900	96	-9.243
22	-7.482	47	-3.758	72	2.942	97	-9.676
23	-7.326	48	-1.466	73	-0.950	98	-9.479
24	-7.273	49	1.037	74	-2.551	99	-8.658
25	-6.400	50	2.149	75	-2.499	100	-7.799

データ 9.2　AR(1)のデータ

t	Y_t	t	Y_t	t	Y_t	t	Y_t
1	-0.793	26	-4.246	51	0.148	76	-2.872
2	-1.847	27	-3.749	52	1.558	77	-2.403
3	-1.550	28	-1.705	53	2.560	78	-1.817
4	-0.541	29	-0.956	54	3.057	79	-1.166
5	-0.442	30	-1.168	55	1.205	80	-1.833
6	0.844	31	-2.027	56	1.904	81	-1.106
7	1.011	32	-1.259	57	1.593	82	-1.902
8	-0.178	33	-0.964	58	0.952	83	-3.172
9	-0.565	34	-1.533	59	0.245	84	-2.552
10	0.006	35	-0.237	60	0.894	85	-4.236
11	-0.692	36	-1.142	61	-0.003	86	-3.109
12	-0.726	37	-0.234	62	-0.118	87	-3.311
13	0.002	38	1.319	63	-0.817	88	-3.552
14	1.128	39	1.734	64	-0.508	89	-3.155
15	-0.165	40	1.710	65	0.244	90	-3.636
16	-1.499	41	0.208	66	1.882	91	-3.853
17	-1.727	42	1.883	67	1.301	92	-2.968
18	-1.837	43	1.245	68	1.579	93	-3.020
19	-3.073	44	-2.104	69	0.360	94	-4.503
20	-3.773	45	-1.998	70	2.256	95	-5.418
21	-4.136	46	-2.396	71	2.208	96	-5.180
22	-4.380	47	-1.961	72	1.286	97	-5.792
23	-4.041	48	0.004	73	-1.915	98	-5.135
24	-4.242	49	1.034	74	-1.115	99	-4.807
25	-3.218	50	1.374	75	-1.662	100	-4.194

データ 9.3　トレンド定常（Y_{1t}）と階差定常（Y_{2t}）のデータ

t	Y_{1t}	Y_{2t}	t	Y_{1t}	Y_{2t}	t	Y_{1t}	Y_{2t}
1	2.02	2.84	41	43.06	43.12	81	80.38	87.63
2	4.37	5.06	42	42.57	43.77	82	81.04	89.58
3	2.44	5.95	43	42.35	44.32	83	81.98	90.25
4	4.42	7.06	44	42.68	44.90	84	81.91	91.70
5	4.57	7.77	45	44.35	44.47	85	84.21	91.23
6	6.57	8.68	46	46.62	46.41	86	87.07	91.97
7	8.12	8.56	47	47.03	46.40	87	89.84	92.44
8	9.13	8.09	48	48.05	47.11	88	90.70	93.53
9	10.40	9.32	49	48.80	48.26	89	89.57	94.16
10	10.83	10.62	50	50.71	49.19	90	91.19	97.38
11	10.08	11.58	51	53.20	49.00	91	91.57	98.74
12	12.91	12.01	52	51.81	49.68	92	91.63	100.85
13	11.59	15.01	53	52.78	50.17	93	95.85	100.58
14	12.18	16.81	54	55.11	52.59	94	97.93	99.90
15	14.89	18.04	55	55.51	55.60	95	97.69	99.38
16	15.67	18.46	56	56.78	58.86	96	98.23	99.94
17	16.78	18.93	57	55.73	59.23	97	97.84	99.96
18	17.88	20.96	58	57.18	60.44	98	101.12	100.43
19	19.78	21.56	59	59.23	63.15	99	100.45	102.18
20	22.43	23.05	60	59.89	66.43	100	101.63	102.75
21	22.71	25.07	61	62.41	67.06			
22	22.17	25.08	62	62.96	67.96			
23	24.16	27.07	63	62.17	68.18			
24	23.00	26.73	64	64.74	69.07			
25	23.69	28.19	65	65.45	70.71			
26	25.91	30.59	66	67.66	72.32			
27	27.53	32.95	67	67.39	74.15			
28	28.76	35.46	68	68.65	74.08			
29	29.15	35.92	69	68.36	75.09			
30	30.71	36.33	70	70.67	76.10			
31	31.92	38.01	71	72.05	77.07			
32	32.26	38.29	72	71.69	78.77			
33	34.72	37.00	73	71.19	79.77			
34	35.07	38.93	74	72.56	80.14			
35	36.95	38.68	75	75.10	80.50			
36	36.90	39.30	76	76.72	81.72			
37	36.72	39.89	77	76.30	83.10			
38	39.06	41.17	78	77.89	83.40			
39	40.13	41.33	79	80.47	83.82			
40	40.84	42.35	80	79.89	86.35			

データ 9.4　共和分のデータ——(Y_t, X_t)

t	Y_t	X_t	t	Y_t	X_t	t	Y_t	X_t
1	38.715	18.884	41	41.806	21.053	81	54.145	27.276
2	37.460	18.420	42	38.352	18.546	82	54.658	26.950
3	37.970	18.501	43	39.307	19.521	83	55.658	27.772
4	39.306	19.545	44	38.406	18.550	84	57.951	30.184
5	37.433	17.865	45	37.195	18.135	85	56.629	29.253
6	36.939	17.566	46	36.692	17.269	86	54.446	28.234
7	38.565	19.595	47	40.251	19.469	87	55.268	28.192
8	39.558	19.878	48	39.334	18.249	88	56.987	29.817
9	40.030	19.940	49	39.941	18.714	89	52.479	25.909
10	38.643	19.225	50	38.892	18.008	90	52.634	26.077
11	37.778	17.490	51	37.822	17.425	91	54.042	26.488
12	37.125	17.253	52	39.731	19.252	92	54.650	27.371
13	41.261	20.203	53	42.218	20.538	93	53.912	26.120
14	43.395	20.931	54	41.854	20.018	94	52.411	24.984
15	42.783	20.807	55	44.647	21.735	95	53.960	26.333
16	39.823	19.148	56	44.100	21.046	96	53.412	25.932
17	39.424	19.132	57	44.276	21.053	97	50.429	23.823
18	39.762	19.483	58	43.379	20.044	98	51.159	25.187
19	39.090	18.477	59	46.753	23.012	99	50.562	24.845
20	38.747	18.706	60	47.125	23.295	100	48.001	23.179
21	38.156	18.343	61	48.168	23.545	101	50.211	24.988
22	40.101	19.612	62	49.475	25.259	102	49.447	24.311
23	39.428	19.157	63	50.987	26.463	103	49.554	24.580
24	38.841	18.759	64	51.193	26.747	104	49.770	25.034
25	38.030	17.829	65	51.499	26.214	105	48.734	24.468
26	37.361	17.382	66	50.489	25.453	106	49.625	25.123
27	37.056	17.079	67	54.299	28.861	107	51.147	26.220
28	38.242	18.563	68	54.279	28.264	108	52.403	26.767
29	34.839	16.367	69	52.909	27.681	109	54.473	28.827
30	35.863	16.996	70	52.601	27.132	110	54.507	28.461
31	38.670	19.377	71	51.857	26.074	111	52.739	27.037
32	39.917	20.710	72	52.756	26.544	112	52.896	27.076
33	41.491	21.756	73	53.254	26.841	113	51.595	25.616
34	39.732	20.515	74	53.724	26.945	114	51.301	25.600
35	38.804	18.983	75	53.955	26.422	115	53.376	27.277
36	37.685	18.539	76	52.422	25.590	116	51.129	25.235
37	38.302	18.912	77	54.355	27.029	117	53.779	27.326
38	38.683	18.366	78	54.183	26.744	118	52.764	26.226
39	39.613	19.053	79	55.091	27.605	119	52.877	26.731
40	39.881	19.691	80	54.789	27.992	120	54.329	27.802

t	Y_t	X_t	t	Y_t	X_t
121	53.403	26.742	161	57.298	29.154
122	54.506	27.725	162	56.895	28.143
123	54.580	27.649	163	57.684	27.996
124	56.960	29.535	164	60.486	29.522
125	54.614	27.350	165	59.428	29.734
126	55.404	27.669	166	61.247	31.199
127	56.368	27.872	167	59.270	29.581
128	57.249	28.379	168	60.644	29.750
129	55.632	27.150	169	61.500	30.219
130	54.524	26.487	170	60.958	30.154
131	51.935	24.472	171	59.518	28.941
132	52.575	25.017	172	61.352	30.628
133	53.378	25.965	173	63.106	31.870
134	50.889	24.272	174	62.822	31.913
135	51.509	24.664	175	64.526	32.933
136	51.099	24.653	176	62.884	31.041
137	50.115	24.181	177	62.201	30.614
138	51.268	25.298	178	61.182	29.894
139	52.757	26.542	179	65.196	33.089
140	54.465	27.416	180	64.578	32.926
141	56.911	29.388	181	66.160	33.922
142	56.283	28.728	182	64.468	32.295
143	57.414	28.496	183	64.286	31.560
144	55.944	27.784	184	65.513	32.373
145	54.757	27.652	185	63.456	30.916
146	53.523	26.414	186	63.042	30.861
147	53.190	26.038	187	64.582	31.957
148	54.132	26.765	188	64.568	31.568
149	54.150	26.909	189	67.175	32.594
150	53.790	25.919	190	67.474	32.773
151	54.865	26.444	191	69.816	34.367
152	53.678	25.826	192	69.888	34.354
153	55.442	26.911	193	67.986	32.773
154	57.330	27.565	194	69.888	33.723
155	57.574	28.165	195	73.007	35.723
156	58.626	29.656	196	73.379	35.448
157	58.411	29.945	197	74.208	35.860
158	58.343	29.916	198	73.158	35.415
159	59.193	30.448	199	74.096	36.565
160	56.665	28.724	200	74.251	36.314

データ 9.5　不動産価格指数（マンション）のデータ

t	Y_t	X_t	t	Y_t	X_t	t	Y_t	X_t
1	100.0	101.8	41	102.4	98.0	81	109.4	109.8
2	100.7	100.1	42	98.0	103.9	82	108.6	109.7
3	103.4	99.9	43	103.6	103.0	83	111.7	113.8
4	100.4	101.9	44	97.6	100.8	84	110.5	111.7
5	101.7	102.8	45	102.7	101.8	85	109.6	111.8
6	104.3	99.4	46	98.4	103.2	86	110.5	110.7
7	103.5	105.5	47	100.3	101.6	87	110.4	111.6
8	105.9	101.0	48	102.6	103.3	88	113.4	112.6
9	102.9	104.1	49	100.5	101.1	89	112.8	113.8
10	104.9	97.3	50	101.2	101.5	90	113.0	114.7
11	101.3	102.3	51	101.6	101.6	91	114.6	113.5
12	100.4	104.3	52	99.4	101.1	92	115.2	113.1
13	100.4	103.9	53	99.1	102.7	93	114.0	117.4
14	100.0	100.3	54	102.3	101.9	94	117.1	117.8
15	101.6	99.9	55	101.7	100.8	95	117.8	116.4
16	101.1	100.5	56	99.0	102.1	96	121.2	117.9
17	97.8	101.0	57	98.3	100.4	97	121.1	119.1
18	97.5	103.6	58	100.4	99.0	98	120.5	118.9
19	97.7	101.5	59	98.5	103.0	99	120.7	117.7
20	97.2	96.3	60	99.9	104.0	100	121.9	119.7
21	94.3	101.5	61	100.8	102.6	101	123.0	117.8
22	95.6	95.2	62	98.9	103.6	102	122.9	121.0
23	95.1	95.2	63	99.5	101.9	103	125.5	119.3
24	93.3	96.7	64	101.2	102.8	104	124.2	124.2
25	94.5	97.1	65	101.2	103.8	105	124.5	120.8
26	95.1	98.0	66	99.1	103.9	106	129.1	127.5
27	93.6	98.3	67	98.9	99.5	107	127.7	126.8
28	93.4	101.9	68	98.2	101.5	108	126.8	127.5
29	96.7	98.7	69	98.3	102.4	109	128.9	125.8
30	98.4	96.4	70	98.9	103.2	110	131.6	127.0
31	97.2	98.1	71	97.5	101.2	111	129.8	127.1
32	99.8	101.0	72	99.5	104.5	112	131.1	129.6
33	97.0	96.6	73	101.3	104.9	113	130.9	131.4
34	96.9	99.4	74	102.6	106.3	114	131.9	130.3
35	100.8	99.8	75	103.9	104.8	115	131.6	131.0
36	99.6	99.7	76	103.0	108.6	116	131.1	127.4
37	99.6	99.3	77	106.4	103.7	117	131.3	129.3
38	99.7	97.0	78	106.0	107.2			
39	98.3	98.6	79	106.1	106.3			
40	100.7	98.6	80	107.4	107.9			

Y_t（東京都）と X_t（大阪府），$t=1$（2007 年 4 月）～$t=117$（2016 年 12 月）
出所：国土交通省「土地総合情報ライブラリー」

データ 9.6　TOPIX 収益率

t	Y_t	t	Y_t	t	Y_t	t	Y_t	t	Y_t
1	-1.148	41	-0.045	81	-1.802	121	0.252	161	-1.792
2	1.478	42	0.222	82	-0.659	122	0.230	162	-1.576
3	0.527	43	-1.285	83	-1.331	123	0.648	163	1.163
4	1.506	44	0.111	84	3.724	124	-0.226	164	0.051
5	-0.572	45	1.069	85	2.356	125	-0.266	165	-4.679
6	-0.848	46	0.189	86	1.124	126	-0.155	166	5.618
7	-0.113	47	-0.136	87	0.835	127	-1.557	167	0.140
8	-1.030	48	0.510	88	0.452	128	-0.008	168	1.564
9	1.833	49	-0.352	89	1.079	129	-0.626	169	0.213
10	-0.419	50	-0.914	90	-0.048	130	-1.042	170	1.322
11	-0.705	51	1.227	91	0.647	131	0.795	171	0.101
12	0.841	52	-0.001	92	-0.891	132	0.416	172	0.377
13	1.150	53	0.524	93	-0.162	133	2.675	173	1.008
14	-0.308	54	1.184	94	-1.400	134	-0.230	174	0.316
15	-1.559	55	1.004	95	1.121	135	-1.022	175	0.857
16	-0.672	56	-1.293	96	-1.116	136	0.997	176	0.313
17	-3.459	57	-2.247	97	1.197	137	-1.377	177	0.344
18	0.101	58	0.406	98	-0.069	138	0.933	178	-0.069
19	-2.671	59	-0.360	99	-1.650	139	-1.536	179	0.059
20	-0.049	60	0.624	100	-2.194	140	0.598	180	0.937
21	0.385	61	0.758	101	0.862	141	0.711	181	-0.357
22	1.176	62	-1.009	102	-0.241	142	0.565	182	-0.748
23	-0.615	63	-0.501	103	1.983	143	0.453	183	0.696
24	1.517	64	-3.532	104	0.912	144	-0.246	184	0.904
25	2.515	65	-0.987	105	-0.202	145	0.424	185	1.470
26	2.878	66	0.406	106	0.636	146	-1.038	186	0.834
27	-0.728	67	-2.823	107	-0.499	147	-0.003	187	0.397
28	-3.077	68	0.744	108	-1.389	148	0.363	188	0.574
29	3.196	69	2.242	109	0.970	149	0.398	189	-0.101
30	0.202	70	1.143	110	-1.563	150	0.296	190	0.262
31	2.022	71	-0.721	111	0.377	151	0.046	191	0.514
32	0.987	72	1.092	112	0.616	152	0.997	192	-0.104
33	-0.404	73	-7.532	113	-0.471	153	-0.403	193	0.213
34	-0.726	74	1.751	114	0.703	154	0.170	194	-0.479
35	-0.532	75	-0.093	115	-0.187	155	0.707	195	-0.073
36	-3.211	76	1.866	116	-1.263	156	0.390	196	-0.369
37	-3.075	77	-0.150	117	1.948	157	-0.050	197	-0.125
38	-0.126	78	0.690	118	-0.033	158	0.750	198	0.038
39	0.640	79	0.598	119	1.266	159	0.044	199	-1.205
40	2.138	80	-0.423	120	0.588	160	0.012	200	0.014

参考図書

- 沖本竜義（2010）『経済・ファイナンスデータの計量時系列分析』朝倉書店.
- 黒住英司（2016）『計量経済学』東洋経済新報社.
- 森棟公夫（2005）『基礎コース 計量経済学』新世社.
- 田中勝人（1998）『計量経済学』岩波書店.
- 渡部敏明（2000）『ボラティリティ変動モデル』朝倉書店.

練習問題略解

第1章

1. (1) μ の 95% 信頼区間は $(1.589, 1.811)$.

   (2) $H_0: \mu \leq 1.6$, $H_1: \mu > 1.6$. p 値 $= 0.0382 < 0.05$ より，有意水準 5% で H_0 を棄却し，H_1 を受容する.

   (3) p 値 $= 0.0382 > 0.01$ より，有意水準 1% で H_0 を棄却することができない.

2. (1) p の 95% 信頼区間は $(0.321, 0.379)$.

   (2) $H_0: p \geq 0.4$, $H_1: p < 0.4$. p 値 $= 0.0005 < 0.05$ より，有意水準 5% で H_0 を棄却し，H_1 を受容する.

3. (1) $p_X - p_Y$ の 95% 信頼区間は $(-0.135, -0.095)$.

   (2) $H_0: p_X \geq p_Y$, $H_1: p_X < p_Y$. p 値 $= 0.0000 < 0.05$ より，有意水準 5% で H_0 を棄却し，H_1 を受容する.

   (3) p 値 $= 0.0000 < 0.01$ より，有意水準 1% で H_0 を棄却し，H_1 を受容する.

第2章

1. (1) $\hat{Y} = -0.104 + 1.286X$.

   (2) $R^2 = 0.5604$.

   (3) β_0 の 95% 信頼区間：$(-0.515, 0.307)$. β_1 の 95% 信頼区間：$(0.989, 1.583)$.

   (4) p 値 $= 0.000 < 0.05$ より，有意水準 5% で $H_0: \beta_1 = 0$ を棄却し，$H_1: \beta_1 \neq 0$ を受容する.

2. (1) $\hat{Y} = 16.377 + 65.890X$.

   (2) $R^2 = 0.6604$.

   (3) β_0 の 95% 信頼区間：$(8.876, 23.878)$. β_1 の 95% 信頼区間：$(45.986, 85.794)$.

   (4) 帰無仮説 $H_0: \beta_1 = 0$ vs 対立仮説 $H_1: \beta_1 \neq 0$. p 値 $= 0.000 < 0.05$ より，有意水準 5% で H_0 を棄却する.

3. (1) 省略.

   (2) $\hat{Y} = 0.485 - 0.072X$.

   (3) $R^2 = 0.2194$.

   (4) β_0 の 95% 信頼区間：$(-0.051, 1.020)$. β_1 の 95% 信頼区間：$(-0.130, -0.015)$.

   (5) 帰無仮説 $H_0: \beta_1 = 0$ vs 対立仮説 $H_1: \beta_1 \neq 0$. p 値 $= 0.016 < 0.05$ より，有意水準 5% で H_0 を棄却する.

第3章

1. (1) 推定された回帰式は

$$\widehat{\log Y} = 0.123 + 0.448 \log K + 0.670 \log L$$
$$-0.059 \frac{(\log K)^2}{2} - 0.119 \frac{(\log L)^2}{2} + 0.085 \log K \log L$$

(2) p 値は各説明変数の回帰係数についていずれも 0.05 より大きいので，有意水準 5% で有意ではない．帰無仮説 $H_0 : \beta_j = 0$ を有意水準 5% で棄却できない（対立仮説は $H_1 : \beta_j \neq 0$）（$j = 1, \cdots, 5$）．

(3) 決定係数 $R^2 = 0.9531$ で，総平方和の 95.31% が回帰によって説明されており，あてはまりはよい．

(4) 帰無仮説 $H_0 : \beta_3 = \beta_4 = \beta_5 = 0$（生産関数がコブ=ダグラス型である）vs 対立仮説 $H_1 : \beta_3$，β_4，β_5 のうち少なくとも 1 つは 0 ではない．p 値 $= 0.918 > 0.05$ より，有意水準 5% で H_0 を棄却できない．生産関数がコブ=ダグラス型ではないという強い証拠はない．

2. 構造変化の時点を変えると，仮説検定の p 値 $= 0.094 > 0.05$ より，有意水準 5% で「消費関数に構造変化がない」という帰無仮説を棄却することはできない．
3. X_t から Y_t へのグレンジャー因果性はない（p 値 $= 0.563 > 0.05$）が，Y_t から X_t へのグレンジャー因果性はある（p 値 $= 0.000 < 0.05$）．
4. RDI_t から RCP_t へのグレンジャー因果性はない（p 値 $= 0.087 > 0.05$）が，RCP_t から RDI_t へのグレンジャー因果性はある（p 値 $= 0.002 < 0.05$）．

第 4 章

1. トランスログ型生産関数：$\overline{R}^2 = 0.9401$，AIC $= 14.7$，BIC $= 21.8$．コブ=ダグラス型生産関数：$\overline{R}^2 = 0.9473$，AIC $= 9.4$，BIC $= 12.9$．いずれにおいてもコブ=ダグラス型生産関数が選ばれる．
2. YDH_t，WH_t，CH_{t-1} の VIF はいずれも 10 より小さく，多重共線性の恐れはない．
3. (1) Breusch-Pagan 検定の p 値 $= 0.8980 > 0.05$，ダービンの代替検定の p 値 $= 0.0017 < 0.05$ より，有意水準 5% で分散不均一性はあるとはいえないが，系列相関はあるといえる．

   (2) Breusch-Pagan 検定の p 値 $= 0.9927 > 0.05$，ダービンの代替検定の p 値 $= 0.5500 > 0.05$ より，有意水準 5% で分散不均一性も系列相関もあるとはいえない．

第 5 章

1. (1) $\widehat{CH}_{it} = 60.014 + 0.767 YD_{it} + 0.043 W_{it} + \hat{u}_i$.

   (2) $H_0 : \beta_1 = 0$ vs $H_1 : \beta_1 \neq 0$．p 値 $= 0.000 < 0.05$ より，有意水準 5% で H_0 を棄却する．説明変数 YD の回帰係数 β_1 は有意．$H_0 : \beta_2 = 0$ vs $H_1 : \beta_2 \neq 0$．p 値 $= 0.009 < 0.05$ より，有意水準 5% で H_0 を棄却する．説明変数 W の回帰係数 β_2 は有意．

   (3) $H_0 : u_1 = \cdots = u_{20} = 0$ vs H_1：少なくとも 1 つの i について $u_i \neq 0$．p 値 $=$

$0.000 < 0.05$ より，有意水準 5% で H_0 を棄却する．

(4) $\hat{CH}_{it} = 68.624 + 0.752YD_{it} + 0.043W_{it}$.

(5) $H_0 : \beta_1 = 0$ vs $H_1 : \beta_1 \neq 0$. p 値 $= 0.000 < 0.05$ より，有意水準 5% で H_0 を棄却する．説明変数 YD の回帰係数 β_1 は有意．$H_0 : \beta_2 = 0$ vs $H_1 : \beta_2 \neq 0$. p 値 $= 0.007 < 0.05$ より，有意水準 5% で H_0 を棄却する．説明変数 W の回帰係数 β_2 は有意．

(6) $H_0 : \sigma_u^2 = 0$ vs $H_1 : \sigma_u^2 > 0$. p 値 $= 0.000 < 0.05$ より，有意水準 5% で H_0 を棄却する．変量効果が存在する強い証拠がある．

(7) H_0：説明変数は変量効果と無相関．p 値 $= 0.1075 > 0.05$ より，有意水準 5% で H_0 を棄却できない．一致性をもち，変量効果モデルを用いて推定してもよい．

2. (1) $\hat{Y}_{it} = -3.049 + 0.085X_{it} + \hat{u}_i$.

(2) $H_0 : \beta_1 = 0$ vs $H_1 : \beta_1 \neq 0$. p 値 $= 0.104 > 0.05$ より，有意水準 5% で H_0 を棄却できない．説明変数 X の回帰係数は有意ではない．

(3) $H_0 : u_1 = \cdots = u_{47} = 0$ vs H_1：少なくとも 1 つの i について $u_i \neq 0$. p 値 $= 0.000 < 0.05$ より，有意水準 5% で H_0 を棄却する．

(4) $\hat{Y}_{it} = -3.050 + 0.104X_{it}$.

(5) $H_0 : \beta_1 = 0$ vs $H_1 : \beta_1 \neq 0$. p 値 $= 0.033 < 0.05$ より，有意水準 5% で H_0 を棄却する．説明変数 X の回帰係数は有意．

(6) $H_0 : \sigma_u^2 = 0$ vs $H_1 : \sigma_u^2 > 0$. p 値 $= 0.000 < 0.05$ より，有意水準 5% で H_0 を棄却する．変量効果が存在する強い証拠がある．

(7) H_0：説明変数は変量効果と無相関．p 値 $= 0.2948 > 0.05$ より，有意水準 5% で H_0 を棄却できない．一致性をもち，変量効果モデルを用いて推定してもよい．

第 6 章

1. (1) $\hat{Y}^* = -5.362 - 0.376X_1 + 1.776X_2 + 1.369X_3 - 1.158X_4$. $H_0 : \beta_j = 0$ vs $H_1 : \beta_j \neq 0$ の p 値で，X_2 の係数の p 値が 0.036, X_3 の係数の p 値が 0.002 と 0.05 より小さく，有意水準 5% で有意．X_2, X_3 の係数は正であり，教師として学校に勤務していたり年収が高いときには，学校税の税率引き上げに賛成することがわかる．

(2) 判別の結果はロジットモデルの場合と同じ．

(3) 限界効果の結果はロジットモデルの場合とほぼ同じ．

(4) ロジットモデル：AIC = 119.6, BIC = 132.4. プロビットモデル：AIC = 119.4, BIC = 132.2. わずかにプロビットモデルの AIC, BIC が小さいが，ほぼ同じ．

2. (1) 説明変数 X_1 の係数は $\hat{\beta}_1 = -0.683$ で，その p 値は $0.061 > 0.05$ と有意水準 5% で有意ではない．説明変数 X_2 の係数は $\hat{\beta}_2 = 0.195$ で，その p 値は $0.005 < 0.05$ と有意水準 5% で有意．X_2 が大きいとき，精神的健康への障害の度合いが高くなる．

(2) 詳細は省略．ロジットモデルの場合とほぼ同様の結果となる．

(3) 順序ロジットモデル：AIC = 109.1, BIC = 117.5. 順序プロビットモデル：AIC

＝108.8，BIC＝117.3．わずかに順序プロビットモデルの AIC，BIC が小さいが，ほぼ同じ．

3. （1） $\hat{Y}_1^* = -29.871 + 2.415X_1 + 0.050X_2 + 0.142X_3 + 0.285X_4 - 0.040X_5 - 0.016X_6$. $\hat{Y}_3^* = 39.249 - 3.380X_1 - 0.128X_2 - 0.183X_3 - 0.320X_4 + 0.031X_5 - 0.002X_6$．推定値の符号と有意性は多項ロジットモデルの場合と同じ．
   （2） 詳細は省略．ロジットモデルの場合とほぼ同様の結果となる．
   （3） 多項ロジットモデル：AIC＝118.8，BIC＝157.8．多項プロビットモデル：AIC＝117.3，BIC＝156.3．順序ロジットモデル：AIC＝111.2，BIC＝133.5．順序プロビットモデル：AIC＝109.9，BIC＝132.2．多項ロジット／多項プロビットモデルよりも順序ロジット／順序プロビットモデルがよい．

練習問題略解

第７章

1. （1） 推定された回帰係数（標準誤差）は，$\hat{\beta}_0 = 1.626$（0.126），$\hat{\beta}_1 = 1.335$（0.112）．
   （2） 推定された回帰係数（標準誤差）は，$\hat{\beta}_0 = 1.040$（0.129），$\hat{\beta}_1 = 2.049$（0.115）．
   （3） 推定された回帰係数（標準誤差）は，$\hat{\beta}_0 = 1.013$（0.164），$\hat{\beta}_1 = 2.070$（0.171）．
   （4） (1)では打ち切りを考慮していないため，推定値にバイアスが出ている．一方，(2)も(3)も推定値は真値に近い値であるが，(3)ではデータが打ち切られているため，推定値の標準誤差が大きくなっている．
2. 賃金の回帰式とプロビットモデルの推定結果は以下の通り（括弧は標準誤差）．

$$\begin{aligned}
\widehat{wage}_i &= -\underset{(2.646)}{0.783} + \underset{(0.173)}{0.408}edu_i + \underset{(0.039)}{0.017}year_i \\
\widehat{work}_i^* &= \underset{(1.173)}{1.636} + \underset{(0.072)}{0.162}edu_i + \underset{(0.020)}{0.079}year_i \\
&\quad - \underset{(0.023)}{0.090}age_i - \underset{(0.391)}{0.864}child_i - \underset{(0.037)}{0.077}hinc_i
\end{aligned}$$

説明変数の回帰係数（定数項以外）は，有意水準 5% で賃金の回帰式の *year* を除いてすべて有意．

3. （1） 推定された回帰係数（標準誤差）は，$\hat{\beta}_0 = 1.491$（0.062），$\hat{\beta}_1 = 0.957$（0.016）．
   （2） 推定された回帰係数（標準誤差）は，$\hat{\beta}_0 = 1.803$（0.198），$\hat{\beta}_1 = 0.856$（0.068）．
   （3） ポアソン回帰モデル：AIC＝1234.8，BIC＝1238.4．負の二項回帰モデル：AIC＝428.4，BIC＝433.9．負の二項回帰モデルの AIC，BIC が小さく，選択される．
4. **データ 7.4** を用いるとき，推定された回帰係数（標準誤差）と p は，$\hat{\beta}_0 = -3.883$（0.458），$\hat{\beta}_1 = 0.353$（2.822），$\hat{p} = 0.966$（0.105）．**表 7.10** の結果と比較すると推定値は近いが，打ち切りにより標準誤差が大きくなっている．

第８章

1. （1） （a） P_t と Y_t の標本相関係数は 0.939．
   （b） 推定された回帰係数（標準誤差）は，$\hat{\beta}_0 = 1.162$ (0.408)，$\hat{\beta}_1 = 0.782$ (0.066)．推定値は，標準誤差を考慮すると真の値から離れている．

(c) 推定された回帰係数（標準誤差）は，$\hat{\beta}_0 = 0.504$ (0.444)，$\hat{\beta}_1 = 0.896$ (0.072)．推定値は，標準誤差を考慮すると真の値に近い．

(2) (a) P_t と Y_t の標本相関係数は 0.345．

(b) 推定された回帰係数（標準誤差）は，$\hat{\beta}_0 = 4.772$ (0.641)，$\hat{\beta}_1 = 0.118$ (0.110)．推定値は，標準誤差を考慮すると真の値から離れている．

(c) 推定された回帰係数（標準誤差）は，$\hat{\beta}_0 = 1.378$ (2.307)，$\hat{\beta}_1 = 0.717$ (0.406)．推定値は，標準誤差を考慮すると真の値に近い．

(d) P_t と Y_t の標本相関係数が低い場合には，2 段階最小二乗法で推定される回帰係数の標準誤差が大きくなる．

2. (1) $\hat{C}_t = 14.744 + 0.076P_t + 0.166P_{t-1} + 0.849W_t$．$P_t$ の p 値は 0.05 より大きいので，$H_0 : \alpha_1 = 0$ ($H_1 : \alpha_1 \neq 0$) という帰無仮説を有意水準 5% で棄却できず，回帰係数は有意ではない．その他の p 値はいずれも 0.05 より小さいので，回帰係数が 0 であるという帰無仮説を有意水準 5% で棄却することができ，他の回帰係数は有意．

(2) 過剰識別制約の検定の p 値は 0.05 より大きいので，「操作変数と誤差項は無相関」という帰無仮説を有意水準 5% で棄却できない．

(3) 内生性の検定の p 値は 0.05 より大きいので，「変数は外生的である」という帰無仮説を有意水準 5% で棄却できない．

3. (1) 各企業ごとの回帰式では，標準誤差を考慮すると回帰係数の推定値は概ね同様の結果だが，標準誤差は大きくなる．

(2) 2 つの企業を用いた場合も，標準誤差を考慮すると回帰係数の推定値は概ね同様の結果だが，標準誤差は各企業ごとの回帰式より小さく，3 つの企業を用いた場合より大きくなる．

第9章

1. (1)(2)(3) 省略．

(4) $\hat{Y}_t = -1.370 + 0.888Y_{t-1}$，$\hat{\sigma} = 0.971$．

(5) AR(1)：AIC = 285.5，BIC = 293.4．MA(1)：AIC = 361.6，BIC = 369.4．ARMA(1)：AIC = 287.5，BIC = 298.0．AIC・BIC の最も小さい AR(1) モデルが選択される．

2. (1) 省略．

(2) p 値はいずれも 0.05 より大きく，単位根があるという帰無仮説を棄却できない．

(3) ラグ次数は 2．共和分の個数は 1．推定式は

$$\begin{aligned}
\Delta\hat{Y}_t &= -0.265(Y_{t-1} - 1.146X_{t-1} + 16.461) - 0.290\Delta Y_{t-1} - 0.023\Delta X_{t-1} + 0.406, \\
\Delta\hat{X}_t &= 0.418(Y_{t-1} - 1.146X_{t-1} + 16.461) - 0.139\Delta Y_{t-1} - 0.247\Delta X_{t-1} + 0.258.
\end{aligned}$$

3. 推定されたパラメータ（標準誤差）は，$\hat{\mu} = 0.147$ (0.073)，$\hat{\omega} = 0.411$ (0.295)，$\hat{\alpha} = 0.325$ (0.192)，$\hat{\beta} = 0.547$ (0.183)，$\hat{m} = 3.486$ (0.959)．

付　表

Ⅰ　標準正規分布表*

Ⅱ　t 分布表*

Ⅲ　F 分布表*

Ⅳ　カイ二乗分布*

Ⅴ　ダービン=ワトソン検定の境界区間**

*は，大屋幸輔（2011）『コア・テキスト統計学』第2版，新世社．
**は，森棟公夫（2005）『基礎コース 計量経済学』新世社．
より転載．

I　標準正規分布表

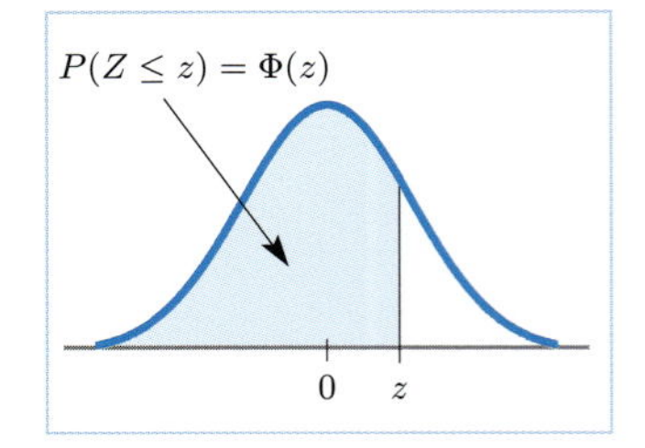

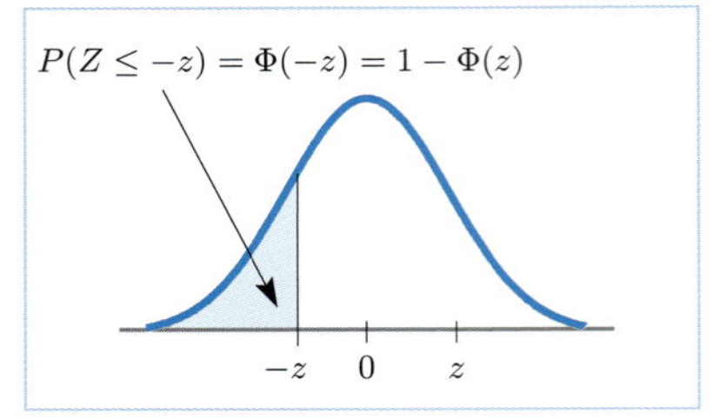

$Z \sim N(0,1),\quad P(Z \le z)$

z	.00	.01	.02	.03	.04	.05	.06	.07	.08	.09
0.0	0.5000	0.5040	0.5080	0.5120	0.5160	0.5199	0.5239	0.5279	0.5319	0.5359
0.1	0.5398	0.5438	0.5478	0.5517	0.5557	0.5596	0.5636	0.5675	0.5714	0.5753
0.2	0.5793	0.5832	0.5871	0.5910	0.5948	0.5987	0.6026	0.6064	0.6103	0.6141
0.3	0.6179	0.6217	0.6255	0.6293	0.6331	0.6368	0.6406	0.6443	0.6480	0.6517
0.4	0.6554	0.6591	0.6628	0.6664	0.6700	0.6736	0.6772	0.6808	0.6844	0.6879
0.5	0.6915	0.6950	0.6985	0.7019	0.7054	0.7088	0.7123	0.7157	0.7190	0.7224
0.6	0.7257	0.7291	0.7324	0.7357	0.7389	0.7422	0.7454	0.7486	0.7517	0.7549
0.7	0.7580	0.7611	0.7642	0.7673	0.7704	0.7734	0.7764	0.7794	0.7823	0.7852
0.8	0.7881	0.7910	0.7939	0.7967	0.7995	0.8023	0.8051	0.8078	0.8106	0.8133
0.9	0.8159	0.8186	0.8212	0.8238	0.8264	0.8289	0.8315	0.8340	0.8365	0.8389
1.0	0.8413	0.8438	0.8461	0.8485	0.8508	0.8531	0.8554	0.8577	0.8599	0.8621
1.1	0.8643	0.8665	0.8686	0.8708	0.8729	0.8749	0.8770	0.8790	0.8810	0.8830
1.2	0.8849	0.8869	0.8888	0.8907	0.8925	0.8944	0.8962	0.8980	0.8997	0.9015
1.3	0.9032	0.9049	0.9066	0.9082	0.9099	0.9115	0.9131	0.9147	0.9162	0.9177
1.4	0.9192	0.9207	0.9222	0.9236	0.9251	0.9265	0.9279	0.9292	0.9306	0.9319
1.5	0.9332	0.9345	0.9357	0.9370	0.9382	0.9394	0.9406	0.9418	0.9429	0.9441
1.6	0.9452	0.9463	0.9474	0.9484	0.9495	0.9505	0.9515	0.9525	0.9535	0.9545
1.7	0.9554	0.9564	0.9573	0.9582	0.9591	0.9599	0.9608	0.9616	0.9625	0.9633
1.8	0.9641	0.9649	0.9656	0.9664	0.9671	0.9678	0.9686	0.9693	0.9699	0.9706
1.9	0.9713	0.9719	0.9726	0.9732	0.9738	0.9744	0.9750	0.9756	0.9761	0.9767
2.0	0.9772	0.9778	0.9783	0.9788	0.9793	0.9798	0.9803	0.9808	0.9812	0.9817
2.1	0.9821	0.9826	0.9830	0.9834	0.9838	0.9842	0.9846	0.9850	0.9854	0.9857
2.2	0.9861	0.9864	0.9868	0.9871	0.9875	0.9878	0.9881	0.9884	0.9887	0.9890
2.3	0.9893	0.9896	0.9898	0.9901	0.9904	0.9906	0.9909	0.9911	0.9913	0.9916
2.4	0.9918	0.9920	0.9922	0.9925	0.9927	0.9929	0.9931	0.9932	0.9934	0.9936
2.5	0.9938	0.9940	0.9941	0.9943	0.9945	0.9946	0.9948	0.9949	0.9951	0.9952
2.6	0.9953	0.9955	0.9956	0.9957	0.9959	0.9960	0.9961	0.9962	0.9963	0.9964
2.7	0.9965	0.9966	0.9967	0.9968	0.9969	0.9970	0.9971	0.9972	0.9973	0.9974
2.8	0.9974	0.9975	0.9976	0.9977	0.9977	0.9978	0.9979	0.9979	0.9980	0.9981
2.9	0.9981	0.9982	0.9982	0.9983	0.9984	0.9984	0.9985	0.9985	0.9986	0.9986
3.0	0.9987	0.9987	0.9987	0.9988	0.9988	0.9989	0.9989	0.9989	0.9990	0.9990

II t 分布表

自由度 m の t 分布の上側確率 0.25, 0.1, 0.05, 0.025, 0.01, 0.005 を与える確率点の表．自由度無限大のときは $N(0,1)$ と同じになる．有意水準 α の検定では上側確率を α とするか $\alpha/2$ とするかに注意が必要．

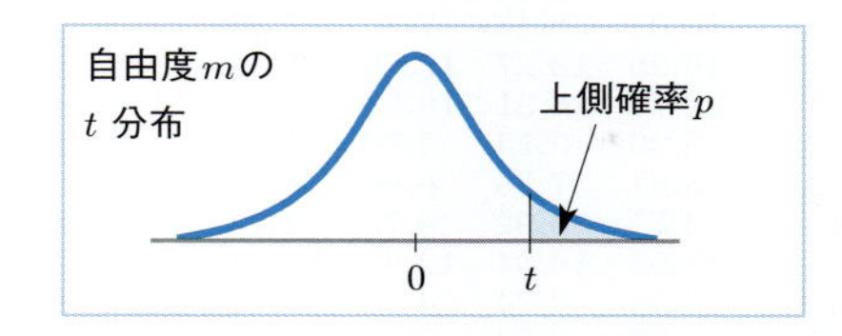

m \ p	0.25	0.1	0.05	0.025	0.01	0.005
1	1.000	3.078	6.314	12.706	31.821	63.657
2	0.816	1.886	2.920	4.303	6.965	9.925
3	0.765	1.638	2.353	3.182	4.541	5.841
4	0.741	1.533	2.132	2.776	3.747	4.604
5	0.727	1.476	2.015	2.571	3.365	4.032
6	0.718	1.440	1.943	2.447	3.143	3.707
7	0.711	1.415	1.895	2.365	2.998	3.499
8	0.706	1.397	1.860	2.306	2.896	3.355
9	0.703	1.383	1.833	2.262	2.821	3.250
10	0.700	1.372	1.812	2.228	2.764	3.169
11	0.697	1.363	1.796	2.201	2.718	3.106
12	0.695	1.356	1.782	2.179	2.681	3.055
13	0.694	1.350	1.771	2.160	2.650	3.012
14	0.692	1.345	1.761	2.145	2.624	2.977
15	0.691	1.341	1.753	2.131	2.602	2.947
16	0.690	1.337	1.746	2.120	2.583	2.921
17	0.689	1.333	1.740	2.110	2.567	2.898
18	0.688	1.330	1.734	2.101	2.552	2.878
19	0.688	1.328	1.729	2.093	2.539	2.861
20	0.687	1.325	1.725	2.086	2.528	2.845
21	0.686	1.323	1.721	2.080	2.518	2.831
22	0.686	1.321	1.717	2.074	2.508	2.819
23	0.685	1.319	1.714	2.069	2.500	2.807
24	0.685	1.318	1.711	2.064	2.492	2.797
25	0.684	1.316	1.708	2.060	2.485	2.787
26	0.684	1.315	1.706	2.056	2.479	2.779
27	0.684	1.314	1.703	2.052	2.473	2.771
28	0.683	1.313	1.701	2.048	2.467	2.763
29	0.683	1.311	1.699	2.045	2.462	2.756
30	0.683	1.310	1.697	2.042	2.457	2.750
40	0.681	1.303	1.684	2.021	2.423	2.704
50	0.679	1.299	1.676	2.009	2.403	2.678
60	0.679	1.296	1.671	2.000	2.390	2.660
70	0.678	1.294	1.667	1.994	2.381	2.648
80	0.678	1.292	1.664	1.990	2.374	2.639
90	0.677	1.291	1.662	1.987	2.368	2.632
100	0.677	1.290	1.660	1.984	2.364	2.626
110	0.677	1.289	1.659	1.982	2.361	2.621
∞	0.674	1.282	1.645	1.960	2.326	2.576

III F 分布表

自由度(m, n)のF分布の上側確率を与える確率点の表.

		分子の自由度 m							
分母の自由度 n	上側確率	1	2	3	4	5	6	8	10
5	0.05	6.61	5.79	5.41	5.19	5.05	4.95	4.82	4.74
	0.025	10.01	8.43	7.76	7.39	7.15	6.98	6.76	6.62
	0.01	16.26	13.27	12.06	11.39	10.97	10.67	10.29	10.05
	0.005	22.78	18.31	16.53	15.56	14.94	14.51	13.96	13.62
6	0.05	5.99	5.14	4.76	4.53	4.39	4.28	4.15	4.06
	0.025	8.81	7.26	6.60	6.23	5.99	5.82	5.60	5.46
	0.01	13.75	10.92	9.78	9.15	8.75	8.47	8.10	7.87
	0.005	18.63	14.54	12.92	12.03	11.46	11.07	10.57	10.25
7	0.05	5.59	4.74	4.35	4.12	3.97	3.87	3.73	3.64
	0.025	8.07	6.54	5.89	5.52	5.29	5.12	4.90	4.76
	0.01	12.25	9.55	8.45	7.85	7.46	7.19	6.84	6.62
	0.005	16.24	12.40	10.88	10.05	9.52	9.16	8.68	8.38
8	0.05	5.32	4.46	4.07	3.84	3.69	3.58	3.44	3.35
	0.025	7.57	6.06	5.42	5.05	4.82	4.65	4.43	4.30
	0.01	11.26	8.65	7.59	7.01	6.63	6.37	6.03	5.81
	0.005	14.69	11.04	9.60	8.81	8.30	7.95	7.50	7.21
9	0.05	5.12	4.26	3.86	3.63	3.48	3.37	3.23	3.14
	0.025	7.21	5.71	5.08	4.72	4.48	4.32	4.10	3.96
	0.01	10.56	8.02	6.99	6.42	6.06	5.80	5.47	5.26
	0.005	13.61	10.11	8.72	7.96	7.47	7.13	6.69	6.42
10	0.05	4.96	4.10	3.71	3.48	3.33	3.22	3.07	2.98
	0.025	6.94	5.46	4.83	4.47	4.24	4.07	3.85	3.72
	0.01	10.04	7.56	6.55	5.99	5.64	5.39	5.06	4.85
	0.005	12.83	9.43	8.08	7.34	6.87	6.54	6.12	5.85
12	0.05	4.75	3.89	3.49	3.26	3.11	3.00	2.85	2.75
	0.025	6.55	5.10	4.47	4.12	3.89	3.73	3.51	3.37
	0.01	9.33	6.93	5.95	5.41	5.06	4.82	4.50	4.30
	0.005	11.75	8.51	7.23	6.52	6.07	5.76	5.35	5.09
14	0.05	4.60	3.74	3.34	3.11	2.96	2.85	2.70	2.60
	0.025	6.30	4.86	4.24	3.89	3.66	3.50	3.29	3.15
	0.01	8.86	6.51	5.56	5.04	4.69	4.46	4.14	3.94
	0.005	11.06	7.92	6.68	6.00	5.56	5.26	4.86	4.60
16	0.05	4.49	3.63	3.24	3.01	2.85	2.74	2.59	2.49
	0.025	6.12	4.69	4.08	3.73	3.50	3.34	3.12	2.99
	0.01	8.53	6.23	5.29	4.77	4.44	4.20	3.89	3.69
	0.005	10.58	7.51	6.30	5.64	5.21	4.91	4.52	4.27
18	0.05	4.41	3.55	3.16	2.93	2.77	2.66	2.51	2.41
	0.025	5.98	4.56	3.95	3.61	3.38	3.22	3.01	2.87
	0.01	8.29	6.01	5.09	4.58	4.25	4.01	3.71	3.51
	0.005	10.22	7.21	6.03	5.37	4.96	4.66	4.28	4.03
20	0.05	4.35	3.49	3.10	2.87	2.71	2.60	2.45	2.35
	0.025	5.87	4.46	3.86	3.51	3.29	3.13	2.91	2.77
	0.01	8.10	5.85	4.94	4.43	4.10	3.87	3.56	3.37
	0.005	9.94	6.99	5.82	5.17	4.76	4.47	4.09	3.85
25	0.05	4.24	3.39	2.99	2.76	2.60	2.49	2.34	2.24
	0.025	5.69	4.29	3.69	3.35	3.13	2.97	2.75	2.61
	0.01	7.77	5.57	4.68	4.18	3.85	3.63	3.32	3.13
	0.005	9.48	6.60	5.46	4.84	4.43	4.15	3.78	3.54
30	0.05	4.17	3.32	2.92	2.69	2.53	2.42	2.27	2.16
	0.025	5.57	4.18	3.59	3.25	3.03	2.87	2.65	2.51
	0.01	7.56	5.39	4.51	4.02	3.70	3.47	3.17	2.98
	0.005	9.18	6.35	5.24	4.62	4.23	3.95	3.58	3.34

		分子の自由度 m						
分母の自由度 n	上側確率	12	14	16	20	30	60	120
5	0.05	4.68	4.64	4.60	4.56	4.50	4.43	4.40
	0.025	6.52	6.46	6.40	6.33	6.23	6.12	6.07
	0.01	9.89	9.77	9.68	9.55	9.38	9.20	9.11
	0.005	13.38	13.21	13.09	12.90	12.66	12.40	12.27
6	0.05	4.00	3.96	3.92	3.87	3.81	3.74	3.70
	0.025	5.37	5.30	5.24	5.17	5.07	4.96	4.90
	0.01	7.72	7.60	7.52	7.40	7.23	7.06	6.97
	0.005	10.03	9.88	9.76	9.59	9.36	9.12	9.00
7	0.05	3.57	3.53	3.49	3.44	3.38	3.30	3.27
	0.025	4.67	4.60	4.54	4.47	4.36	4.25	4.20
	0.01	6.47	6.36	6.28	6.16	5.99	5.82	5.74
	0.005	8.18	8.03	7.91	7.75	7.53	7.31	7.19
8	0.05	3.28	3.24	3.20	3.15	3.08	3.01	2.97
	0.025	4.20	4.13	4.08	4.00	3.89	3.78	3.73
	0.01	5.67	5.56	5.48	5.36	5.20	5.03	4.95
	0.005	7.01	6.87	6.76	6.61	6.40	6.18	6.06
9	0.05	3.07	3.03	2.99	2.94	2.86	2.79	2.75
	0.025	3.87	3.80	3.74	3.67	3.56	3.45	3.39
	0.01	5.11	5.01	4.92	4.81	4.65	4.48	4.40
	0.005	6.23	6.09	5.98	5.83	5.62	5.41	5.30
10	0.05	2.91	2.86	2.83	2.77	2.70	2.62	2.58
	0.025	3.62	3.55	3.50	3.42	3.31	3.20	3.14
	0.01	4.71	4.60	4.52	4.41	4.25	4.08	4.00
	0.005	5.66	5.53	5.42	5.27	5.07	4.86	4.75
12	0.05	2.69	2.64	2.60	2.54	2.47	2.38	2.34
	0.025	3.28	3.21	3.15	3.07	2.96	2.85	2.79
	0.01	4.16	4.05	3.97	3.86	3.70	3.54	3.45
	0.005	4.91	4.77	4.67	4.53	4.33	4.12	4.01
14	0.05	2.53	2.48	2.44	2.39	2.31	2.22	2.18
	0.025	3.05	2.98	2.92	2.84	2.73	2.61	2.55
	0.01	3.80	3.70	3.62	3.51	3.35	3.18	3.09
	0.005	4.43	4.30	4.20	4.06	3.86	3.66	3.55
16	0.05	2.42	2.37	2.33	2.28	2.19	2.11	2.06
	0.025	2.89	2.82	2.76	2.68	2.57	2.45	2.38
	0.01	3.55	3.45	3.37	3.26	3.10	2.93	2.84
	0.005	4.10	3.97	3.87	3.73	3.54	3.33	3.22
18	0.05	2.34	2.29	2.25	2.19	2.11	2.02	1.97
	0.025	2.77	2.70	2.64	2.56	2.44	2.32	2.26
	0.01	3.37	3.27	3.19	3.08	2.92	2.75	2.66
	0.005	3.86	3.73	3.64	3.50	3.30	3.10	2.99
20	0.05	2.28	2.22	2.18	2.12	2.04	1.95	1.90
	0.025	2.68	2.60	2.55	2.46	2.35	2.22	2.16
	0.01	3.23	3.13	3.05	2.94	2.78	2.61	2.52
	0.005	3.68	3.55	3.46	3.32	3.12	2.92	2.81
25	0.05	2.16	2.11	2.07	2.01	1.92	1.82	1.77
	0.025	2.51	2.44	2.38	2.30	2.18	2.05	1.98
	0.01	2.99	2.89	2.81	2.70	2.54	2.36	2.27
	0.005	3.37	3.25	3.15	3.01	2.82	2.61	2.50
30	0.05	2.09	2.04	1.99	1.93	1.84	1.74	1.68
	0.025	2.41	2.34	2.28	2.20	2.07	1.94	1.87
	0.01	2.84	2.74	2.66	2.55	2.39	2.21	2.11
	0.005	3.18	3.06	2.96	2.82	2.63	2.42	2.30

IV　カイ二乗分布表

自由度 m のカイ二乗分布の上側確率 p を与える確率点の表.

m \ p	0.995	0.99	0.975	0.95	0.9	0.1	0.05	0.025	0.01	0.005
1	0.00	0.00	0.00	0.00	0.02	2.71	3.84	5.02	6.63	7.88
2	0.01	0.02	0.05	0.10	0.21	4.61	5.99	7.38	9.21	10.60
3	0.07	0.11	0.22	0.35	0.58	6.25	7.81	9.35	11.34	12.84
4	0.21	0.30	0.48	0.71	1.06	7.78	9.49	11.14	13.28	14.86
5	0.41	0.55	0.83	1.15	1.61	9.24	11.07	12.83	15.09	16.75
6	0.68	0.87	1.24	1.64	2.20	10.64	12.59	14.45	16.81	18.55
7	0.99	1.24	1.69	2.17	2.83	12.02	14.07	16.01	18.48	20.28
8	1.34	1.65	2.18	2.73	3.49	13.36	15.51	17.53	20.09	21.95
9	1.73	2.09	2.70	3.33	4.17	14.68	16.92	19.02	21.67	23.59
10	2.16	2.56	3.25	3.94	4.87	15.99	18.31	20.48	23.21	25.19
11	2.60	3.05	3.82	4.57	5.58	17.28	19.68	21.92	24.72	26.76
12	3.07	3.57	4.40	5.23	6.30	18.55	21.03	23.34	26.22	28.30
13	3.57	4.11	5.01	5.89	7.04	19.81	22.36	24.74	27.69	29.82
14	4.07	4.66	5.63	6.57	7.79	21.06	23.68	26.12	29.14	31.32
15	4.60	5.23	6.26	7.26	8.55	22.31	25.00	27.49	30.58	32.80
16	5.14	5.81	6.91	7.96	9.31	23.54	26.30	28.85	32.00	34.27
17	5.70	6.41	7.56	8.67	10.09	24.77	27.59	30.19	33.41	35.72
18	6.26	7.01	8.23	9.39	10.86	25.99	28.87	31.53	34.81	37.16
19	6.84	7.63	8.91	10.12	11.65	27.20	30.14	32.85	36.19	38.58
20	7.43	8.26	9.59	10.85	12.44	28.41	31.41	34.17	37.57	40.00
21	8.03	8.90	10.28	11.59	13.24	29.62	32.67	35.48	38.93	41.40
22	8.64	9.54	10.98	12.34	14.04	30.81	33.92	36.78	40.29	42.80
23	9.26	10.20	11.69	13.09	14.85	32.01	35.17	38.08	41.64	44.18
24	9.89	10.86	12.40	13.85	15.66	33.20	36.42	39.36	42.98	45.56
25	10.52	11.52	13.12	14.61	16.47	34.38	37.65	40.65	44.31	46.93
26	11.16	12.20	13.84	15.38	17.29	35.56	38.89	41.92	45.64	48.29
27	11.81	12.88	14.57	16.15	18.11	36.74	40.11	43.19	46.96	49.64
28	12.46	13.56	15.31	16.93	18.94	37.92	41.34	44.46	48.28	50.99
29	13.12	14.26	16.05	17.71	19.77	39.09	42.56	45.72	49.59	52.34
30	13.79	14.95	16.79	18.49	20.60	40.26	43.77	46.98	50.89	53.67
35	17.19	18.51	20.57	22.47	24.80	46.06	49.80	53.20	57.34	60.27
40	20.71	22.16	24.43	26.51	29.05	51.81	55.76	59.34	63.69	66.77
45	24.31	25.90	28.37	30.61	33.35	57.51	61.66	65.41	69.96	73.17
50	27.99	29.71	32.36	34.76	37.69	63.17	67.50	71.42	76.15	79.49

V　ダービン=ワトソン検定の境界区間

1% 境界区間

	$p=1$		$p=2$		$p=3$		$p=4$		$p=5$		$p=6$		$p=7$	
n	d_L	d_U	d_L	d_U	d_L	d_U	d_L	d_U	d_L	d_U	d_L	d_U	d_L	d_U
15	0.81	1.07	0.70	1.25	0.59	1.46	0.49	1.70	0.39	1.96	0.30	2.24	0.23	2.53
16	0.84	1.09	0.74	1.25	0.63	1.44	0.53	1.66	0.44	1.90	0.35	2.15	0.27	2.42
17	0.87	1.10	0.77	1.25	0.67	1.43	0.57	1.63	0.48	1.85	0.39	2.08	0.31	2.32
18	0.90	1.12	0.80	1.26	0.71	1.42	0.61	1.60	0.52	1.80	0.44	2.02	0.36	2.24
19	0.93	1.13	0.83	1.26	0.74	1.41	0.65	1.58	0.56	1.77	0.48	1.96	0.40	2.17
20	0.95	1.15	0.86	1.27	0.77	1.41	0.68	1.57	0.60	1.74	0.52	1.92	0.44	2.11
22	1.00	1.17	0.91	1.28	0.83	1.40	0.75	1.54	0.66	1.69	0.59	1.85	0.51	2.02
24	1.04	1.20	0.96	1.30	0.88	1.41	0.80	1.53	0.72	1.66	0.65	1.80	0.58	1.94
26	1.07	1.22	1.00	1.31	0.93	1.41	0.85	1.52	0.78	1.64	0.71	1.76	0.64	1.89
28	1.10	1.24	1.04	1.32	0.97	1.41	0.90	1.51	0.83	1.62	0.76	1.73	0.70	1.85
30	1.13	1.26	1.07	1.34	1.01	1.42	0.94	1.51	0.88	1.61	0.81	1.71	0.75	1.81
35	1.19	1.31	1.14	1.37	1.08	1.44	1.03	1.51	0.97	1.59	0.91	1.67	0.86	1.76
40	1.25	1.34	1.20	1.40	1.15	1.46	1.10	1.52	1.05	1.58	1.00	1.65	0.95	1.72
45	1.29	1.38	1.24	1.42	1.20	1.48	1.16	1.53	1.11	1.58	1.07	1.64	1.02	1.70
60	1.38	1.45	1.35	1.48	1.32	1.52	1.28	1.56	1.25	1.60	1.21	1.64	1.18	1.68
80	1.47	1.52	1.44	1.54	1.42	1.57	1.39	1.60	1.36	1.62	1.34	1.65	1.31	1.68
100	1.52	1.56	1.50	1.58	1.48	1.60	1.46	1.63	1.44	1.65	1.42	1.67	1.40	1.69

5% 境界区間

	$p=1$		$p=2$		$p=3$		$p=4$		$p=5$		$p=6$		$p=7$	
n	d_L	d_U	d_L	d_U	d_L	d_U	d_L	d_U	d_L	d_U	d_L	d_U	d_L	d_U
15	1.08	1.36	0.95	1.54	0.81	1.75	0.69	1.97	0.56	2.21	0.45	2.47	0.34	2.73
16	1.11	1.37	0.98	1.54	0.86	1.73	0.73	1.93	0.62	2.15	0.50	2.39	0.40	2.62
17	1.13	1.38	1.02	1.54	0.90	1.71	0.78	1.90	0.66	2.10	0.55	2.32	0.45	2.54
18	1.16	1.39	1.05	1.53	0.93	1.69	0.82	1.87	0.71	2.06	0.60	2.26	0.50	2.46
19	1.18	1.40	1.07	1.53	0.97	1.68	0.86	1.85	0.75	2.02	0.65	2.21	0.55	2.40
20	1.20	1.41	1.10	1.54	1.00	1.68	0.89	1.83	0.79	1.99	0.69	2.16	0.60	2.34
22	1.24	1.43	1.15	1.54	1.05	1.66	0.96	1.80	0.86	1.94	0.77	2.09	0.68	2.25
24	1.27	1.45	1.19	1.55	1.10	1.66	1.01	1.78	0.93	1.90	0.84	2.04	0.75	2.17
26	1.30	1.46	1.22	1.55	1.14	1.65	1.06	1.76	0.98	1.88	0.90	1.99	0.82	2.12
28	1.33	1.48	1.26	1.56	1.18	1.65	1.10	1.75	1.03	1.85	0.95	1.96	0.87	2.07
30	1.35	1.49	1.28	1.57	1.21	1.65	1.14	1.74	1.07	1.83	1.00	1.93	0.93	2.03
35	1.40	1.52	1.34	1.58	1.28	1.65	1.22	1.73	1.16	1.80	1.10	1.88	1.03	1.97
40	1.44	1.54	1.39	1.60	1.34	1.66	1.29	1.72	1.23	1.79	1.18	1.85	1.12	1.93
45	1.48	1.57	1.43	1.62	1.38	1.67	1.34	1.72	1.29	1.78	1.24	1.84	1.19	1.90
60	1.55	1.62	1.51	1.65	1.48	1.69	1.44	1.73	1.41	1.77	1.37	1.81	1.34	1.85
80	1.61	1.66	1.59	1.69	1.56	1.72	1.53	1.74	1.51	1.77	1.48	1.80	1.45	1.83
100	1.65	1.69	1.63	1.72	1.61	1.74	1.59	1.76	1.57	1.78	1.55	1.80	1.53	1.83

n は観測個数である．k は定数項以外の説明変数の数とする．

出所：N. E. Savin and Kenneth J. White (1977) "The Durbin-Watson Test for Serial Correlation with Extreme Sample Sizes or Many Regressors," *Econometrica*, 45(8), 1989–1996.

索 引

あ 行

か 行

さ　行

た 行

な 行

は 行

ま　行

や　行

ら　行

わ　行

欧　字

著者紹介

大森　裕浩（おおもり　やすひろ）

1961年　東京都に生まれる
1985年　東京大学経済学部卒業
1992年　ウィスコンシン大学マディソン校統計学部博士課程修了(Ph.D. in Statistics)
　　　　オハイオ州立大学コロンバス校統計学部講師
1993年　千葉大学法経学部専任講師
1994年　千葉大学法経学部助教授
1996年　東京都立大学経済学部助教授
2001年　東京都立大学経済学部教授，東京大学大学院経済学研究科助教授
2007年　東京大学大学院経済学研究科准教授
2009年　東京大学大学院経済学研究科教授，現在に至る

主要著書・論文

『計算統計学の方法：ブートストラップ，EMアルゴリズム，MCMC』朝倉書店，2008年.（共著）

『計算統計Ⅱ：マルコフ連鎖モンテカルロ法とその周辺』岩波書店，2005年.（共著）

"Block sampler and posterior mode estimation for asymmetric stochastic volatility models," *Computational Statistics and Data Analysis*, 52(6), 2892–2910, 2008.（共著）

"Stochastic volatility model with leverage: fast and efficient likelihood inference," *Journal of Econometrics*, 140(2), 425–449, 2007.（共著）

"The influence of random effects on the unconditional hazard rate and survival functions," *Biometrika*, 80(4), 910–914, 1993.（共著）

ライブラリ経済学コア・テキスト&最先端=15
コア・テキスト計量経済学

2017年12月10日© 初 版 発 行
2025年 3 月10日 初版第3刷発行

著 者 大 森 裕 浩 発行者 御園生晴彦
印刷者 加 藤 文 男
製本者 小 西 恵 介

【発行】 株式会社 新世社
〒151-0051 東京都渋谷区千駄ヶ谷1丁目3番25号
編集☎(03)5474-8818(代) サイエンスビル

【発売】 株式会社 サイエンス社
〒151-0051 東京都渋谷区千駄ヶ谷1丁目3番25号
営業☎(03)5474-8500(代) 振替 00170-7-2387
FAX☎(03)5474-8900

印刷 加藤文明社 製本 ブックアート

《検印省略》

ISBN 978-4-88384-264-3
PRINTED IN JAPAN

サイエンス社・新世社のホームページのご案内
http://www.saiensu.co.jp
ご意見・ご要望は
shin@saiensu.co.jp まで.